SV

Bernhard Peters

Rationalität, Recht und Gesellschaft

Suhrkamp

Erste Auflage 1991

Satz: Fotosatz Otto Gutfreund, Darmstadt
Druck: Echter, Würzburg
Printed in Germany

CIP-Titelaufnahme der Deutschen Bibliothek
Peters, Bernhard:
Rationalität, Recht und Gesellschaft /
Bernhard Peters. – 1. Aufl. – Frankfurt am Main :
Suhrkamp, 1991
Zugl.: Frankfurt (Main), Univ., Diss.
ISBN 3-518-58079-5

Inhalt

Für Brigitte Littwitz,
die ein schwieriges Stück
des Weges mitging

Vorwort

Daß unsere soziale Welt, die Einrichtung unserer Gesellschaft, dieser oder jener soziale Zustand *irrational, unvernünftig* seien – wer hätte das nicht schon einmal bemerkt? Manche von uns leben in der Überzeugung, daß eine vernünftigere Gestaltung der Gesellschaft möglich wäre. Manche finden ein gewisses, bewahrenswertes Element von Vernunft auch schon in einigen bestehenden Einrichtungen. Was aber meinen wir mit diesen Begriffen? In welchem Sinn können wir soziale Institutionen oder – noch allgemeiner – soziale Beziehungen, Verhältnisse, Zustände rational oder irrational, vernünftig oder unvernünftig nennen? Solche Aussagen können unmittelbar *normativ* verstanden werden, wenn wir den Grundriß einer vernünftig geordneten Gesellschaft zu entwerfen suchen und damit mögliche Alternativen zu bestehenden sozialen Zuständen nach bestimmten Kriterien empfehlen und rechtfertigen. Wir können uns auch *rekonstruktiv* auf existierende, reale Verhältnisse oder Entwicklungen beziehen und Vernunftelemente in Interaktionsformen, in Institutionen oder kulturellen Beständen zu identifizieren suchen. Schließlich können wir uns *kritisch* mit den bestehenden Verhältnissen auseinandersetzen und dabei Sozialkritik als Aufweis der Irrationalität, der mangelnden Vernünftigkeit sozialer Zustände verstehen. Die implizit oder explizit zugrunde gelegten Kritikmaßstäbe müßten dann zugleich Rationalitätskriterien sein. Diese Betrachtungsweisen haben einen Zusammenhang: Die Debatte über vernünftige Alternativen sollte auf Rekonstruktion und Kritik aufbauen. In all diesen Fällen müssen Rationalitätsbegriffe und -standards ausgewiesen werden. Darum geht es hier.

Im Geiste einer großen Denktradition glaubte ich lange, daß die kollektive, bewußte Kontrolle der Gesellschaftsmitglieder über alle ihre gesellschaftlichen Beziehungen die vernünftige Gesellschaft ausmacht. Später zeigten sich einige Lücken in meinen Überzeugungen. Es war weder klar, in welchen Formen diese bewußte soziale Selbstorganisation sich vollziehen könnte, auf welche Schwierigkeiten oder Grenzen sie treffen würde und welche alternativen Formen sozialer Organisation deswegen notwendig sein könnten. Noch war eigentlich deutlich, nach welchen Kriterien die Gesellschaftsmitglieder ihre Angelegenheiten ordnen und ihre möglicherweise auftretenden Konflikte lösen sollten. Die marxistische Sozialkritik konnte ihre Maßstäbe nicht ausweisen, und ihre Konzeption einer vernünftigen sozialen Ordnung war völlig unzulänglich. Andere haben diese Defizite vor mir entdeckt und sich daran gemacht, die Lücken zu füllen. In der Regel haben sie versucht, den Marxismus auf die eine oder andere Weise in eine Art radikale Demokratietheorie zu überführen. Diese Versuche fand ich lehrreich, aber nicht überzeugend. Andere Antworten, die den Denkhorizont dieser Tradition verlassen, erwiesen sich als notwendig. Das soll die folgende Untersuchung zeigen.

Es bietet sich an, diese Probleme am Beispiel des Rechts zu diskutieren. Traditionell galt Recht in unserer westlichen politischen Kultur als die entscheidende Form vernünftiger Gesellschaftsgestaltung. Lang ist jedoch auch die Reihe der ideologiekritischen Vorbehalte: dagegen, daß das bürgerliche Recht schon eine vernunftgemäße Ordnung sei, oder daß rationale Gesellschaftsgestaltung überhaupt in relevantem Maß durch Recht vollzogen werden könne. Wenn hier der Zusammenhang zwischen Recht und sozialer Rationalität thematisiert wird, bedeutet das keine Affirmation der traditionellen Position: Ich behandle Recht nicht als das einzige oder entscheidende Mittel vernünftiger Vergesellschaftung. Aber Recht ist nach wie vor ein wichtiges Element der Sozialordnung; seine Stellung zu anderen institutionellen Formen bleibt zu untersuchen.

Eine solche Analyse des Rechts hat ihre Tücken. Recht gehört zu jenen institutionellen Komplexen, die nicht nur eine eigene professionelle, den Laien gegenüber abgeschirmte Kultur, sondern auch eine eigene wissenschaftliche Abteilung haben. Dieser alten und selbstbewußten Disziplin kann man als Uneingeweihter nur mit einer gewissen Beklommenheit zu Leibe rücken. Ich hoffe, ich habe meine Unbeholfenheit genug überwunden, um in diesem Grenzgebiet zwischen Philosophie, Sozialwissenschaft und Rechtstheorie nicht allzu dilettantisch herumzustolpern.

Geholfen hat mir dabei ein einjähriger Aufenthalt an der University of California in Berkeley, der vom DAAD ermöglicht wurde. Die Boalt Hall School of Law und das Center for the Study of Law and Society boten eine aufmunternde und stimulierende Atmosphäre für einen neugierigen Sozialwissenschaftler. Die vorliegende Arbeit entstand dann als ein Produkt meiner Arbeit in einer von Jürgen Habermas geleiteten »Arbeitsgruppe Rechtstheorie«, die von der DFG im Rahmen des Leibniz-Programms gefördert wurde. Den Mitgliedern der Arbeitsgruppe: Ingeborg Maus, Lutz Wingert, Klaus Günther, Günter Frankenberg und vielen Gästen unseres Arbeitskreises danke ich für anregende Diskussionen. Lutz Wingert hat in besonderer Weise mit Rat, Kritik und Ermutigung geholfen. Jürgen Habermas hat die Arbeit mit einem wirklich bemerkenswerten Maß an streitbarer Toleranz gefördert. Von dieser Zusammenarbeit habe ich sehr viel gelernt. Es haben sich dabei Gemeinsamkeiten wie produktive Meinungsverschiedenheiten ergeben. Übereinstimmung wie Dissens werden im vorliegenden Text (und in den Arbeiten der anderen) wohl sichtbar werden.[1]

1 Das Manuskript wurde im Frühjahr 1990 abgeschlossen.

I. Einleitung

Durch vernünftiges Recht eine vernünftige Gestaltung der gesellschaftlichen Verhältnisse zu erreichen – diese Hoffnung ist ein Grundelement der politischen Tradition unserer modernen westlichen Gesellschaften.[1] Verglichen mit anderen Kulturen zeigt diese Tradition des Westens einen ausgeprägten »legalistischen« Charakter. In ihrem Verständnis soll das Recht die Emanzipation von »naturwüchsigen« Gewalt- und Herrschaftsverhältnissen und deren Ersetzung durch eine vernunftgemäße Ordnung ermöglichen. Mit rechtlichen Mitteln sollen Gerechtigkeit, Freiheit und Gleichheit, schließlich soziale Solidarität verwirklicht werden. Die Gesellschaftsmitglieder verstehen sich als Angehörige einer Rechtsgemeinschaft – als Bürger eines Rechts- und Verfassungsstaates. Als Rechtspersonen oder Rechtssubjekte haben alle einen prinzipiell gleichen Status. Damit sind gegenseitige Ansprüche und Verpflichtungen verbunden, die ein konstitutives Element ihrer sozialen Identität bilden. Wesentliche soziale Beziehungen werden in Rechtskategorien gefaßt. Auch in sozialen Kämpfen geht es häufig um die Deutung und Einlösung von Grundrechten und Verfassungsprinzipien. Demokratische Selbstherrschaft wird in rechtlichen Formen ausgeübt und – gemäß einer verbreiteten politischen Theorie – durch Recht begrenzt.

Seit den Anfängen des modernen Natur- und Vernunftrechts sind solche Vorstellungen in Konzeptionen der normativen Rechts- und Staatstheorie formuliert worden. Sie haben Ausdruck gefunden in Grundrechtsproklamationen und Verfassungsurkunden, und sie haben in einem schwer zu bestimmenden Maß das kulturelle Selbstverständnis und die institutionelle Praxis moderner westlicher Gesellschaften geprägt. Dabei ist die institutionelle Realität hinter dem normativen Anspruch stets zurückgeblieben. Deswegen hat man seit jeher die Diskrepanz zwischen den proklamierten Prinzipien moderner Rechtsordnungen und ihrer oft schäbigen Wirklichkeit enthüllt und die Einlösung der institutionellen Garantien verlangt. Selbst in solcher Kritik an der jeweili-

1 Gegenwärtig wird sie weiter östlich neu belebt.

gen Rechtspraxis im Namen von Recht und Grechtigkeit kommt noch die Hoffnung auf eine Realisierung von Vernunft im Recht und durch Recht zum Vorschein.

Einwände gegen solche legalistischen Konzeptionen, gegen eine überspannte Identifikation von Recht und vernünftiger Gesellschaftsordnung, gegen überzogene Hoffnungen auf das Recht sind jedoch ebenfalls früh aufgetaucht. In der Kritik rationalistischer Naturrechtskonzeptionen ist – unter anderem von Hegel und vor ihm von den schottischen Moralphilosophen – darauf hingewiesen worden, daß die gesellschaftliche Realisierung von Vernunft nicht *allein* in der Entwicklung des Rechts zu finden ist. Diese Feststellung läßt sich so verstehen, daß andere, komplementäre Elemente vernünftiger sozialer Ordnung zum Recht hinzutreten müssen. Es kann problematisch sein, den Aufgabenbereich des Rechts ohne Rücksicht auf diese notwendige Komplementarität zu sehr auszudehnen. Wenn dem Recht zu viele Regelungsaufgaben zugemutet werden, wenn soziale Integration in zu großem Maß auf Recht gestützt werden soll, kann die Rationalität des Rechts in Irrationalität umschlagen. Summum ius, summa iniuria und: fiat ius, pereat mundus sind traditionelle polemische Formeln gegen eine solche Überstrapazierung von Recht. Über die »Grenzen des Rechts« wird vor allem seit der Herausbildung der modernen Verfassungsstaaten mit teils normativen, teils empirischen Argumenten gestritten. W. v. Humboldts »Ideen zu einem Versuch, die Grenzen der Wirksamkeit des Staats zu bestimmen« (1792) sind ein frühes Beispiel. Die heutige Kritik an freiheitsgefährdenden und sozial desintegrierenden Konsequenzen einer zu weit getriebenen »Verrechtlichung« behandelt das gleiche Thema, wenn auch unter teilweise geänderten normativen Gesichtspunkten und den gewandelten empirischen Bedingungen des heutigen sozialstaatlichen Rechts.

Die begrifflichen Bezugssysteme, in denen solche Probleme vor allem im Rahmen theoretischer Diskurse behandelt werden, beginnen sich jedoch im 19. Jahrhundert zu verschieben. Der *Sinn* der ganzen Fragestellung, wie das Recht und wie *durch* das Recht die Gesellschaft vernünftig gestaltet werden könnte, wird seit langem in verschiedenen Varianten bezweifelt oder radikal verändert. Es entstehen Auffassungen, nach denen eine vernünftige Ordnung der Gesellschaft sich nicht mehr auf das Recht stützen, sondern

Recht vielmehr überflüssig machen soll. Saint-Simon und Comte begründen eine technokratische Konzeption der Gesellschaftssteuerung, die auf Recht verzichten will. Die marxistische Rechtskritik prognostiziert ebenfalls das Absterben von Staat und Recht in einer sich selbst verwaltenden Gesellschaft. Neben solchen Konzeptionen, die soziale Rationalität nicht durch Recht, sondern ohne Recht verwirklicht sehen wollen, finden wir andere, die dem Recht doch noch eine bescheidene Rolle für die Verwirklichung eines allerdings stark ermäßigten Anspruchs auf gesellschaftliche Vernunft zusprechen: Im Gefolge der außerordentlichen Zunahme staatlicher, schließlich parlamentarisch-demokratischer Gesetzgebung entstehen instrumentalistische Rechtsauffassungen, denen Recht als technisches Instrument zur Realisierung politischer Zwecke oder Entscheidungen gilt, welche nicht selbst rational geprüft oder begründet werden können. Die Rationalität des Rechts wird auf sozialtechnische Zweck-Mittelbeziehungen beschränkt. Reduzierte, einseitige Rationalitätsbegriffe werden auch in den verschiedenen theoretischen Disziplinen zugrunde gelegt, die sich mit dem Recht befassen. In der Rechtswissenschaft entwickeln sich »positivistische« Tendenzen, in denen die Frage nach der Rationalität des Rechts aufgespalten wird. Die normative Rechtfertigung ganzer Rechtsordnungen und einzelner Normen wird – sofern ihr Sinn noch zugestanden wird – der Spezialdisziplin der normativen Rechtsphilosophie zugeordnet. Die Jurisprudenz »als solche« hat es dagegen nur mit einer besonderen internen, logischen oder formalen Rationalität eines Systems von Rechtsnormen zu tun – die auf verschiedene Weise definiert und in unterschiedlichem Umfang mit einer speziellen normativen Dignität verbunden, aber in jedem Falle von »externen« moralischen Gesichtspunkten abgetrennt wird. Die Sozialwissenschaften schließlich möchten sich gänzlich von normativen Überlegungen dispensieren. Sofern sie nicht überhaupt darauf verzichten, im Hinblick auf das Recht oder generell auf Handlungen, Institutionen oder soziale Systeme von Rationalität zu sprechen, verwenden sie normativ entschärfte Rationalitätsbegriffe. Rationalität wird als rein deskriptive Kategorie verstanden oder auf solche Aspekte reduziert, für die sich die Sozialwissenschaftler selbst »von Haus aus« zuständig fühlen: nämlich die Aspekte kognitiv-empirischer und formaler Rationalität (eingeschlossen die Logik rationaler

Entscheidungen). Das scheint zunächst nur das methodologische Selbstverständnis bestimmter wissenschaftlicher Disziplinen zu betreffen. Damit könnte die Möglichkeit offen bleiben, daß wir in anderen, nichtwissenschaftlichen Kontexten weiterhin in einem anspruchsvolleren Sinn über die Vernünftigkeit von Recht und Gesellschaft reden. Die Herausforderung durch die Sozialwissenschaften reicht jedoch weiter. Gewisse sozialwissenschaftliche Ansätze versuchen, alle Vorstellungen über eine vernünftige Gestaltung sozialer Verhältnisse durch die Gesellschaftsmitglieder selbst als – vielleicht funktional notwendige – Illusion zu erweisen: Die soziale Ordnung moderner Gesellschaften könne in Wirklichkeit nicht auf vernünftigem intentionalen Handeln und auf einsehbaren normativen Handlungsregulierungen beruhen. Entsprechende illusionäre soziale Selbstdeutungen seien nur Epiphänomene einer »objektiven«, sich hinter dem Rücken der Akteure realisierenden »Systemrationalität«.

Selbst in sozialwissenschaftlichen *Problemdiagnosen* und *Krisentheorien* und in verschiedenen Versionen impliziter oder expliziter Rechts*kritik* finden wir immer wieder den Versuch, das Rationalitätsproblem zu umgehen und der Notwendigkeit auszuweichen, die normativen Kriterien zu rechtfertigen, welche solchen Analysen *implizit* doch immer zugrunde liegen. Am radikalsten und paradoxesten geschieht dies bekanntlich in jenen totalisierenden Kritiken, welche Recht ebenso wie alle anderen Formen sozialer Ordnung in modernen Gesellschaften und schließlich die Rationalität selbst als dem Wesen nach repressiv charakterisieren – als Formen überall wirksamer Gewalt- und Ausschließungsverhältnisse.

In der Auseinandersetzung mit solchen Positionen untersuche ich, in welcher Weise sich in normativer, rekonstruktiver und kritischer Perspektive von der Rationalität moderner Rechtssysteme und von einer vernünftigen Ordnung der Gesellschaft durch Recht sprechen und wie sich umgekehrt soziale Irrationalität diagnostizieren läßt. Die spezifischen Rationalitätskonzeptionen, die in normativen Rechts- und Staatstheorien, in den Rechtswissenschaften und in den Sozialwissenschaften zu finden sind, erweisen sich jeweils als einseitig oder verzerrt. Die Vernunftelemente im modernen Recht lassen sich nicht auf sozialtechnisch-instrumentelle oder ökonomische Rationalität reduzieren, auch nicht auf »formale Rationalität« im Sinne gewisser Rechts- und sozialwissenschaftlicher Theorien. Aber auch die normativen Theorien, welche die moralische Rationalität des Rechts betonen, erfassen nur *einen*, wenn auch wichtigen Aspekt. Ein weiterer, oft vernachlässigter Gesichtspunkt ergibt sich aus der Kritik bestimmter Begriffe von funktionaler oder »Systemrationalität«. Obwohl diese Begriffe oft in widersinniger Weise verwandt werden, verweisen sie auf eine bestimmte Notwendigkeit: Die Rationalität von Institutionen oder sozialen Systemen muß etwas anders analysiert werden als die von Handlungen oder Überzeugungen. Ich entwickle also ein multidimensionales Rationalitätskonzept und behandle die besonderen Probleme seiner Anwendung auf soziale Institutionen, speziell das Recht. Dabei interessieren mich besonders die Unterscheidung und das Verhältnis verschiedener *Dimensionen* und *Kriterien* der Rationalität.[2]

Mit dieser Darstellung geht es mir weniger um einen Beitrag zu den erkenntnistheoretischen, sinnkritischen oder sprachtheoretischen Grundlagentheorien der Rationalität – übrigens auch nicht um eine Auseinandersetzung mit *prinzipieller* Vernunftskepsis, die auf solcher Grundlage zu führen wäre. Die (in meinen Augen) überzeugenden Ergebnisse verschiedener rationalitätstheoretischer Untersuchungen mache ich mir vielmehr zunutze, um die Probleme der Verwendung von Rationalitätsbegriffen in normativen und empirischen Untersuchungen über Recht und Gesellschaft zu diskutieren. Daraus ergeben sich bestimmte Adäquatheitsbedingungen, denen solche Untersuchungen und Theorien entsprechen sollten. Ich plädiere nicht für eine bestimmte normative Gesellschaftskonzeption oder eine bestimmte Analyse von Krisenerscheinungen in heutigen Rechtssystemen, sondern ich

2 Im Hinblick auf solche Unterscheidungen wird häufig von »Rationalitätstypen« geredet. Diese Redeweise verleitet dazu, die Unterscheidung von Merkmalsdimensionen eines Gegenstands – beispielsweise also die Unterscheidung verschiedener Dimensionen der Rationalität von Handlungen oder Institutionen – zur Grundlage einer Unterscheidung von Gegenstandstypen – also zum Beispiel verschiedener Typen rationalen Handelns – zu machen. Diese Art von Begriffsbildung hat seit Max Weber eher irreführend gewirkt. Multidimensionalität bedeutet gerade, daß die Rationalität von Handlungen und Institutionen *gleichzeitig* in verschiedenen Dimensionen oder nach qualitativ verschiedenen Kriterien zu beurteilen ist, daß konkrete Handlungen oder Institutionen also die verschiedenen Rationalitätsaspekte gleichzeitig in größerem oder geringerem Umfang verkörpern.

versuche gewisse Anforderungen zu klären, denen solche Theorien genügen müssen, und bestimmte aussichtsreiche Argumentationsstrategien, Begriffsbildungen und theoretische Konstruktionsprinzipien aufzuzeigen, mit denen solche Ansprüche erfüllt werden können. Es ist übrigens ein Leitmotiv dieser Untersuchung, daß normative und empirische Analysen – oder, von den Disziplinen her betrachtet: philosophische, rechtstheoretische und sozialwissenschaftliche Studien – enger zusammengehören, als das nach dem üblichen Wissenschaftsverständnis der Fall ist. Das kann auf der allgemeinen begrifflichen Ebene, auf der die nachfolgenden Analysen sich bewegen, allerdings nur programmatisch entwickelt werden.

Um angemessene Begriffe und Kriterien für die Beurteilung der Rationalität sozialer Verhältnisse und Institutionen zu bilden, ist es allerdings notwendig, sich in einem gewissen Maß auf die sachlichen Strukturen des Gegenstandsbereichs einzulassen und zu zeigen, wie moderne Rechtsordnungen oder soziale Institutionen generell beschrieben und analysiert werden können. Gestützt auf rechtstheoretische wie auf sozialwissenschaftliche Analysen werde ich deswegen modellhafte Darstellungen moderner Rechtssysteme konstruieren und bestimmte grundlegende Charakteristiken sozialer Institutionensysteme darstellen. Wenn im folgenden vom »modernen Recht« die Rede ist, sind in der Regel die Rechtsordnungen der heutigen demokratischen Rechts- und Verfassungsstaaten des Westens angesprochen – wobei »Westen« grob gesagt Nordeuropa, West- und Südeuropa sowie Nordamerika umfaßt. In manchen Fällen sind die Vorläufer dieser heutigen Rechtsordnungen bis zurück ins 19. Jahrhundert mitgemeint. Diese Abgrenzung rechtfertigt sich durch gewisse Gemeinsamkeiten des institutionellen Typus wie des kulturellen und historischen Hintergrunds.[3]

3 Innerhalb dieser Gruppe von Rechtssystemen lassen sich verschiedene Subtypen unterscheiden. Hier genügt es, an die übliche, sehr grobe Unterteilung zwischen den Systemen des »common law«, die unter anderem durch eine traditionell starke Betonung des Präjudizienrechts gekennzeichnet sind (hier vor allem England und USA), und den Systemen des europäischen Kontinents (»civil law«) zu erinnern. Meine Beispiele entnehme ich vor allem dem deutschen und dem amerikanischen Recht, als Repräsentanten der beiden Typen. Über Typen von Rechtssystemen siehe Zweigert, Kötz 1984:1, 72 ff. (»Rechtskreise«); Constantinesco 1983, 73 ff.; David, Brierley 1985; Rhein-

In den folgenden drei Kapiteln werden grundlegende Charakteristika, Strukturen und Funktionen dieser Rechtssysteme analysiert. Eine Reihe von grundbegrifflichen und methodischen Problemen sind zu erörtern: unterschiedliche Rollen und Perspektiven, die in Aussagen zum Recht eingenommen werden können; das Problem der Rechtsgeltung; der zweifache Doppelcharakter von Recht, als Symbol- und als Handlungssystem sowie als intentionaler und nichtintentionaler Handlungszusammenhang. Die idealtypische Darstellung einer eher logischen als historisch-genetischen Entwicklung von einem »liberalen« zu einem »sozialstaatlichen« Rechtsmodell dient der Analyse der komplexen Struktur heutiger Rechtssysteme. Verschiedene Konzeptionen der Rechtsrationalität in Philosophie, Rechtstheorie und Sozialwissenschaften, die sich jeweils einem der beiden Rechtsmodelle zuordnen lassen, werden in Kapitel IV diskutiert. In Kapitel V rekonstruiere ich die typischen Muster der Rechts*kritik*. Aus der Analyse der meist impliziten normativen Maßstäbe, die sie verwenden, ergeben sich weitere Aspekte der Rationalität oder Irrationalität von Recht und Gesellschaft. Die Kapitel VI und VII enthalten allgemeinere, systematische Überlegungen zur Rationalität von Institutionen. Ausgehend von der Standardunterscheidung zwischen empirisch-kognitiver und normativer Rationalität (die der Unterscheidung zwischen der Rationalität von Tatsachenbehauptungen oder -überzeugungen und von entsprechenden Handlungsorientierungen einerseits, und der Rationalität von normativen Urteilen und Orientierungen andererseits entspricht) sind die problematischeren Unterscheidungen zwischen genuin moralischer und bloßer strategischer (Wahl-)Rationalität sowie zwischen moralischer und evaluativer Rationalität zu erläutern. Es ergibt sich eine handlungstheoretisch orientierte Variante der Dreiteilung von Rationalitätsdimensionen in kognitiv-instrumentelle, moralische und expressiv-evaluative Rationalität. Zusätzlich sind – speziell im Hinblick auf soziale Handlungszusammenhänge und Institutionen – bestimmte formale oder übergreifende Rationalitätskriterien zu berücksichtigen. »*Prozedurale Rationalität*« – der Gegenstand von Kapitel VII – gilt in manchen heutigen Theorien als der

stein 1968. – Zu den historischen Besonderheiten des westlichen »Legalismus« vgl. Berman 1983; Stein, Shand 1974; David et al. 1975; darin vor allem Sawer 1975; skeptisch: Watson 1977.

Schlüsselbegriff für eine genuin demokratietheoretische normative Rechtskonzeption: Prozedurale Regelungen sollen vernünftige kollektive Willensbildung, die Einheit von kollektiver voluntas und ratio garantieren. Ich bezweifle allerdings, daß es möglich ist, normative Rechts- oder Gesellschaftstheorie auf Demokratietheorie – im Sinne der Angabe von Merkmalen für Verfahren rationaler kollektiver Willensbildung – zu *beschränken*. Aber zweifellos spielen Verfahrensregelungen eine wichtige Rolle für die Rationalität politischer und rechtlicher Institutionen, und ich diskutiere eine Reihe von Gesichtspunkten zum Verhältnis von sozialen Prozeduren und sozialer Rationalität. Das letzte Kapitel schließlich enthält noch einmal eine zusammenfassende Darstellung der verschiedenen Aspekte der Rechtsrationalität, die sich in den vorangegangenen Überlegungen ergaben.

II. Modernes Recht
Einige begriffliche Klärungen

1. Recht als »contested concept«

Was ist Recht? Besser gesagt: Welche Beschreibung moderner Rechtssysteme soll unserer Untersuchung zugrunde gelegt werden? Die Kategorien, mit denen wir unsere soziale Welt erfassen, sind *praktische* Begriffe. Kategorien wie Recht, Gesellschaft, Institution, Person, Politik erhalten ihren Sinn als Elemente von Konzeptionen und Selbstverständnissen, die praktische Orientierungen im sozialen Leben bieten. Indem sie soziale Praxis leiten oder beeinflussen, werden solche Begriffe oder Konzeptionen konstitutiv: sie bilden ein Element sozialer Realität – einer Realität, die sie zugleich bezeichnen und normieren. Wer also eine bestimmte Verwendung von Begriffen wie Recht und Gesellschaft vorschlägt, der plädiert für eine spezifische, praktisch folgenreiche Auffassung über die soziale Welt, für eine bestimmte Einstellung gegenüber unseren sozialen Beziehungen. Solche Begriffe sind »essentially contested concepts«.[1] Wenn wir in einer *normativen* Einstellung über Recht argumentieren, dann debattieren wir in den meisten Fällen über die Berechtigung bestimmter rechtlicher Normen, Prinzipien oder Fallentscheidungen. Unter Umständen können wir jedoch auch tiefer ansetzen und für eine Neuinterpretation oder Revision unserer grundlegenden Auffassungen über Recht, von Grundbegriffen wie Rechtsordnung, Rechtsgeltung, rechtliche Verpflichtungen, Rechtsetzung und Rechtsanwendung usw. eintreten. Mit dieser Problematik der »contested concepts« sind wir aber nicht nur in diesem Fall, sondern auch dann konfrontiert, wenn wir ein soziales Phänomen wie das Recht in theoretischer

1 Der Begriff stammt von Gallie (1955-56). Gallie gibt ihm allerdings einen engeren Sinn: Er versucht, eine bestimmte Klasse von evaluativen kulturellen Kategorien zu identifizieren, für die wesentlich ist, daß sie in unterschiedlichen Weisen ausgelegt werden (Gallie 1955-56, 193) – im Sinne eines kulturellen Pluralismus. MacIntyre bezweifelt die Anwendbarkeit dieses Begriffs auf das Recht (MacIntyre 1973, 9; siehe Green 1987, 16ff. für ähnliche Einwände). Aber auch verbindlich geltende Rechtsordnungen bleiben stets »contested«. Vgl. A. Peters: »Law as Critical Discussion« (1986).

Absicht und in einer zunächst deskriptiven oder empirischen Perspektive zu erfassen suchen. Solche Formen der Analyse gegebener kultureller Selbstverständnisse finden wir in Gestalt gewisser philosophischer Untersuchungen (Rekonstruktionen, Begriffsanalysen) oder in »analytischen« Rechtstheorien. Auch für sozialwissenschaftliche Forschungen bilden solche Rekonstruktionen eine notwendige Ausgangsbasis – selbst wenn sie über die Ebene des »Sinnverstehens« hinausgehen und Elemente »falschen Bewußtseins« sowie nichtbewußte, nichtsinnhafte Elemente der sozialen Realität einbeziehen. Nun haben wir es in modernen Gesellschaften in der Regel nicht mit fixen, unproblematisch vorgegebenen, kollektiv geteilten Sinngehalten zu tun – sondern mit kulturellen, symbolischen Feldern, die durch plurale Auffassungen, Dissens und Konflikt charakterisiert sind. Wenn man etwa versucht, die in modernen Gesellschaften existierenden Konzeptionen von Recht darzustellen, stößt man auf ein solches unübersichtliches Feld von Überzeugungen oder Diskursen, sowohl im Alltagsleben wie in spezialisierten Institutionen und wissenschaftlichen Disziplinen.

Angesichts dieser Heterogenität kulturell vorgegebener, konkurrierender Begriffsbildungen stellt sich die Aufgabe, die multiplen Konzeptionen nicht nur zu beschreiben, sondern auch eine angemessene Alternative auszuwählen oder zu entwickeln. Welche Begrifflichkeit bevorzugt oder konstruktiv entwickelt wird, hängt natürlich mit den Erkenntnisinteressen zusammen, die in der jeweiligen Untersuchung verfolgt werden. Diese Erkenntnisziele und Sichtweisen, welche in die Begriffsbildung und die Anlage der Theoriekonstruktion eingehen, sind selbst in einem bestimmten Sinn normativ zu rechtfertigen oder zu kritisieren – auch wenn es um empirische Theorien geht. Welchen sozialwissenschaftlichen Ansatz man zum Beispiel wählt, ist nicht problemlos allein nach Kriterien eines »wertneutralen«, empirischen Erkenntnisfortschritts – entsprechend einem ohnehin fiktiven Modell naturwissenschaftlicher Theorieentwicklung – zu bemessen. Auch empirische, sozialwissenschaftliche Theorien lassen sich daraufhin befragen, ob ihre Begriffsbildung ein Selbstverständnis fördert, das unserer sozialen Praxis angemessen ist. Ob man Rechtssysteme in bestimmten behavioristischen oder systemtheoretischen Begriffen beschreibt, die ein internes Verstehen des Sinngehalts der entsprechenden sozialen Praktiken ausschließen, oder ob man einen Ansatz wählt, der – wie gleich zu erläutern – interne und externe Perspektiven kombiniert: das läßt sich nicht einfach danach entscheiden, welcher Ansatz zu besseren »Vorhersagen« führt oder den höheren Abstraktions- oder Allgemeinheitsgrad ermöglicht. Wesentlich sind die Fragen: Welche Art der Theoriebildung erfaßt und erhellt die Phänomene, die für uns bedeutsam und wesentlich sind? Mit welchen Erkenntnissen können wir unsere soziale Welt und unsere Rolle in ihr besser verstehen?

In diesem und dem folgenden Kapitel sollen Grundbegriffe und Beschreibungen der Grundstrukturen moderner Rechtssysteme entwickelt werden, die dieser Problematik gerecht werden und *sowohl* für empirische Darstellungen *wie* für normative Erörterungen geeignet sind. Das vorliegende Kapitel liefert einen begrifflichen Grundriß, der die gemeinsamen Elemente der beiden Idealtypen von Rechtssystemen enthält, welche im darauffolgenden Kapitel konstruiert werden. Das Problem der Heterogenität von Rechtskonzepten versuche ich zu bewältigen, indem ich ein allgemeines begriffliches Muster identifiziere, das verschiedenen (jedoch nicht allen) spezifischeren Konzeptionen zugrunde liegt.[2] Das Verhältnis empirischer und normativer Aussagen zum Recht soll durch die Unterscheidung verschiedener Rollen und Perspektiven geklärt werden, die gegenüber dem Recht eingenommen werden können. Die Angemessenheit dieser Begriffsbildung soll sich daran erweisen, daß dieses Modell eine erhellendere und relevantere Deutung unserer sozialen Welt ermöglicht als konkurrierende theoretische Ansätze, die andere Grundbegriffe verwenden. Eine spezifische Ausrichtung erhält diese Analyse und Modellbildung natürlich dadurch, daß sie auf die Rationalitätsproblematik bezogen bleibt – also auf die Frage, in welchen Hinsichten und nach welchen Kriterien modernes Recht als rational oder irrational zu charakterisieren wäre und welche Rolle Recht für rationale Gesellschaftsgestaltung spielen kann. Für den Begriff der *Rationalität* gilt in ähnlicher Weise, was eben für soziale Kategorien generell festgestellt wurde. Auch hier finden wir konkurrierende, umstrittene Konzeptionen. Jedoch ist der Rationalitätsbegriff fundamen-

2 Ähnlich Dworkin, der grundlegendes »concept« und variierende spezifische »conceptions« unterscheidet (Dworkin 1986, 71 ff.).

taler als Kategorien wie Recht und Politik. Rekonstruktionen von Rationalitätskonzepten führen auf tiefliegende, nichthintergehbare Selbstverständnisse, die aller Theoriekonstruktion vorausliegen – und nicht einfach theorierelativ variiert werden können. Deswegen sind hier grundsätzlichere Argumente für und wider die Angemessenheit bestimmter Rationalitätsbegriffe vorzubringen.

2. *Recht: einige grundlegende Merkmale*

Recht als geltende Ordnung einer Assoziation. Beginnen wir mit einem elementaren, weitgehend unproblematischen Verständnis von Recht als einen Komplex von Normen, oder präziser: als einer Menge von Regeln, Prinzipien, Grundbegriffen und anderen symbolischen Elementen, die für eine Rechtsgemeinschaft Gültigkeit haben. Menschen können ihr soziales Leben regulieren, indem sie sich an kollektiv geltenden Normen orientieren.[3] Rechtsnormen sind ein bestimmter Typ von sozialen Normen und damit die Grundlage einer spezifischen Form der Vergesellschaftung: eben durch kollektive Bindung an bestimmte Normen. Ein System von Rechtsnormen konstituiert eine bestimmte Form der *sozialen Assoziation* – nämlich eine Rechtsgemeinschaft. Rechtssystem (als System geltender Normen) und Rechtsgemeinschaft sind aufeinander bezogen: Das Rechtssystem gilt *für* ein bestimmtes Kollektiv, das nicht unabhängig von dieser normativen Ordnung existiert, sondern sich durch sie konstituiert. Es wäre denkbar, daß eine solche Gemeinschaft die ganze Menschheit umfaßt, und es gibt heute zumindest einige schwache Elemente einer solchen universellen Rechtsordnung. Als Resultat einer kontingenten historischen Entwicklung finden wir aber als grundlegende Form eine Pluralität gegeneinander abgegrenzter rechtlicher Assoziationen: die modernen Nationalstaaten.

Rechtsordnungen umfassen deswegen nicht nur Verhaltensanweisungen; sie grenzen auch den Geltungsbereich dieser Anweisun-

3 Statt von Menschen, Individuen, Personen oder Subjekten werde ich meist (sozialtheoretischen Gepflogenheiten folgend) von (sozialen) Akteuren sprechen oder (wenn es um eine Gesellschaft oder Rechtsgemeinschaft geht) von Mitgliedern. (Das grammatische masculinum hat in diesem Text durchweg keine soziale Bedeutung.)

gen ein, in doppelter Weise. Sie enthalten Regelungen der Mitgliedschaft, und sie definieren einen territorialen, also geographisch abgegrenzten Geltungsbereich. Dafür, daß Rechtsordnungen einen territorialen Geltungsbereich haben, gibt es praktische (oder »funktionale«) Gründe: Die Dichte sozialer Interaktionen korreliert auch heute noch stark mit geographischer Nähe, und geographische Nachbarschaft ist aus solchen und anderen Gründen (etwa der symbolischen Bedeutung von »Landschaft«) immer noch ein starker gemeinschaftsbildender Faktor. Die territoriale Geltungsbasis erleichtert zudem die Durchsetzung oder Erzwingung von Recht. Viele einzelne Funktionen moderner Rechtsordnungen sind auch nur auf der Grundlage einer territorial einheitlichen Rechtsorganisation möglich – etwa viele Formen der Wirtschaftsregulierung oder die Bereitstellung von Dienstleistungen und Infrastruktur. *Denkbar*, aber offensichtlich »unpraktisch« wäre ja immerhin eine Pluralität von Rechtsgemeinschaften (»Nationen«), die ohne jeweilige eigene geographische Basis, also auf demselben Territorium leben und untereinander nach dem Muster des Völkerrechts verkehren.
Die Mitgliedschaft in der Rechtsgemeinschaft wird im allgemeinen durch Geburt, in manchen Fällen auch durch freiwilligen Beitritt und Aufnahme erworben. Der Austritt ist in der Regel unter bestimmten Bedingungen (Auswanderung) möglich, wird aber durch die Rechtsgemeinschaft kontrolliert. Zwischen den Kriterien der Mitgliedschaft und dem Kriterium der Territorialität existieren gewisse Spannungen. Der räumliche Geltungsbereich impliziert ja einen Anspruch auf Geltung der Rechtsordnung für alle, die sich in dem betreffenden Gebiet aufhalten. Das erfordert Regelungen für Zutritt und Aufenthalt. In aller Regel genügt jedoch der bloße Aufenthalt nicht, um alle Befugnisse des Mitglieds zu erwerben. Diese Fragen der Regelung des Zutritts und vor allem der Aufnahme gehören gegenwärtig und in absehbarer Zukunft sicher zu den konfliktträchtigsten Problemen moderner Rechtssysteme.

Zwang und Suprematie. Die Anwendung von Zwang und der Anspruch auf Suprematie bezeichnen zwei weitere elementare und problematische Züge moderner staatlicher Rechtsordnungen. Viele Theoretiker seit Hobbes haben versucht, eine Art begrifflicher notwendiger Verbindung zwischen »positivem« Recht und Zwangsanwendung herzustellen. Gewöhnlich haben sie die Notwendigkeit, Rechtsgehorsam durch ein überlegenes Zwangspotential sichern zu müssen, als den einzigen oder entscheidenden Grund für die Notwendigkeit eines staatlichen Rechtssystems angesehen. Deswegen ist die Bindung an eine bestimmte *Form* der Sanktionierung auch zur differentia specifica des Rechts gegenüber anderen sozialen Normen gemacht worden (etwa von Max Weber). Diese Argumentation ist jedoch nicht plausibel. Wie sich noch zeigen wird, gibt es genügend *andere* Gründe für die Notwendigkeit »positiven« Rechts – unabhängig von der Notwendigkeit regulierter Zwangsausübung.[4] Viele Rechtsnormen sind denn auch gar nicht mit Strafandrohungen verknüpft (Hart 1961, 26ff.). Aber empirisch (und vielleicht unvermeidlich) sind Regelungen für die Anwendung von Sanktionen bis hin zur Androhung und Ausübung unmittelbarer körperlicher Gewalt zweifellos ein Element aller Rechtssysteme. Nun sind auch andere soziale Normen, zum Beispiel Moralnormen, mit Sanktionen verbunden. Rechtssysteme zeichnen sich jedoch durch eine spezifische *Organisation* der Verhängung und Vollstreckung von Sanktionen aus, in Gestalt bestimmter Verfahren und Organe. Wenn im Hinblick auf rechtliche Sanktionen vom staatlichen »Gewaltmonopol« gesprochen wird, ist zumeist ein Monopolanspruch auf die legitime Ausübung *physischen* Zwangs gemeint – als letzte Reserve im Arsenal staatlicher Zwangsmittel, die praktisch vor allem als Drohung von Bedeutung ist. Allerdings ist dieser Monopolanspruch in der Regel faktisch uneingelöst und auch normativ eingeschränkt (Rechte zur Selbst- und Nothilfe, »Züchtigungsrechte« gegenüber Kindern). Dem Anspruch nach ist die Legitimität solcher »privater« Formen der Zwangsausübung allerdings an rechtliche Ermächtigungen gebunden.

Der Anspruch auf Suprematie kann so formuliert werden, daß in modernen Rechtssystemen keine außerrechtlichen Normen anerkannt werden, die generell Vorrang vor Rechtsnormen hätten, oder daß keine konkurrierenden Jurisdiktionen als legitim akzeptiert werden – oder nur solche, die auf widerrufbaren Ermächti-

4 Finnis 1980, 266ff. MacCormick macht darauf aufmerksam, daß Kriminalstrafen nicht *notwendig* unter dem Aspekt der Zwangsandrohung gesehen werden müssen (MacCormick 1982, 241 ff.).

gungen oder Tolerierungen im Rahmen des zentralisierten Rechtssystems beruhen.[5] Das historische Gegenbild sind in der Regel ständische Ordnungen mit einer Vielzahl überlappender und konkurrierender Jurisdiktionen. Der Gegensatz dazu ist eine *einheitliche* Rechtsordnung, in der das Recht der ganzen Gemeinschaft in den dafür rechtlich vorgesehenen Verfahren geschaffen oder festgestellt wird. Suprematie mag dann heißen, daß rechtliche Regeln in einer Rechtsordnung, die als legitim gilt, im Normalfall Vorrang vor anderen Normen haben. Damit ist nichts darüber gesagt, welche Rolle andere (zum Beispiel moralische) Normen bei der Setzung oder Anwendung des Rechts spielen. Es kann auch nicht ausgeschlossen werden, daß es in modernen Rechtsgemeinschaften Fälle geben kann, in denen Akteure legitimerweise konkurrierenden Normen den Vorrang vor geltenden Rechtsnormen geben. (Das führt zum Begriff der Rechtsgeltung, der im nächsten Abschnitt behandelt wird.)

Statik und Dynamik. Setzung. Es ist ein weiteres elementares Merkmal moderner Rechtssysteme, daß es institutionalisierte Verfahren gibt, in denen rechtlich bindende Entscheidungen getroffen werden können, in denen also Recht geändert oder strittige Rechtsfragen geklärt und entschieden werden können – nach dem üblichen Schema: Verfahren der Rechtsetzung (Gesetzgebung) und der Rechtsanwendung im Einzelfall (adjudication). Das Recht als Normensystem enthält selbst entsprechende Verfahrensregelungen.[6] Gemeinhin wird von der »Positivierung« des Rechts oder dem »Satzungsprinzip« gesprochen. Was das bedeuten kann, ist

5 Kriele unterscheidet »Monopol« und »Prärogative« von Rechtsetzung und -durchsetzung: »Wenn der Staat das Rechtsetzungsmonopol hat, so kann niemand außer ihm Recht schaffen, es sei denn aufgrund einer staatlichen Delegation. Wenn der Staat nur die Rechtsetzungsprärogative hat, so kann er zwar andere rechtschöpfende Kräfte gelten lassen; er kann aber jede Rechtsfrage zur Entscheidung an sich ziehen. Soweit er davon Gebrauch macht, ist seine Entscheidung bindend und hat Vorrang vor anderen Rechtsquellen.« (Kriele 1975, 86) (Er erwähnt autonomes Verbandsrecht, Kirchenrecht, Gewohnheitsrecht, Notwehr- oder Naturrecht.)

6 Kelsen spricht vom »dynamischen« Prinzip des Rechts im Gegensatz zum »statischen« (Kelsen 1960, 196ff.); Hart von »secondary (vs. primary) rules«, zu denen er »rules of adjudication«, »rules of change« und die »rule of recognition« zählt (Hart 1961, 77ff.). Honoré spricht allgemeiner von »source norms« (Honoré 1987, 4; 41).

ebenso klärungsbedürftig wie die Unterscheidung von Rechtsetzung und Rechtsanwendung.

Recht als Symbol- und als Handlungssystem. Bisher habe ich von Recht im Sinne geltender Normen gesprochen. Recht wird damit verstanden als Symbolsystem – als eine abgegrenzte und intern strukturierte Menge von Normen, Prinzipien, Grundbegriffen, Methoden, vielleicht »Hintergrundtheorien« und anderen symbolischen Elementen. Recht erscheint als der *Sinn* von Texten, Äußerungen, Überzeugungen, Handlungen. Nun können wir die sozialen Aktivitäten selbst in den Blick nehmen, in denen dieser Sinn erzeugt wird – in denen Recht als Symbol- oder Sinnsystem produziert und reproduziert wird. Recht erscheint dann als *Handlungszusammenhang* – als Komplex sozialer Aktivitäten, die intentional auf Recht bezogen oder am Recht orientiert sind. Wenn wir Recht in dieser Weise als Handlungssystem betrachten, schließen wir Recht als Symbolsystem insofern mit ein, als wir uns auf den Handlungs*sinn*, auf die intentionalen Orientierungen der Akteure am Recht beziehen.

Recht als Handlungssystem im eben erklärten Sinn umfaßt alle intentional auf Recht bezogenen Handlungen. So gesehen ergibt sich ein deutlicheres Bild der »dynamischen« Seite, also der Produktion und Reproduktion des Rechts. In bestimmter Weise wird Recht als Sinnsystem in allen rechtsbezogenen Handlungen oder Interaktionen reproduziert – bestätigt, weitervermittelt, verändert. Reproduziert werden damit die rechtlichen, normativen Beziehungen zwischen den Mitgliedern der Rechtsgemeinschaft. Diese Reproduktion findet nicht nur in den spezialisierten rechtlichen Verfahren statt, sondern auch im Alltag: in der Vermittlung von Rechtskenntnissen, in alltäglichen Auseinandersetzungen um die Interpretation des Rechts, in der Suche nach neuen Anwendungsmöglichkeiten usw. Die Relevanz solcher Aktivitäten für die Reproduktion des Rechts differiert allerdings sehr stark. Wir können das provisorisch in einem Zentrum-Peripherie-Schema beschreiben. Im Kern liegen die sozialen Aktivitäten, welche die größte Legitimität für die Lösung von Rechtsfragen, die größte »Definitionsmacht« haben. Also die spezialisierten, spezifisch autorisierten institutionellen Formen der rechtlichen Bearbeitung sozialer Probleme: »Rechtsetzung« (Gesetzgebung, parlamentarische Verfahren, Wahlen) und speziell autorisierte und autoritative Formen der Anwendung von Recht (im Gegensatz zu privaten Rechtsakten und Rechtsgeschäften), also vor allem Gerichtsentscheidungen, aber auch Regelsetzungen und Einzelentscheidungen durch die Verwaltung. Weiter außen die Rechtswissenschaft, die Institutionen der Rechtsberatung und -vertretung (Anwälte) usw., und noch weiter zur Peripherie die vielfältigen sozialen Aktivitäten, welche die Rechtsentwicklung auf den verschiedensten institutionellen Bahnen beeinflussen – vor allem über die verschiedenen Formen der Einwirkung auf die Gesetzgebung und durch die Mobilisierung des Rechts in gerichtlichen Verfahren. Zweckmäßig und üblichen Verständnissen entsprechend ist es, wenn wir die auf die Reproduktion des Rechts spezialisierten sozialen Institutionen wie Gesetzgebung, Rechtsprechung und die juristischen Professionen als Rechtssystem im engeren Sinn abgrenzen.[7] Das ist eine extrem grobe Skizze, und vor allem die Rolle der verschiedenen spezialisierten Institutionen soll später noch näher betrachtet werden (Kapitel VIII).

Rechtssystem: intentionale und nichtintentionale Strukturen. Eine genauere sozialwissenschaftliche Analyse der Strukturen des Rechts als Handlungssystem würde verschiedene Typen von Faktoren oder Strukturen aufzeigen, welche die Reproduktion des Rechts regulieren. Grundlegend ist die Unterscheidung zwischen intentionalen und nichtintentionalen Strukturen des sozialen Handelns oder sozialer Handlungssysteme.[8] Sehr vereinfacht: Handlungsintentionen der Akteure können durch Verständigungsprozesse, die gemeinsame Orientierung an geltenden sym-

7 Ähnliche Konzeptionen vom Rechtssystem als Handlungssystem sind in den Sozialwissenschaften weithin üblich. Siehe verschiedene Varianten bei L. Friedman 1981, 15; Luhmann 1981a, 35 (Recht als System aller Kommunikationen, die mit Bezugnahme auf das Recht formuliert werden); Krawietz 1986, 290ff.

8 In der Soziologie ist von der Unterscheidung zwischen Sozial- und Systemintegration (Lockwood 1964; Mouzelis 1979; Mishra 1982) oder zwischen System und Lebenswelt die Rede (Habermas 1981). Habermas hat die Tendenz, »System« und »Lebenswelt« als Handlungsbereiche oder institutionelle Komplexe gegeneinander abzugrenzen. Dagegen glaube ich, daß intentionale und nichtintentionale Vergesellschaftungsmechanismen in allen Handlungsbereichen ineinandergreifen.

bolischen Ordnungen, teilweise auch durch wechselseitige strategische Orientierungen aufeinander abgestimmt werden. Auf diese Weise ergeben sich intentionale Ordnungen. Soziales Handeln wird aber auch noch durch andere, »objektive« Faktoren und Mechanismen determiniert. Damit sind weniger physiologische oder psychische Einflüsse auf den einzelnen Aktor gemeint, auch nicht einfach objektive Situationsmerkmale (die »objektive« oder »materielle« Welt). Vielmehr geht es um soziale Mechanismen, welche Handlungen »hinter dem Rücken der Akteure« koordinieren – nach einem traditionellen sozialwissenschaftlichen Schema: durch die nichtintendierten Interdependenzen oder nichtantizipierten sozialen Konsequenzen von Handlungen.[9] Das klassische Beispiel ist die »invisible hand« des Marktes; relativ gut untersucht sind entsprechende Mechanismen in Organisationen. Soziologische Analysen über politische Institutionen und Prozesse und über staatliche Verwaltungen liefern genügend Hinweise, daß sich die Funktionsweise dieser Einrichtungen nicht allein in handlungstheoretischen Kategorien erklären läßt – das heißt: nicht allein aus der Rekonstruktion der Intentionen und Situationsdeutungen der beteiligten Akteure, ihrer Orientierung an kollektiven symbolischen Ordnungen; auch nicht allein aus sozialen Konflikten oder aus der Durchsetzung von Interessen durch Akteure mit überlegenen Machtmitteln. Vielmehr sind »systemische Mechanismen« am Werk, die Ordnung durch die ungeplante Verknüpfung von Handlungen und Entscheidungen entstehen lassen.[10] Solche »Verselbständigungen« von Institutionen oder sozialen Prozessen können unter verschiedenen Gesichtspunkten kritisiert werden: weil sie

9 Die Idee, daß Vergesellschaftung wesentlich durch nichtintendierte Handlungskonsequenzen gekennzeichnet ist, wurde in der Geschichte der Sozialtheorie häufig variiert. Zur älteren Geschichte des Topos siehe Viner 1972; Hirschman 1977. Hayek und Popper haben seit langem das Studium nichtintendierter Handlungsfolgen zur eigentlichen Aufgabe der Sozialwissenschaften erklärt (Popper 1957:2, 93, 95; Hayek 1952). Zur soziologischen Diskussion siehe u. a. Boudon 1980; Coleman 1986; Elias 1977; Jokisch 1981; Merton 1936; Wippler 1978.

10 Es gibt verschiedene sozialwissenschaftliche Ansätze zur Erfassung dieses Phänomens, vor allem die Systemmodelle der Politik (Easton 1965, Deutsch 1966; dazu Barry 1970; Luhmann 1981d) und ökonomische Modelle (vor allem seit Downs 1957). Lindblom 1965 beschreibt einige Mechanismen »dezentraler Koordination« in politischen Systemen im Detail.

im konkreten Fall problematische Ergebnisse haben oder weil sie einem generellen Anspruch auf bewußte Regelung des sozialen Lebenszusammenhangs durch die Akteure selbst widersprechen. Gegen eine solche *generelle* Kritik ist allerdings zu halten, daß der Regulierungsbedarf moderner Gesellschaften keinesfalls durch intentionale Vergesellschaftungsformen allein gedeckt werden kann. Alle diese Behauptungen müßten durch soziologische Analysen belegt werden, die hier nicht am Platze sind.[11] Ich beschränke mich hier auf die begriffliche Unterscheidung zwischen intentionalen und nichtintentionalen Vergesellschaftungsmechanismen oder Formen sozialer Ordnung. Sie gilt auch für die sozialen Prozesse und spezialisierten Institutionen, in denen Recht reproduziert wird. Recht als Symbolsystem ist eine Form intentionaler Ordnung. Recht als Handlungssystem ist strukturiert durch intentionale Elemente (vor allem durch entsprechende rechtliche Normen); aber auch durch nichtintentionale Mechanismen (Kapitel IV und VIII).

Rechtsgemeinschaft. Staat. Gesellschaft. Wenn sich Akteure an einer Rechtsordnung mit den beschriebenen Merkmalen orientieren, bilden sie eine Rechtsgemeinschaft. Als Mitglieder einer Rechtsgemeinschaft schlüpfen sie in die Rolle der Rechtsperson, betrachten sich gegenseitig als Träger von rechtlichen Pflichten und Ansprüchen, oder betrachten nur die rechtliche Seite ihrer sozialen Beziehungen, seien es »private« oder »öffentliche«. Das ist offensichtlich eine Abstraktion. In der sozialen Realität wird diese spezielle Form der Assoziation kaum je »pur«, sondern stets im Zusammenhang mit vielfältigen anderen Beziehungen, als *Element* oder spezielle *Ebene* komplexerer Vergesellschaftungsformen erlebt. Das wird leicht deutlich, wenn man nicht die Rechtsgemeinschaft im ganzen, sondern andere rechtliche Assoziationen betrachtet. Zu den Merkmalen von Rechtssystemen gehört ja, daß sie Regelungen enthalten, die solche Assoziationsbildung in-

11 Sie bedeuten übrigens keine Übernahme der speziellen Variante soziologischer Systemtheorie, die Niklas Luhmann entwickelt hat. Luhmann unterläuft die Unterscheidung zwischen intentionalen und nichtintentionalen Ordnungen. »Sinn« ist für ihn zwar konstitutiv für die Bildung sozialer Systeme; aber er erfaßt Sinnbildung nicht intern, sondern nur von außen: im Hinblick auf seine latenten Funktionen. Siehe Kapitel IV.

nerhalb und im Rahmen des umfassenden Rechtssystems ermöglichen. Beispiele sind Ehe oder Familie und Organisationen. Familie und Familienrecht sind das übliche Beispiel dafür, daß Recht bestimmte Formen der Assoziation nicht erst konstituiert, sondern nur in bestimmter Weise absichert und beeinflußt. Darauf haben »institutionalistische« Rechtstheoretiker (vor allem seit Hegel) und Rechtssoziologen stets hingewiesen. Die Ehe ist kein juristisches Verhältnis, aber sie hat rechtliche Elemente, die unter bestimmten Bedingungen aktiviert werden können. Eine Organisation (sagen wir: eine »Gesellschaft« – corporation – im Sinn des »bürgerlichen Rechts«) basiert in viel stärkerem Maß auf rechtlichen Regelungen und Vereinbarungen. Aber selbst hier gilt, daß Recht nur ein Strukturelement unter vielen ist. Anders gesagt: selbst Assoziationen oder Institutionen, die ohne Recht nicht zustande gekommen wären, können doch nicht allein auf Recht beruhen.

Die Rechtsgemeinschaft im ganzen und die Gesamtheit der Rechtsbeziehungen zwischen ihren Mitgliedern treten gewöhnlich als Strukturelement einer Gesellschaft oder Nation in Erscheinung. Dabei wird unter »Gesellschaft« ein nationalstaatlich organisiertes Kollektiv verstanden, das *unter anderem* durch gemeinsame rechtliche Institutionen definiert ist. Aber die Beziehungen der Mitglieder untereinander sind nicht nur rechtliche. Sie sind in verschiedenem Maße eingebettet in kulturelle Gemeinsamkeiten, geteilte Traditionen und Lebensformen und bezogen auf soziale Zusammenhänge (etwa eine »nationale« Ökonomie), die zwar durch die politisch-rechtliche Struktur mitgeprägt sind, aber nicht in ihr aufgehen. Hier soll die Bezeichnung »Gesellschaft« (oder »Nation«) für ein solches Kollektiv beibehalten werden.[12]

Die historische Semantik von »Staat« ist schillernd, und sie differiert nach verschiedenen nationalen politischen Traditionen.[13] In

12 Einem verbreiteten soziologischen Sprachgebrauch entsprechend (Mayhew 1968, 577; Parsons, Shils 1951, 26, 196; Parsons 1951, 19). Die soziologische Kritik an der Identifizierung von »Gesellschaft« mit einem nationalstaatlich organisierten Kollektiv ist hier nicht relevant (Luhmann 1975a, 60; 1981e, 333-37; Tenbruck 1989, 204ff.).

13 Über die Unterschiede der angelsächsischen und der kontinentaleuropäischen politischen Semantik siehe Dyson 1980; Nettl 1968. Zur Begriffsgeschichte von »Staat und Gesellschaft« siehe auch Riedel 1979.

einer im 19. Jahrhundert entstandenen kontinentaleuropäischen Tradition wurden »Staat« als politischer Verband und Herrschaftsorganisation einerseits, »Gesellschaft« als Sphäre des »unpolitischen« oder »privaten« Verkehrs andererseits gegenübergestellt. Das Verhältnis von Staat und Recht blieb umstritten.[14] Im angelsächsischen politischen Vokabular hat der Begriff »Staat« keine zentrale Rolle gespielt. Dort ist eher von »government« die Rede, worunter eine Organisation (mit verschiedenen »branches«, die Gerichte eingeschlossen) gemeint ist, die *unter anderem* rechtliche Strukturen und Funktionen hat.

Ein aktuelles theoretisches Problem, das von diesen Kontroversen übriggeblieben ist, läßt sich am besten in soziologischen Termini formulieren. Anstelle von »Staat« soll hier in der Regel vom »politischen System« die Rede sein, als dem Bereich der auf gesellschaftlich bindende Entscheidungen gerichteten oder im Auftrag der Gesellschaft ausgeübten Aktivitäten; »government« ist ein Teil dieses Systems. Das Problem ist dann das Verhältnis von politischem System und Rechtssystem; weiter die Abgrenzung beider Systeme gegenüber anderen sozialen Handlungsbereichen (dazu Kapitel IV und VIII). Hier soll das Rechtssystem als *Handlungs*system (das heißt als Bereich der auf die Reproduktion des Rechts spezialisierten Aktivitäten) als *Teil* des politischen Systems (überlappend mit dem Bereich von »government«) angesehen werden. Der Bereich des Rechts als *Normen*system reicht weiter, weil Recht ein Strukturelement auch von vielen nichtpolitischen Institutionen ist. Die Rechtsgemeinschaft umfaßt politische (»citoyen«) wie nichtpolitische Rollen (»bourgeois«, »homme«).

14 Dabei standen sich »juristische« Staatskonzeptionen (Kant, in ganz anderer Weise: Kelsen) und »substanzialistische« Konzeptionen verschiedenster Spielart gegenüber. Typisch für letztere ist die Diskussion über das Verhältnis zwischen einer irgendwie vor-rechtlich gedachten »Herrschaft«, »Souveränität« oder »Politik« zum Recht als Schranke, Legitimationsgrundlage oder irgendwie sperriges, weil noch teilweise »autonomes« Herrschaftsmittel. – Zur Neuauflage der entsprechenden deutschen Diskussion (die in der Weimarer Republik einen Höhepunkt erlebte) in der Bundesrepublik siehe Böckenförde 1976.

3. Perspektiven und Rollen

Interne und externe Perspektive. Recht kann in verschiedenen Perspektiven betrachtet, Fragen über das Recht können in verschiedenen Einstellungen gestellt werden. Eine übliche, wenngleich in verschiedenen Bedeutungen gebrauchte Unterscheidung ist die zwischen »interner« und »externer« Perspektive.[15] Als »intern« soll hier eine sinnverstehende, interpretative Einstellung bezeichnet werden, die sich auf Recht als Symbolsystem bezieht oder auf Überzeugungen und Aktivitäten, die intentional am Recht orientiert sind. »Interne« Beziehungen sind solche, die interpretativ erfaßt werden könnnen – Beziehungen zwischen Elementen eines Sinnsystems, etwa zwischen verschiedenen Normen oder Prinzipien eines Rechtssystems, aber auch Beziehungen zwischen Überzeugungen und Handlungen (Apel 1979a, 1979b). Eine »externe« oder »objektivierende« Perspektive erfaßt demgegenüber die nichtsinnhaften Aspekte der »äußeren« Realität – im Hinblick auf die soziale Welt also jene Elemente, Beziehungen, Mechanismen, die jenseits von Handlungsintentionen und symbolischen Strukturen der jeweiligen Kultur bestehen.

Ist eine solche externe, objektivierende Perspektive *auf das Recht* überhaupt denkbar? Immerhin ist sie als sozialwissenschaftliches Programm formuliert worden.[16] In behavioristischen Ansätzen soll aus der Beobachtung von äußeren Verhaltensregelmäßigkeiten, eingeschlossen »feindselige« Reaktionen auf bestimmte exzeptionelle Verhaltensweisen, auf die Existenz eines Regelsystems geschlossen werden. Allein, »Regelsystem« kann hier nur die Be-

15 Hart 1961, 86ff., 99f.; MacCormick 1978, 275ff. Die Unterscheidung zwischen externer und interner Perspektive (external und internal point of view) und die zwischen Teilnehmer- und Beobachterperspektive werden häufig gleichgesetzt (worauf MacCormick hinweist). So beispielsweise von Dworkin: »One is the external point of view of the sociologist or historian, who asks why certain patterns of legal arguments develop in some periods or circumstances rather than others, for example. The other is the internal point of view of those who make the claim.« (Dworkin 1986, 13) Ich schlage vor, zwischen den beiden Dichotomien zu unterscheiden, siehe unten.

16 Als generelles Programm zuletzt von Donald Black (1976). Viele empirische Theorien beschränken sich mehr oder weniger auf »externe« Zusammenhänge und setzen dabei die intentionalen Elemente des Rechts als unproblematische Daten voraus, ohne generell die Eliminierung solcher Elemente zu fordern.

deutung beobachteter Regelmäßigkeiten haben. Es ist zweifelhaft, ob ein solches Theorieprogramm in bezug auf komplexes soziales Verhalten überhaupt durchführbar ist.[17] Auf jeden Fall läßt eine solche Perspektive alles verschwinden, was wir als Akteure im sozialen Leben als »Recht« erfahren.[18] Selbst wenn ein solcher Theorietypus nicht unmöglich wäre, so wäre er doch wenig interessant.

Wenn die externe Perspektive als *generelle* Betrachtungsweise des Rechts hier abgelehnt wird, folgt daraus noch nicht, daß eine solche Betrachtungsweise nicht ihre legitime Funktion hat. Sie ist im Gegenteil ein unerläßlicher Bestandteil der Auseinandersetzung mit dem Recht. Die Notwendigkeit, interne und externe Perspektive zu verknüpfen, ergibt sich aus der Rolle »externer« Elemente im Recht: Das Rechtssystem als soziale Praxis oder Handlungssystem besteht nicht nur aus Symbolen bzw. Überzeugungen und intentionalen Handlungen, sondern auch aus nichtintentionalen Elementen und Beziehungen.[19] Das gleiche gilt für die soziale Umgebung oder den sozialen Wirkungsbereich des Rechts. Aus der internen Perspektive werden also nur bestimmte Segmente des Rechts und der sozialen Welt erfaßt. Ein sozialwissenschaftlicher Beobachter etwa, der analysieren möchte, wie sich bestimmte Rechtsentwicklungen vollzogen haben, wird Erkenntnis- und Lernschritte nachvollziehen müssen, die sich im Rahmen rechtsbezogener Argumentationen vollzogen haben. Er wird auch strategische soziale Interaktionen analysieren; dabei handelt es sich immer noch um intentionales, insoweit aus der internen Perspektive erfaßbares Handeln. Externe Faktoren, die aus der externen

17 Alle entsprechenden Versuche (wie auch der von Black) endeten damit, daß nur »intern« zu erfassende intentionale Kategorien in ein verhaltenstheoretisches Vokabular gekleidet wurden. Exemplarisch ist immer noch Chomskys Behaviorismus-Kritik (Chomsky 1959).

18 »If ... the observer really keeps austerely to this extreme external point of view and does not give any account of the manner in which members of the group who accept the rules view their own regular behaviour, his description of their life cannot be in terms of rules at all ... Instead, it will be in terms of observable regularities of conduct, predictions, probabilities, and signs.... In so doing (the observer) will miss out a whole dimension of the social life of those whom he is watching ...« (Hart 1961, 87).

19 Die hier entwickelte Unterscheidung von interner und externer Perspektive ähnelt derjenigen, die in wissenschaftstheoretischen oder wissenschaftshistorischen Zusammenhängen entwickelt wurde. Siehe Lakatos 1978.

Perspektive zu analysieren sind, kommen ins Spiel, wenn der Forscher solche Einflüsse analysiert wie unbewußte, verzerrte und in bestimmter Weise kausal zu erklärende Interaktionen und Kommunikationen oder sozialstrukturelle, »systemische« Selektions- und Regelmechanismen, die in den Prozessen der Gesetzgebung oder Rechtsprechung zu finden sind.
Eine solche Doppelperspektive kann aber auch in der Mitgliederrolle eingenommen werden. Die Mitglieder einer Rechtsgemeinschaft können ja durchaus wissen, daß ihr Rechtssystem teilweise auf objektiven Regelungsmechanismen beruht. Sie können wissen, daß bei der Entstehung von Gesetzen und Verordnungen nicht nur kollektive Diskussions- und Einigungsprozesse im Spiel sind. Und in solchen Beratungen über Rechtsänderungen sollten sie vernünftigerweise die indirekten Wirkungen einer rechtlichen Regelung antizipieren. Dazu brauchen sie in komplexeren sozialen Zusammenhängen theoretisches Wissen über soziale Mechanismen und aggregierte Handlungseffekte – also über externe Faktoren. Perspektiven und Rollen lassen sich also in verschiedener Weise kombinieren, wie Schema 1 zeigt. Zu beachten ist, daß dieselbe Person zwischen Beobachter- und Teilnehmerrolle wechseln, aber nicht zugleich in beiden sein kann. Dagegen können interne und externe Perspektive jeweils kombiniert werden – jedoch nicht im Hinblick auf dieselben Gegenstände. Sinnhafte und nichtsinnhafte Elemente, die in einer Rechtspraxis zusammenwirken, können per definitionem jeweils *nur* in der internen oder externen Perspektive erfaßt werden.

Beobachter und Teilnehmer. Bei der Unterscheidung zwischen der Rolle eines *Teilnehmers* am Leben der Rechtsgemeinschaft und der eines *Beobachters* handelt es sich um einen Unterschied der praktischen Einstellung. Deswegen ist auch nicht mehr von »Perspektiven« die Rede, sondern von Einstellungen oder Rollen: es geht nicht nur um die »Betrachtung« von Recht. Diese Rollendifferenzierung steht quer zur Unterscheidung von interner und externer Perspektive, weil Teilnehmer wie Beobachter beide Perspektiven kombinieren können. Der Beobachter erfaßt das Leben der Rechtsgemeinschaft insofern »von innen«, als er Überzeugungen und Intentionen zu rekonstruieren sucht. Aber er versteht seine Deutungen nicht als Element der gemeinsamen Praxis; er

Schema 1:

Einstellungen gegenüber Rechtssystem und Gesellschaft

Rollen / Perspektiven	Teilnehmer	Beobachter
intern (sinnverstehend)	1	2
extern (empirisch erkl.)	3	4

zielt nicht unmittelbar auf die Klärung praktischer Fragen, er hat keine eigenen Handlungsabsichten im Rahmen der von ihm analysierten sozialen Praxis. Der Beobachter vergegenwärtigt sich die Auffassungen seiner Untersuchungsobjekte. Möglicherweise muß er dazu in bestimmte Formen der Interaktion treten, sie befragen, sich insofern mit ihnen verständigen. Aber diese Verständigung zielt nicht auf Klärung, Einigung, Veränderung von Überzeugungen innerhalb der Rechtsgemeinschaft, als Basis künftigen gemeinsamen Handelns.

Setzt eine solche Rekonstruktion oder Interpretation gleichwohl *Stellungnahmen* des Beobachters voraus? Wieweit muß der Beobachter, der eine Rechtsordnung, einen Komplex von rechtsbezogenen Überzeugungen und Handlungen von innen erfassen und systematisch darstellen will, zumindest virtuell eine Teilnehmerrolle einnehmen? Muß sich der Beobachter in die Lage von Teilnehmern versetzen, die ihre eigene Rechtsordnung auslegen, muß er deren Überzeugungen und Gründe nachvollziehen *und* dazu kritisch Stellung nehmen, also ihre Rationalität beurteilen? Solche Fragen sind kontrovers beantwortet worden. Ich würde eine positive Antwort geben.[20] Zwar mögen sich Handlungsintentionen

20 Habermas hat vertreten, daß alle Deutung *rationale* Deutung ist und die kritische Prüfung der Gründe voraussetzt, welche die Akteure für ihre Handlungen oder Äußerungen haben oder haben könnten. (Habermas 1981:1, 152ff.) Zur Kritik dieser starken These, die ich hier etwas abgeschwächt übernehme, siehe McCarthy 1984, 181ff.; Schnädelbach 1987b,

und sozial geltende Überzeugungen, also zum Beispiel Rechtsüberzeugungen, bis zu einem gewissen Grad identifizieren oder referieren lassen, ohne ihre Rationalität kritisch zu beurteilen. Sobald es aber um das Erfassen komplexerer Sinnzusammenhänge, also etwa den internen Strukturen eines Rechtssystems oder den kontroversen Auslegungen des Rechtssystems innerhalb der beobachteten Rechtsgemeinschaft, und um die Beantwortung von »warum«-Fragen statt nur von »was«-Fragen geht (warum hat sich diese Rechtsordnung so entwickelt, warum gibt es diese kontroversen Deutungen?), ist der Übergang zu einer kritischen und rationalitätsprüfenden Einstellung des Beobachters unvermeidlich.[21] (Mehr darüber in Kapitel VI.)

Die Rollen des Teilnehmers und des Beobachters lassen sich weiter differenzieren (Schema 2). Die Rolle des Beobachters existiert in zwei Varianten. Ich nenne sie die Rollen des »Ethnographen« und des »Soziologen«. Diese Bezeichnungen wie auch die der anderen Rollen sind nicht im konventionellen Sinn zu verstehen, sondern eher metaphorisch. Der »Ethnograph« beschränkt sich auf die Rekonstruktion der symbolischen Praktiken, geltenden Überzeugungen usw. der (Rechts-)Gemeinschaft, die er untersucht. Er versucht, ein möglichst getreues Bild dieser symbolischen Welt zu liefern.[22] Der »Soziologe« geht weiter. Er ist »Funktionalist«, in einer der vielen Bedeutungen dieses Terminus. Er blickt seinen Untersuchungsobjekten nicht nur hinter die Karten, entdeckt Manipulationen, »bad faith«, versteckte Interessen hinter den deklarierten Rechtfertigungen des sozial geltenden Rechts. Sondern er weiß es in gewisser Weise besser als die beobachteten Akteure: Er entdeckt »latente Funktionen« ihrer Rechtskultur. Er deckt auf, daß die Normen, Prinzipien usw. der jeweiligen Rechtsordnung soziale Funktionen erfüllen, die den Akteuren selbst verborgen sind – und möglicherweise verborgen bleiben müssen, um die Funktion nicht zu gefährden. Er entdeckt *Rationalisierungen*, fal-

247ff.; vgl. die Replik von Habermas (1985, 238ff.) R. Dworkin hat energisch herausgearbeitet, daß es auf die Frage: »What is Law?« keine neutrale, rein deskriptive Antwort gibt; sie kann nur durch »konstruktive Interpretation« beantwortet werden, welche die normativ bestmögliche Auslegung sucht (Dworkin 1986, 49ff., 225ff.).

21 Ähnlich Selznick 1968; 1972, 1267f.

22 Das entspricht dem Vorgehen bestimmter sozialwissenschaftlicher Richtungen: etwa der »cognitive anthropology« oder der Ethnomethodologie.

Schema 2:

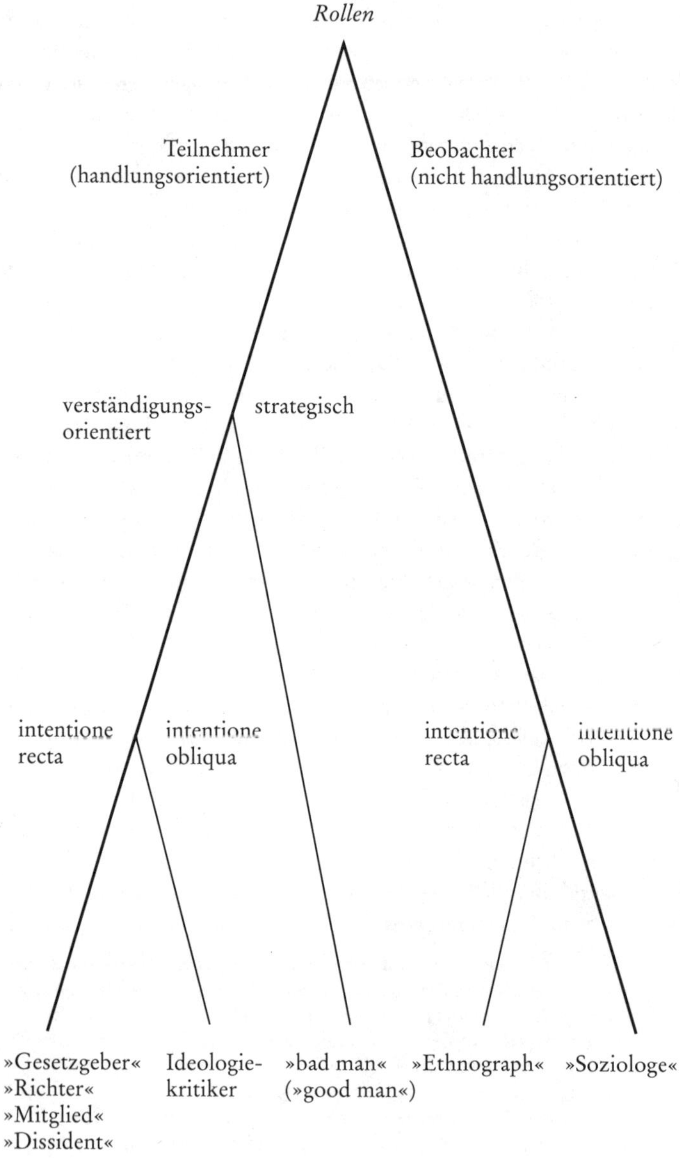
Rollen
Teilnehmer
(handlungsorientiert)
Beobachter
(nicht handlungsorientiert)
verständigungs-
orientiert
strategisch
intentione
recta
intentione
obliqua
intentione
recta
intentione
obliqua
»Gesetzgeber«
»Richter«
»Mitglied«
»Dissident«
Ideologie-
kritiker
»bad man«
(»good man«)
»Ethnograph«
»Soziologe«

sches Bewußtsein. Er ist kritisch, aber nicht praktisch kritisch. Er zielt nicht auf Aufklärung.
Der Beobachter kann »in Person« zugleich Mitglied der Rechtsgemeinschaft sein, die er analysiert. Er schlüpft dann nur zu Erkenntniszwecken in die Beobachterrolle. Typische Beispiele für die Übernahme der Beobachterrolle sind jedoch Rekonstruktionen *vergangener* Rechtsordnungen oder Rechtskulturen und die Analyse »fremder« Kulturen – also der typische Fall der ethnologischen oder ethnographischen Untersuchung. Im ersten Fall ist ein praktischer Eingriff des Beobachters nicht mehr möglich. Im zweiten ist er normalerweise (mit unterschiedlichen Rechtfertigungen) nicht beabsichtigt. Die Rolle einer sozialwissenschaftlichen Beobachtung des Rechts in unserer *eigenen* Gesellschaft ist schwieriger zu charakterisieren. Die Trennung von Beobachter- und Teilnehmerrolle wird dadurch relativiert, daß die sozialwissenschaftliche Untersuchung zu einem Element sozialer Selbstverständigungsprozesse wird – ob das intendiert ist oder nicht. Gegenüber den verschiedenen Mitgliederrollen bleiben gewisse institutionelle Differenzierungen: Der wissenschaftliche Beobachter ist zu einem gewissen Grad immer noch abgeschirmt gegen soziale Handlungs- und Entscheidungszwänge; dafür sind ihm besondere Begründungs- und Sorgfaltspflichten auferlegt, die durch seine öffentliche Spezialistenrolle noch verstärkt werden.[23]
In der Teilnehmerrolle partizipieren die Mitglieder an einer *kollektiven Praxis*. Alle Fragen zum Recht, welche die Teilnehmer aufwerfen und debattieren, sind auf diese Praxis bezogen, dienen der Klärung *handlungsleitender* Verständnisse. Allein, diese Klärung kann wiederum in verschiedenen Einstellungen erfolgen: nämlich in verständigungsorientierter oder strategischer Einstellung.[24] In strategischer Einstellung geht es nicht um eine *gemeinsame* Klä-

23 Zum Verhältnis der verschiedenen wissenschaftlichen Disziplinen, die sich mit dem Recht befassen, s. unten Abschnitt 4.
24 Habermas 1981:1, 384ff.; 1982, 263ff. Anders als Habermas beschränke ich strategisches Handeln auf die Verfolgung von Eigeninteressen *oder* »höheren« Zielen in Formen, die von mindestens einem der Beteiligten als nicht auf Einvernehmen beruhend oder abzielend betrachtet werden (Manipulation, Drohung, offen gewaltsame Auseinandersetzung). Eigeninteressiertes Handeln in legitimen Formen (Tausch, faires bargaining) ist nach meinem Sprachgebrauch nicht strategisch. Natürlich *kann* strategisches Handeln unter Umständen moralisch gerechtfertigt werden; siehe Text.

rung. Der strategische Aktor vergewissert sich der Überzeugungen, Handlungsorientierungen, Pläne, voraussehbaren Reaktionen usw. *der anderen*, um seine eigenen, an den eigenen Präferenzen orientierten Pläne darauf auszurichten. Das ist die Perspektive des »bad man«.[25] Diese Perspektive ist insofern »verstehend«, als die Reaktionen anderer antizipiert werden sollen. Aber diese antizipierten Reaktionen und deren Ursachen in Gestalt nicht nur von konkurrierenden Interessen usw., sondern möglicherweise auch von Rechtsüberzeugungen gelten nur als äußere Daten im Handlungskalkül. *Ob* der *bad man* sich an die Gesetze hält, wieweit er sie zu seinem Vorteil zu verbiegen sucht oder wieweit er sie »bricht« (wobei er möglicherweise darauf setzt, daß andere sie halten) – das hängt vom Ergebnis seines Kalküls ab. An die Stelle des »bad man« kann auch ein »good man« treten, der nicht seine eigenen partikularen Interessen, sondern – zumindest in seiner Vorstellung – ein normatives Ziel verfolgt: der Revolutionär auf dem Marsch durch die Institutionen. Der *good man* lehnt die Rechtsordnung ab, sucht sie aber soweit als möglich für seine revolutionären – also dem Anspruch nach nicht bloß privaten – Ziele zu instrumentalisieren. Ebensowenig wie der *bad man* betrachtet er die Rechtsordnung zunächst von innen, indem er sich wenigstens im ersten Schritt ihre normativen Anforderungen zu eigen macht und ihnen die bestmögliche interne Auslegung zu geben versucht (Dworkin), sondern er sieht zu, womit er gerade noch durchkommt. Aufgrund der Natur seiner Zielsetzungen unterliegt der *good man* natürlich etwas anderen Restriktionen als der Halunke.[26] Und natürlich unterscheidet sich die Rolle des »good man« von der des »bad man« dadurch, daß sie *unter Umständen* gerechtfertigt werden kann – etwa gegenüber einer Rechtsordnung mit fundamental ungerechten Zügen. Gute Ab-

25 Eine sprichwörtliche Figur in der US-amerikanischen Jurisprudenz: »If you want to know the law and nothing else, you must look at it as a bad man, who cares only for the material consequences which such knowledge enables him to predict, not as a good one, who finds his reasons for conduct, whether inside the law or outside of it, in the vaguer sanctions of conscience.« (O. W. Holmes 1897, 459). (In meinem Text spielt der »good one« eine etwas andere Rolle.)

26 Siehe Kennedy 1986 für eine eindrucksvolle Demonstration eines solchen strategischen Kalküls revolutionärer Kadijustiz in einem »bürgerlichen« Rechtssystem.

sichten allein rechtfertigen eine solche Einstellung bekanntlich noch nicht.

Auf Verständigung gerichtete Einstellungen bilden die Grundlage der »genuinen« Mitgliederrollen. In der Rolle des »*Gesetzgebers*«, das heißt des Teilnehmers am Gesetzgebungsprozeß, setzen sich die Mitglieder darüber auseinander, wie das geltende Recht geändert werden sollte. Die Rolle des »*Richters*« und des einfachen »*Mitglieds*« überschneiden sich weitgehend. Beide fragen sich, wie das bestehende Recht zu deuten ist oder welche Anweisungen für bestimmte Handlungskontexte oder Konfliktfälle aus dem geltenden Recht zu entwickeln sind. Der Richter hat eine spezielle Verantwortung und Sorgfaltspflicht für die Auslegung des Rechts; im Prozeß hat er unparteilich zu sein, während die Parteien ihren Standpunkt darlegen. Aber auch die Parteien müssen sich in ihren Argumentationen im selben Sinn auf das geltende Recht stützen, wie es der Richter tut. Der normative Sinn des geltenden Rechts ist derselbe für alle Beteiligten – das Recht weist dem Mitglied und dem Richter nicht grundsätzlich verschiedene Einstellungen oder Auslegungsmöglichkeiten zu.[27] Immerhin hat der Richter weitergehende Kompetenzen; er trifft bindende Entscheidungen, die zudem präjudizielle Wirkungen haben können. Bestimmte Eigenheiten der Richtertätigkeit und des gerichtlichen Verfahrens, die sich daraus ergeben, und das Verhältnis von Richter- und Gesetzgeberrolle werden wir später noch betrachten (Kapitel VIII).

Der »*Dissident*« ist ein Mitglied, das sich – mit guten Gründen, wenigstens in seiner Sicht – in bestimmten Fällen weigert, geltendes Recht zu befolgen. Anders als der »good man« lehnt er die Rechtsordnung nicht insgesamt als illegitim ab. Es handelt sich vor allem um Situationen des folgenden Typs: Mitglieder sehen sich einer Rechtsordnung gegenüber, die sie insgesamt für legitim halten. Bestimmte Normen innerhalb dieser Rechtsordnung betrach-

27 Das ist eine These, die am Selbstverständnis verschiedener Rechtsordnungen – vor allem anhand der Deutung des gerichtlichen Verfahrens und der Rollen des Richters, des Anklagevertreters in Strafprozessen und der *Rechtsanwälte* zu prüfen wäre; es würden sich gewisse Differenzen (vor allem zwischen dem kontinentaleuropäischen und dem US-amerikanischen Recht) und kontroverse Auffassungen ergeben (wie strategisch dürfen Anwälte agieren? usw.). Vgl. z. B. Abel, Lewis 1989; Atiyah, Summers 1987, 157ff.; Damaska 1986.

ten sie zwar als geltendes Recht, lehnen aber die Befolgung ab. Sei es wegen eines demonstrativen Effekts – als Appell an die übrigen Mitglieder, der Aufforderung nach Änderung der (nichtbefolgten oder einer anderen) Norm, die von den Dissidenten abgelehnt wird, Gehör zu schenken (civil disobedience). Sei es, weil sie höherrangige normative Gründe sehen, die Befolgung einer Norm zu verweigern (Weigerung aus Gewissensgründen) (Rawls 1971, 363 ff.). Das sind die klassischen Fälle möglicherweise legitimer Nichtbefolgung. Schwieriger zu klassifizieren sind die folgenden Situationen: Geltendes Recht wird gebrochen, weil es in der jeweiligen Situation gerechtfertigt scheint. Dafür kann es vielfältige Gründe geben (Wasserstrom 1980). Kein Demonstrationseffekt, keine generelle Ablehnung sind beabsichtigt. Oder die Rechtsordnung wird insgesamt abgelehnt und eine Strategie mehr oder weniger passiver Verweigerung praktiziert. Beide Fälle bewegen sich im Grenzbereich zum strategischen Handeln; die Rollen von »Dissident« und »good man« sind also nicht völlig scharf abzugrenzen.

Schließlich haben wir den »*Ideologiekritiker*«. Warum soll seine Rolle von den übrigen Mitgliederrollen abgegrenzt werden? Kritisch ist unter Umständen ja auch der »Gesetzgeber«, der auf eine Rechtsänderung drängt, und erst recht der »Dissident«. Der Unterschied liegt darin, daß der Ideologiekritiker mit einem Fuß aus der Mitgliederrolle heraustritt. Er argumentiert nicht mehr unmittelbar handlungsbezogen. Es geht ihm um »konstruktive Interpretation«, um eine bessere Auslegung der gegebenen normativen Ordnung, auch nicht unmittelbar um praktische Korrekturen innerhalb des gegebenen Rechtssystems. Der Ideologiekritiker will grundlegend falsche Selbstverständnisse aufzeigen. Er will nicht nur nachweisen, daß wesentliche Elemente der normativen Ordnung unhaltbar oder widersprüchlich sind; er will zugleich zeigen, daß die Akteure sich über den Sinn ihrer Praxis täuschen – nicht einfach im Sinn eines kognitiven Irrtums, sondern aus Interessen oder anderen Gründen, die ihnen selbst verborgen sind. Seine Rolle berührt sich mit der des »Soziologen«. Allerdings will der »Kritiker«, anders als der Beobachter, eine praktisch wirksame Kritik leisten, die zwar nicht unmittelbar auf bestimmte Änderungen des Normensystems zielt, aber auf Änderung grundlegender Selbstverständnisse. Aber auch für den »Soziologen« ist es wie erwähnt möglich, gegenüber seiner eigenen Gesellschaft in eine ähnliche, wenn auch professionell disziplinierte praktische Rolle zu schlüpfen.

Geltung des Rechts. Die Unterscheidung verschiedener Rollen und Perspektiven im Umgang mit Recht erleichtert es, verschiedene Verwendungsweisen des Begriffs der Rechtsgeltung zu klären. Von der Geltung einer Handlungsnorm kann man aus der Sicht des Teilnehmers oder des Beobachters reden. Der Teilnehmer, der eine Norm als geltend oder gültig bezeichnet, meint, daß er sie akzeptiert, daß sie für ihn und andere verbindlich ist. Seine Aussage hat eine entsprechende illokutionäre Funktion. Er verpflichtet sich selbst und fordert andere auf, der Norm zu folgen. Der Beobachter dagegen stellt fest, daß andere eine Norm als verbindlich akzeptieren. Die entsprechende Aussage: Norm N gilt in oder für die Mitglieder des Kollektivs A, hat einen deskriptiven, empirischen Status. Auch der Beobachter kann sich allerdings im Prinzip, von empirischen Schwierigkeiten abgesehen, die Gründe vergegenwärtigen, welche die Akteure für ihre Akzeptanz einer normativen Ordnung haben. Es gibt demgegenüber eine verzweigte soziologische Tradition, die Sanktionen als Evidenzkriterium für geltende Normen behandelt (typisch Geiger 1987, 58ff., 98ff.). Auf dieser Grundlage kann man kognitive Antizipationen von normativen Erwartungen danach unterscheiden, wie auf Verstöße reagiert wird: Wenn mit Sanktionen geantwortet wird, hat es sich um eine normative Erwartung gehandelt; wenn die Erwartungen korrigiert werden, waren es kognitive. J. Galtung hat dieser Unterscheidung, gestützt auf sozialpsychologische »Dissonanztheorien«, eine funktionale Deutung gegeben: Akteure seien bestrebt, ihre Erwartungen und faktischen Erfahrungen in ein »Gleichgewicht« zu bringen; bei Enttäuschungen sei das durch Korrektur der Erwartung oder durch Umdeutung der Situation möglich – Ressentiment und Sanktion seien ein spezieller Modus solcher Umdefinition; die sanktionierende Reaktion gegen den Abweichenden diene der Reduktion kognitiver Dissonanz (Galtung 1959). Man wird das kaum eine adäquate Beschreibung der Erfahrung normativer Verpflichtungen oder von »moral sentiments« gegenüber (eigenen und fremden) Verstößen gegen solche Verpflichtungen nennen können. Die Möglichkeit, daß es gute

Gründe für die eine oder die andere Art der Erwartung oder Reaktion geben könnte, wird grundbegrifflich ohne gute Gründe ausgeschlossen. Luhmann hat Galtungs Deutung übernommen (Luhmann 1969) und mit dem Modell einer Spiegelstruktur des iterativen oder rekursiven Erwartens von Erwartungen verknüpft – ein Prozeß, der (auf unerklärte Weise) auf einen Konvergenzpunkt gegenseitig unterstellter Erwartungs-Erwartungen hinstrebe (Luhmann 1983a, 40ff.). Ich nehme demgegenüber an, daß es eine genuine, rational begründete Orientierung an einer kollektiv geltenden Ordnung geben kann. Kollektive Geltung impliziert eine »wir«-Perspektive: Der Akteur hält nicht nur die betreffenden Normen für gültig – für sich und andere, sondern er betrachtet sich auch als Mitglied eines *Kollektivs*, für welches diese Normen gelten – in dem also normative Überzeugungen nicht nur faktisch übereinstimmen, sondern auch im Bewußtsein übereinstimmender Überzeugungen gehalten werden. Das ist etwas anderes als die Spiegelstruktur der Erwartungs-Erwartungen.

Bei Rechtssystemen und ähnlich strukturierten normativen Ordnungen gibt es jedoch eine Komplikation. Ein Rechtssystem enthält Kriterien und Verfahren, nach denen neue Normen geschaffen werden können oder im jeweiligen Fall festgestellt werden kann, was Rechtens ist. Dazu gehören explizit normierte Standards oder Verfahren, aber auch eher implizite Selbstverständlichkeiten, anerkannte Praktiken usw. Es ist durchaus möglich, daß Rechtsnormen selbst auf außerrechtliche, etwa moralische Normen oder Prinzipien verweisen, die bei der Rechtsfindung entsprechend einzubeziehen sind – ohne jedoch als *General*vorbehalt zu statuieren, daß nur Recht sein kann, was auch als moralisch gerechtfertigt gilt. Die verbindliche Anwendung einer solchen Klausel müßte ja den Gerichten zufallen. Eine solche moralische Interpretationsherrschaft wird den Gerichten in unseren Rechtssystemen jedoch nicht zugestanden. Immerhin haben Verfassungs- oder überhaupt Rechtsprinzipien moralischen Charakters oft eine ähnliche, wenngleich immer noch beschränkte Funktion. Disziplinierend wirkt unter anderem die Bindung an Präjudizien (Kapitel VIII). In jedem Fall also wird die Einbeziehung solcher »externer« Rechtsquellen durch das Rechtssystem selbst reguliert. In diesem beschränkten Sinn ist das Rechtssystem »normativ geschlossen«. Daraus ergibt sich die Möglichkeit der »internen« oder spezifisch »juristischen«

Geltung einer Rechtsnorm. Eine solche Norm gilt nach den internen Maßstäben des Rechtssystems, wenn sie in korrekt durchgeführten Verfahren beschlossen wurde und nicht gegen Rechtsprinzipien oder höherrangige Normen verstößt.

Das Geltungsproblem verändert sich jedoch, wenn es darum geht, ob Akteure eine Rechtsordnung auch akzeptieren – in dem Sinn, daß sie ihre Vorschriften als verbindlich betrachten, also bereit sind, ihr Handeln daran zu orientieren. Dies erfordert, daß sie *Gründe* für diese Akzeptanz haben. Sie müssen sich die Normen und Prinzipien des Rechtssystems zu eigen machen; die Gründe dafür sind zwangsläufig »außerrechtliche«. Sobald sie sich zur Anerkennung des Rechtssystems bereitgefunden haben, kommen die rechtlichen Kriterien zum Tragen. Wir müssen nun unterscheiden zwischen der Geltung der Rechtsordnung im ganzen (häufig ihre Legitimität genannt) und der Geltung einzelner Bestandteile. Akzeptierung der Rechtsordnung im ganzen bedeutet, daß die konventionellen Kriterien der Rechtsgeltung und die darauf gestützte juristische Geltung zumindest prima facie *Verbindlichkeit* oder *Pflichten* (obligations) produzieren; oder anders gesagt: daß die juristische Geltung ein eigenständiges Argument für Verbindlichkeit der Rechtsnorm darstellt. Die aus der Mitgliederperspektive getroffene Feststellung: Norm N ist in unserem Rechtssystem, in unserer Rechtsgemeinschaft juristisch gültig, hat damit eine *gewisse* illokutionäre Kraft. Sie enthält aber keine *unbedingte* Handlungsverpflichtung. Es ist nämlich möglich und nicht notwendig inkonsistent, daß die Mitglieder eine solche rechtlich gültige Norm oder Entscheidung *nicht* als für ihr Handeln verbindlich betrachten, sondern die Befolgung ablehnen. Die *generelle* Bereitschaft, die Rechtsordnung als verbindlich anzuerkennen, muß nicht unbedingt die Bereitschaft einschließen, das auch im Hinblick auf jedes einzelne Element zu tun. Obwohl die *rechtliche* Gültigkeit einer Norm in einem solchen legitimen Rechtssystem ein Grund ist, der für ihre Verbindlichkeit spricht, können andere Gründe geltend gemacht werden, die der Befolgung entgegenstehen. Es kann der Fall eintreten, daß wir als Mitglieder einer Rechtsgemeinschaft einer rechtlich gültigen Vorschrift aus (moralisch) legitimen Gründen nicht folgen oder uns sogar moralisch verpflichtet sehen, gültiges Recht zu mißachten. Das heißt: die rechtliche Gültigkeit einer Rechtsnorm und die Verpflichtung (obligation), ihr zu folgen, können auseinanderklaffen. Man kann auch sagen: *rechtliche* Gültigkeit und *moralische* Gültigkeit oder Gültigkeit »sans-phrase« können differieren.[28]

Versetzen wir uns nun in die Lage eines Aktors – sagen wir: eines farbigen Einwohners der Republik Südafrika –, der einer Rechtsordnung unterworfen ist, die er insgesamt als illegitim ablehnt. Daß diese Rechtsordnung für ihn »existiert« und daß er ihr »unterworfen« ist, setzt immerhin voraus, daß es genügend starke soziale Gruppen gibt, welche diese Ordnung unterstützen. Unser Aktor kann nun feststellen, daß bestimmte Gesetze in dieser Ordnung juristisch gelten; aber er wird keine Handlungsverpflichtung daraus ableiten. Sein Urteil über die Geltung der Norm oder des Rechtssystems ist insoweit ein empirisches wie das des Beobachters – mit dem Unterschied, daß er zu einer praktischen Reaktion gezwungen ist.

Aus der *Beobachterperspektive* handelt es sich weiterhin um empirisch-deskriptive Feststellungen über das Gelten von Normen in einer beobachteten Gemeinschaft; die eminenten forschungspraktischen Probleme solcher Feststellungen stehen auf einem anderen Blatt.

4. *Intellektuelle Disziplinen*

Wie lassen sich die spezialisierten intellektuellen Disziplinen, die sich mit dem Recht befassen, in dieses Schema von Rollen und Perspektiven einordnen? Die systematische intellektuelle Bearbeitung des Rechts ist in wissenschaftlichen Disziplinen (Sozialwis-

28 Ähnlich Dreier 1981, 180ff., 194. Dreier vertritt, einer bekannten Formel von Radbruch folgend, daß auch die *rechtliche* Geltung einer Norm einem moralischen Vorbehalt unterliege: sie sei nur gegeben, solange die Norm nicht evident gegen grundlegende Moralnormen verstoße (Dreier 1981, 197f.). Eine solche Auffassung ist mit meiner Darstellung vereinbar; sie ist eingeschränkter als der erwähnte moralische Generalvorbehalt. – Verschiedene Begründungen, warum und wann einer legitimen (beispielsweise rechtsetzenden oder rechtsprechenden Autorität) gefolgt oder nicht gefolgt werden soll, behandelt Greenawalt 1987. – Aarnio (1987, 33ff.) entwickelt verschiedene Bedeutungen von »validity«, die sich wohl in mein gröberes Schema integrieren ließen. Zu diversen Theorien der Rechtsgeltung siehe Schreiber 1966; Neumann 1985.

senschaften und Rechtswissenschaft) institutionalisiert. Sie findet aber auch in anderen Formen statt: in der Ausbildung von Juristen (mehr oder weniger eng verbunden mit der Rechtswissenschaft), vor allem in der Rechtsprechung, aber auch in Publikationen, die von den juristischen Professionen getragen werden.[29]

Dabei ist den Sozialwissenschaften und wohl auch der Rechtsgeschichte unbestritten die Beobachterrolle zugeteilt. Verschiedene sozialwissenschaftliche Ansätze unterscheiden sich darin, ob sie interne und externe Perspektive in der Beobachtung des Rechts koordinieren oder ob sie sich jeweils auf eine der beiden Perspektiven beschränken. Davon war schon die Rede. Auch davon, daß Mitglieder- und Beobachterrolle in eine enge Beziehung geraten können, wenn die interne Betrachtungsweise des Sozialwissenschaftlers zur kritischen Auseinandersetzung mit sozialen Deutungen zwingt und wenn sozialwissenschaftliche Ergebnisse in soziale Selbstverständigungsprozesse und praktische Problemlösungen eingehen.

Die Rolle der Jurisprudenz ist etwas schwieriger zu charakterisieren. Zwar ist der Fall der »praktischen« Jurisprudenz, also vor allem der richterlichen Argumentation, eindeutig: die »Richterrolle« ist eine der elementaren Teilnehmerrollen. Der Richter, der das Gesetz »auslegt«, gibt keine neutrale Deskription sozial geltender Rechtsnormen. Er beteiligt sich an einer normativen Argumentation über den Sinn, die Konkretisierung und Weiterentwicklung der Rechtsordnung. Die Interpretation und Applikation des geltenden Rechts ist kein normativ neutraler Vorgang.[30] Nun hat es der Richter unmittelbar mit strittigen praktischen Fragen zu tun. Der theoretische Jurist (Rechtswissenschaftler oder Rechtsdogmatiker) ist von solchem unmittelbaren Handlungszwang entla-

29 Bekanntlich variieren die Bedeutung dieser Institutionen und ihr Selbstverständnis in verschiedenen Rechtskulturen. Siehe zum Beispiel die prominente Rolle der Rechtsprechung im englischen und US-amerikanischen Recht. Zugleich ist der Wissenschaftscharakter der universitären Rechtslehre an amerikanischen Universitäten bzw. Law Schools meist skeptisch betrachtet worden. Auch hierzulande finden wir gewisse hartnäckige Selbstzweifel der einflußreichen, seit jeher mit starken Ansprüchen auftretenden universitären Rechtslehre, ihren wissenschaftlichen Status betreffend.

30 Das zeigen in unterschiedlicher Weise Dworkin 1986, Alexy 1983, Günther 1988, Aarnio 1987.

stet. Er muß nicht unmittelbar entscheidungsbezogen argumentieren. Er kann exemplarische Fälle oder Fallgruppen diskutieren, Hypothesen entwickeln, generelle begriffliche Strukturen herausarbeiten. Er ist auch nicht unbedingt an die Auslegung des geltenden Rechts gebunden; er kann legitimerweise Vorschläge für die Gesetzgebung machen. Damit befindet er sich zweifellos in der Teilnehmerrolle. Aber auch seine auslegende und systematisierende Tätigkeit ist normativ und praktisch. Wenn er begründete, systematische Antworten sucht auf die Frage: was verlangt das geltende Recht?, verfolgt er ebenso wie der Richter (oder der Rechtsberater oder der orientierungssuchende Laie) ein praktisches, normatives Erkenntnisinteresse. De facto zielt er ja auch in der Regel darauf, die Rechtsprechung zu beeinflussen, also die Richter zu überzeugen.[31]

All dies bedeutet nicht, daß nicht zwischen der Praxis des gerichtlichen Verfahrens und der wissenschaftlichen Praxis, und in diesem Sinn: zwischen den Rationalitätskriterien der juristischen Wissenschaft und denen der Rechtspraxis bedeutende Unterschiede bestünden. Diese beziehen sich allerdings weniger auf den Charakter und den Status der *juristischen Argumentation* als auf andere Verfahrensbedingungen (Kapitel VIII).

31 Aarnio 1987, 8ff. – Diese Behauptung ist stark umstritten. Kelsen, die englische »analytische« Rechtstheorie (Austin, Hart), der skandinavische Rechtsrealismus haben jeweils auf ihre Art die Position des Rechtstheoretikers an eine neutrale Beobachterrolle, seine Tätigkeit an die kognitive, deskriptive Erfassung von Rechtsnormen zu assimilieren gesucht. In den Klassifikationsversuchen der deutschen Rechtswissenschaft wird üblicherweise die Frage nach der »Idealität« (danach, wie das Recht sein *soll*) der Frage nach dem »Sinn« des Rechts derart gegenübergestellt, daß die Ermittlung des normativen Sinngehalts als deskriptives oder neutral-analytisches Problem erscheint (verschiedene Varianten bei Kantorowicz 1962, 84ff.; Rehbinder 1977; Rottleuthner 1981, 13ff.). Häufig und in verschiedenen Varianten wird auch zwischen Rechts*dogmatik* und Rechts*theorie* unterschieden; diese Unterscheidungen, ebenso wie die zwischen Objekttheorien, Metatheorien und Meta-Metatheorien usw., sind hier zu vernachlässigen. Siehe Krawietz 1978; Dreier 1978, 105ff.

5. *Einige mögliche Beziehungen zwischen Recht und Rationalität*

Aus der Analyse unterschiedlicher Rollen oder Einstellungen im Verhältnis zum Recht ergibt sich eine erste, grobe Differenzierung von Aspekten der Rechtsrationalität. Betrachten wir zunächst die Differenz von Teilnehmer- und Beobachterrolle: Als Teilnehmer am Leben einer Rechtsgemeinschaft können wir unmittelbar nach der Rationalität oder Irrationalität unserer Rechtsordnung fragen. Versetzen wir uns demgegenüber in die Rolle des Beobachters, dann müssen wir klären, wie sich unsere Rationalitätsstandards zu denen der Akteure verhalten, die wir beobachten (Kapitel VI). In verschiedenen Teilnehmerrollen werden wiederum unterschiedliche Aspekte der Rechtsrationalität thematisierbar. Der »Gesetzgeber« beurteilt das Rechtssystem daraufhin, ob es beibehalten oder geändert werden soll. Er kann sich dabei fragen, ob oder in welchen Hinsichten das bestehende Rechtssystem oder einzelne seiner Bestandteile (Verfahren oder primäre Normen)[32] oder die in Betracht gezogenen Alternativen mehr oder weniger rational sind. Die »Richterrolle« steht hier für alle Formen der Rechtsanwendung oder -befolgung, in denen es darum geht, was das geltende Recht für den jeweiligen Problemfall vorschreibt. Den »Richter« beschäftigt also die Rationalität von Ergebnissen eines bestimmten Typs – nämlich die Rationalität von Entscheidungen im Einzelfall. Dabei wird er speziell vor die Frage nach der Rationalität der entsprechenden Verfahren: also der Verfahren der »Rechtsanwendung« gestellt (insbesondere der gerichtlichen Entscheidung: adjudication); das betrifft juristische Methoden- oder Argumentationslehren und die Regeln des gerichtlichen Prozesses.

Es gibt nun eine Ambiguität im Begriff der Rationalität einer rechtlichen Norm, die später ausführlicher diskutiert werden wird: Man kann *vor* der Annahme oder Befolgung einer Norm (ex ante) die Gründe prüfen, die für ihre Rationalität sprechen. Natürlich kann man sich auch rückblickend der Rationalität einer Norm und entsprechend der Rationalität ihrer Annahme oder Befolgung

32 Im Sinne von »primary rules« (Hart 1961); siehe oben Abschnitt 2 und unten Kapitel VIII.

vergewissern, indem man sich die substantiellen Gründe vor Augen führt, die für die Norm sprechen. Es gibt aber noch eine andere Möglichkeit: Die *Akzeptanz* und *Befolgung* einer Norm kann rational sein, obwohl man die Gründe für den Inhalt der Norm nicht kennt – unter Umständen sogar, wenn man die Gründe ablehnt und die Norm für irrational hält. Das ist ein ganz normales Phänomen; vor allem rechtliche Normen werden häufig akzeptiert, weil sie aus bestimmten Verfahren hervorgegangen sind, ohne daß die Gründe für ihre Inkraftsetzung gekannt oder geteilt würden. Es ist sogar ein Merkmal der entsprechenden Verfahren, daß die Entscheidungen ihre Gründe gewissermaßen absorbieren und die Entscheidung selbst (unter gewissen Voraussetzungen) zum Geltungsgrund wird (Raz 1985). Dieses Problem der Rationalität der *Befolgung* rechtlicher Normen oder Entscheidungen stellt sich in aller Schärfe für den »Dissidenten«. Soll er eine solche Norm oder Entscheidung befolgen, obwohl er sie für falsch oder irrational hält? Gibt er also dem prozeduralen Gesichtspunkt Vorrang und kommt zu dem Beschluß, daß eine Befolgung dennoch die rationale Lösung wäre? Oder weigert er sich? (Kapitel VII) In einer griffigen Formulierung ließe sich sagen: dem »Gesetzgeber« geht es um die Rationalität der *Begründung* des Rechts, dem »Richter« um die Rationalität der *Anwendung*, dem »Dissidenten« um die Rationalität der *Befolgung*.[33]

33 Zur Problematik der Unterscheidung zwischen »Begründung« und »Anwendung« siehe jedoch Kapitel VIII.

III. Liberales und sozialstaatliches Rechtsmodell

Sehen wir uns in der Rechtstheorie oder Rechtssoziologie nach Gesamtdarstellungen heutiger Rechtssysteme um, so finden wir sie regelmäßig in Gestalt von Entwicklungs- oder Phasenmodellen. Gegenüber einem vergangenen »liberalen« oder »formalen« Rechtstypus wird das heutige Recht als »postliberal«, »materialisiert«, »sozialisiert« oder »interventionistisch« charakterisiert.[1] Gelegentlich finden wir auch Thesen über einen Wandel zu einem neuen, dritten Typus.[2] Auch die Frage nach der Rationalität und Irrationalität des modernen Rechts ist meist in einer solchen entwicklungstheoretischen Perspektive behandelt worden. Einflußreich war hier vor allem Max Weber, der die Rechtsentwicklung als Bestandteil eines okzidentalen Rationalisierungsprozesses analysiert hat. Weber entdeckte im bürgerlichen Recht eine Komplementarität von formaler Rationalität und materialer Irrationalität. Zugleich sah er Tendenzen zur Entwicklung von Formen »materialer Rationalität«, welche die formale Rationalität des Rechts zu untergraben drohten (Kapitel IV). Seither ist das Rationalitätsproblem häufig auf die erwähnte Phaseneinteilung der Rechtsentwicklung bezogen worden – sei es, daß ein Rationalitätsverlust des neuen »materialisierten« Rechtstypus diagnostiziert wurde, oder sei es, daß eine Differenzierung von Rationalitätsformen und gegenläufige Tendenzen von Rationalisierung und Irrationalisierung konstatiert wurden.[3]

1 Siehe schon Dicey 1962 (1905), 211ff. (»growth of collectivism«). Zum »Funktionswandel« des Privatrechts nach dem Ende des »Konkurrenzkapitalismus« siehe Renner 1965, und Neumann 1980 (1932) zum »Formwandel«. – Friedmann 1972 ist immer noch der einzige Versuch eines Gesamtüberblicks in vergleichender Perspektive. – Neuere Darstellungen und Modellskizzen bei Wieacker 1967; 1974, 24ff., 74ff.; Kamenka, Erh-Soon Tay 1975; Brüggemeier 1982; Grimm 1983; 1987, 165ff.; Aubert 1985.

2 »Reflexives«, »postinterventionistisches« oder »prozedurales« Recht sind einige von vielen neuen Titeln. Siehe Teubner 1982; 1985b; Teubner, Willke 1984; Wiethölter 1982; 1985; 1989. »Wo Begriffe fehlen, stellt zur rechten Zeit ein Wort sich ein.«

3 Exemplarisch Teubner 1982; Habermas 1981:2, 522ff. Siehe Kapitel IV.

Der empirische Status dieser Phasenmodelle ist problematisch.[4] Zwar gibt es in den Rechtssystemen westlicher Demokratien eine Reihe von Entwicklungen, deren Beschreibung wenig umstritten ist: etwa Tendenzen zur »Sozialisierung« des Privatrechts durch Berücksichtigung »materieller« Gerechtigkeitsmaßstäbe oder kollektiver Zielsetzungen; das Anwachsen des öffentlichen Rechts und die Aufweichung bestimmter Grenzlinien zwischen privatem und öffentlichem Recht; die Entstehung neuer Rechtsgebiete und Rechtsformen; der Einsatz rechtlicher Instrumente für die Realisierung politischer Programme verschiedener Art. Weniger klar ist, ob und in welcher Weise sich diese Veränderungen der Rechtsstruktur als Phasenübergang, als Entwicklungsbruch, als Ablösung eines Typus rechtlicher und generell sozialer Ordnung von einem anderen fassen lassen. Abstraktionen und Idealisierungen sind für die Konstruktion von Entwicklungsmodellen unvermeidlich, aber die Heterogenität der historischen Entwicklung macht den Aussagewert einfacher Modelle problematisch. Vor allem in der Beschreibung der »liberalen« Phase zeigt sich eine Tendenz, eine fiktive Vergangenheit als Kontrastbild zur Konturierung gegenwärtiger Entwicklungen zu benutzen – sei es zu Kritikzwekken (Verfallsszenarien) oder zu Legitimationszwecken (Fortschritts-Szenarien). Rechts- und Sozialhistoriker haben demgegenüber die unangenehme Eigenart, allzu viele Charakteristika der Gegenwart auch schon in der Vergangenheit zu entdecken.[5]

Diese Klippe umschiffe ich hier durch eine offene Entscheidung für die fiktionale Methode. Ich entwerfe zwei Idealtypen oder eher schematische Skizzen solcher Typen: das »liberale« und das »sozialstaatliche« Rechtsmodell. In beiden Fällen werden bestimmte Elemente institutioneller Realitäten oder gegebener theoretischer Konzeptionen isoliert, schematisiert oder idealisiert und zu einem theoretischen Konstrukt zusammengefügt. Vor allem das liberale Modell ist als heuristisches Schema zu sehen – nicht als Modell einer vergangenen sozialen Realität, sondern als Utopie,

4 Zur Kritik siehe Rottleuthner 1986; Blankenburg 1984.

5 Ausgewählte Beispiele: Aus der deutschen Entwicklung Gotthold 1984; Ogorek 1986; aus der englischen A. Wilson 1986; aus der US-amerikanischen Scheiber 1975; 1984. Aus amerikanischer Sicht scheint die scharfe Abgrenzung von Entwicklungstypen besonders problematisch, siehe generell L. Friedman 1986.

konstruiert mit Hilfe einiger wichtiger Elemente liberaler Rechts- und Staatstheorien. Die Beziehung zwischen beiden Modellen muß auch nicht als die zweier aufeinanderfolgender Entwicklungsphasen gesehen werden. Das liberale Modell ist weniger als historisch-genetische denn als logische Vorstufe des sozialstaatlichen zu denken. In gewisser Weise ist das liberale Modell im sozialstaatlichen »aufgehoben«: Wesentliche Teile bleiben erhalten, aber sie treten in Konfiguration mit neuen Elementen, wodurch sich unter Umständen ihre Funktion oder Bedeutung ändert und neue Inkonsistenzen oder Inkompatibilitäten auftreten können.

1. Skizze des liberalen Modells. Beziehungen zu historischen Konzeptionen

Beginnen wir wieder mit der Vorstellung einer Assoziation von Rechtsgenossen. Diese Gemeinschaft konstituiert sich durch eine gemeinsame, für alle verbindliche Rechtsordnung. In deren Rahmen erkennen sich die Mitglieder gegenseitig als Freie und Gleiche, als autonome, selbstverantwortliche, urteils- und handlungsfähige Persönlichkeiten an. Die Rechtsordnung regelt den Verkehr unter den Mitgliedern, indem sie gegenseitige Rechte und Pflichten und ein kohärentes System prinzipiell gleicher individueller Freiheiten festlegt. Zugleich schafft sie ein Instrumentarium für die autonome Gestaltung rechtlich bindender Beziehungen und Transaktionen unter den Mitgliedern. Die Probleme der Anpassung der Rechtsstruktur an sich verändernde außerrechtliche soziale Bedingungen, der Entscheidung von Unklarheiten und Konflikten über rechtliche Ansprüche und Verbindlichkeiten, der Durchsetzung des Rechts gegen Widerstrebende, vielleicht auch der Behauptung gegenüber anderen Gemeinschaften werden in der schon beschriebenen Weise durch die Institutionalisierung von Verfahren der Rechtsänderung und -konkretisierung und Rechtserzwingung gelöst. Hier lassen sich die klassischen Modelle parlamentarisch-demokratischer Institutionen einsetzen: Die Gesetzgebung liegt in der Kompetenz einer parlamentarischen Versammlung. Einem zweiten Organ, der »Exekutive«, obliegt »im Rahmen« oder als »Ausführung« von Gesetzen die Aufrechterhaltung der Ordnung im Innern, die Leitung der Verteidigung nach

außen und was sonst noch an »Ausführung« notwendig sein mag. Jedoch ist es gerade ein Merkmal dieses Modells, daß eine spezielle »Ausführung« von Gesetzen in der Regel gar nicht erforderlich ist: Rechtsnormen sind in diesem Modell keine *Aufträge*, sondern gewissermaßen *Auflagen* für das Verhalten der Bürger. Die Exekutive übernimmt auch die Erzwingung des Rechts. Dazu bedarf es aber zuerst der bindenden Entscheidung eines dritten Organs: der Gerichte, die auf Antrag in Konfliktfällen eine autoritative Entscheidung fällen – in »Anwendung« der Gesetze. Daraufhin kann dann gegebenenfalls die Exekutive zur Durchsetzung oder Sanktionierung mobilisiert werden. Daneben mögen der Exekutive noch gewisse andere Zwangsbefugnisse zukommen: nämlich zur »Gefahrenabwehr« dort, wo unmittelbares Handeln notwendig ist – unter Beachtung rechtlicher Vorkehrungen zum Schutze der Mitglieder gegen Machtmißbrauch.
Es wäre allerdings ein Mißverständnis, die gesetzgebende Versammlung oder auch Legislative, Exekutive und Judikative zusammengenommen (»government«) als »Kopf« oder »Zentrum« oder gar »Steuerungszentrum« der Gesellschaft zu betrachten. Denn in gewisser Weise sucht die Rechtsgemeinschaft mit der hier skizzierten institutionellen Struktur die Vorstellung einer herrschaftsfreien, »akephalen« Gesellschaftsordnung zu verwirklichen – ein »government of laws and not of men«. Die Rechtsgemeinschaft im ganzen sieht sich nicht als handelndes Kollektiv unter einer Führung. Es geht nicht um eine Selbstorganisation der Gesellschaft für gemeinsame Unternehmungen. Die Gemeinschaft als Ganzes oder die Regierung (im Sinne von »government«, alle drei »branches« umfassend) verfolgen keine spezifischen kollektiven Ziele. Einziges »Ziel«, wenn man so will, ist die Verwirklichung einer gerechten Struktur von wechselseitigen Beziehungen unter den Rechtsgenossen. Landesverteidigung oder generell Kriegsführung ist demgegenüber schon ein tendenziell systemsprengendes Element. Sie ist, historisch gesehen, der exemplarische Fall der Verwandlung der staatlichen Gemeinschaft in ein handelndes Kollektiv, der Mobilisierung von Personal und Ressourcen für ein »kollektives« Ziel. Entsprechend ist zwischenstaatliche Konkurrenz sehr häufig der entscheidende Anlaß für Bestrebungen gewesen, die Regierung zum *Organisations*zentrum der Gesellschaft zu machen. Im liberalen Modell dagegen haben sich die Organe der Regierung im

Auftrag der Gesellschaft nur mit der Aufrechterhaltung und Weiterentwicklung der Rechtsordnung zu befassen, *in deren Rahmen* die Mitglieder individuell oder kollektiv, durch Transaktionen und Assoziationen ihre Ziele entwickeln und realisieren können. Die Mitglieder verfolgen substantielle kollektive Ziele innerhalb der Rechtsgemeinschaft, aber nicht *als* Rechtsgemeinschaft (oder »Staat«). Darin liegt ein bestimmtes Freiheitsmotiv: Die Mitglieder sollen ihre eigenen Glücksvorstellungen ausbilden und ihre Lebenspläne in Selbstverantwortung verfolgen, ohne auf den kollektiven Einsatz für eine substantielle Gemeinwohlvorstellung verpflichtet zu sein.[6]

Diese Struktur *erleichtert* die Neutralität der Rechtsordnung gegenüber konkurrierenden Vorstellungen des guten Lebens. Die Rechtsordnung hat insofern einen »formalen« Charakter, als sie Handlungsspielräume und -möglichkeiten absteckt, die von Einzelnen oder Kollektiven selbstbestimmt ausgestaltet werden können. Sie kann als äußerer Rahmen einer Pluralität von Lebensformen und sozialen Assoziationen dienen, in denen unterschiedliche Projekte der Selbstverwirklichung verfolgt werden. Aufgabe der Rechtsordnung ist es allein, unter Gesichtspunkten der Gleichheit und Gerechtigkeit für die Kompatibilität unter solchen Projekten zu sorgen. Zwangsläufig ausgeschlossen sind damit alle Projekte oder Lebensweisen, die den moralischen Forderungen des Rechts widersprechen, die also mit Gerechtigkeits- oder Freiheitsprinzipien nicht vereinbar sind. Darüber hinaus *könnte* die konkretere Ausgestaltung der Struktur der Rechtsbeziehungen zwischen den Mitgliedern dazu führen, daß bestimmte, an sich tolerierte Lebensformen *faktisch* begünstigt oder benachteiligt werden – als ungewollte, vielleicht unvermeidliche Nebenwirkung einer unter anderen Gesichtspunkten gestalteten Ordnung.[7]

Das liberale Recht ist also in mehrfacher Weise eine »äußere« Ordnung: Einerseits in dem üblichen Sinn, daß die Rechtsordnung Rechte und Pflichten regelt, die einer *äußerlichen Beurteilung* zugänglich sind – im Zweifelsfall der Beurteilung durch einen neutralen, »fremden« Dritten: den Richter. Das gilt in besonderer Weise,

6 Die ideengeschichtliche Quelle dieses Motivs sind Kritiken patriarchaler oder paternalistischer Konzeptionen politischer Herrschaft – von Lockes Auseinandersetzung mit Filmer bis zu Kant und J. St. Mill (siehe unten).

7 Zum Problem der »Neutralität« siehe Larmore 1987, 40ff.; Rawls 1988.

wo es um die eventuelle *Erzwingung* von Verhaltensweisen geht. Erzwingbarkeit durch *äußere* Sanktionen schafft zusätzliche Grenzen der Wirksamkeit. Neben diese pragmatischen Grenzen tritt andererseits die *normative* Beschränkung auf eine äußere Rahmenordnung, welche die individuellen und kollektiven Aktivitäten der Mitglieder kompatibel macht und erleichtert.

Dieses sehr formale Schema einer liberalen Rechtsordnung läßt verschiedene Ausgestaltungen zu. Die normativen Gesichtspunkte, unter denen die Struktur von Rechten und Pflichten und das Instrumentarium zur privaten Gestaltung von Rechtsbeziehungen unter den Mitgliedern festgelegt werden, müssen bestimmt werden; das kann in unterschiedlicher Weise geschehen. Eine Formel wie die von der größten Freiheit jedes Individuums, die mit der gleichen Freiheit für alle anderen vereinbar ist (Kant), liefert allein noch keine hinreichend bestimmten Kriterien; je nach der Interpretation der Grundbegriffe Freiheit und Gleichheit können sich verschiedene Lösungen ergeben. Noch in einer anderen Hinsicht sind unterschiedliche Konkretisierungen des Modells möglich: Oben haben wir »Gesellschaft« als umfassenden sozialen Lebenszusammenhang bestimmt, innerhalb dessen Recht oder Rechtsgemeinschaft nur eine Form sozialer Ordnung neben anderen bilden. Der geschilderte »äußerliche« oder formale Charakter der liberalen Rechtsordnung hat zur Folge, daß soziale Ordnung in hohem Maß durch komplementäre nichtrechtliche Vergesellschaftungsformen gewährleistet werden muß. Die verschiedenen möglichen Charakterisierungen dieser Beziehungen zwischen rechtlicher Ordnung und anderen, komplementären Sozialbeziehungen bilden eine zweite Dimension, in der Konkretisierungen des liberalen Grundmusters variieren können.

Eine prominente Interpretation des Modells ist das »System des Egoismus« oder die Herrschaft des »possessive individualism«. Danach ist die liberale Rechtsordnung primär zu verstehen als Ausgrenzung von Spielräumen *egoistischen* und *strategischen* Handelns. Der entscheidende komplementäre Vergesellschaftungsmechanismus ist der Markt.[8] Aber das liberale Modell ist weder logisch noch historisch auf dieses Schema zu beschränken.

8 Das ist die Deutung der marxistischen Rechts- und Liberalismuskritik. Siehe auch MacPhersons (1962) populäre Fehlinterpretation der frühen liberalen Tradition.

Denkbar und mit der Grundstruktur vereinbar sind auch Konzeptionen, die Gesichtspunkte der Gerechtigkeit und Solidarität oder auch Gesichtspunkte der sozialen, materiellen Voraussetzungen des Freiheitsgebrauchs in der Gestaltung der Privatrechtsnormen berücksichtigen. Aus dem beschriebenen Rahmencharakter des liberalen Rechts folgt nicht notwendig, daß es keine positiven Verpflichtungen der Mitglieder gegeneinander geben könnte (oder nur solche, die auf freiwilliger Vereinbarung beruhen). Gewisse Verpflichtungen zur gegenseitigen Hilfe oder ähnliche Forderungen sind mit der Struktur dieses Modells durchaus vereinbar.[9] Allerdings gibt es *praktische* Schranken der Möglichkeit, soziale Solidarität in der Form reziproker individueller Verpflichtungen zu institutionalisieren. Es handelt sich dabei um ein Problem kollektiven Handelns: Wie werden die Hilfeleistungen aller potentiell Verpflichteten und der Hilfeempfang durch die Berechtigten koordiniert? Wer hat wem zu helfen? Dieses Problem kann nicht durch individuelle Verpflichtung, sondern nur durch kollektive Organisation gelöst werden.[10] Die einfachste Form wäre staatlich organisierte Redistribution. Entsprechende Modifikationen des liberalen Rechtssystems bilden Übergangsformen zum sozialstaatlichen Modell, wie wir später sehen werden.

Auch was die zum Recht komplementären sozialen Beziehungen betrifft, sind Alternativen zu einer egoistischen Marktgesellschaft nicht nur vorstellbar, sondern sogar notwendig. Das liberale Rechtsmodell ist hypothetisch durchaus vereinbar mit einer sozialen Organisation nach dem Muster von Proudhonschen Assoziationen oder »Kommunen«, nicht nur mit »individueller« oder »kapitalistischer« Warenproduktion.[11] Vermutlich ist es auch praktisch unmöglich, daß sich eine stabile Rechtsordnung allein auf bloß strategische, egoistische Motivationen und Einstellungen der Akteure stützen kann. Diese These ließe sich soziologisch und moralpsychologisch diskutieren (es handelt sich um ein Standard-

9 Den Vorrang »negativer« Verpflichtungen betont zum Beispiel Hayek (1982, vol. 2, ch. 8, 31ff., mit zahlreichen Nachweisen). Das generelle Argument beruht auf einem Irrtum: Neutralität gegenüber individuellen Zielen schließt moralische Verpflichtungen gegenseitiger Solidarität keineswegs aus.

10 Vgl. Weinrib (1980), der die Probleme der Umsetzung moralischer Pflichten zur Hilfeleistung in Rechtspflichten diskutiert.

11 Siehe das Schlußkapitel von Nozick 1974.

thema der Soziologie seit Durkheims berühmter These über die »nichtkontraktuellen Voraussetzungen des Vertrags«). Es ließe sich wohl auch historisch-hermeneutisch zeigen, daß in den wichtigsten Rechtskonzeptionen der liberalen Traditionen vorausgesetzt wurde, daß Rechtsordnungen sich auf komplementäre moralische Einstellungen der Mitglieder der Rechtsgemeinschaft stützen.[12] Inwieweit »positives« und »formales« Recht den Subjekten gleichwohl ein generell strategisches Verhalten (auch zum Recht selbst) nahelegt oder gestattet, wäre anhand der Rechtspraxis zu überprüfen. Dagegen spricht etwa die Rolle moralischer Prinzipien in der Zivilrechtsprechung.

Historische Vorbilder. Damit sind wir schon bei historischen Referenzen. Die Distanz dieses Modells zur historischen Entwicklung der westlichen Verfassungsstaaten soll hier nicht ausgemessen werden. Das skizzierte Schema eines liberalen Minimalstaats ist nie auch nur annähernd historische Wirklichkeit gewesen. Regulatorische und wohlfahrtsstaatliche Elemente oder die »instrumentalistische« Verwendung von Recht für kollektive Ziele finden sich zu allen Zeiten in der Entwicklung der westlichen Verfassungsstaaten.[13]

Wenn wir uns auf das Verhältnis zur *Ideen*geschichte des Liberalis-

12 Siehe generell die Moral- und Rechtstheorie der schottischen Aufklärung. In diesen Traditionen galten selbst die Institutionen und Praktiken des Marktverkehrs nicht bloß als Entlastung von Moralansprüchen, sondern auch als moralischer Integrationsfaktor. Siehe Hirschman über die »doux-commerce thesis«, mit Hinweisen u. a. auf Montesqieu, Condorcet, Thomas Paine, A. Smith und A. Ferguson (Hirschman 1982, 1464ff.) Wiethölters Hinweis in seiner »Analytik Bürgerlichen Privatrechts« ist zutreffend: »... ›justice‹ und ›prudence‹, Grundkategorien ursprünglich der schottischen Moralphilosophie im 18. Jahrhundert, (geben) den Inbegriff von Bedingungen wieder, unter denen gesellschaftliche Identität zu ›funktionieren‹ vermag: als freies Handeln unter (Rechts-)Rahmenregeln und als verantwortungsgebundene (›kluge‹, ›schickliche‹, ›gehörige‹, ›angemessene‹) Ausnutzung der Freiheitsspielräume.« (Wiethölter 1982, 39) – Für Kant und Savigny sollte Recht nicht die moralische Autonomie ersetzen, sondern Spielraum für ihre gesicherte Betätigung schaffen (Kant, Metaphysik der Sitten. Akademie-Ausgabe Bd. VI, 219ff.; Savigny 1840, 331f.).

13 Siehe nur Wieacker 1974, 20ff., für konservative und wohlfahrtsstaatliche Beschränkungen des liberalen Privatrechts im Deutschland des 19. Jahrhunderts. Vgl. oben Anm. 6.

mus beschränken, so kombiniert das skizzierte Modell Elemente, die sich in der angelsächsischen liberalen Tradition von Locke bis John St. Mill, in den kontinentalen Privatrechtslehren des 19. Jahrhunderts und vor allem bei Kant finden lassen.[14] Die politische Ideengeschichte, in der sich die westliche Konzeption des demokratischen Verfassungs- und Rechtsstaats und des modernen Rechts gebildet hat, ist aber zu heterogen, als daß sie sich ohne weiteres auf ein einheitliches Modell beziehen ließe. Das gilt um so mehr, wenn man nicht nur die großen Entwicklungslinien der Rechts- und Staats*philosophie* ins Auge faßt, sondern danach fragt, welche Ideenkomplexe für die reale Entwicklung der Institutionen und das Selbstverständnis der historischen Akteure wichtig waren. Dann finden wir neben den Souveränitätstheorien, den Vertragskonstruktionen bis hin zu Kant, dem Konventionalismus von Hume und dem instrumentalistischen und in gewissem Sinn schon kollektivistischen Staats- und Rechtsverständnis des Utilitarismus noch andere wichtige Konzeptionen: die Traditionen des Patrimonialismus (vor allem im Bereich der Bürokratien des kontinentaleuropäischen Absolutismus), den Einfluß der christlichen Soziallehren in ihren verschiedenen Varianten, weiter eine eher administrativ-technokratische Traditionslinie, die über die Physiokraten und Saint-Simon noch auf Sozialismus und Marxismus gewirkt hat; schließlich romantische, organizistische und korporatistische Vorstellungen.[15] Alle diese Traditionslinien haben bis zum 20. Jahrhundert in wechselnden Verhältnissen auch die Verfassungs- und die im engeren Sinn juristischen Doktrinen auf dem europäischen Kontinent und in der angelsächsischen Welt beeinflußt.

Eindeutige und konsequente Konzeptionen eines liberalen Mini-

14 Zu den naturrechtlichen Privatrechtstheorien siehe Wieacker 1967, 133ff. Zu Kant siehe die »Rechtslehre« in der »Metaphysik der Sitten« (1797); dazu Kersting 1984. Eine konsequente Minimalstaats-Konzeption enthält Wilhelm von Humboldts Schrift »Ideen zu einem Versuch, die Grenzen der Wirksamkeit des Staats zu bestimmen« (Humboldt 1967). Viele Parallelen finden sich bei J. St. Mill (»On Liberty«), der von Humboldt beeinflußt war. – Zu liberalen Staatsvorstellungen in der angelsächsischen Jurisprudenz des 19. Jahrhunderts vgl. W. Friedmann 1972, 495.

15 Möglicherweise (nach der Auffassung einiger amerikanischer Autoren) auch eine spezifisch »republikanische« Traditionslinie (Verteidigung der öffentlichen Tugend) (Pocock 1975; 1981).

malstaats finden wir eher in der Gegenwart (als polemische Reaktion auf die Realität des sozialstaatlichen Modells). Prominente Beispiele sind der Ordo-Liberalismus (Eucken 1959); Robert Nozicks »invisible-hand«-Theorie der Entstehung einer Rechtsgemeinschaft als »protective association« durch private Kontrakte aus quasi-naturrechtlichen, »lockeanischen« Anfängen (Nozick 1974); oder Buchanans ebenfalls am privaten Kontraktmodell orientierte Verfassungstheorie (Buchanan 1975). Vor allem die Konzeptionen von Michael Oakeshott und F. A. Hayek treffen den *negativen* Aspekt des liberalen Modells sehr deutlich. Jedoch vernachlässigen beide, in unterschiedlichen Varianten, die oben angedeutete moralische Qualität der Rechtsstruktur. Oakeshott wie Hayek bauen auf die Kontrastierung von Rechtsgemeinschaft (»rule of law«) und »zielorientierter« Organisation.[16] Hayek stellt entsprechend zwei verschiedene Arten normativer Ordnung gegenüber: »cosmos« und »taxis«.[17] In der Charakterisierung der Unterschiede gehen ihm aber verschiedene Argumentationsstränge durcheinander: Recht als »Verfassung der Freiheit« vs. Recht als Organisationsmittel und geplante vs. spontane Ordnung. Eine »liberale« Ordnung ist in hohem Maße auf komplementäre, wenn man will: »spontane« Formen sozialer Ordnung angewiesen – für Hayek in den Formen von Markt und Unternehmensorganisation. Das bedeutet nicht notwendig, daß die Rahmenordnung selbst einen »spontanen« Charakter haben muß.[18]

16 Um ähnliche modellhafte Unterscheidungen (»managerial discretion« vs. genuin rechtliche Formen sozialer Regulierung oder »association by reciprocity« vs. »association to achieve common aims«) kreisen die Überlegungen von Lon Fuller über verschiedene »principles of social order«: ». . . law is not, like management, a matter of directing other persons how to accomplish tasks set by a superior, but is basically a framework for their interaction with one another, the role of government being that of standing as a guardian of the integrity of this system.« (Fuller 1969, 107, 110). Siehe auch Fullers Aufsätze »Two Principles of Human Association« und »Irrigation and Tyranny«, in Fuller 1981.

17 Hayek 1982, vol. 1, 35 ff. Siehe auch seine Skizze einer »model constitution« (Hayek 1982, vol. 3, 105 ff.).

18 Hayeks bête noire ist der Utilitarismus (für ihn ein Vorreiter des Sozialismus) – aber weniger wegen seines spezifisch moraltheoretischen Ansatzes als wegen seiner »konstruktivistischen« Implikationen (Sozialtechnik, Planung). Das ist natürlich keine notwendige Kombination. Hayek selbst argumentiert utilitaristisch, ohne es zu bemerken (Gray 1981, 73, 76 f.).

Eine besonders eindringliche Darstellung gibt Oakeshott, der die Geschichte westlicher politischer Konzeptionen als Konkurrenz zweier Ordnungsmodelle oder Vorstellungen menschlicher Assoziation rekonstruiert: »nomokratische« Ordnung (eine Ordnung nichtinstrumenteller Normen des zivilen Umgangs) vs. »teleokratische« Ordnung (ein zielgerichtetes kollektives Unternehmen) (Oakeshott 1975, 108 ff.).[19] Charakteristisch für ihn ist, daß er sich die Frage nach der Ausgestaltung und Rechtfertigung der Struktur der »societas« oder »nomokratischen« Ordnung gar nicht stellt.[20]

2. Rationalitätsaspekte des liberalen Rechtsmodells: Recht als Moral, moralische Rationalität des Rechts

In welchem Sinn kann von der *Rationalität* eines Rechtssystems gesprochen werden, das diese Merkmale aufweist? Kurz gesagt: das liberale Modell läßt sich weitgehend als rechtliche Institutionalisierung *moralischer* Normen verstehen, und von der Rationalität des liberalen Rechts ist im gleichen Sinn zu reden wie von der Rationalität der Moral. Gewisse Einschränkungen und Modifikationen dieser Feststellung werden sich als notwendig erweisen; vor allem wird sich zeigen, daß unser liberales Rechtsmodell neben den moralischen auch konventionelle Komponenten enthalten muß. Aber betrachten wir zunächst das moralische Element.

Nun ist der Begriff der Moral kaum weniger »contested« als der

19 Oakeshott bezieht sich auf mittelalterliche Vorstellungen über eine Differenz zwischen »societas« und »universitas«. »Societas« ist eine »moral relationship« (Oakeshott 1975, 201): »The idea ›societas‹ is that of agents who, by choice or by circumstance, are related to one another so as to compose an identifiable association of a certain sort. The tie which joins them ... is not that of an engagement in an enterprise to pursue a common substantive purpose or to promote a common interest, but that of loyalty to one another, the conditions of which may achieve the formality denoted by the kindred word ›legality‹ ... Thus, a state understood in terms of ›societas‹ is what I have elsewhere called a ›civitas‹, and its government ... is a nomocracy whose laws are understood as conditions of conduct, not devices instrumental to the satisfaction of preferred wants.« (202 f.) Siehe auch Oakeshott 1983b. – Bertrand de Jouvenel hat die Entgegensetzung von »Nomokratie« und »Teleokratie« ebenfalls verwendet (Kelly 1979, 25).

20 Zur Kritik vgl. H. Pitkin 1976. Zu Hayek und Oakeshott siehe auch die Aufsätze von Fuller 1989; Friedman 1989; MacCormick 1989.

des Rechts, und wir haben keine unproblematischen Kriterien zur Hand, nach denen wir den Bereich des Moralischen von anderen normativen Phänomenen abgrenzen könnten. Immerhin läßt sich sagen, daß es in unseren modernen Kulturen relativ übereinstimmende und selbstverständliche Alltagsüberzeugungen zumindest über einen Kernbereich des Moralischen gibt. Solche Deutungen drücken sich etwa in der Unterscheidung zwischen moralischen Normen und bloßen sozialen Konventionen oder technisch-organisatorischen Normen aus. Moralische Normen gelten als zwingend und allgemeingültig, nicht abhängig von konventionellen Übereinkünften oder Setzungen. Sie regeln konfligierende Ansprüche, die das Wohl und die Integrität von Personen betreffen, in unparteilicher, verbindlicher Weise. Moralische Regeln und Prinzipien garantieren die Integrität von Personen und Beziehungen, schützen Aufrichtigkeit und Vertrauen, fordern Schutz vor körperlichen und symbolischen Verletzungen, gewähren Handlungsfreiheiten und Ansprüche auf Teilnahme an verschiedenen Formen des sozialen Lebens. Prinzipien distributiver Gerechtigkeit betreffen die Verteilung von Pflichten und Rechten, von Leistungen und Gegenleistungen, von Chancen und Sicherheiten. Neben solchen Prinzipien und Regeln der Achtung und Gerechtigkeit finden wir Normen, in denen sich vor allem das Prinzip der Solidarität zeigt: Normen, welche Hilfeleistung in Notfällen und die Fürsorge für Hilfsbedürftige fordern, und Regeln für besondere, persönliche Beziehungen und entsprechende Loyalitäten sowie besondere Pflichten zur Sorge für Schutzbefohlene (vor allem Kinder).

Die Übergänge von diesem Kernbereich des Moralischen zu nichtmoralischen Problemen, Werten, sozialen Normen usw. werden in Moraltheorien auf unterschiedliche Weise beschrieben. Eine utilitaristische Moral klassischen Typs (Bentham) verlangt beispielsweise, *alle* Handlungsentscheidungen nach einem einheitlichen, vorrangigen Moralkriterium – nämlich Maximierung der sozialen Wohlfahrt – zu beurteilen. Eine deontologische Moral des kantischen Typs trifft eine viel restriktivere Abgrenzung des Moralischen, indem sie moralische Fragen und Fragen des guten Lebens unterscheidet (Habermas 1984; 1986). Diese Differenzierung werde ich später aufnehmen (Kapitel IV). Für die gegenwärtige Diskussion ist es jedoch ausreichend, auf den beschriebenen, unumstrittenen moralischen Kernbereich zu verweisen. Es zeigt sich nämlich, daß entsprechende Prinzipien und Normen den wesentlichen Gehalt unseres liberalen Rechtsmodells ausmachen.

Der moralische Charakter von Verfassungsprinzipien und Grundrechten wie dem Gleichheitsgrundsatz, der Garantie von Handlungsfreiheiten und körperlicher Unversehrtheit, der Meinungs- und Gewissensfreiheit, der Unverletzlichkeit privater Lebenssphären usw. liegt auf der Hand. Solche moralischen Prinzipien der Verfassung werden in einfachen Gesetzen spezifiziert, sei es in strafrechtlichen Normen, die mit Strafsanktionen verknüpft sind, sei es in zivilrechtlichen Regelungen mit Abwehr-, Erzwingungs- oder Restitutionsansprüchen. Es gibt also eine eindeutige Beziehung zwischen Verfassungsrecht und einfachen Gesetzen: letztere sind eine bloße Konkretisierung der moralischen Imperative, die in den Verfassungsprinzipien und Grundrechten enthalten sind. Im Strafrecht ist das offensichtlich: Zentrale Strafrechtsnormen zum Schutze der körperlichen Unversehrtheit, von Eigentum und privaten Lebenssphären usw. stellen die rechtliche Form elementarer moralischer Normen dar. Moralische Rechtfertigungen oder Kritiken lassen sich aber auch auf die grundlegenden Institutionen des Privatrechts wie Eigentum, Vertrag und Delikt beziehen. Tatsächlich sind solche moralischen Gehalte in der historischen Entwicklung entsprechender Privatrechtsinstitute aufzuweisen – und zwar nicht erst seit dem Übergang von einem »formalen« zu einem »materialisierten« Privatrecht. Dieser Übergang ist, zumindest in wesentlichen Aspekten, besser als Veränderung zugrunde liegender moralischer Konzeptionen denn als Wandel von einem »anethischen« zu einem moralisierten Recht zu deuten. Das Vertragsrecht zum Beispiel war schon immer gleichzeitig »formal« (oder »prozedural«) und »material«, und es enthielt schon immer zugleich moralische Elemente wie Klugheitsregeln oder Konventionen. Vertragsrecht legt Kriterien fest, nach denen Verträge rechtlich gelten und ihre Einhaltung rechtlich erzwungen werden kann. Nur Vereinbarungen, die bestimmten prozeduralen Bedingungen genügen, sind gültig, und solche Bedingungen haben häufig einen moralischen Gehalt (Freiwilligkeit, Einhaltung von Informationspflichten oder Diskriminierungsverboten usw.). Vertragsrecht war jedoch immer auch »substantiell«. Es hat immer bestimmte Vertragsinhalte oder -gegenstände ausgeschlossen (Wetten, Ämter, Sklaven, Prostitution, Alkohol, Drogen, Fideikommisse, Leihmutterschaften...). Auch in Auslegungsregeln, die bestimmen, welche Verpflichtungen sich aus Verträgen ergeben in Fällen, welche die Vertragspartner nicht vorausgesehen oder explizit geregelt haben, und in Regelungen für die Nichterfüllung von Verträgen finden sich moralische Elemente (Verantwortlichkeit, Entschuldigungsgründe usw.).[21]

So gesehen wird das Problem der Rationalität moralischer und rechtlicher Normen und Prinzipien weitgehend identisch. Soweit moralische Normen rational geprüft und gerechtfertigt werden können, ist das auch für Rechtsnormen möglich, und zwar auf die gleiche Weise. Die rechtliche Institutionalisierung wirft allerdings *zusätzliche* moralische Probleme auf und schafft *spezielle* moralische Verbindlichkeiten. Es entsteht ein neuer Typ von Normen, der sich auf die Konstitution der Rechtsgemeinschaft bezieht: nämlich der Typ prozeduraler institutioneller Normen. Daraus ergeben sich entsprechende Rechte und Pflichten der Mitglieder. Auch diese haben moralischen Charakter; aber sie sind an die Existenz der Rechtsgemeinschaft gebunden. Die Institutionalisierung rechtlichen Zwangs macht besondere Vorkehrungen gegen irrtümliche oder mißbräuchliche Anwendungen notwendig – rechtliche Regelungen zur Zähmung rechtlich organisierter politischer Macht. Es muß entschieden werden, welche Normen als Rechtsnormen offiziell administriert und vor allem mit Zwangsandrohung und bestimmten Sanktionen verbunden werden sollen und welche nicht. Die Positivierung des Rechts, also die Einrichtung von bindenden Entscheidungsverfahren, schafft die Möglichkeit, ungewisse oder strittige normative Urteile gleichwohl bindend zu machen (durch Mehrheitsentscheidungen, Kompromisse, autoritative Entscheidung von Offiziellen). Damit entsteht das neue moralische Problem der *Befolgung* oder Nichtbefolgung solcher Entscheidungen. Ein *moralisches* Problem ist dies aus der »genuinen« Teilnehmerperspektive. Aus der Verknüpfung von Normen mit Zwangsandrohung folgt andererseits zwangsläufig, daß das Motiv der Befolgung *rechtlich* irrelevant wird – es genügt der »äußere«

21 Rekonstruktionen moralischer Komponenten im Vertragsrecht finden sich z. B. bei Fried 1982; Atiyah 1981; Atiyah 1979; Schmidt 1985. – Über die Rolle moralischer Prinzipien im common law siehe vor allem Dworkin 1986, 276ff.

Gehorsam, um der Sanktion zu entgehen. Schließlich wäre es irrational, mit Strafen zu drohen für den Fall, daß bloß zur Vermeidung der Strafe gehandelt wird.
Ein Teil der moralisch relevanten Verpflichtungen, die mit positiv geltendem Recht verbunden sind, gehört zu einem Typ normativer Verbindlichkeiten, den Rawls »obligations« genannt hat. Rawls unterscheidet zwischen »obligations« und anderen »moral requirements« – insbesondere den »natural duties«. Bei letzteren handelt es sich um kategorische moralische Verpflichtungen, die unabhängig von institutionellen Ordnungen oder spezifischen sozialen Beziehungen gelten, zum Beispiel das Verbot, jemand zu schädigen oder zu verletzen oder zu betrügen, oder die Pflicht, unter bestimmten Umständen zu helfen. »Obligations« dagegen entstehen als Ergebnis frei gewählter Interaktionen und Kooperationen mit anderen, aus denen gegenseitige Verpflichtungen hervorgehen: »... the content of obligations is always defined by an institution or practice the rules of which specify what it is that one is required to do.... obligations are normally owed to definite individuals, namely those who are cooperating together to maintain the arrangement in question... (For example) one who assumes public office is obligated to his fellow citizens whose trust and confidence he has sought and with whom he is cooperating in running a democratic society. Similarly, we assume obligations when we marry as well as when we accept positions of judicial, administrative, or other authority. We acquire obligations by promising and by tacit understandings, and even when we join a game, namely, the obligation to play by the rules and to be a good sport.« (Rawls 1971, 113)

Probleme der Konkretisierung und Differenzierung. Konventionen. Dafür, moralische Handlungsprobleme durch Rechtsnormen zu beantworten, sprechen hauptsächlich zwei Gründe. Der eine betrifft den Rechts*zwang*; zu seiner Rechtfertigung dient das in vielen Varianten verbreitete Argument, daß die Person, die bereit ist, moralisch zu handeln, gegen Böswillige (oder gutwillige Fanatiker) geschützt werden muß. Der andere Grund hat mit Problemen der Ökonomie kollektiven Handelns zu tun, in neuerer Terminologie: mit »Transaktionskosten«. Selbst unter der Voraussetzung, daß das Motivationsproblem gelöst und alle Akteure bereit wären, moralisch zu handeln, wäre es viel zu aufwendig, in jedem Problemfall unter den Beteiligten nach einer passenden Lösung zu suchen und die Entwicklung genereller Regeln lediglich informellen Prozessen zu überlassen. Aus der Einrichtung des Rechtszwangs und der Funktion des Rechts für die Koordination von Interaktionen ergibt sich nun die Notwendigkeit, Rechtsnormen zu konkretisieren und zu differenzieren. Rechtsnormen, die mit Sanktionsdrohungen verknüpft sind, sollten bestimmt und präzise sein, um die Gefahr der willkürlichen Anwendung zu verringern. Die Funktion der Orientierungssicherung erfordert die Berücksichtigung unterschiedlicher Situationen und Problemtypen. Diese Notwendigkeit verschärft sich, wenn sich die soziale Differenzierung erhöht. Gerade der moralische Charakter, den wir den Rechtsregeln bisher zugeschrieben haben, kann zudem weitere Differenzierungszwänge zur Folge haben – wenn nämlich einfache, mechanische Lösungen ungerecht wären. Dadurch wird die Konsistenz des Normensystems zum Problem. Sozialer Wandel macht Anpassung der Normen notwendig. Es erhöht sich auch die Bedeutung *empirischen Wissens* für die Rechtfertigung von Normen. Dieses Element spielt bei elementaren moralischen Normen und Prinzipien eine geringe Rolle. Es wird bedeutender, wenn es darum geht, differenzierte Problem- und Anwendungssituationen zu antizipieren. Es gewinnt vor allem dann außerordentlich an Gewicht, wenn die *Konsequenzen* der Geltung von Rechtsnormen zugleich relevanter und unsicherer werden. Welche Relevanz die Antizipation ihrer Konsequenzen für die Beurteilung von Rechtsnormen hat, hängt von normativen und empirischen Faktoren ab. Wenn Handlungszusammenhänge komplexer werden, sind die Auswirkungen der Befolgung einer Norm schwieriger zu antizipieren und möglicherweise weitreichend und schwerwiegend. Die rationale Beurteilung einer Norm ist schwer denkbar ganz ohne Rücksicht auf solche Konsequenzen; aber es hängt auch von der normativen Konzeption selbst ab, wie wichtig die Antizipation konkreter Konsequenzen der Normbefolgung für die Begründung ist. Als Beispiel können wieder elementare Rechtsinstitute des Privatrechts dienen. Wir kennen verschiedene normative Konzeptionen und Rechtfertigungen des Eigentums- oder Vertragsrechts. Eine Konzeption betrachtet Eigentum und Vertrag unter Gesichtspunkten der individuellen Freiheit und der prozeduralen Gerechtigkeit von Transaktionen. Dabei geht der Blick nur auf die jeweiligen Personen und ihre Handlungssituation. Das Individuum braucht geschützte Freiheitssphären, darunter auch Eigentumsrechte, um seine Autonomie betätigen zu können. Zur Betätigung dieser Autonomie gehört, daß es frei ist, innerhalb gewisser Grenzen, die vor allem durch Gesichtspunkte der Achtung der Autonomie und Würde des jeweiligen Partners bestimmt sind, bindende Vereinbarungen mit anderen zu treffen. Der philosophische Hintergrund solcher Vorstellungen (naturrechtlich, kantianisch) kann variieren. Ein Merkmal dieser Betrachtungsweise ist, daß die Konsequenzen der aggregierten individuellen Handlungen außer Betracht bleiben – sei es, weil sie als empirisch unproblematisch, sei es, weil sie als normativ irrelevant gelten. Solange sich die einzelnen Handlungen und Transaktionen im Bereich des Erlaubten halten, sind die aggregierten Ergebnisse, wie immer diese aussehen mögen, ebenfalls legitim (Nozick 1974). Diese Betrachtung läßt sich generell auf die Struktur subjektiver Rechte (rights) anwenden. Manche dieser Rechte garantieren die Freiheit von Handlungen, welche »externe«, möglicherweise in irgendeinem Sinn negative oder problematische Effekte haben können. Es ist natürlich oft fraglich, was als »externer« Effekt gilt, wie sich etwa am Beispiel der Gewissens- oder Meinungsfreiheit, der Freiheit der Gestaltung intimer Beziehungen usw. diskutieren ließe – ein Problem, das Liberale von J. St. Mill bis Ronald Dworkin beschäftigt hat. Unproblematische Beispiele wären etwa das Recht, frei zu entscheiden, ob man Kinder haben will, oder die Freiheit der Berufswahl. In solchen und anderen Fällen steht die Freiheit, eigene Lebenspläne zu verfolgen, ohne sich vor »der Gesellschaft« rechtfertigen zu müssen, über dem sozialen »Nutzen« oder »Schaden«. Jedenfalls sollen die Rücksichtnahmen auf soziale Konsequenzen nicht *durch Recht* erzwungen werden. In diesem Sinn haben »rights« Vorrang vor »utilities«. Es ließen sich nun auch »utilitäre« Rechtfertigungen für solche »Entlastung von Folgenverantwortung« finden – etwa die *kognitive* Unmöglichkeit, solche Folgen im individuellen Fall zu antizipieren. Unter solchen Bedingungen müssen die Einzelhandlungen durch andere Mechanismen kompatibel gemacht werden; Marktmechanismen sind das klassische Exempel.

Natürlich können die Regelungen von Eigentumsrechten und Vertragsbeziehungen unter Gesichtspunkten der Gleichheit und Gerechtigkeit variiert werden, ohne diese Perspektive auf die unmittelbare Situation und die unmittelbar beteiligten Personen aufzugeben. Es ist zum Beispiel möglich, das Vertragsrecht unter Gesichtspunkten der Fairneß oder des Machtausgleichs zu verändern, Vorkehrungen zum Schutz des schwächeren Partners einzubauen, Risiken aus Transaktionen zu verteilen. Dabei geht es immer noch um die moralische Beurteilung der individuellen Transaktionen, ohne Berücksichtigung der sozialen Konsequenzen der Institutionalisierung eines entsprechenden Systems von Transaktionen. Ein anderer Blickwinkel ergibt sich, wenn eine »konsequentialistische« oder Systemperspektive eingenommen wird.[22] »Systemperspektive« heißt hier, daß die sozialen Konsequenzen der Institutionalisierung bestimmter Formen von Eigentum und Vertrag unter gegebenen sozialen Randbedingungen antizipiert und bewertet werden. Nach welchen normativen Kriterien diese Konsequenzen beurteilt werden, ist eine unabhängige Frage. Bekanntlich nimmt der Utilitarismus eine solche »Systemperspektive« ein.[23] Aber die Beurteilung der Folgen der Institutionalisierung bestimmter Rechtsstrukturen muß nicht notwendig nach dem utilitaristischen Kriterium vorgenommen werden. In jedem Fall aber erfordert eine solche Einbeziehung sozialer Interdependenzen die Anwendung *empirisch-theoretischen Wissens* (etwa in Gestalt ökonomischer Theorien), und die Frage nach der moralischen Richtigkeit einer Norm verbindet sich mit der nach der empirischen Korrektheit solcher Theorien, und moralische Rationalität muß ergänzt werden um theoretische oder technologische Rationalität.[24] Dieser Sachverhalt ist praktisch von der größten Be-

22 Über die Differenz der Argumentationsweisen (im Hinblick auf die Rechtfertigung von Institutionen des Marktverkehrs) siehe Sen (1985): »The Moral Standing of the Market«. – Über moralphilosophische Rechtfertigungen der Institutionen des privaten Eigentums siehe NOMOS XXII (1980); vor allem Becker 1980.

23 Siehe die Versuche einer utilitaristischen Begründung »liberaler« Rechtskonzepte (»unveräußerliche Rechte« usw.): Hardin 1986; 1988; Kuflik 1986; Sartorius 1975.

24 Liberalistische Theorien seit A. Smith gehen oft davon aus, daß ein »system of natural liberties«, das *für sich* moralisch gerechtfertigt ist, *zugleich* optimale soziale Konsequenzen hervorbringt – abgesehen von gewissen Imperfektionen (»market failures«), die institutionell korrigiert werden müssen.

deutung und hat allerlei problematische Konsequenzen für die Rechtsrationalität.[25] Aber eine solche »Folgenorientierung« muß den moralischen Status der entsprechenden Normen noch nicht aufheben.

Die *Institutionalisierung* moralischer Normen bringt nun, wie oben beschrieben, eine besondere Form moralischer Verpflichtungen mit sich, die ein konventionelles Element enthält. Daß eine bestimmte Struktur von Rechten und Pflichten rechtlich gilt und in der Rechtsgemeinschaft befolgt wird, ist selbst ein moralisches Argument für die Befolgung – unabhängig davon, wie der »intrinsische« oder »substantielle« moralische Wert einzelner Elemente des Arrangements beurteilt wird. Noch einen anderen Status haben *genuine Konventionen*. Manche Rechtsnormen sind im Bereich des moralisch Zulässigen, aber sie sind nicht per se oder »ex ante« moralisch verbindlich. Sie geben Handlungsdirektiven, die ex ante auch anders aussehen könnten – wobei die Alternativen moralisch neutral sind. Es ist vielleicht moralisch geboten, diese Handlungsalternativen *überhaupt* zu regeln, aber der spezifische Inhalt der Regelung ist in gewissen Grenzen moralisch beliebig und allenfalls nach Gesichtspunkten der Effizienz oder anderen praktischen Kriterien zu beurteilen. Konventionen erleichtern soziale Interaktionen in Bereichen, wo es nicht um konfligierende Interessen geht, sondern um gewissermaßen bloß kognitive Probleme der Handlungskoordination.[26]

25 Weitere Bemerkungen dazu im Kapitel IV. – Hierzulande hat es in zurückliegenden Jahren eine Diskussion über »Folgenorientierung« im Recht gegeben, die sich aber hauptsächlich auf die Rolle von Folgenerwägungen im *gerichtlichen* Verfahren bezog – ein spezielles Problem. Siehe Luhmann 1974, 31ff.; Lübbe-Wolf 1981.

26 Einige weitere Erläuterungen in Kapitel VIII. – Der Charakter von Konventionen ist oft beschrieben worden: »Sometimes the interests of society may require a rule of justice in a particular case; but may not determine any particular rule, among several, which are all equally beneficial. In that case, the slightest analogies are laid hold of, in order to prevent that indifference and ambiguity, which would be the source of perpetual discussion ... Many of the reasonings of lawyers are of this analogical nature, and depend on very slight connexions of the imagination.« D. Hume, An Enquiry Concerning the Principles of Morals (Hume 1975, 195f.; siehe auch 504-513, Fn.). Siehe schon Aristoteles, Nikomachische Ethik, Buch V, 1134b18-24 (1967, 169). Siehe Finnis 1980, 281ff., 294f., mit weiteren philosophiegeschichtlichen Belegen. – Vgl. auch Charles Fried über die Grenzen moral-

Liberalismus, Demokratie, Markt. Wenn wir von einem liberalen Rechtsmodell ausgehen, wird das Unterfangen, die Grundzüge einer Rechtsordnung auf der Basis oder im Rahmen einer *Moraltheorie* zu entwerfen, wie es zum Beispiel in Kants »Rechtslehre« unternommen wird, zumindest verständlich. Aber ist das ganze Modell letztlich konsistent? Ist die Konzeption einer *moralischen* (gewöhnlich natur- oder vernunftrechtlich genannten) Rechtsordnung wirklich vertretbar? Nicht nur Moralskeptiker haben das bezweifelt. Auch wer eine rationale Rechtfertigung moralischer Normen für möglich hält, kann Einwände gegen die spezifische Form der Verknüpfung von Recht und Moral haben, die dem liberalen Modell zugrunde liegt. Vier gelegentlich vorgebrachte Einwände will ich hier erwähnen. Erster Einwand: Der Versuch, eine komplette Rechtsordnung auf der Grundlage moralischer Überlegungen zu entwerfen, führt zu ahistorischen Abstraktionen. Diese Kritik ist nicht sehr überzeugend. Es geht ja nicht um den Entwurf aller Details, sondern zunächst um den von Grundprinzipien, die in fortlaufender Gesetzgebung oder Rechtsprechung wiederum unter Beachtung des moralischen Gesichtspunkts detailliert werden können. Auch die Grundprinzipien selbst können auf konkrete historische Umstände bezogen und an veränderte Problemlagen angepaßt werden. Infallibilität muß für eine solche moralische Rechtsbegründung gewiß nicht beansprucht werden. – Zweiter Einwand: Eine solche Konzeption ist unpolitisch. Recht läßt sich nicht allein auf moralische Erwägungen zurückführen; es dient auch anderen Zwecken.[27] Es ist unklar, ob das ein empiri-

philosophischer Argumente im Hinblick auf das Privatrecht und die Notwendigkeit der »artificial reason of the law«: Moraltheorien könnten nur relativ allgemeine Grundsätze begründen; der weiterreichende rechtliche Spezifikationsbedarf werde durch die Arbeit der Juristen gedeckt (deren Ergebnissen er offenbar weitgehend einen bloß konventionellen Status zuweist). (Fried 1981, 56f.)

27 »Kant baut das Moment Unverfügbarkeit in die moralischen Grundlagen des Rechts derart ein, daß das positive Recht dem Vernunftrecht subsumiert wird. In diesem vernunftrechtlich präjudizierten Recht bleibt kein Raum für den instrumentellen Aspekt eines Rechts, dessen sich der politische Gesetzgeber für seine Gestaltungsaufgaben bedient.... Wenn aber Politik und Recht in die subordinierte Stellung von Ausführungsorganen für die Gesetze der praktischen Vernunft geschoben werden, verliert die Politik ihre gesetzgeberische Komponente und das Recht seine Positivität« (Habermas

sches oder ein normatives Argument sein soll. Ein entsprechendes normatives Argument müßte zeigen, daß die Konzeption einer Rechtsordnung mit den oben dargestellten begrenzten Funktionen unter bestimmten Bedingungen unangemessen ist. Einem solchen Argument würde ich gute Chancen einräumen (siehe Kapitel IV); aber es macht das liberale Modell nicht *inkonsistent*. – Drittens: Der Entwurf einer solchen moralischen Rechtsordnung ist undemokratisch. Das ist ein verwirrender Einwand. Man muß sich den Proponenten einer solchen »vernunftrechtlichen« Konzeption ja nicht als moralischen Diktator oder Philosophenkönig vorstellen. Ein Entwurf einer liberalen Rechtsordnung kann als Verfassungsvorschlag verstanden werden, der in eine öffentliche Diskussion eingebracht wird und dessen Verwirklichung nur aus einer solchen Auseinandersetzung hervorgehen kann. Das Modell enthält auch prima facie keine Elemente, die im Widerspruch zum »Demokratieprinzip« stünden. »Demokratie« wird in diesem Modell als eine Form *moralischer* Auseinandersetzung über bestimmte »äußere« Regeln des sozialen Umgangs betrachtet. Das ist sicher ein mögliches Verständnis dieses Konzepts. Es entspricht zum Beispiel dem von Rousseau. Diese Auseinandersetzung findet typischerweise in zwei Formen statt: als demokratische Beratung der Gesetzgebung und als Argumentation der Parteien vor Gericht und richterliche Urteilsbegründung; beide sind in diesem Modell Formen *moralischer* Argumentation.[28] Der Einwand gegen die liberale Konzeption kann also nur sein, daß die Begrenzung der Kompetenzen und Funktionen der Rechtsgemeinschaft eine unzulässige Einschränkung von Demokratie darstellt. Das ist ein diffiziles Argument, das näher betrachtet werden muß (Kapitel IV und VII).

1987, 7). Solche »Gestaltungsaufgaben« des Gesetzgebers hatte Kant gerade nicht vorgesehen – aus bestimmten *normativen* Gründen.

28 Man kann sie nach Begründungs- und Anwendungsdiskursen differenzieren (Günther 1988); aber das ist hier nicht von Bedeutung. – Viele neuere Kritiker des »liberalen Rechtsformalismus« haben sich auf das »Subsumtionsmodell« der Rechtsanwendung konzentriert – auf die Vorstellung, daß dem Richter nur die mechanisch zu erledigende Aufgabe zufällt, den festgestellten Tatbestand unter den entsprechenden Rechtssatz zu subsumieren und die Rechtsfolgen festzustellen. (Vgl. Joerges 1989, 549ff.) Ein solch simples Schema ist keinesfalls ein notwendiger Bestandteil eines liberalen Rechtsmodells.

Den Hintergrund dieser »demokratietheoretischen« Kritik bildet häufig der vierte und bedeutendste Einwand gegen das liberale Modell. Der Rahmencharakter des liberalen Rechts macht deutlich, daß die Vernünftigkeit sozialer Beziehungen nicht allein durch das Recht garantiert werden kann. Durch die Rechtsordnung konstituiert sich die Gesellschaft *nicht* als handelndes Kollektiv, das *alle* sozialen Beziehungen einer bewußten gemeinschaftlichen Kontrolle unterwirft. Es gibt eine bewußte, kollektive Selbstgesetzgebung – aber die gibt nur einen äußeren Rahmen des Zusammenlebens vor, der angewiesen bleibt auf andere Formen kollektiver Vernunft im Sinne vernünftigen kollektiven oder sozialen Handelns *und* auf die »objektive« Vernunft einer »spontanen« sozialen Ordnung, wie sie exemplarisch durch das Marktmodell dargestellt wird. Nichts garantiert, daß diese komplementären Vergesellschaftungsmechanismen auch funktionieren; nichts garantiert vor allem, daß die »spontanen« oder »systemischen« Ordnungsmechanismen wirklich »objektive Vernunft« verkörpern. Historisch hat sich gezeigt, daß sie sehr unvernünftige Züge annehmen können. Unter solchen Umständen bildet das liberale Recht ein Strukturelement von Institutionen und sozialen Prozessen, welche den normativen Anspruch des Rechts dementieren und zunichte machen; historisch betrachtet haben sich solche sozialen Prozesse vor allem, wenn auch nicht ausschließlich im Bereich des ökonomischen Subsystems der Gesellschaft oder davon ausgehend entwickelt. Erweiterte staatliche und rechtliche Kompetenzen, welche die Grenzen des liberalen Modells sprengen, können dadurch notwendig werden. Das sozialstaatliche Modell kann als Reaktion auf diesen Sachverhalt betrachtet werden.

3. *Das sozialstaatliche Rechtsmodell*

Die Modellskizze eines sozialstaatlichen Rechtssystems, welche hier entworfen wird, kommt der sozialen Realität ein wenig näher als das im ersten Abschnitt dieses Kapitels konstruierte liberale Modell. Die realen Vorbilder sind in diesem Fall die heutigen Rechtssysteme der »wohlfahrtsstaatlich« organisierten westlichen Industriegesellschaften und die darauf bezogenen sozialen Deutungen und Theorien.[29] Die Frage, ob oder inwieweit dieses Modell gegenwärtig in einer tiefgreifenden Krise ist und ob wir uns in einer Phase der Transformation zu einem neuen Modell befinden, wird hier nur gestreift. Darin drückt sich unter anderem eine skeptische Bewertung entsprechender Thesen aus. Dabei geht es aber um eine sozialwissenschaftliche Diskussion, für die hier nicht der rechte Ort ist.

Ein Ausgangspunkt vieler Analysen über »Recht im Sozialstaat« ist die Bestimmung von »Staatsaufgaben« oder »Staatsfunktionen«. Recht erscheint dann als abhängige Variable, als Instrument zur Erfüllung erweiterter Staatsfunktionen. Die folgende Darstellung übernimmt zwar in gewisser Weise die Perspektive auf Aufgaben oder Funktionen. Aber wie im Abschnitt über das liberale Modell wird der Blick zuerst auf die Ebene der Assoziation (Rechtsgemeinschaft) gerichtet, statt sogleich vom »Staat« als einem Organisationszentrum auszugehen, das Recht als Regulierungs- oder Steuerungsmittel einsetzt. Wie bisher liegt das Schwergewicht auf der Rekonstruktion der symbolischen Komponenten, also der normativen Ordnungen und der sozialen Selbstdeutungen.

Die Darstellung des sozialstaatlichen Modells folgt lose folgendem

29 Es existiert eine sehr umfangreiche sozialwissenschaftliche Literatur zur Charakterisierung der politischen Systeme dieser Gesellschaften (Stichworte: Sozialstaat oder »welfare state«; Massendemokratie und Staatsinterventionismus). Rechtstheoretische Analysen sind eher fragmentarisch. Versuche zur Gesamtdarstellung sind selten; Untersuchungen über Teilgebiete des Rechts: vor allem Privatrecht, Verfassungs- und Verwaltungsrecht, herrschen vor. Einige Angaben über die (nicht so häufigen) Studien, die Gewicht auf Entwicklung der *normativen* Komponenten des Sozialstaats legen, ohne Berücksichtigung der übrigen Literatur zum »welfare state«: Ein »Klassiker« ist T. H. Marshall 1977b, 78 ff. (Schlüsselbegriff: citizenship). Weiter siehe Janowitz 1976; Heclo 1986; K. Friedman 1981; Esping-Andersen 1987 (Social Democracy); Lowi 1986; Baier 1977; Kaufmann 1973 (»Sicherheit«); Bendix, Bendix, Furniss 1987; Skocpol, Orloff 1986, 244 ff. Sozialphilosophische Diskussionen zum »welfare state« finden sich in dem von A. Gutmann herausgegebenen Band (Gutmann 1988). Zur deutschen Diskussion über »Rechtsstaat und Sozialstaat« siehe Heller 1930; Maus 1986a, 173 ff. (Weimarer Republik); und die Aufsatzsammlung Forsthoff 1968 (für die BRD). Versuche zu einer allgemeineren Charakterisierung der Entwicklung des Rechts im Sozialstaat über die in Kap. III, Fn. 1 oben angegebene Literatur hinaus: Cranston 1985; Friedman 1980; 1985a; 1985b; 1985c; Ewald 1985.

Konstruktionsprinzip: Das liberale Modell wird Schritt für Schritt um jeweils zusätzliche Funktionen, Typen von Rechtsbeziehungen und Formen rechtlicher Regelungen erweitert. Das ist, wie erwähnt, keine *historische* oder genetische Reihenfolge, sondern eine logische Abfolge von in gewissem Sinn zunehmend problemträchtigeren Erweiterungen des liberalen Modells. Dabei wird zu bedenken sein, wie diese *Erweiterungen* auf die Ausgangsstruktur *zurückwirken*. Es wird sich zeigen, daß die Erweiterung zugleich eine Transformation ist – eine Transformation des Charakters der rechtlichen Assoziation vor allem –, welche die ursprüngliche liberale Grundstruktur zwar nicht völlig aufhebt, aber doch berührt. Dies Verhältnis zwischen den liberalen und den neuen sozialstaatlichen Elementen hat möglicherweise problematische Aspekte.

Veränderungen der »horizontalen« Rechtsstruktur unter moralischen Gesichtspunkten. Im liberalen Modell fanden wir – abgesehen von prozeduralen Regeln der Rechtsänderung und -anwendung – ausschließlich Normen, welche die »horizontalen« Beziehungen der Mitglieder untereinander regeln. »Horizontal« meint dabei, daß keine speziellen Rechtsbeziehungen der Mitglieder mit der Gemeinschaft als Ganzes, als korporativer Einheit, oder mit Organen oder offiziellen Vertretern der Gemeinschaft vorgesehen waren außer denen, die im Rahmen der Gesetzgebung oder der gerichtlichen Verfahren und der entsprechenden Kontroll- und Erzwingungsmaßnahmen anfielen. Diese Unterscheidung entspricht übrigens nur teilweise der üblichen von Privatrecht und öffentlichem Recht. Zu den »horizontalen« Rechtsbeziehungen bzw. den entsprechenden Regelungen gehören hier auch das Strafrecht und, in juristischer Terminologie, die Regelungen der »Eingriffsverwaltung« – also die Regelungs- und Kontrollaktivitäten der Verwaltung, die ebenso wie die übrigen Normen darauf gerichtet sind, die Aktivitäten der Mitglieder unter normativen Gesichtspunkten kompatibel zu machen.
Unser liberales Modell war sehr formal in dem Sinne, daß keine bestimmte normative Interpretation dieser Struktur vorausgesetzt war. Wesentlich war der Rahmencharakter der Rechtsstruktur: Die Wahl individueller oder kollektiver Handlungspläne war freigestellt, solange dabei wechselseitige Rechte und Pflichten beach-

tet wurden – eingeschlossen spezielle Verpflichtungen (obligations), die aus solchen freiwilligen Aktivitäten selbst entspringen, seien sie vertraglicher Natur oder nicht. Wesentlich war auch, daß die Gestaltung des Rahmens nach moralischen Kriterien wie gleiche Freiheit, Gleichheit, Gerechtigkeit, unparteilicher Interessenausgleich oder gegenseitige Solidarität erfolgen sollte.

Diese Struktur kann sehr weit mit »sozialen« Verpflichtungen aufgeladen werden, ohne den beschriebenen Grundcharakter zu verlieren. »Sozial« heißt hier vor allem, daß Forderungen der Gleichheit oder Solidarität oder des Schutzes der Integrität sozialer Beziehungen bei ihrer inhaltlichen Gestaltung Berücksichtigung finden. Das *kann* zum Beispiel heißen, daß die Freiheit der Gestaltung vertraglicher Beziehungen durch objektive Pflichten eingeschränkt wird. Dabei können typische soziale Rollenbeziehungen (etwa zwischen Individuen und Organisationen) und vertragliche Bindungen besonderer Art (Arbeitsverträge, Mietverträge, überhaupt freiwillige Regelungen von »continuing relationships« usw.) besonders berücksichtigt werden. Es kann um die Differenzierung und Begrenzung von Eigentumsrechten gehen; um differenzierte und präzisierte Sorgfaltspflichten bei Aktivitäten mit negativen »externen Effekten«; um die gerechte Verteilung der Belastungen, die durch solche Aktivitäten oder ihre Einschränkung entstehen. Große Teile der Rechtsentwicklungen, die als »Materialisierung« des Privatrechts, als Herausbildung von »Sonderprivatrechten« (Miet-, Arbeitsrecht usw.) und als Entwicklung »regulatorischen Rechts« (technisches Sicherheitsrecht usw.) bezeichnet werden, lassen sich in dieser Weise verstehen.

In einer historischen Rekonstruktion wären verschiedene Faktoren zu analysieren, die auf Rechtsänderungen dieser Art hingewirkt haben. Da ist zum einen die schon erwähnte, in politischen Auseinandersetzungen allmählich vollzogene Neuinterpretation des Gehalts grundlegender moralischer Prinzipien: Freiheit, Gerechtigkeit, Solidarität, Verantwortlichkeit. Weiter die Veränderung *objektiver* sozialer Problembedingungen durch wachsende soziale Differenzierung und Interdependenz, soziale Mobilität, den Ausfall bestimmter nichtrechtlicher Mechanismen sozialer Regulierung und Kontrolle, die Entwicklung von Technologien usw. Schließlich spielt die Veränderung sozialer Wahrnehmungen und Problemdefinitionen eine bedeutende Rolle. Diese Entwicklungen können hier nicht nachgezeichnet werden. Hier ist nur festzuhalten, daß die daraus folgenden Veränderungen der »horizontalen« Rechtsstrukturen, vor allem die Wandlungen des Privatrechts, für sich allein noch keinen grundlegenden »Formwandel« des liberalen Rechts bedeuten. Die formale Grundstruktur bleibt insofern erhalten, als diese Teile des Rechts (zumindest in unserem hypothetischen Modell, auf der jetzigen Stufe der Darstellung) immer noch moralisch begründet werden können und den beschriebenen Rahmencharakter behalten. Soweit die Mitglieder der Rechtsgemeinschaft sich an solchen Normen orientieren, sind sie auch unter der Voraussetzung weitgehender gegenseitiger oder »sozialer« Verpflichtungen dennoch nicht in der Rolle von »Funktionären« der Gesellschaft, die in allen ihren Aktivitäten oder in allen Aspekten ihres Handelns auf die Verfolgung substantieller kollektiver Ziele oder des »Gemeinwohls« festgelegt wären.[30]

Redistribution. Auch die erwähnten »horizontalen« Normen haben distributive Wirkungen: sie beeinflussen die Verteilung von Gütern und Lebenschancen. Nun geht es um eine neue Form – um Redistribution im engeren Sinn (K. Polanyi). In dieser Form leisten die Mitglieder des Kollektivs Beiträge in einen gemeinsamen Fonds, aus dem nach anderen Prinzipien als dem der Leistung dann verteilt wird – beispielsweise nach einem der vielen möglichen Kriterien sozialer, distributiver Gerechtigkeit. Das kann praktisch auf verschiedene Weise geschehen, primär durch rechtlich geregelte Abschöpfung von Gütern oder Geld (Besteuerung) und entsprechende Verteilung von Geld, Gütern oder Diensten. Dadurch verändert sich der Charakter des Kollektivs und seiner Institutionen. Es gibt jetzt spezielle Beziehungen zwischen dem einzelnen Mitglied und dem Kollektiv als korporativer Einheit.

30 Es geht *nicht* allein um die Form des »Konditionalprogramms« im Gegensatz zum »Zweckprogramm« (Luhmann). Diese Kategorien – eine Variante der alten Unterscheidung von Regeln und Standards – stammen aus der Organisationssoziologie; sie unterscheiden Handlungsregulierungen danach, ob über die Kontrolle der Ergebnisse oder die Befolgung von formalen Regeln gesteuert wird. Auch »Konditionalprogramme« können also der Erreichung substantieller »Zwecke« dienen. Über die Unterscheidung »Konditional«- und »Zweckprogramme« siehe Luhmann 1973, 163ff.; Luhmann 1983a, 229ff.

Soweit Redistribution rechtlich geregelt wird, ergeben sich nicht nur Pflichten (zum Fonds beizutragen), sondern auch Ansprüche (nämlich Leistungen zu bekommen). Es kann sich dabei auch um Risikoverteilung, also die Bildung einer Versicherungsgemeinschaft handeln – die jedoch nicht notwendig redistributive Effekte hat. Bekanntlich gibt es gewisse praktische Probleme mit diesen Formen kollektiver Umverteilung. Vor allem in großen Kollektiven mit hoher Mobilität sind sie einerseits notwendig, um die bekannten Probleme kollektiven Handelns zu lösen: Solidarität und Ausgleich können nicht mehr allein durch reziproke Beziehungen unter den Mitgliedern verwirklicht werden. Andererseits ergeben sich bei rechtlich geregelter Umverteilung Schwierigkeiten mit der motivationalen Basis sozialer Solidarität und mit der überschaubaren Einhaltung eines gerechten Ausgleichs zwischen Ansprüchen und Pflichten. All diese Probleme der Redistribution sind im Kern moralische, von der Lösung organisatorischer Schwierigkeiten abgesehen.

Effizienz als Standard. Bisher sind wir davon ausgegangen, daß die rechtliche Regelung sozialer Interaktionen, die speziell die kooperative Produktion von Gütern und Diensten betreffen, unter moralischen Gesichtspunkten wie Gleichheit, Fairneß von Transaktionen, distributiver Gerechtigkeit erfolgt. Andere moralische Gesichtspunkte ließen sich ergänzen – etwa die Forderung, daß jedem Mitglied ermöglicht werden sollte, durch Teilnahme an solchen Aktivitäten soziale Anerkennung und Selbstachtung zu gewinnen. Das sind jedoch nicht die einzigen Gesichtspunkte, unter denen wirtschaftliche Aktivitäten im sozialstaatlichen Modell geregelt werden. Daneben ist von Zielen die Rede, die mit Begriffen wie Vollbeschäftigung, wirtschaftliche Stabilität, wirtschaftliches Wachstum oder allgemeiner mit dem Begriff der ökonomischen Effizienz beschrieben werden. Was ist der Status solcher Ziele? Unter bestimmten Umständen können sie moralische Elemente haben. In einer Gesellschaft, in der materielle Not herrscht, kann es geboten sein, kollektive Anstrengungen zur Entwicklung der Produktion oder zur Vermeidung von Krisen zu unternehmen. Und unter den erwähnten Gesichtspunkten von Gleichheit und Gerechtigkeit kann es als verpflichtendes Ziel gelten, jedem oder wenigstens jedem, der es wünscht, die Möglichkeit zu beruflicher

Tätigkeit zu geben. Es kann unter Umständen auch moralisch gerechtfertigt sein, ökonomische Effizienz gegen moralische Grundsätze wie Gleichheit abzuwägen, also gewisse Formen ansonsten illegitimer Ungleichheit zuzulassen, weil sie moralisch positiv zu bewertende Konsequenzen haben. Diese Überlegung liegt etwa der Begründung von Rawls' »difference principle« zugrunde.[31]
Es wäre aber unplausibel, den genannten ökonomischen Zielen oder dem Effizienzprinzip generell einen moralischen Status zuzusprechen. In wohlhabenden Gesellschaften ist die »Entwicklung der Produktivkräfte« zumindest kein selbstverständliches moralisches Gebot mehr. Hinter Begriffen wie »wirtschaftliches Wachstum« verstecken sich außerdem ziemlich komplexe Probleme, die unter anderem (wiederum sehr vereinfacht gesagt) die »qualitative« Seite oder die »Richtung« solcher Entwicklungen betreffen. Deswegen lassen sich in den erwähnten politischen Programmpunkten wie »Stabilität« und »Wachstum« neben der möglicherweise vorhandenen moralischen Komponente zwei andere Elemente entdecken: nämlich ein Klugheitsprinzip einerseits, die Formulierung nichtmoralischer kollektiver Ziele andererseits. Die Rolle dieser beiden Elemente läßt sich anhand des Begriffs der Effizienz erläutern.[32]
Effizienz ist in gewissem Sinn gleichbedeutend mit »Ökonomie«, als Handlungsprädikat verstanden. Gemeint ist die Optimierung des Verhältnisses von Aufwand und Ertrag; oder: optimale Nutzung begrenzter Mittel mit alternativen Verwendungen auf der Grundlage gegebener Präferenzen. Das ist das Klugheitsprinzip par excellence. Leider ist es nicht ganz leicht, diesen Begriffen für ein Kollektiv (eine Gesellschaft) eine präzise Bedeutung zu geben; das setzt nämlich die Abwägung individueller Präferenzen (interpersonellen Nutzenvergleich) oder ihre Aggregation zu einer »kollektiven« Präferenzordnung voraus. Diese Schwierigkeiten sind in der Wohlfahrtsökonomie und den Theorien kollektiver Wahl (collective choice) ausgiebig behandelt worden. Zu ihrer Be-

31 Es geht dabei nicht um eine Abwägung zwischen Effizienz und Moral; sondern es geht darum, welche Rolle Effizienzkriterien im Rahmen einer moralischen Abwägung haben. Zur Kritik der Vorstellung eines »trade-off« zwischen »social justice« und »efficiency« siehe Dworkin 1985, 246ff.

32 Über Unterschiede zwischen der Regelung moralischer Konflikte und der Verfolgung kollektiver Ziele vgl. Habermas 1989, 145ff.

wältigung sind verschiedene präzisere Kriterien für Effizienz entwickelt worden.[33] Hier soll eine nichttechnische Erläuterung des Pareto-Kriteriums genügen: Ausgehend von individuellen Präferenzen und einer bestimmten Distribution von Ressourcen lassen sich durch Tausch und Reallokation von Ressourcen Zustände erreichen, die von allen bevorzugt werden. Optimal oder effizient ist jeder Zustand, in dem es nicht möglich ist, eines oder mehrere Mitglieder besserzustellen, ohne ein anderes Mitglied schlechterzustellen, jeweils gemessen an den individuellen Präferenzen.

Diese Definition hat den Vorzug, daß sie den nichtmoralischen Charakter des Effizienzbegriffs deutlich macht. Denn sie bindet die Effizienzbeurteilung an den Vergleich mit einer *gegebenen* Ausgangslage, die etwa in einer gegebenen Distribution von Ressourcen im Sinne der Verteilung von Nutzungsrechten bestehen kann, um zu prüfen, ob es Zustände gibt, die diesem Status quo im angegebenen Sinn überlegen sind. Die bekannte Kritik an diesem Kriterium lautet nun, daß diese Bewegung von einer ungerechten Ausgangslage zu einem »überlegenen« Zustand bei immer noch sehr ungerechten Verhältnissen landen kann (solange etwa niemand veranlaßt werden kann, auf Privilegien usw. zu verzichten).[34]

Dennoch hat das Klugheitskriterium seine Berechtigung. Nehmen wir verschiedene Ausgestaltungen ökonomischer Institutionen, die alle unter moralischen Gesichtspunkten gerechtfertigt sind, also den Forderungen auf Gerechtigkeit, Gleichheit usw. genügen. Es mag nach solchen strikt moralischen Kriterien indifferent sein, welche Variante gewählt wird. Aber es ist immer noch ein Gebot der Klugheit, die Variante zu wählen, bei der die Präferenzen der Akteure besser erfüllt werden. Wenn die Mitglieder des Kollektivs anders handelten, wären sie kaum unmoralisch – obwohl vielleicht irrational. Viele rechtliche Regulierungen lassen sich zumindest der Intention nach als Ausdruck solcher Effizienzerwägungen verstehen – etwa Maßnahmen, welche den ökonomischen Wettbe-

33 Eine gute Darstellung verschiedener Effizienzkriterien gibt Mishan (1981).

34 Dennoch ist bekanntlich versucht worden, dieses oder ähnliche Effizienzkriterien zur alleinigen Grundlage der Begründung von sozialen Normen oder Entscheidungen zu machen. Siehe unten Abschnitt 2. Zur Kritik der Verwendung des Pareto-Prinzips für die Entscheidung moralischer Probleme vgl. Rescher 1979; Rawls 1971, 66ff.

werb oder überhaupt die Funktionsfähigkeit von Märkten durch rechtliche Parameter sichern sollen.[35] Wir haben damit zum ersten Mal ein deutlich *nicht*moralisches Kriterium, das für die Gestaltung unseres Rechtsmodells relevant ist. (Das ist zu unterscheiden von dem in Kapitel III diskutierten Fall, daß empirisch-theoretische Kriterien für die moralische Rechtfertigung von Normen oder Entscheidungen relevant werden.)

In einer dezentralisierten ökonomischen Ordnung, die zumindest teilweise über Transaktionen zwischen ökonomischen Akteuren, eingeschlossen Kollektive oder Organisationen, also über Märkte geregelt wird, können solche Regulierungen unter Effizienzgesichtspunkten in gewissem Grad durch die Normierung »horizontaler« Rechtsbeziehungen, also die Ausgestaltung des »Privatrechts« erfolgen. Bisher haben wir das Instrumentarium des Rechtssystems auch auf solche Regelungen beschränkt. Aber natürlich gibt es andere Mittel der »Steuerung« und andere Funktionen des Rechtssystems. Eine der bedeutendsten ist die Bereitstellung *kollektiver Güter*, die teilweise selbst unter Effizienzgesichtspunkten gerechtfertigt werden kann.

35 Rawls gibt ein Beispiel für die Differenz zwischen moralischen und ökonomischen Kriterien: Er skizziert eine Reihe von Institutionen, durch welche Gerechtigkeit in einem »properly organized democratic state that allows private ownership of capital and natural resources« gewährleistet werden soll. Dazu gehören Vorkehrungen zur Sicherung von Chancengleichheit und Freiheit der Berufswahl, Institutionen zur Garantie eines »sozialen Minimums« und zur Erhaltung distributiver Gerechtigkeit mittels Besteuerung und Regulierung von Eigentumsrechten (Redistribution). Zwei spezielle Zweige der Regierungstätigkeit sollen die »Effizienz« des ökonomischen Systems sichern – nämlich die »allocation branch« und die »stabilization branch«: »The allocation branch ... is to keep the price system workably competitive and to prevent the formation of unreasonable market power.... The allocation branch is also charged with identifying and correcting, say by suitable taxes and subsidies and by changes in the definition of property rights, the more obvious departures from efficiency caused by the failure of prices to measure accurately social benefits and costs.... The stabilization branch, on the other hand, strives to bring about reasonably full employment in the sense that those who want work can find it and the free choice of occupation and the deployment of finance are supported by effective demand.« (Rawls 1971, 275 f.)

Kollektive Güter. Politik wird häufig definiert als Verfolgung kollektiver Ziele im Rahmen einer staatlichen Organisation.[36] Recht erscheint dann als Rahmenbedingung und Instrument solcher kollektiver Aktivitäten. Allein, der Begriff »Ziel« wie auch seine Qualifizierung durch »kollektiv« sind vieldeutig und erläuterungsbedürftig. Ziele werden häufig als die Verwirklichung von »Werten« begriffen. Werte werden dann oft in moralische, ästhetische, utilitäre usw. differenziert, doch wird dabei der unterschiedliche Status und die unterschiedliche Verwendungsweise von moralischen Wertbegriffen wie Gerechtigkeit, Freiheit, Gleichheit usw. und anderen Werten – Schönheit, Wahrheit, Gesundheit – nicht hinreichend deutlich.[37] Zwischen moralischen Normen oder Prinzipien und »Werten« sollte jedoch klar unterschieden werden. Moralische Prinzipien und Normen drücken ein verbindliches Sollen aus, das sich aus der unparteilichen Berücksichtigung der Interessen aller ergibt.[38] Demgegenüber sollen Werte hier primär prädikativ verstanden werden: als Formen des Wünschbaren oder Empfehlenswerten – »conceptions of the desirable« (Kluckhohn).[39] Werte in diesem Sinn sind empfehlende Prädikate (gut, schön, angenehm usw.), die mit Kriterien oder Standards für entsprechende Bewertungen von Zuständen, Gegenständen oder Aktivitäten verknüpft sind. Während moralische Normen dem Anspruch nach für alle gültig und dem praktischen Sinn nach *für alle verbindlich* sein müssen, weil sie sonst den Konflikt von Interessen oder Ansprüchen nicht beilegen können, mögen Werte und Evaluationen differieren. Selbst da, wo Wertmaß-

36 Nicht zuletzt in sozialwissenschaftlichen Theorien. Siehe Parsons 1966a; Almond, Powell 1966, 27. Für Parsons ist das *Rechts*system allerdings relativ unabhängig von der Politik – und ihr im Rahmen seiner kybernetischen »Steuerungshierarchie« von sozialen Subsystemen *übergeordnet*.

37 Zu »values« siehe den Lexikonartikel von Frankena (1967) sowie die Literaturauswertung von Lautmann (1969).

38 Habermas 1983, 117f.; 1984; 1986.

39 »Values are ... things of the mind that have to do with the vision people have of ›the good life‹ for themselves and their fellows. A person's values ... represent factors that play a role in his personal welfare function, the yardstick by which he assesses the extent of his satisfaction in and with life. ... A value represents a slogan capable of providing for the rationalization of action by encapsulating a positive attitude toward a purportedly beneficial state of affairs.« (Rescher 1969, 4-9). Weitere Erläuterungen in Kapitel VI.

stäbe auf einer abstrakten Ebene geteilt werden und in gewisser Weise als objektiv oder begründbar gelten, kann die konkrete Applikation in der Gestaltung von Plänen und der Bewertung von Handlungsalternativen sehr verschieden sein und sollte es sogar. Moderne Gesellschaften sind durch einen hohen Grad von Wertpluralismus geprägt – auf der abstrakteren oder konkreteren Ebene; und in vieler Hinsicht scheint das eher ein Vorzug als ein Problem zu sein.

Werturteile (Evaluationen) und moralische Urteile (die Anwendung moralischer Prinzipien und Normen) spielen beide eine Rolle für die Gestaltung von *Handlungsplänen* oder *Projekten*. Moralische Urteile legen fest, was im jeweiligen Handlungskontext erlaubt oder geboten ist; Werturteile regeln die Wahl zwischen Handlungsalternativen, die moralisch freigestellt sind. Vorausgesetzt ist, daß die streng kognitiven Probleme, also die Identifizierung von Handlungsmöglichkeiten und die Antizipation der jeweiligen Konsequenzen schon gelöst sind.[40]

Von *Zielen* kann man in einem generellen und einem spezifischen Sinn sprechen. »Ziele« oder »Zwecke« sind zu verstehen als Erfolgsbedingungen – nicht als Voraussetzungen, sondern als definierende Bedingungen des Gelingens oder Mißlingens einer Handlung.[41] In einem *allgemeinen* Sinn kann man dann die Erfüllung moralischer Prinzipien und Normen – etwa die Forderung nach »Realisierung von Gerechtigkeit« oder von »gerechten Verhältnissen« – ebenso als Ziel betrachten wie die möglichst weitgehende Realisierung eines Wertstandards. Ziele im *spezifischeren* Sinn müssen in Projekten und Handlungsplänen »operationalisiert« werden, in denen künftige Aktivitäten oder durch solche Aktivitäten herbeizuführende Situationen oder Zustände konkreter beschrieben werden. Diese Aktivitäten, Situationen oder Zustände müssen zwar mit Hilfe von moralischen oder evaluativen Standards *bewertet*, aber sie dürfen nicht allein durch diese Standards *identifiziert* werden. Die Verwirklichung einer gerechten Güterverteilung oder die Befriedigung einer Musikleidenschaft

40 Wertmaßstäbe sind ein Element der Ausbildung von Bedürfnissen und Interessen. Zu den Problemen der Moraltheorie, die ich hier nicht diskutieren will, gehört die Frage, welche Rolle solche Interpretationen von Bedürfnissen oder Interessen für moralische Diskurse spielen.

41 Shwayder 1965, 122: »purpose« als »conditions of success«.

sind keine spezifischen Ziele; wohl aber die Realisierung einer Einkommensverteilung mit gewissen definierten Merkmalen oder der Besuch eines Konzerts. Man kann zwischen moralisch gebotenen und moralisch freigestellten Zielen unterscheiden. Auch im Rahmen einer deontologischen Moralkonzeption ist es möglich, von moralisch gebotenen Handlungs*zielen* und nicht nur von gebotenen Handlungen oder Handlungsweisen zu sprechen. Man kann sich zum Beispiel moralisch verpflichtet sehen, ein ungerechtes Gesetz zu beseitigen oder eine unmoralische politische Maßnahme zu verhindern – das heißt: das mögliche und passende zur Erreichung solcher Ziele zu tun. Im folgenden soll jedoch nur über die Kategorie moralisch erlaubter, spezifischer Handlungsziele gesprochen werden. »Güter« sollen Objekte oder Zustände heißen, die nach Wertstandards geschätzt werden, deren Hervorbringung also ein spezifisches nichtmoralisches Handlungsziel sein kann. Die hier vorgeschlagene Begriffsbildung unterscheidet sich übrigens vom üblichen Begriff der »Präferenz«. In der Ökonomie bzw. der Theorie rationaler Wahl wird darunter in aller Regel verstanden, daß der Aktor alternative Zustände oder Abläufe paarweise vergleicht und einen »präferiert«. Natürlich kann er auch beide gleich bewerten *oder* sich des Urteils enthalten. Wenn er das für eine Menge alternativer Möglichkeiten wiederholt, ergibt sich eine (konsistente oder inkonsistente, vollständige oder unvollständige) Präferenzordnung (Sen 1970). Die moralischen oder evaluativen Standards, die solchen Entscheidungen zugrunde liegen, werden gar nicht betrachtet, während sie hier in die Begriffsbildung mit einbezogen werden.
Was sind nun *kollektive* Ziele? Man könnte an ein Team von Sportlern denken, an die Mitglieder einer wissenschaftlichen Arbeitsgruppe, an die Musiker in einem Orchester oder die Angehörigen einer religiösen Gemeinschaft. Sie alle verfolgen kollektive Ziele in gemeinsamen Aktivitäten. Nichts wäre irreführender, als dieses Modell auf unser sozialstaatliches Modell zu applizieren. Der Charakter kollektiver Ziele in diesem Modell läßt sich besser anhand der Kategorie der *kollektiven Güter* erläutern. Die Bereitstellung kollektiver Güter ist eine bestimmte Form kollektiver Ziele, die von einiger praktischer Bedeutung ist. Kollektive Güter sind solche Güter oder Dienste, welche durch gemeinsame, zentral koordinierte Aktivitäten der Mitglieder produziert oder verteilt

werden.[42] In der Regel wird das jedoch nicht durch die Mitglieder selbst, sondern durch Organe oder gemeinsame Einrichtungen der Gemeinschaft geschehen. Solche kollektive Produktion oder Verteilung kann zu Zwecken der Redistribution (s. o.) oder aus anderen moralischen Gründen angestrebt werden. Dafür, Produktion oder Distribution durch das politische System und mit Hilfe des Rechts zu organisieren, können aber auch nur pragmatische oder Effizienzgründe sprechen. Vor allem der letztere Fall interessiert hier. Exemplarisch für Effizienzgründe sind »collective« oder »public goods« im Sinne der ökonomischen Theorie – also Güter oder Dienste, die wegen bestimmter »stofflicher« Bedingungen ihrer Produktion oder ihres Gebrauchs nicht ohne weiteres mittels privater Märkte produziert und vertrieben werden können. Das sind vor allem Güter (oder Dienste), die eine oder mehrere der folgenden Bedingungen erfüllen: Sie können nur »als Ganzes« für den kollektiven Bedarf produziert werden; sie können nur kollektiv konsumiert werden in dem Sinn, daß kein Mitglied die Nutzung zurückweisen kann; sie können nicht vermarktet werden, weil es nicht möglich oder ineffizient ist, Benutzer individuell auszuschließen; die Kosten der Bereitstellung des Guts wachsen nicht mit der Zunahme des Konsums.[43] Straßen und andere Verkehrsan-

42 Der öffentliche Charakter der Produktion und der Distribution sind voneinander unabhängig. Im Schema dargestellt:

Distribution über:	Märkte	andere Mechanismen (öffentl. Konsum, Zuteilung usw.)
Produktion durch:		
Private	1	2
Öffentl. Organisation / Plan	3	4

Das Schema kann weiter differenziert werden: Art der privaten und öffentlichen Organisationen, deren Handlungsparameter usw.; verschiedene Formen der Regulierung von Märkten, zumal von Kapitalgütermärkten. Hier interessieren die Kategorien 2 und 4. »Sozialismus« im traditionellen Verständnis würde eine Entwicklung in Richtung Kategorie 4 bedeuten. Die vorliegende Analyse läßt sich auch auf ein solches sozialistisches Modell anwenden. (Zur Analyse verschiedener Regulierungsmechanismen und zu möglichen Kombinationen siehe Lindblom 1980, 157ff.)

43 Die »klassische« Formulierung der Theorie der Kollektivgüter ist Samuelson 1954.

lagen oder die Leitungsnetze zur Energieversorgung sind beliebte Beispiele. Sie zeigen, daß kollektive Güter sehr viel mit privaten gemeinsam haben können. Sie können nämlich durchaus individuellen oder privaten Zielen dienen. Anders gesagt: eine hinreichende Voraussetzung für die Produktion oder Verteilung kollektiver Güter ist, daß eine hinreichende Zahl von Mitgliedern diese Maßnahme als in ihrem *jeweiligen* Interesse liegend ansieht. Eine Übereinstimmung von *Wertmaßstäben* oder irgendeine Form sozialer Auseinandersetzung über solche Werte ist dabei keineswegs vorausgesetzt. Die Konsumenten können aus ganz unterschiedlichen Gründen an dem Gut interessiert sein. Übrigens verleiht auch völlige Übereinstimmung über ein kollektives Ziel diesem noch keinen moralischen Charakter. Wenn alle Mitglieder einer Gesellschaft es als ihr dringendes Interesse ansähen, eine Expedition zum Mars zu schicken, würde daraus noch kein moralischer Imperativ.

Es ist gefordert worden, die Bereitstellung solcher Güter davon abhängig zu machen, daß alle Beteiligten mit der Verteilung von Kosten und Nutzen einverstanden sind. Niemand sollte gezwungen werden, ohne seine Zustimmung für den Nutzen anderer aufzukommen.[44] Die Praxis sieht natürlich etwas anders aus. Viele kollektive Güter sind auf bestimmte Interessengruppen zugeschnitten. Aber auch normativ betrachtet ist es nicht unbedingt

44 Die klassische Formulierung stammt von Wicksell. Siehe die Textsammlung von Musgrave, Peacock (1962). – Vgl. Rawls: »... as Wicksell emphasized, the unanimity criterion (für Beschlüsse über öffentliche Ausgaben, B. P.) assumes the justice of the existing distribution of income and wealth, and of the current definitions of the rights of property....when this condition is satisfied, then the unanimity principle is sound. There is no more justification for using the state apparatus to compel some citizens to pay for unwanted benefits that others desire than there is to force them to reimburse others for their private expenses.« (Rawls 1971, 282 f.) Manchem wird das Problem in anderem Licht erscheinen, wenn er den Fall von kollektiven Gütern mit *negativen* Externalitäten betrachtet oder von »policies«, die nur von einem Teil der Mitgliedschaft gewünscht, von einem anderen Teil aber explizit abgelehnt werden. Häufig fallen die »negativen Externalitäten« auf ganz andere Gruppen als die Nutznießer des Guts. Ein Beispiel: die Erweiterung eines Flughafens. Siehe Allison 1986: »On dirty public things«: »›Dirty public things‹ can be described, in loose and common parlance, as economic projects which are good for the people as a whole, but bad for those who have to live next to them ...« (241).

erforderlich, daß alle kollektiven Güter von allen Mitgliedern der Gemeinschaft gewünscht werden – geschweige im gleichen Ausmaß oder mit der gleichen Intensität. Statt dessen kann der politische Prozeß als eine Art Tauschbörse fungieren, an der öffentliche Güter gehandelt werden und die Verteilung der Kosten geregelt wird: Eure Zustimmung zum Programm A gegen unsere Zustimmung zum Programm B. Solange es dabei fair zugeht, ist normativ nichts einzuwenden.[45]

Die oben erwähnten wirtschaftspolitischen Ziele, etwa »wirtschaftliches Wachstum« in bestimmten Formen, lassen sich als kollektive Ziele oder kollektive Güter verstehen, die zwar nicht unbedingt einhellig gewünscht werden, aber in politischen Tauschprozessen ausgehandelt wurden. Wie sich an diesem Beispiel zeigen ließe, kann dieser Aushandelungs- und Tauschprozeß problematisch werden und zusammenbrechen. Verschiedene Gründe dafür sind denkbar. Zum Beispiel kann die Fairneß des Prozesses angezweifelt werden. Ein spezieller Fall eines prozeduralen Defizits ist die Rolle der »Nachgeborenen« – deren Interessen müssen stellvertretend eingebracht werden, und die »Treuhänder« können sich weigern, auf Tauschhändel einzugehen, für welche die Zustimmung späterer Generationen nicht eingeholt werden kann. Die Auseinandersetzung über kollektive Güter oder politische Programme kann auch dadurch den Status eines Tauschprozesses verlieren und zu einem moralischen Konflikt werden, daß bestimmte Maßnahmen von Gruppen abgelehnt werden, die sich weigern, ihre Ablehnung gegen Zugeständnisse auf anderen Gebieten aufzugeben. Solche Zugeständnisse müssen nicht immer spezifiziert sein – normalerweise reicht der Hinweis auf die generellen Vorteile dieser politischen Tauschbörse für alle Beteiligten. Eine mögliche Konsequenz wäre, auf das entsprechende Programm zu verzichten, also das umstrittene kollektive Gut nicht zu produzieren. Jedoch kann

45 Siehe Hayek 1982, vol. 3, 45. – Empirisch ist natürlich höchst fraglich, ob es bei diesen politischen Tauschprozessen in irgendeinem Sinn »fair« zugeht. Und fragwürdig ist der Versuch, den politischen Prozeß *insgesamt* auf solche Tauschvorgänge zu reduzieren. So etwa Buchanan, Tullock 1965. Dabei fallen die Elemente moralischer Auseinandersetzung im politischen Prozeß ebenso weg wie die Möglichkeit eines öffentlichen Diskurses über Evaluationen oder genuin kollektive Ziele (s. u.); außerdem das Element kooperativer Lösungssuche im Hinblick auf kognitive Faktoren: Identifizierung von Ressourcen und Handlungsmöglichkeiten usw.

der Konflikt nicht immer auf diese Weise entschärft werden, weil auch der Verzicht auf eine politische Maßnahme einschneidende Konsequenzen haben kann. Der Umfang staatlicher Aktivitäten, wohl auch andere sozialstrukturelle Faktoren, schaffen Entscheidungszwänge (Situationen, in denen auch die Nichtentscheidung eine folgenreiche Entscheidung darstellt), die den Rückzug auf eine »neutrale« Rolle von Staat oder Recht gegenüber den nichtmoralischen Zielen und Vorstellungen guten Lebens häufig schwierig machen: Entscheidungen *oder* Nichtentscheidungen können Konsequenzen haben für konkurrierende Werte oder Vorstellungen guten Lebens. Es entstehen dann *moralische* Konflikte; die Infrastrukturpolitik (Energie, Verkehr) bietet Beispiele.

Kollektive Werte und genuin kollektive Ziele. Wenn diese Ausführungen über Werte, Ziele und kollektive Güter plausibel sind und wenn sie wichtige soziale Selbstverständnisse wiedergeben, was wir für unser Modell ja zunächst hypothetisch annehmen können, dann ergibt sich: Die kollektive Anerkennung moralischer Prinzipien und Normen ist von einem »Wertkonsens«, von einer Übereinstimmung in Vorstellungen des guten Lebens zu unterscheiden. Moralische Übereinstimmung, die kollektive Geltung einer moralischen Ordnung, auch in Gestalt der moralischen Elemente der Rechtsordnung, setzt keinen »Wertkonsens« voraus, oder: Wertpluralismus ist vereinbar mit normativer sozialer Integration. Und die Verfolgung kollektiver Ziele im Sinne kollektiver Güter setzt *ebenfalls* keine Übereinstimmung von Wertmaßstäben voraus – sondern nur eine Koinzidenz von Zielen auf einer konkreteren Ebene oder die Akzeptanz von Tauschprozessen.
Nun ist es eine interessante Frage, ob nicht die Herausbildung bestimmter kollektiver Werte im Rahmen einer Gesellschaft zumindest zur Stabilisierung der Rechtsordnung beitragen kann und ob es für die Rechtsgemeinschaft nicht auch *genuin* kollektive Ziele geben mag. Wäre die Herausbildung einer kollektiven Wertordnung unter den Bedingungen moderner Gesellschaften also möglich oder wünschenswert? Kollektive Werte, die im Rahmen einer Gemeinschaft geteilt werden, können sich auf die individuelle Lebensführung der Mitglieder beziehen – als Vorstellungen eines guten, gelungenen Lebens. Sie können sich aber auch auf den Charakter des Kollektivs, auf seine gemeinschaftliche Lebensform

richten. Genuin kollektive Ziele wären Projekte, die auf geteilten Werten beruhen, vor allem solche, die nicht nur kollektiv zu schaffende Voraussetzungen der privaten Lebensführung, sondern das Kollektiv im ganzen betreffen.[46] Die Erhöhung von Ruhm und Ehre der Nation oder die Hebung des Ansehens und des kollegialen Geistes einer akademischen Institution wären Beispiele. Solche kollektiven Werte und Ziele können in Lebensformen verankert sein und mehr oder weniger unbefragt tradiert werden. Sie können aber auch stärker aus kulturellen Auseinandersetzungen, aus Befragungen der Tradition, aus Bemühungen um Neuinterpretation, kritische Aneignung und Innovation hervorgehen. Daß solche Auseinandersetzungen eine Rationalitätssteigerung darstellen, ließe sich wohl gegenüber traditionalistischen Positionen verteidigen. Abgesehen davon gibt es externe soziale Faktoren, welche die Tradierung von Lebensformen und die unbefragte Weitergeltung kultureller Wertmuster untergraben. Gegenwärtig sehen wir in manchen Gesellschaften des Westens Bestrebungen oder Verteidigung oder Wiederbelebung kollektiver kultureller Identitäten oder hören zumindest entsprechende Proklamationen. Es ist jedoch fraglich, in welchem Sinn kulturelle Selbstverständigungsprozesse wirklich noch zu kollektivem Wertkonsens auf der Ebene einer Gesellschaft und zu einer entsprechenden substantiellen kollektiven Identität führen können, statt – im günstigen Fall – zu Pluralismus und Toleranz. Möglicherweise schließt sich beides nicht aus: Wertkonsens auf bestimmten Gebieten oder im Hinblick auf sehr allgemeine Maßstäbe und Einstellungen mag vereinbar sein mit einem Pluralismus von Lebensformen. Das alles ließe sich nur empirisch weiterdiskutieren – anhand der Entwicklung des »Nationalcharakters« oder der kollektiven Wertmuster moderner Gesellschaften.[47] Auch das anschließende Problem, inwieweit solche Prozesse kultureller Identitätsfindung *im Rahmen*, innerhalb der institutionellen Formen des politischen Systems und

46 Siehe Taylors Unterscheidung von »convergent goods« und »shared goods« (Taylor 1985, 96) und J. Waldrons Begriff der »communal goods«, im Unterschied zu bloßen »collective goods« (Waldron 1987, 302).

47 Interessante vergleichende Studien, allerdings mit ungenügenden Differenzierungen zwischen moralischen oder Rechtsprinzipien und »Werten«, bietet Münch 1986. Demgegenüber konstatiert eine wachsende Literatur eine sozusagen hoffnungslose Pluralisierung der Kultur unter dem Stichwort der »Individualisierung«.

des Rechtssystems stattfinden können, und welche rechtlich-institutionellen Regelungen solche Prozesse fördern oder behindern, würde konkretere empirische Betrachtungen erfordern. Immerhin lassen sich politische Programme und entsprechende rechtliche Regelungen finden, die Elemente von »genuin« kollektiven Zielen enthalten oder auf die Förderung kultureller Selbstverständigungsprozesse zielen. In erster Linie natürlich das öffentliche Erziehungswesen und seine »Erziehungsziele«; aber auch Kultur- und Wissenschaftspolitik, Maßnahmen zum Umwelt- oder Landschaftsschutz, oder auch Maßnahmen, welche die Niederlassung und Aufnahme von Zuwanderern betreffen.

Sozialisation und soziale Integration. Für die Zwecke unseres Modells kann die genauere empirische Klärung der Rolle, welche kollektive Werte und Identitäten für das Recht spielen, offen bleiben. Eine letzte Funktionserweiterung des Rechtssystems, die mit den eben diskutierten kulturellen Prozessen in einem gewissen Zusammenhang steht, muß aber noch erwähnt werden: nämlich die Übernahme von *Sozialisationsfunktionen* durch das Recht oder die rechtliche Organisierung entsprechender sozialer Aktivitäten. Natürlich war Recht, soweit es moralischen Charakter hatte, immer ein Element der Sozialisation: Zur individuellen Identitätsbildung gehört die Entwicklung der Fähigkeit, sich an entsprechenden Normen und Prinzipien zu orientieren, aber auch das Bewußtsein, als Person und in sozialen Rollen auch rechtlich anerkannt und geschützt zu sein. Die Geltung des Rechts ist auf Vermittlung von Rechtskenntnissen und Ausbildung von Motivationen zum Rechtsgehorsam angewiesen. Aber die entsprechenden Sozialisationsprozesse vollziehen sich hauptsächlich in sozialen Interaktionen außerhalb des Rechtssystems (grundlegend in der Familie). Nun kann es dahin kommen, daß mehr und mehr mit rechtlichen Mitteln in solche Sozialisationsprozesse eingegriffen werden muß (und nicht mehr allein zur Beförderung von Rechtskenntnissen und Rechtsgehorsam). Die rechtliche Organisation des Erziehungswesens wurde schon erwähnt. Rechtliche Eingriffe in familiäre Sozialisationsprozesse sind ein anderes Beispiel von großer praktischer Bedeutung. Die Liste der Sozialisationsprobleme, für die unter anderem rechtliche Lösungen gesucht werden, läßt sich fortsetzen: Krankheit, vor allem psychische Störungen; Suchtphänomene. Auch die Behandlung von gewissen Rechtsverstößen (zunächst von Jugendlichen, dann aber auch von Erwachsenen) als therapeutisches Problem, die Verbindung von Strafvollzug und »Resozialisierung« gehören dazu.

Einige Konsequenzen für den Charakter des Rechts und der Rechtsgemeinschaft. Der Aufbau des sozialstaatlichen Rechtsmodells läßt sich rekapitulieren als Stufenfolge oder besser Überlagerung von verschiedenen Charakteristika der Rechtsgemeinschaft: Die Rechtsgemeinschaft als *moralische Assoziation*, als *Organisation*, als *»community«* und als *Sozialisationsagentur*.

Den Charakter der moralischen Assoziation, das heißt einer Gemeinschaft mit einer rechtlich verankerten moralischen Ordnung, teilt das sozialstaatliche mit dem liberalen Modell. Im sozialstaatlichen Modell wird die moralische Struktur in einer bestimmten Richtung interpretiert, unter Betonung von Gleichheit und Solidarität. Es werden Pflichten und Ansprüche gegenüber der Gemeinschaft als korporativer Einheit definiert und die organisatorischen Voraussetzungen zu ihrer Realisierung geschaffen. Durch die Verfolgung kollektiver, nichtmoralischer Ziele oder die Produktion kollektiver Güter erhält die Gemeinschaft Züge einer Organisation, eines kooperativen Unternehmens zum gegenseitigen Vorteil, einer »development company« (Oakeshott). Die Organe der Rechtsgemeinschaft (government) nehmen teilweise den Charakter eines Dienstleistungsunternehmens auf gemeinsame Rechnung, teilweise den Charakter eines »Managements« an: Auch die horizontalen Beziehungen unter den Mitgliedern werden unter Umständen unter Effizienzgesichtspunkten oder zugunsten kollektiver Ziele reguliert. Als »community« gebraucht die Gemeinschaft ihr Recht zur Bekräftigung und Realisierung kollektiver Werte und genuin kollektiver Ziele. Als Sozialisationsagentur schließlich widmet sie sich pädagogischen oder therapeutischen Aktivitäten.

Neben den »horizontalen« Rechtsbeziehungen und den prozeduralen Normen der Rechtsänderung und -anwendung, die wir auch im liberalen Modell finden, entstehen nun neue Typen von Rechtsverhältnissen: Rechtsbeziehungen zwischen den Mitgliedern der Rechtsgemeinschaft und ihren offiziellen Organen sowie Normen, welche die Tätigkeiten dieser Organe regulieren. Die

Rede von »Organen der Rechtsgemeinschaft« wirkt nun schon sehr künstlich. Das Rechtssystem, die Rechtsgemeinschaft und vor allem deren »Organe« erscheinen deutlicher als Abstraktionen, als ein Strukturelement komplexerer Institutionen, die auch nichtrechtliche Elemente umfassen. Das Rechtssystem erweist sich als bloßer Teil des politischen Systems. Umgekehrt: Recht ist nicht mehr das einzige Mittel zur Realisierung der Funktionen des politischen Systems oder spezieller des Regierungssystems (Parlament, Regierung, Gerichte, Verwaltung). Zwar bleibt Recht eine grundlegende Struktur des Regierungssystems und aller seiner Aktivitäten. Aber für viele dieser Aktivitäten ist es nur noch äußere Form und nicht mehr konstitutiv für deren Wirkung. Anders gesagt: die Funktion des Regierungssystems besteht nicht mehr allein in der Reproduktion des Rechts. Zum Recht treten andere Mittel der Handlungsregulierung hinzu: die Verteilung von Geld oder Ressourcen (»materielle Anreize«); der Appell oder der strategische Einsatz von Informationen; die Bereitstellung von Gütern und Diensten; oder die Organisierung sozialisatorischer Interaktionen (Erziehung, Beratung, Therapie). Die ohnehin problematische Unterscheidung der Funktionen von »Gesetzgebung«, »Anwendung« und »Ausführung« und deren Zuweisung jeweils an bestimmte Organe wird weiter hinfällig. Parlamente, Gerichte und Verwaltungen teilen sich in einem komplexen Wechselspiel diese Funktionen. Neben die autoritative Normsetzung oder Entscheidung durch diese Organe treten andere Formen: Vertragsbeziehungen, Kompromisse und kooperative Unternehmungen zwischen diesen öffentlichen Organen und »Privaten«; die Delegation öffentlicher Funktionen und Befugnisse – auch von Befugnissen zur Rechtsetzung in bestimmten Bereichen – an andere Institutionen.[48] Wesentliche Gründe für diese empirischen Trends sind in den beschriebenen Funktionserweiterungen zu suchen. Die Verarbeitungskapazität vor allem des demokratischen Gesetzgebungsverfahrens ist auch unter denkbar idealen Bedin-

48 Die »Auflösung« des Staats und die Rolle von »private governments« ist ein aktuelles Thema der politischen und Rechtssoziologie. Siehe etwa Peters 1985; Schuppert 1981; Macaulay 1986; Streek, Schmitter 1985. Nicht nur die »substaatlichen«, sondern auch die »suprastaatlichen« Formen rechtlicher oder quasi-rechtlicher Regulierung gewinnen an Bedeutung. – Vgl. Kap. VIII.

gungen zu beschränkt, um den Entscheidungsbedarf zu decken; ähnliches gilt für die Steuerungs- oder Kontrollkapazität des Parlaments gegenüber den anderen Zweigen des Regierungssystems.[49] Die Gesetzgebung oder demokratische Entscheidungsfindung verändert selbst ihren Charakter: Sie kann auch der Idee nach nicht mehr nur moralische Argumentation sein; sondern sie muß teilweise den Charakter von Tauschprozessen (bargaining) annehmen; unter Umständen, obwohl nicht notwendig, auch den einer Auseinandersetzung über kollektive Wertmaßstäbe, kollektive Identitäten und Projekte.

Wesentliche Teile der moralischen Rechtsstruktur des liberalen Modells sind in den sozialstaatlichen Typus integriert. Aber Rechtsnormen haben nun nicht mehr durchweg unmittelbar moralischen Status. Viele Rechtsnormen haben nunmehr einen instrumentellen Aspekt als Mittel zur Realisierung kollektiver Ziele. Einfache Gesetze lassen sich nicht mehr durchweg als Konkretisierung moralischer Verfassungsprinzipien verstehen. Wenn sich aus solchen Verfassungsprinzipien Ansprüche auf positive Leistungen der Rechtsgemeinschaft (des Staates) ergeben, kann auch die Bereitstellung kollektiver Güter den Status der Erfüllung eines »Verfassungsauftrages« oder der Verwirklichung eines moralischen Prinzips bekommen. Die Grenzen sind in der Praxis nicht leicht zu ziehen. Umstritten ist heute vor allem, wieweit solche positiven Leistungen einklagbar sein sollten. Denn das impliziert eine Kompetenzverlagerung von der Gesetzgebung zum Verfassungsgericht.

Den Konsequenzen, welche diese Veränderungen gegenüber dem liberalen Modell für die Problematik der *Rationalität* des Rechts haben, werden wir uns jetzt nähern, indem wir die Behandlung des Problems der Rechtsrationalität in einigen philosophischen, rechtswissenschaftlichen und soziologischen Theorien studieren.

49 Das ist eine »rationale Rekonstruktion«. Zu den Ursachen dieser hier nur in den gröbsten Zügen angedeuteten empirischen Entwicklungen lassen sich natürlich viele andere Hypothesen aufstellen.

IV. Rationalitätskonzeptionen in Rechtstheorien

1. Recht und Moral: Philosophische Theorien

Das sozialstaatliche Recht, so war die These, läßt sich nicht mehr *insgesamt* als Institutionalisierung moralischer Normen ansehen. Schon im liberalen Modell trafen wir auf konventionelle, moralisch neutrale Elemente. Im sozialstaatlichen Modell finden wir die Institutionalisierung der Produktion kollektiver Güter und der Verfolgung kollektiver Ziele; die entsprechenden Regelungen und kollektiven Aktivitäten können nicht mehr in allen Fällen als Erfüllung moralischer Gebote gelten. Eine moralische Geltung erhalten solche Ziele und die entsprechenden instrumentellen Normen nur sekundär als »obligations«: Wer Vorteile aus solchen kollektiven Aktivitäten zieht, hat unter gewissen Voraussetzungen eine Verpflichtung, seinen Teil beizutragen (Rawls' »justice as fairness«). Soziale Differenzierung und die wachsende Interdependenz sozialer Aktivitäten erzwingen zudem eine Differenzierung und Spezifizierung von Rechtsnormen und ein Anwachsen des »technischen« oder empirischen Elements in der Rechtfertigung vieler solcher Normen – unabhängig davon, ob diese letztlich der Realisierung moralischer Prinzipien oder nichtmoralischer kollektiver Ziele dienen. Gleichwohl behalten moralische Gesichtspunkte eine zentrale Rolle für die Rechtfertigung einer sozialstaatlichen Rechtsordnung. Wie werden nun diese Komplikationen im Verhältnis von Recht und Moral in normativen Rechts- und Staatstheorien behandelt?

Diskussionsbeiträge zum Verhältnis von Recht und Moral hatten in jüngerer Zeit oft speziellere Gegenstände: Fragen der moralischen Pflicht zum Rechtsgehorsam oder der moralischen Berechtigung zur Verweigerung; Fragen nach der Rolle moralischer Prinzipien in der Rechtsprechung; und – in der Auseinandersetzung über den »Rechtspositivismus« – das Problem der Rechtsgeltung: Sollen Gesetze, die verfahrensmäßig korrekt zustande gekommen sind, auch dann noch als »positiv« geltendes Recht angesehen werden, wenn sie eklatant gegen moralische Grundsätze verstoßen?[1] Andere Beziehungen zwischen Recht und Moral sind in Beiträgen thematisiert worden, die entweder die moralischen Grundlagen bestimmter Rechtsgebiete (Zivilrecht, Strafrecht, Verfassungsrecht) behandelt oder das Problem der normativen Rechtfertigung einer Rechtsordnung im ganzen aufgegriffen haben.[2] Solche Analysen haben in der Regel einen Doppelaspekt: Sie versuchen einerseits, normative Gehalte gegebener Rechtsordnungen zu rekonstruieren; andererseits gehen sie darüber hinaus und entwerfen normative Kritiken und konstruktive Alternativen. In einzelnen Fällen kann man wohl eine gewisse direkte Beeinflussung der Rechtsprechung durch normative philosophische Konzeptionen feststellen – vor allem im Fall der beiden »philosophischsten« Gerichtshöfe: unseres Bundesverfassungsgerichts und des Supreme Court der USA. In der Rechtsprechung des Supreme Court sind gewisse Einflüsse philosophischer Gerechtigkeitstheorien (Rawls und andere) und der normativen ökonomischen Theorien notiert worden.[3] Das Bundesverfassungsgericht hat in Ansätzen seine eigene normative Theorie entwickelt, seitdem es im Grundgesetz und im Rechtssystem insgesamt eine »überpositive Wertordnung« entdeckt hat. Eine klare Darstellung und Rechtfertigung dieser Konzeption fehlt aber. Um ihre Verteidigung, oder besser: die Entschärfung bestimmter Kritiken hat sich Robert Alexy bemüht. Seine Darstellung ist je-

1 Dabei haben auch die Vertreter der »positivistischen« Position in der Regel anerkannt, daß es unter Umständen gerechtfertigt oder moralisch geboten sein kann, die Befolgung moralisch verwerflicher, aber in ihrer Sicht gleichwohl juristisch geltender Normen zu verweigern. So H. L. A. Hart in seiner Kontroverse mit L. Fuller, vgl. Hart 1965; Fuller 1969, 187-242; dazu Boukema 1983; Lübbe-Wolff 1985, 43 f. Ein Hintergrund der Kontroverse war das Problem der rechtlichen Wertung »legalen Unrechts« unter dem NS-Regime. Zu solchen begrifflichen Problemen des Verhältnisses von Moral und Rechtsgeltung siehe noch Hoerster 1979; Dreier 1981; Podlech 1972. Die Rolle moralischer Prinzipien in der Rechtsprechung ist strittig zwischen Hart und Dworkin; siehe Hart 1977; 1979.

2 Zu Rekonstruktionen von moralischen Grundlagen des Zivilrechts siehe die schon erwähnten Arbeiten von Fried 1982; Dworkin 1985; 1986; Kronman 1985; und die amerikanische Debatte über »Law & Economics« (siehe unten). Zu moralischen Problemen des Strafrechts siehe etwa die Arbeiten von Joel Feinberg 1984; 1985; 1986; 1988. Die Literatur zu normativen Problemen des Verfassungsrechts ist uferlos.

3 Zur Rolle der Gerechtigkeitstheorien für die amerikanische Jurisprudenz: Wiseman 1983.

doch im wesentlichen formal: Er bemüht sich um den Nachweis, daß sich eine »Wertordnung«, also eine axiologische Theorie, ohne Bedeutungsänderung in eine deontologische Theorie in Gestalt eines Systems moralischer Prinzipien umformen läßt (Alexy 1985, 125 ff.; 1987, 409). Darin liegt zumindest die Gefahr, daß die Differenz zwischen moralischen Prinzipien und nichtmoralischen Werten oder Zielen verlorengeht.[4] Ohnehin ist offen, ob sich die spezifische Wertordnung, die das Verfassungsgericht zu sehen glaubt, in eine begründbare moralische Konzeption umdeuten läßt.

Hier sollen nur explizite, systematische normative Theorien zur Rechtfertigung oder Kritik moderner Rechtsordnungen betrachtet werden, wie sie in jüngster Zeit vor allem in der angelsächsischen Welt entwickelt worden sind. Es lassen sich verschiedene *Typen* solcher Theorien unter dem Gesichtspunkt auseinanderhalten, welche *Rationalitätskonzeptionen* sie enthalten. Außerdem ist zu betrachten, wie sie die erwähnten Komplikationen des Verhältnisses von Recht und Moral in einer sozialstaatlichen Rechtsordnung reflektieren.

Strategische und moralische Rationalität. Moraltheorien lassen sich danach unterscheiden, ob sie auf einer Konzeption strategischer Handlungs- oder Wahlrationalität aufbauen oder ob sie einen komplexeren Begriff moralischer Rationalität entwickeln. Im einen Fall wird die egozentrische Perspektive von Akteuren eingenommen, die nach Prinzipien rationaler Wahl in strategischen Situationen, in denen sie mit entsprechenden Aktivitäten anderer rechnen müssen, ihre Präferenzen zu befriedigen suchen. Im anderen Fall wird ein Standpunkt der Unparteilichkeit vorausgesetzt, von dem aus die Interessen aller Beteiligten zu berücksichtigen sind.

Theorien des ersten Typs werden heute im allgemeinen als Vertragstheorien einer bestimmten Form oder als spieltheoretische Modelle entwickelt. Vorbild ist das Modell eines idealen Marktes, in dem alle Beteiligten durch »bargaining« und entsprechende frei-

4 Alexy behandelt juristische Diskurse als Sonderfälle des »allgemeinen praktischen Diskurses«, den er anscheinend als moralischen Diskurs versteht. Darin geht die Möglichkeit unter, daß es nichtmoralische kollektive Zielsetzungen und entsprechende Diskurse gibt.

willige Transaktionen einen pareto-optimalen Zustand erreichen können. Märkte setzen jedoch schon eine institutionelle Ordnung voraus. Um das Modell für die Rechtfertigung von Normen oder institutionellen Ordnungen zu verwenden, muß ein irgendwie definierter Ausgangszustand (state of nature) angenommen werden, in dem Akteure mit gegebenen Präferenzordnungen, die gewissen minimalen Konsistenzkriterien genügen, in strategischen Interaktionen ihre jeweiligen Präferenzen zu realisieren suchen. Um diese Argumentationsstrategie zum erstrebten Erfolg zu bringen, muß gezeigt werden, daß aus diesen Interaktionen eine stabile institutionelle Ordnung entstehen kann. Um die rechtfertigende Kraft eines solchen Gedankenexperiments zu verstärken, versucht man in der Regel zu zeigen, daß sich eine Lösung ergibt, die *von jedem einzelnen* jeder möglichen alternativen Lösung vorgezogen würde. Es wäre ja auch denkbar, daß sich aus diesen Transaktionen eine stabile Ordnung in Form einer Diktatur ergibt, die von der Koalition eines Teils der Akteure über die übrigen ausgeübt wird. Offenbar sucht man jedoch eine Lösung, die nicht nur für die potentiellen Mitglieder einer solchen Koalition akzeptabel scheint, sondern für alle. Darin liegt schon eine gewisse Überschreitung des Prinzips des Eigeninteresses: Man will immerhin an das Eigeninteresse *jedes einzelnen* appellieren (Kliemt 1987, 508ff.). Das gleiche Rechtfertigungsprinzip wird unter Umständen statt auf hypothetische Urzustände auf aktuelle Gesellschaftszustände bezogen: für politische und institutionelle Grundentscheidungen soll das Prinzip der *Einstimmigkeit* (das dem Pareto-Kriterium entspricht) gelten.[5] Dagegen gibt es die bekannten Einwände: je-

5 Das ist grob charakterisiert die Variante von »constitutional choice«, die von James M. Buchanan vertreten wird (Buchanan 1975; Brennan, Buchanan 1985). Die neueste und elaborierteste Version eines Naturzustands- und Vertragsmodells auf dieser Grundlage bietet Gauthier 1986. In Form spieltheoretischer Modelle sind »rationale Rekonstruktionen« der Entstehung von Institutionen unternommen worden, die zeigen wollen, wie institutionelle Arrangements als Resultat einer Folge von strategischen Spielen mit rationalen Spielern entstehen könnten. Solche Modelle sollen ähnlich wie Vertragskonstruktionen eine rechtfertigende Funktion haben – das hypothetische Ergebnis einer Reihe rationaler Entscheidungen soll selbst rational sein. Siehe Ullmann-Margalit 1977; Schotter 1981; Axelrod 1985; Taylor 1976. Nozick (1974) bietet eine ähnliche Rekonstruktion – aber ausgehend von einem quasi naturrechtlichen Ausgangszustand mit gegebenen elementaren Rechten, vor allem »property rights«.

des einzelne Mitglied kann die Aufrechterhaltung des Status quo erzwingen. Die Konstruktion hypothetischer Verträge in einem hypothetischen Urzustand hängt an den Annahmen, die über diesen Ausgangspunkt gemacht werden, was ihre rechtfertigende Funktion unter Umständen zweifelhaft macht – seit Rousseau ein klassischer Einwand gegen Vertragstheorien. Der stärkere Einwand ist jedoch wohl, daß das egozentrische Modell elementare moralische Intuitionen und Selbstverständnisse verletzt, die nicht übergangen werden sollten.

Zum zweiten Typus gehören alle normativen Theorien, die praktische Rationalität nicht auf die Verfolgung individueller Ziele nach Kriterien rationaler Wahl beschränken, sondern ein anspruchsvolleres Konzept moralischer Rationalität entwickeln. Ein zentrales Element ist die unparteiliche Berücksichtigung der Interessen aller; möglicherweise spielen andere moralische Kategorien (bestimmte moralisch relevante Konzeptionen der Person oder der Sozialität) ebenfalls eine Rolle. Es gibt verschiedene Varianten dieses Typs. Rawls' Gerechtigkeitstheorie, oft mit zweifelhaftem Recht als »Vertragstheorie« bezeichnet, ist die bekannteste Version.[6] Gesichtspunkte der Unparteilichkeit bestimmen die Gestaltung der »original position«, andere moralische Elemente gehen in das Konzept der moralischen Person und einer »well ordered society« ein. (Rawls 1980, 520ff.) In Apels und Habermas' Diskurstheorie der Moral wird das Unparteilichkeitsprinzip in gewisser Weise radikalisiert, indem allen Beteiligten die sozialkognitive Leistung abverlangt wird, sich in die Position aller anderen zu versetzen, um deren Ansprüche würdigen zu können.

Auch der Utilitarismus vertritt eine Konzeption praktischer Rationalität, welche die egozentrische Perspektive überschreitet und einem bestimmten Unparteilichkeitsprinzip folgt: das *Gebot* der Nutzenmaximierung setzt voraus, daß der Nutzen jedes einzelnen – aus der Position eines »impartial spectator« – in gleicher Weise zu berücksichtigen ist. Die Einwände gegen den Utilitarismus gehen vor allem dahin, daß die Vor- und Nachteile von

6 Das Vertragsmodell, oder besser: die Wahl von Gerechtigkeitsprinzipien in der »original situation« ist nur ein Element unter vielen in Rawls' Konstruktion. (Siehe Rawls' eigene Erläuterungen in Rawls 1980.) Es wäre auch mißverständlich, die Theorie »prozedural« zu nennen: Rawls entwickelt ja substantielle Gerechtigkeitsprinzipien.

Entscheidungen für die einzelnen Beteiligten unter dem utilitaristischen Kriterium in problematischer Weise gegeneinander verrechnet werden – weswegen sich unter anderem *unzumutbare* moralische Forderungen an einzelne ergeben können – und daß »utility« oder »welfare« keine angemessenen Begriffe für die *Ansprüche* sind, welche in moralischen Entscheidungen zu berücksichtigen sind (Sen, Williams 1982). Sie liegen auf einer anderen Ebene als die Einwände gegen die Theorien strategischer Rationalität.[7]

Die »*Ökonomische Theorie des Rechts*« (law & economics) schwankt zwischen Modellen strategischer Rationalität im oben charakterisierten Sinn und utilitaristischen Konzeptionen. Gelegentlich verwendet sie normative, wohlfahrtsökonomomische Standards zur Beurteilung rechtlicher Normen, welche dem Pareto-Kriterium, insofern also einem Konzept strategischer Rationalität entsprechen.[8] In ihrer praktisch einflußreichsten Version, der von Richard Posner, gibt es ein anderes zentrales Kriterium: Legale Rechte (etwa Eigentumsrechte) sollen demjenigen verliehen werden, »für den sie am meisten wert sind«, und das heißt: demjenigen, der in einem hypothetischen Markt den höchsten Preis dafür bieten würde. Auf diese Weise würde sozialer Wohlstand oder Nutzen maximiert.[9] Die einzig denkbare normative Rechtfertigung für ein solches Kriterium wäre eine utilitaristische: Danach würde sich in der »willingness to pay« eine Nutzenschätzung ausdrücken, und durch die Verleihung von Rechten an den »highest bidder« würde eine bestimmte Nutzenmaximierung erreicht. Aspekte distributiver Gerechtigkeit müßten gegebenenfalls auf andere Weise und nach unabhängigen Kriterien berücksichtigt werden. Das Posner-Prinzip appelliert also *nicht* einfach an das unmittelbare Eigeninteresse aller Betroffenen – so unplausibel es auch sonst sein mag.[10]

7 Brian Barry unterscheidet in ähnlicher Weise zwei Typen von Gerechtigkeitstheorien: »justice as mutual advantage« und »justice as impartiality« (Barry 1989, 8; 284ff.).

8 Das gilt etwa für die Theorie der »property rights« (Alchian, Demsetz 1973) oder die einflußreiche Analyse von R. Coase (1960).

9 Das entspricht dem sogenannten Kaldor-Hicks Kriterium der Wohlfahrtsökonomie. Vgl. Posner 1986, 13ff.; Coleman 1983, 116.

10 Zur Kritik siehe Kronman 1980; Dworkin 1985, 237ff.

Einheitliche oder differenzierte Rationalitätskriterien. Ich gehe davon aus, daß die nichtstrategischen und nichtutilitaristischen Moralkonzeptionen die besseren Argumente für sich haben. Die moraltheoretische Diskussion will ich jedoch nicht weiterführen. Betrachten wir statt dessen noch, wie die verschiedenen Ansätze die Differenzierung von Rationalitätsaspekten eines sozialstaatlichen Rechtsmodells berücksichtigen, die oben entwickelt wurde. Sowohl Utilitarismus wie Rational-Choice-Modelle geben im Prinzip ein *einheitliches* Kriterium für die Entscheidung praktischer Fragen, damit auch für die Gestaltung von Rechtsordnungen und einzelnen Normen: der Utilitarismus das Prinzip der Nutzen- oder Wohlfahrtsmaximierung, die Theorien strategischer Wahl das Konsensprinzip (Vereinbarungen zum wechselseitigen Nutzen als Ergebnis von »bargaining«, nicht als Resultat spezifisch moralischer Argumentationen). Diese Kriterien gelten ebenso für die Wahl materialer Normen wie für die von Verfahren. Natürlich ist jeweils vorausgesetzt, daß die im engeren Sinn kognitiven oder empirischen Fragen schon gelöst sind: die möglichen Handlungsalternativen und ihre antizipierten Konsequenzen müssen schon gegeben sein, wenn die Entscheidungskriterien angewendet werden sollen. Kognitive Rationalität im Sinne der Ermittlung möglicher alternativer Handlungsweisen und der entsprechenden Folgen ist eine unabhängige Bedingung für die Rationalität kollektiver Entscheidungen. Aber es gibt keinen Platz für eine Unterscheidung zwischen moralischen Normen und nichtmoralischen kollektiven Zielen oder Gütern. Eine Differenzierung von Formen der Norm- oder Entscheidungsbegründung kann jedoch so zustande kommen, daß verschiedene Entscheidungsstufen unterschieden werden. So etwa in regelutilitaristischen oder ähnlichen utilitaristischen Stufentheorien (Hare) oder in »constitutional choice«-Theorien à la Buchanan: In einem ersten Schritt werden institutionelle Grundprinzipien gewählt, darunter auch Prozeduren für »collective choice«, beispielsweise Abstimmungsverfahren nach dem Mehrheitsprinzip. Spätere Entscheidungen werden dann mittels der beschlossenen Prozeduren getroffen. Damit stellt sich allerdings das Problem der *Befolgung*, das wiederum nach Kriterien strategischer Rationalität oder nach dem utilitaristischen Prinzip zu behandeln ist. In den komplexeren Moraltheorien ist das anders. In Gerechtigkeitstheorien wie der von Rawls oder in der Diskurstheorie der Moral von Apel/Habermas werden moralische Normen und Werte, Fragen der Moral (»the right«) und des guten Lebens (»the good«) und entsprechend zwischen moralischen Normen oder Prinzipien und kollektiven Zielen anderer Art unterschieden. Zu der Unterscheidung zwischen strategischer Wahlrationalität und genuin moralischer Rationalität tritt hier also die zwischen moralischer und evaluativer Rationalität. Einige Gesichtspunkte, die für eine solche Differenzierung sprechen, werde ich in Kapitel VI diskutieren.

2. Einige Rationalitätskonzepte in der Jurisprudenz

Das typische Geschäft der Jurisprudenz ist die Interpretation und Systematisierung des gegebenen Rechts und seine Anwendung auf einzelne oder typische Fälle. Zwar ist die Jurisprudenz, verstanden als Gesamtheit aller fachlich spezialisierten und methodisch disziplinierten Beschäftigungen mit dem Recht aus der Teilnehmerperspektive, nicht notwendig auf die Rolle des »Richters« (Kapitel II) oder die Perspektive der »Rechtsfindung« beschränkt. Sie kann sich auch an den »Gesetzgeber« wenden und Argumente de lege ferenda präsentieren. Aber auch in diesem Fall wird der Jurist seine spezielle fachliche Kompetenz vor allem dadurch zur Geltung bringen, daß er von den Erfahrungen mit der Auslegung und Anwendung des bisher geltenden Rechts her argumentiert. Das kann zu bestimmten déformations professionelles führen, indem bestimmte Aspekte interner, formaler Rationalität des Rechts als Symbolsystem zum einzigen oder vorrangigen Rationalitätskriterium erhoben werden.

Das Recht unseres liberalen Modells könnte man »formal« nennen, weil es Spielräume legitimen Handelns ausgrenzt und die Mitglieder der Rechtsgemeinschaft nicht auf die Verwirklichung bestimmter Ziele festlegt. Der moralische Charakter der Rechtsnormen macht ihre Rationalität abhängig von der Rationalität entsprechender moralischer Rechtfertigungen. Die Einrichtung von Verfahren der Rechtsänderung und Rechtsanwendung wirft die Frage nach Rationalitätskriterien für die Gestaltung solcher Prozeduren auf, die wir in späteren Kapiteln weiterverfolgen. Außerdem ergibt sich, wie im letzten Kapitel beschrieben, das spezifische Problem der Rechts*befolgung*. All dies gibt noch keinen Anlaß, von einer »formalen Rationalität« des Rechts zu sprechen. Allerdings kann man bestimmte Merkmale der primären und Verfahrensnormen benennen, die in gewisser Weise formal sind und zugleich Aspekte der Rationalität des Rechtssystems darstellen. In der Geschichte des juristischen und politischen Denkens sind sie als Merkmale der »rule of law« oder des »Rechtsstaats« diskutiert worden. Solche »Formeigenschaften« des Rechts, die als Kriterien »guter Gesetzgebung« gelten können, lassen sich in unser Idealmodell kohärent einfügen: Merkmale wie Publizität der Gesetze, relative Stabilität, Widerspruchsfreiheit, Vermeidung von Rückwirkung erleichtern die Orientierung der Mitglieder an der Rechtsordnung, ermöglichen längerfristige Handlungs- und Lebenspläne und beschränken gewisse Möglichkeiten für willkürliche Aktionen der verschiedenen »branches of government«.[11] Daß auch »formgerechte« Gesetze ungerecht sein können, ist andererseits offensichtlich.[12]

11 L. Fuller hat solche Merkmale unter dem Titel »The Morality of Law« zusammengestellt (Fuller 1969, 39ff.). Für eine positive Würdigung der formalen Bedingungen der »rule of law« siehe Rawls 1971, 235-43; und Finnis 1980, 270ff., der gibt eine Liste von Merkmalen: »A legal system exemplifies the Rule of Law to the extent (it is a matter of degree in respect of each item of the list) that (i) its rules are prospective, not retroactive; and (ii) are not in any other way impossible to comply with; that (iii) its rules are promulgated, (iv) clear, and (v) coherent one with another; that (vi) its rules are sufficiently stable to allow people to be guided by their knowledge of the content of the rules; that (vii) the making of decrees and orders applicable to relatively limited situations is guided by rules that are promulgated, clear, stable and relatively general; and that (viii) those people who have authority to make, administer, and apply the rules in an official capacity (a) are accountable for their compliance with rules applicable to their performance and (b) do actually administer the law consistently and in accordance with its tenor.« (270f.) Zur These vom freiheitssichernden Charakter der »Allgemeinheit des Gesetzes« (und zum Verlust entsprechender formaler Merkmale im Übergang zum »Monopolkapitalismus«) siehe auch F. Neumann 1980 (1936), 245ff.

12 »Conformity to the rule of law is a virtue but only one of the many virtues a legal system should possess ... The rule of law is often rightly contrasted with arbitrary power. Arbitrary power is broader than the rule of law. Many forms of arbitrary power are compatible with the rule of law.« (Raz 1977, 202) – Ob »Formstrenge« irgendwie die Wahrscheinlichkeit ungerechter Gesetze mindert – wie unter anderem Fuller angenommen hat –, mag hier dahingestellt bleiben.

Trotzdem finden wir in der Geschichte unserer Rechtssysteme Versuche, die Rationalität des Rechts mehr oder weniger auf formale Merkmale dieser Art zu beschränken. Die Aufwertung solcher Elemente, oft zusammengefaßt unter dem Titel der »Rechtssicherheit«, hängt teilweise mit der Konzentration auf defensive Funktionen des Rechts gegenüber einer potentiell tyrannischen Staatsgewalt zusammen. Tatsächlich waren die formalen, als freiheitssichernd betrachteten Charakteristika des Rechts historisch in erster Linie als Garantien gegen die befürchtete Willkür des parlamentarischen Gesetzgebers gerichtet.[13] In der deutschen Rechtsgeschichte hatten Versuche, den Gesetzgeber auf »allgemeine« Gesetze festzulegen oder zwischen »formellem« und »materiellem« Gesetz zu unterscheiden, zwar dem Anspruch nach mit dem Schutz von bestimmten Grundrechten, faktisch aber wohl mehr mit dem Versuch zu tun, einen eigenständigen Wirkungsbereich der *Exekutive* gegenüber dem parlamentarischen Gesetzgeber festzulegen.[14]

Andere Gründe für das Zurückschneiden der Rechtsrationalität auf »Formalität« sind in der Entwicklung der Jurisprudenz zu suchen. Auf verschlungenen Wegen, die hier nicht nachgezeichnet werden sollen, ging sie von den Theorien des Vernunftrechts über die historischen Rechtsschulen zur Entstehung des rechtswissen-

13 Geprägt unter anderem durch die Erfahrungen mit dem Long Parliament in der englischen Revolution des 17. Jahrhunderts, mit den ersten Volksvertretungen in einigen neuen amerikanischen Staaten und mit der Komitee-Herrschaft in der Französischen Revolution. (Vile 1967, 43 f.; 119 ff.) – Charakteristisch ist der Ton Locke's: »The legislative or supreme authority cannot assume to itself a power to rule by extemporary arbitrary decrees, but is bound to dispense justice and decide the rights of the subject by promulgated standing laws and known and authorised judges.« 2nd Treatise, § 136. – Selbst Rousseau verlangt die Trennung von Gesetzgebung und Gesetzesvollzug durch die Regierung, damit sich nicht »Privatinteressen« in die Gesetzgebung mischen. Contrat Social, 3. Buch, 4. Kap.

14 Maus 1986b. Als Beispiel der Wiederaufnahme einer solchen Position in der Bundesrepublik siehe Forsthoff 1973, 79 ff. – Heute fordern Vertreter eines »demokratischen Rechtspositivismus« die Erneuerung der »Formstrenge« des Rechts als Schutz gegen die Kollusion und Verselbständigung von Judikative und Exekutive gegenüber dem Gesetzgeber gesehen (Maus 1986; zur Kritik Grimm 1980; Neumann 1982; und die Replik auf Grimm von Hase, Ladeur, Ridder 1981). Die praktische Relevanz solcher Forderungen steht hier jedoch nicht zur Debatte; nur ihre prinzipialistische Aufwertung.

schaftlichen Positivismus. Die Rechtswissenschaft sah sich, zumindest in der kontinentaleuropäischen Tradition, von jeher als berufene Hüterin der Rationalität des Rechts. In der Entwicklung zum Rechtspositivismus entwickelten relevante Teile der Jurisprudenz im 19. Jahrhundert ein spezifisches Verständnis der eigenen »wissenschaftlichen« Rationalität und damit von der Rationalität des Rechts. Vor allem hatte die Wissenschaft als eigenständig und moralisch neutral zu gelten. Damit einher entstand die Auffassung, es gebe eine spezifische interne Rationalität des Rechts, die von moralischer Rationalität oder anderen Rationalitätsgesichtspunkten *unabhängig* sei.[15] Den positivistischen Richtungen einschließlich der angelsächsischen »analytischen Rechtstheorie« ist die Auffassung gemeinsam, daß die Frage nach einer richtigen, vernünftigen Staats- und Gesellschaftsordnung, nach einem in diesem Sinne vernünftigen Recht nicht Sache des »Juristen als solchen«, nicht Sache der »Rechtserkenntnis« als der Systematisierung, Auslegung und Anwendung des geltenden Rechts sei. Allerdings geht der Rationalitätsanspruch zumindest einiger Varianten des Rechtspositivismus weiter. Die »interne Rationalität« des Rechts kann auf besondere Weise verstanden werden, im Sinne einer rationalen Ordnung, die sich aus den logischen und begrifflichen Zwängen des autonomen Rechtsdenkens ergibt. Der analysierende und systematisierende Jurist (Rechtswissenschaftler!) findet die angemessene und notwendige Ordnung des Rechtssystems. Problematisch daran ist *einerseits* der Versuch, den normativen, vor allem: moralischen Gehalt »juristischer Argumentation« zu leugnen; *andererseits* die Reduzierung der Rechtsrationalität auf interne, formale Merkmale des Normensystems oder der juristischen Argumentation, oder anders: die Aufblähung solcher *partieller* Aspekte zum Ganzen.[16] Solche Selbstverständnisse sind in der heutigen Jurisprudenz allerdings kaum noch zu finden.

15 Rechtspositivisten haben keineswegs alle Beziehungen zwischen Recht und Moral geleugnet, etwa die Möglichkeit moralischer Rechtfertigung von Gesetzen. Siehe Hart 1967, 419.

16 Siehe Dilcher 1975, 509f.; und Wieacker 1974, 59ff.: »Die Autonomie, das ›selbständige Daseyn‹ des Rechts war also selbst sittlich begründet« (61). – Über »Wertaskese« als Motiv für die Entwicklung sowohl von »Positivismus« wie von »Realismus« siehe auch Wieacker 1978, 748 Fn.
Zur Entwicklung des Rechtspositivismus siehe die Beiträge in Blühdorn, Ritter 1971. Wieacker 1967, 253ff. Zum staatsrechtlichen Positivismus siehe

Nun gibt es andere, nicht spezifisch »begriffsjuristische« Versuche zur moralischen Aufwertung von formalen Merkmalen wie »Allgemeinheit des Gesetzes« und »Rechtsgleichheit« oder auch von »Rechtssicherheit«, die durch solche Merkmale garantiert sein soll. Eine typische Argumentationsfigur findet sich zuerst bei Rousseau: Die Volksversammlung darf nur allgemeine Gesetze beschließen, weil dadurch verhindert wird, daß die Mehrheit zum Nachteil von einzelnen entscheidet – denn so muß jeder auch über sich selbst beschließen, was er über andere beschließt, und kann von anderen nichts verlangen, was er nicht auch von sich selbst verlangt.[17] Daß dieses Kriterium nicht Gerechtigkeit verbürgt, ist offensichtlich. Denn eine logisch-semantisch allgemein formulierte Regel kann in ihren Anwendungsbedingungen und -konsequenzen sehr spezifisch und ungleich sein. Ein mit dem ersten eng verwandtes Argument findet sich in Andeutungen ebenfalls schon bei Rousseau: Der Gesetzgeber muß allgemeine Gesetze beschließen, deren Anwendung er nicht *voraussehen* kann, weil seine Unwissenheit Unparteilichkeit garantiert: er weiß nicht, wer bevorzugt oder begünstigt wird und könnte eines Tages selbst betroffen sein.[18] Es ist sehr fraglich, ob Unparteilichkeit auf diese Weise wirklich garantiert werden kann, schon deswegen, weil Begünstigungen oder Benachteiligungen zumindest genereller sozialer Kategorien auch bei »allgemeinen« Gesetzen voraussehbar sind.[19]
Schließlich wird versucht, das Prinzip der »Allgemeinheit« der Gesetze mit dem Prinzip der »Rechtsgleichheit« zu identifizieren. Was aber ist »Rechtsgleichheit«? »Gleichheit vor dem Gesetz« als »Rechtsanwendungsgleichheit« heißt nichts anderes, als daß ein Gesetz *angewendet* wird: »... die sogenannte ›Gleichheit‹ vor dem Gesetz bedeutet gar nichts anderes als die gesetzmäßige, das ist die korrekte Anwendung des Gesetzes, welchen Inhalt immer dieses Gesetz haben mag, auch wenn das Gesetz keine gleiche,

Oertzen 1974. – Bekanntlich gab (und gibt) es auch Rechtfertigungen des Rechtspositivismus aus dem Demokratieprinzip (Kelsen).

17 Contrat Social, 2. Buch, 6. Kap.; Winston 1983, 315. – Zu einer positiven Rezeption dieses Gedankens siehe Maus 1986a, 322.

18 Eine explizite Formulierung dieses »veil of ignorance«-Arguments findet sich bei Hayek 1960, 153 f.; auch bei Barry 1965, 198 f.; siehe die Kommentare zu Hayek bei Raz 1977, 209 f.; und bei Winston 1983, 319 ff. Der Aufsatz von Winston gibt überhaupt eine gute Behandlung der Problematik.

19 Siehe Waldron 1989, 82, gegen das gleiche fehlerhafte Argument bei Hayek.

sondern eine ungleiche Behandlung vorschreibt. Die sogenannte Gleichheit vor dem Gesetz ist gewahrt, wenn das Gesetz so angewendet wird, wie es seinem Sinne nach angewendet werden soll, wenn das gesetzanwendende Organ nur jene Ungleichheiten berücksichtigt, die das Gesetz zu berücksichtigen vorschreibt.... Diese Entsprechung ist logische Korrektheit und hat mit der Gerechtigkeit, insbesondere mit der Gerechtigkeit der Gleichheit nichts zu tun.« (Kelsen 1960, 396).[20] Immerhin: so selbstverständlich ist die konsistente Anwendung von Normen auch nicht. Sicher ist sie eine Gerechtigkeitsbedingung, und ihre Erfüllung mag sehr viel komplizierter sein, als Kelsen suggeriert.

Was aber ist Rechtsgleichheit als Gleichheit »im Gesetz«? Das läßt sich offenbar nicht nach formalen, jedenfalls nicht nach logisch-semantischen Merkmalen der Gesetzesformulierung entscheiden: Gesetze, die nach allgemeinen Merkmalen bestimmte Personengruppen aussondern oder auf verschiedene Gruppen ungleiche Auswirkungen haben, und das gilt für die meisten Gesetze, sind eben semantisch gleichwohl »allgemein«.[21] Das Prinzip der Gleichheit betrifft also die Frage, welche Unterscheidungen *gerechtfertigt* sind und welche nicht. Dafür sind aber *moralische* Gesichtspunkte entscheidend.[22]

»Rechtssicherheit« wird ebenfalls häufig mit dem »Formalismus« einer Rechtsordnung in Verbindung gebracht.[23] Der Terminus hat viele Bedeutungen: Law and order, Schutz vor Verbrechen und

20 Siehe Welding 1985, 89ff.; Alexy 1985, 357ff.; und Hart 1961, 157.

21 »... no satisfactory way of formulating a logical criterion for determining when a law is general in the appropriate (formal) sense has been discovered.« (Winston 1983, 317). »A law that is admittedly general in its terms may nonetheless be specific in its effect... Whether any particular set of predicates actually yields the objectionable specificity of reference is, again, a matter of contingent fact. Hence there is logically no formal way of precluding it.« (317f.) Siehe entsprechende Argumente (gegen Hayek) bei Hamowy 1971, 362ff.

22 Siehe Hart 1961, 155ff. über den Sinn der Maxime: »Treat like cases alike and treat different cases differently«. Hart zeigt, daß das Problem darin liegt zu bestimmen, welche *Arten* von Unterscheidungen moralisch legitim sind. Diese Problematik spielt eine bedeutende Rolle im US-amerikanischen Verfassungsrecht (Grundsatz der »equal protection of the law«; Problem der Diskriminierungsverbote und der »positiven Diskriminierung«) (Tribe 1978, 991ff.).

23 Zur Geschichte des Topos »Rechtssicherheit« siehe Kaufmann 1973, 75ff.

Aufruhr; Schutz gegen Eingriffe in private Rechtspositionen durch die staatliche Gewalt; »Berechenbarkeit« der rechtlichen Konsequenzen eigener Handlungen und des Verhaltens anderer. Geiger spricht von zwei grundlegenden Aspekten: »Orientierungssicherheit oder Ordnungsgewißheit nenne ich den Umstand, daß ich weiß, was ›in der Ordnung ist‹, das Wissen um den Inhalt der Normen. ›Sicher‹ ist hier in der Bedeutung von *certus* aufgefaßt... Die andere Dimension der Ordnungssicherheit sei bezeichnet als Realisierungssicherheit oder Ordnungszuversicht. Ein Ding ist: seine Rechte und Pflichten kennen – ein anderes: darauf bauen, daß man seines Rechts teilhaftig, an seine Pflicht gehalten wird. ›Sicher‹ ist hier im Sinn von *securus* gemeint.« (Geiger 1987, 64f.) Beide Aspekte bezeichnen Sekundärtugenden des Rechtssystems – ihr Wert hängt vom Charakter der Rechtsordnung ab. Beide sind auch ziemlich komplex, in ihrer inneren Struktur wie in ihren Voraussetzungen. Der mehr oder weniger »formale« Charakter des Rechts ist nur einer von vielen Faktoren, die den Grad an Rechtssicherheit beeinflussen. Und der Wert beider Formen der Rechtssicherheit muß gegen andere normative Kriterien abgewogen werden.

Rechtssicherheit im zweiten Sinn (securus) läßt sich verstehen als wirksamer Schutz vor *illegaler* staatlicher und privater Willkür, als wirksamer Rechtsschutz. Sie hängt von vielen Bedingungen ab: Kontrolle staatlicher Gewaltorgane, Kontrolle der Verwaltung und Vorkehrungen zum Schutz ihrer Klienten; Unparteilichkeit der Richter und des Gerichtsverfahrens, Zugang zum Gerichtsverfahren, Rechtskenntnis oder Zugang zu fachkundiger Beratung; nicht zuletzt: Effizienz der Rechtsdurchsetzung (»Implementation«). Diese Voraussetzungen können und müssen zum Teil durch rechtliche Regeln gesichert werden. Aber Rechtssicherheit in diesem Sinn ist nur marginal durch den »formalen« Charakter von Rechtsregeln, im Sinne von Einfachheit, Allgemeinheit usw. bedingt. In einem erweiterten Sinn läßt sich bei »Realisierungssicherheit« an die Verwirklichung von Grundrechten, und das heißt unter Umständen: an die Realisierung von deren »materiellen« Voraussetzungen denken. Das kann unter Umständen zu Kollisionen zwischen verschiedenen Aspekten von Rechtssicherheit führen (Denninger 1988).

Orientierungssicherheit scheint von Einfachheit, Überschaubarkeit und Klarheit der Rechtsnormen abzuhängen. Aber das ist vordergründig. Die eindeutige Orientierung in komplizierten und differenzierten Situationen kann, wie oben diskutiert, eine Differenzierung der Normen voraussetzen. »Einfache« Regeln würden häufig auch mit den Geboten der Gerechtigkeit kollidieren. Komplexere Rechtsordnungen verlangen zwar einen größeren Informations- und Entscheidungsaufwand, der häufig nur mit Hilfe von Experten erbracht werden kann. Deswegen sind sie noch nicht unbedingt unsicher – nämlich dann nicht, wenn der Informationsbedarf des Alltagshandelns mit zumutbarem Aufwand gedeckt werden kann. Unsicher wird es sicherlich dann, wenn die Kompliziertheit und vielleicht Widersprüchlichkeit des Rechts auch mit entsprechendem Aufwand keine rationalen, aus dem Recht begründeten eindeutigen Entscheidungen mehr zuläßt. Ist das gemeint, wenn gesagt wird, Gerichtsentscheidungen seien nicht mehr »berechenbar«? »Berechenbarkeit« oder »Voraussehbarkeit« sind fragwürdige Kriterien. Eine Gerichtsentscheidung in einem komplizierten Fall kann sehr wohl ex post einsehbar und auf unparteiliche, verständliche und nachvollziehbare Weise aus der Rechtsordnung begründet sein, ohne deswegen ex ante ohne Schwierigkeiten antizipiert werden zu können. Die Rede von der »Berechenbarkeit« gerichtlicher Entscheidungen impliziert eine bestimmte, verkürzte Auffassung von der Funktion des Gerichtsverfahrens: das Verfahren als rituelle Einleitung des Strafvollzugs (in der Kriminaljustiz) oder der »Vollstreckung« durch den Gerichtsvollzieher (in der Zivilgerichtsbarkeit). Das Verfahren erscheint sozusagen als formelle und unproblematische Bestätigung eines Rechtsanspruchs: des »Strafanspruchs der Gemeinschaft« gegen den Täter oder der Forderung des Gläubigers gegen den Schuldner, als Einleitung eben zur »Vollstreckung«. Dieses »Vollstreckungsmodell« – anstelle eines Konflikt- und Problemlösungsmodells – ist normativ fragwürdig und entspricht nicht dem normativen Selbstverständnis der Rechtsordnung, am wenigsten in den angelsächsischen Ländern. Allerdings ist es der Regelfall der *Praxis* der Gerichte (Galanter 1986).

Die erwähnten Versuche, Rechtsrationalität auf »formale Rationalität« zurückzuschneiden und diese an formalen Merkmalen des Rechtssystems festzumachen, sind alles in allem nicht überzeugend.

Das sozialstaatliche Rechtsmodell widersteht nun den Versuchen, eine spezifisch juristische Vernünftigkeit des Rechts oder zumindest des Privatrechts allein in einer moralisch neutralen, internen Systematik und Logik der Rechtsbegriffe oder ähnlicher formaler Charakteristika zu suchen, deutlicher als das liberale Modell. Das haben Max Weber wie spätere Kritiker zum Anlaß genommen, fälschlich einen Rationalitätsverlust des sozialstaatlichen Rechts zu diagnostizieren. Wie das liberale, so enthält das sozialstaatliche Modell Prinzipien und Regeln mit moralischem Gehalt. Wahrscheinlich tritt dieser moralische Charakter aus verschiedenen Gründen deutlicher hervor – unter anderem, weil der Anteil positiver Verhaltenspflichten im Privatrecht steigt und weil in der Anwendung der Normen häufiger auf die rechtfertigenden moralischen Prinzipien zurückgegriffen werden muß. Damit wäre vielleicht zu erklären, warum die »Materialisierung des Formalrechts« häufig als »Moralisierung« des Rechts verstanden wird, statt als Ausdruck eines bloßen *Wandels* der zugrunde liegenden Moralprinzipien. Daneben enthält das sozialstaatliche Modell vielfältige rechtliche Regelungen sozialtechnischen Charakters, die entweder der konkreten Umsetzung moralischer Prinzipien unter komplexen sozialen Bedingungen oder der Verwirklichung nichtmoralischer kollektiver Ziele dienen. Sie gehen in aller Regel aus der Gesetzgebung hervor und fügen sich nicht ohne weiteres einer rechtsdogmatischen Bearbeitung, die auf Begriffspyramiden oder ähnliche Formen der Systembildung zielt. Rascher sozialer Wandel hat zusätzlich deutlich gemacht, daß die Auslegung von Rechtsnormen unter anderem auf empirische Erkenntnisse über die sozialen Verhältnisse angewiesen ist, auf die sie angewandt werden sollen. Aus spezifischen historischen Ursachen ist zudem auch in den »civil law«-Rechtssystemen die »rechtsschöpfende« Rolle der Gerichte und damit der Jurisprudenz insgesamt deutlicher wahrgenommen worden.[24]

Auf diese Herausforderungen ihres Selbstverständnisses hat die Jurisprudenz immer wieder mit Debatten über die legitimen Funktionen der Rechtsprechung und den Charakter ihrer Tätig-

24 Über »Richterrecht« oder gerichtliche Rechtsfortbildung in den kontinentalen Rechtssystemen siehe z. B. Constantinesco 1972, 210ff. (in vergleichender Perspektive); Simon 1975; Kriele 1979, 80ff.; Tunc 1985. – Ogorek (1986) zeigt die historische Kontinuität des Phänomens.

keit, über juristische Interpretationsmethoden oder Argumentationen (legal reasoning) und juristische Systembildung reagiert. Eine Vielzahl von Theorien, Metatheorien oder Methodenlehren der Rechtswissenschaft und der Rechtsprechung ist daraus hervorgegangen. In einem sehr groben, an eine Darstellung von Dworkin angelehnten heuristischen Schema lassen sich drei Tendenzen unterscheiden: die »instrumentalistische«, die »positivistische« und die »interpretative«.[25] »Instrumentalismus« spielt auf Strömungen wie die Interessenjurisprudenz und den amerikanischen »legal realism«[26] an, soweit diese nicht nur die Einbeziehung von »Folgenerwägungen« und sozialwissenschaftlichen Erkenntnissen in die richterliche Entscheidung forderten, sondern auch den Richter zur selbstbewußten Wahrnehmung eines politischen Mandats aufforderten: Die mehr oder minder großen, aber stets unvermeidlichen Unbestimmtheiten der Orientierung an Gesetz oder »precedent« sollten durch offen vertretene politische Überlegungen und die Abwägung sozialer Interessen ausgefüllt werden. Der Status dieser »politischen« Erwägungen blieb meist etwas unklar. Die »positivistische« Position vertritt, daß die Rechtsprechung in Standardfällen auf der normativ neutralen, konventionellen Auslegungsregeln folgenden Anwendung des für solche Zwecke hinreichend bestimmten Gesetzestextes beruhen soll. Im Fall von Gesetzeslücken soll der Richter hingegen eine legislative Rolle spielen und so entscheiden, wie der Gesetzgeber im gleichen Fall vermutlich entschieden hätte.[27] »Interpretative« Theorien bestreiten, daß der Richter zu solchen stellvertretenden politischen Entscheidungen beauftragt ist. Er soll auch in »hard cases« nicht den Gesetzgebungsvorgang mit all seinen Elementen von politischem Tausch, kollektiver Zielformulierung usw. imitieren.[28]

25 Dworkin 1986, 114ff.; Dworkin spricht von »pragmatism«, »conventionalism« und von »law as integrity« (seine eigene Version dessen, was ich hier die »interpretative« Konzeption nenne).

26 sowie dessen Neubelebung in der »Critical Legal Studies«-Bewegung. Vgl. Altman 1986. Zum amerikanischen »legal realism«: Summers 1983; White 1978.

27 Zwei prägnante Beiträge aus einer längeren Kontroverse: Hart 1977 (der diese auch sonst verbreitete Auffassung über quasi-legislative »Lückenfüllung« vertritt); Dworkin 1983 (der sie kritisiert). Vgl. Yanal 1985.

28 In diesem Sinne argumentiert Dworkin seit langem gegen eine quasi legislative Funktion des Richters; siehe schon Dworkin 1964-65. Zu den Grün-

Dann muß gezeigt werden, auf welche rational kontrollierbare Weise und gestützt auf welche »Rechtsquellen« er dennoch zu einem bestimmten Ergebnis kommen kann. Juristische Methodenlehren, Argumentationstheorien, Theorien der Rechtsanwendung oder Dworkins Konzeption der »konstruktiven Interpretation« versuchen dies zu tun.[29] Sie geben formale Kriterien, methodische Anweisungen und prozedurale Argumentationsregeln für die Suche nach juristischen Problemlösungen, speziell in gerichtlichen Entscheidungen und für deren Rechtfertigung. Sie sollen gerechte und unparteiliche Entscheidungen fördern, und in bestimmter Weise dienen die Prozeduren selbst als Kriterium für die Korrektheit ihrer Ergebnisse. Natürlich bleiben diese Verfahren an inhaltliche Vorgaben wie Gesetze oder Präjudizien gebunden, und die rationale Akzeptabilität der Entscheidungen hängt letztlich auch vom Charakter dieser Vorgaben ab. Esser und Dworkin haben gezeigt, daß in Einzelentscheidungen auf Rechtsprinzipien moralischen Charakters zurückgegriffen werden muß – die teilweise als Verfassungsprinzipien »positiviert« sein können. In Dworkins Konzeption von »law as integrity« hängt die Rechtfertigung von Einzelentscheidungen darüber hinaus von der »besten« moralischen und politischen Hintergrundtheorie ab, welche die Prinzipien, Gesetze und Präjudizien einer Rechtsordnung in einen kohärenten Interpretationszusammenhang stellen kann (Esser 1956; Dworkin 1983, 176ff.). In welchem Verhältnis stehen dann solche inhaltlichen Elemente zu formalen und prozeduralen Kriterien, und in welcher Weise bedingen sie zusammen die Rationalität einer rechtlichen Entscheidung? Auf diese Probleme komme ich in den beiden letzten Kapiteln (VII und VIII) zurück.

den, die gegen eine solche Deutung der Richterrolle sprechen, vgl. Kapitel VIII.

29 Zur Methodenlehre siehe Larenz 1983. Zur Argumentationstheorie Aarnio 1987; Neuman 1986; Alexy 1978; MacCormick 1978. Ich mache einen feinen Unterschied zwischen »Argumentationstheorien« und »Theorien der Rechtsanwendung«: während erstere sich vor allem (nicht ausschließlich) mit der Struktur juristischer *Begründungen* auseinandersetzen (»context of justification«), beziehen letztere deutlicher die Probleme der *Konstitution des Rechtsfalls* mit ein (»context of discovery«). Beispiele sind Günther 1988; Kriele 1976; siehe auch Engisch 1960. Die Abgrenzung ist jedoch nicht sehr scharf. Dworkins Konzept der konstruktiven Interpretation findet sich in Dworkin 1986, 225ff.; Dworkin 1985, 119ff.; siehe Bittner 1988.

Daß die Rationalitätskriterien der Jurisprudenz und der Rechtsprechung nicht das Ganze der Rechtsrationalität ausmachen, sondern daß der Rationalitätscharakter der Gesetzgebung eine entscheidende Rolle spielt, ist eigentlich trivial. Juristen sehen das offenbar nicht immer so.[30] Anscheinend sehen sie die Gesetzgebung häufig als den Einbruch des Irrationalen ins Recht, dessen Konsequenzen sie möglichst einzudämmen haben. Gesetze sind Teil des Problems, nicht der Lösung; allenfalls kann es dem Juristen noch gelegentlich gelingen, den »Gesetzgeber« über den »wahren« oder vernünftigen Willen hinter seinem blinden Gesetzeswerk aufzuklären. Ein Anlaß für eine solche Sicht mag sein, daß die Gesetzgebung tatsächlich häufig irrationale Züge hat; aber damit werden Jurisprudenz und Rechtsprechung noch nicht per se zu den einzig berufenen Hütern der Rechtsvernunft. Andere Gründe für eine solche Einstellung mögen in einem verkürzten Rationalitätskonzept im Sinne formaler »juristischer« Rationalität, in Wert- oder besser Moralskepsis und in einem bestimmten Verständnis des politischen Prozesses liegen, nach dem es bei der Gesetzgebung nur um voluntas, nicht um ratio geht, um Kompromisse und Machtbalancen, die nicht als rational oder irrational zu bewerten sind. Dieses Vorurteil kann durch eine vernünftigere Betrachtungsweise ersetzt werden, in der angemessene Rationalitätskriterien auch für die Einrichtungen der Gesetzgebung entwickelt werden und die jeweilige *institutionelle Kompetenz* von Einrichtungen wie Gesetzgebung und Rechtsprechung für die Lösung bestimmter Probleme des sozialen Lebens verglichen wird (Kapitel VII und VIII).

Ein bestimmter Einwand gegen das Unterfangen, die spezifische Rationalität der Recht*sprechung* allein oder primär auf die Befolgung bestimmter *Argumentationsverfahren* zurückzuführen, ergibt sich aus den Erläuterungen, die oben über die notwendige Kombination von interner und externer Perspektive gegeben wurden. Gerichtliche Verfahren sind soziale Prozesse, an deren Ende eine bestimmte Entscheidung steht. Ihr Ablauf wird unter anderem von Verfahrensordnungen reguliert, in denen einige der Regeln, welche von den Theorien juristischer Argumentation gefordert werden, mehr oder weniger annähernd enthalten sind. An-

30 Siehe den Bericht über eine internationale Konferenz »Reason in Law«: La Torre 1989, 459, 463. Siehe auch Naucke 1986.

dere Regeln rationaler juristischer Argumentation sind eher als Normen der juristischen Profession institutionalisiert. Aber die realen institutionellen Regeln und erst recht die realen Verfahrensabläufe weichen erheblich von den »idealen« Verfahren ab. Wie die Diskurstheoretiker betonen, können die »idealen« Argumentationsverfahren im gerichtlichen Prozeß, der unter Zeitdruck und Entscheidungszwang steht, nur eingeschränkt realisiert werden (Alexy 1978, 263 ff.). Daran hat sich eine Debatte darüber entzündet, ob die realen Verfahren dennoch als Exemplar oder Sonderfall der Gattung »Diskurs« im Sinne eines idealen Argumentationsprozesses unter bestimmten Regeln begriffen werden können (Neumann 1986, 4 f.). Dahinter verbirgt sich unter anderem folgendes Problem: Taugen die »idealen« Verfahrensbedingungen einer Argumentations- oder Diskurstheorie als Richtmaß für die Gestaltung und Bewertung realer gerichtlicher Verfahren? Lassen sich die Rationalitätsmerkmale realer Verfahren auf diese Weise, d. h. als Annäherung an »ideale« Verfahren, angemessen erfassen?

Eine negative Antwort ist offenbar in Schelskys Konzeption »juridischer Rationalität« enthalten. Schelsky spricht ebenfalls von der Rationalität rechtlicher Prozeduren: Gesetzgebung, gerichtliche Entscheidung, verfassungsgerichtliche Normenkontrolle. Aber die Rationalität der Verfahren und ihrer Ergebnisse – nämlich der Entscheidungen – bringt er in einen polemischen Gegensatz zu Begriffen wie sachliche Richtigkeit, kognitive oder wissenschaftliche Rationalität oder argumentative Überzeugung: »... die juridische Rationalität (ist) kein individuell-solitärer kognitiver Akt, sondern (entsteht) in einem bewußt nach Regeln veranstalteten Rollenkonflikt juridischer Institutionen. *Rollenspiel und Rollenkonflikt* bringen kommunikativ ein primär voluntatives Ergebnis hervor, eine Entscheidung imperativer und sanktionsfähiger Art; die kognitiven Vorstellungen, Motivationen, Grundsätze und Ideen der einzelnen beteiligten Rollenträger haben nur (sic) Argumentationsfunktion und setzen eine begrifflich geregelte Argumentationsebene voraus, eine in diesem Zusammenhang grundsätzlich zweitrangige, Hilfsdienste leistende ›Rationalität‹, die zur juridischen Vernünftigkeit erst in dem Augenblick wird, wo sie unter institutionellem Führungszwang die Ebene der Argumentation abschließend überwindet.« (Schelsky 1980, 41). Das ist höchst zweideutig. Schelsky thematisiert ein reales Problem – nämlich die spezifische Vernunft von Institutionen. Aber er gibt unklare oder irreführende Antworten. Er sagt nicht, ob die Rationalität der Prozeduren noch damit zu tun hat, welche Chancen sie für eine sachliche, argumentativ zu rechtfertigende Richtigkeit ihrer Ergebnisse bieten. Überhaupt bleiben die Kriterien für die Rationalität der Entscheidungsprozeduren im dunkeln – abgesehen von Hinweisen, daß die Sicherung von Frieden und Rechtssicherheit durch bindende Entscheidung Vorrang habe: »Gesetzgebung und justizielle Urteilsfindung sind keine Wahrheitsfindung, sondern Zukunftsstabilisierungen des menschlichen Lebens ...« (Schelsky 1980, 47). Nun mag ja »Zukunftsstabilisierung« immerhin mit einem *Bemühen* um »Wahrheitsfindung« zusammengehen können. Die Entgegensetzung von Wahrheit und Entscheidung führt dagegen zu Betrachtungsweisen, in denen die Rationalität rechtlicher Verfahren ganz unabhängig gemacht wird von argumentativen Rechtfertigungen und nur noch bezogen wird auf die effektive Erfüllung von Funktionen wie »Erwartungssicherheit«.[31] Das führt uns zu soziologischen Theorien der Rechtsrationalität.

31 Schelskys Schüler Krawietz hat dann auch den Übergang zu Luhmanns Systemtheorie umstandslos vollzogen. Gegenüber einer angeblich herrschenden »Einheitsvorstellung von Rationalität«, die er suggestiv mit »positivistischen« Konzepten einer »Einheitswissenschaft« in Verbindung bringt, will er drei Typen von Rationalität unterscheiden, »nämlich (3.1) eine diskurstheoretische Rationalität, (3.2) eine juridisch-institutionelle Rationalität und (3.3) eine systemtheoretische Rationalität.« (Krawietz 1984b, 436) Habermas (und Alexy) werden kurz abgewiesen; von Schelskys »juridischer« Rationalität geht es ohne Schwierigkeit zu einer »systemtheoretisch geläuterte(n) Problemsicht« (442): »Rationalität wird danach nicht mehr oder jedenfalls nicht mehr primär als ›Handlungsrationalität‹ begriffen, sondern als ein Problem verstanden, das mehr oder weniger ›auf organisierte Sozialsysteme verlagert‹ wird« (443). – Über »Systemrationalität« siehe unten (Abschnitt 4). Zu Polemiken gegen Habermas bzw. eine Diskurstheorie des Rechts von solchen Positionen aus siehe Küsters 1983; Krawietz 1984a, 57ff.; Krawietz 1984b, 436ff. Kritisiert wird vor allem die Vernachlässigung der »institutionellen Dimension«.

3. Die Rationalität des Rechts in soziologischer Sicht

Max Webers soziologische Rechtstheorie hat wie keine andere die Diskussion über Rationalität oder Rationalisierung des Rechts beeinflußt. Webers nachgelassene Manuskripte zur Rechtssoziologie stellen in erster Linie Versuche zu einer Soziologie des juristischen Denkens, der Methoden der Rechtsfindung und der juristischen Profession dar,[32] gestützt auf Analysen der Einflüsse interessierter sozialer Gruppen. Dabei konzentriert sich Weber auf die Entwicklung des *Privat*rechts. Die Beziehungen zwischen den rechtssoziologischen Schriften und Webers Herrschaftssoziologie, seiner Typologie der Legitimitätsformen, seiner Handlungstypologie und schließlich seinem vieldeutigen Begriff von Rationalität oder Rationalisierung sind unklar und Gegenstand anhaltender exegetischer Bemühungen. Diesen will ich mich hier nicht anschließen. Webers Werk ist jedoch *auch* von Bedeutung als gewissermaßen negativer Bezugspunkt für neuere sozialtheoretische Analysen der Rationalität des modernen Rechts, die sich kritisch auf Weber beziehen. Das macht eine knappe Skizze seiner Konzeption der Rationalisierung des Rechts notwendig, die sich an diese Rezeption und Kritik anlehnt.

Die Interpreten der Rechtssoziologie sind sich weitgehend einig, daß Weber zur Analyse der Rationalisierung des Rechts (oder der des Rechtsdenkens) ein Schema mit vier Kategorien verwendet, das sich aus der Kreuzung der Dichotomien rational/irrational und formal/material ergibt:[33]

	formal	material
irrational	1	2
rational	3	4

Kategorie 1 umfaßt die Fälle, in denen Rechtsfindung durch nicht verstandesmäßig kontrollierte Mittel erfolgt (Orakel, Gottesurteil usw.); Kategorie 2 bezeichnet den Typus der »Kadijustiz«, des intuitiven Gerechtigkeitsurteils in Einzelfällen ohne Anwendung

32 So schon Rheinstein 1959, xlvii f.
33 Siehe Rheinstein 1959, 1; Treiber 1984, 36; Kronman 1983; Trubek 1985.

verallgemeinerbarer Kriterien. Wichtiger ist die Unterscheidung zwischen 3 und 4: »Material rational« ist für Weber das Recht, das durch »außerrechtliche« Gesichtspunkte oder Werte bestimmt ist (Moral oder Nützlichkeit); als Merkmale »formaler Rationalität« oder »formaler Rationalisierung« gelten die Definition klarer und allgemeiner, allein auf »äußere« Realitäten bezogener Tatbestände oder Tatbestandsmerkmale und die Abstrahierung und Systematisierung der Normbegriffe.

Weber zeichnet nun die Entwicklung der westlichen Rechtssysteme als einen Prozeß der Rationalisierung, in dem Tendenzen zu formaler und materialer Rationalität konkurrieren. Zu seiner Zeit sieht er die Dominanz der formalen Rationalität, welche die Entwicklung des bürgerlichen Rechts charakterisiert hatte, durch zunehmende materiale, und das heißt: unformale oder antiformale Tendenzen bedroht.[34]

Sein Begriff der formalen Rechtsrationalität ist deutlich orientiert an den Konzeptionen des rechtswissenschaftlichen Positivismus oder der Begriffsjurisprudenz.[35] Systematische, moralisch neutrale begriffliche Organisation des Rechts und die Formulierung genereller Rechtsnormen nach dem Schema von allgemein und klar definierten Tatbestandsmerkmalen mit entsprechenden Rechtsfolgen, durch die eine »objektive«, gewissermaßen mechanische Applikation des Rechts gesichert sein sollte, sind die entscheidenden Merkmale dieses Rationalitätstypus. Solche formale Rationalität des Rechts im Sinne begrifflicher Systematik und prozeduraler Strenge der Applikation im Gerichtsverfahren ermöglicht die strategische Rationalität sozialen Handelns: »Denn indem der spezifische Rechtsformalismus den Rechtsapparat wie eine technisch rationale Maschine funktionieren läßt, gewährt er dem einzelnen Rechtsinteressenten das relative Maximum an Spiel-

34 Wolfgang Schluchter hat einen eindrucksvollen Versuch unternommen, Weber gegen seinen eigenen Text in Schutz zu nehmen und eine Parallelität, statt einen Gegensatz, von »formaler« und »materialer« Rationalisierung des Rechts zu konstruieren – als Parallelität der Rationalisierung rechtlicher Verfahren einerseits und ethischer (moralischer) Grundlagen andererseits (Schluchter 1979, 122ff.). Der Versuch geht zu weit, um noch als Interpretation von Webers Rechtsanalyse gelten zu können (wie Schluchter selbst en passant einräumt: 152).

35 Rehbinder 1987, 137ff.; Loos 1970, 106ff. Insgesamt nicht überzeugende Einwände gegen diese Deutung formuliert Gromitsaris 1989, 13ff.

raum für seine Bewegungsfreiheit und insbesondere für die rationale Berechnung der rechtlichen Folgen und Chancen seines Zweckhandelns. Er behandelt den Rechtsgang als eine spezifische Form befriedeten Interessenkampfes, den er an feste, unverbrüchliche ›Spielregeln‹ bindet.« (Weber 1964, 601)

Der Formalismus hat allerdings seine irrationale Kehrseite: »Denn jene durch formale Justiz gewährte maximale Freiheit der Interessenten in der Vertretung ihrer formal legalen Interessen muß schon infolge der Ungleichheit der ökonomischen Machtverteilung, welche durch sie legalisiert wird, immer wieder den Erfolg haben, daß materiale Postulate der religiösen Ethik oder auch der politischen Räson verletzt erscheinen.« (602) Es sind gerade solche Konsequenzen der formalen Rationalität, welche Materialisierungsbestrebungen auslösen. Sie werden getragen von verschiedenen sozialen Interessen: vor allem von staatlichen Bürokratien mit »material-utilitarischen« Tendenzen und von antikapitalistischen Klasseninteressen, aber auch von den Richtern selbst (»ideologisch begründete Machtansprüche des Juristenstandes« (656)). Sie richten sich sowohl auf die Gesetzgebung (nämlich auf »antiformale« Normen »ethischen« Charakters, die »materiale Gerechtigkeit statt formaler Legalität« beanspruchen (648)) wie auf die Gestaltung des gerichtlichen Verfahrens. Webers Begriff der »materialen Rationalität« ist kaum präzise zu nennen; »material« ist assoziiert mit »ethisch«, »utilitär« oder zweckorientiert. Unklar bleibt vor allem, was – bezogen auf das Recht – eigentlich die *Rationalität* der »materialen Rationalisierung« ausmacht. Weber stellt den Gegensatz von formaler und materialer Rationalisierung und den drohenden Verlust formaler Rationalität heraus. Er spricht vom »unvermeidliche(n) Widerspruch zwischen dem abstrakten Formalismus der Rechtslogik und dem Bedürfnis nach Erfüllung materialer Postulate« (600f.). Ein warnender Ton seiner Charakterisierung der Materialisierungstendenzen ist hörbar, und die Anspielungen auf freiheitsbedrohende Konsequenzen sind deutlich genug.[36] Er erwähnt sogar ausdrücklich *irrationalistische*

36 Am deutlichsten sind seine Warnungen vor einer Entfesselung des (deutschen) Richterstandes (Weber 1964, 655). Entsprechende Bemerkungen finden sich schon in einer Rezension aus dem Jahre 1902: »Nicht unformale, ›positive‹ Begriffe, sondern passend spezialisierte Rechtsnormen und unbefangene, sich streng an die Norm und damit auch an die Form – ›die Zwil-

Gegentendenzen gegen den Rechtsformalismus (in der Rechtstheorie und Rechtsprechung (650f.) oder in Form der Laienjustiz (654)), ohne daß klar würde, worin der Unterschied zur »materialen Rationalisierung« liegt.

In der Kritik an Weber ist darauf hingewiesen worden, daß die Entwicklung des modernen Rechts Elemente *moralischer* Rationalität enthält, daß sich die Rationalität auch des liberalen »Formalrechts« nicht in den moralisch neutralen Merkmalen »juristischer« Rationalität erschöpft, auf die Weber sich bezieht. Auch der rationalitätsgefährdende Charakter der Materialisierungstendenzen ist bestritten worden.[37] Die Auseinandersetzung um Weber ist dadurch kompliziert worden, daß seine Theorie der Rechtsrationalität mit seinen Analysen des Legitimitätsproblems in Verbindung gebracht wurde. Man hat sodann bestritten, daß der Rechtsformalismus allein als Legitimitätsgrundlage ausreicht. Im Gegenzug haben andere Autoren Elemente moralischer Rationalität in Webers Konzept legal-rationaler Legitimität hineininterpretiert.[38] Allein, aus Webers Text wird keineswegs klar, ob der formal-rationale Charakter des Rechts in seinen Augen tatsächlich wesentlich *legitimierende* Funktionen hat. Schließlich sind es gerade die Legitimitäts*defizite* dieser Form, die nach seiner Darstel-

lingsschwester der Freiheit‹ – bindende Rechtsprechung thun not – auch im Interesse der Arbeiterklasse!« (Weber 1902, 47).

37 Habermas 1981:1, 332ff.; Eder 1978; Rehbinder 1987, 138ff.

38 Siehe die bekannten Kritiken von Kielmansegg 1971; Habermas 1973, 133ff.; 1988, 219ff.; Kriele 1979, 36. Dagegen die Verteidigungen von Winckelmann 1952; 1976, 44ff.; und Schluchter 1979. Schluchter stellt die übliche Frage, ob »Legalität rein als solche, unabhängig von ›obersten (Rechts-)Prinzipien‹ und von den ideellen Interessen der Betroffenen, überhaupt jene Vorstellungen von der Vorbildlichkeit und Verbindlichkeit einer Ordnung erzeugen kann, ohne die nach Webers Auffassung der Bestand jeder Herrschaftsstruktur gefährdet ist.« (126) Schluchter möchte die Frage verneinen, um jedoch (wie Winckelmann, aber mit anderer Begründung) zu zeigen, daß die Legitimität der Legalität oder der legal-rationalen Herrschaft bei Weber *auch* auf normativen Prinzipien beruht, daß das moderne Formalrecht zugleich formale und materiale Rationalität aufweist – daß es also keinen Konflikt, sondern ein Ergänzungsverhältnis von materialer und formaler Rationalisierung des Rechts gebe. Diese Behauptung steht aber in Widerspruch zu sehr eindeutigen Aussagen Webers (wie Schluchter selbst einräumen muß: 148f., 152). (Deshalb muß Schluchter eine für Weber fremde, von H. Heller entlehnte, ethische Grundlage des modernen Formalrechts einführen.)

lung zur Verbreitung material-rationaler Tendenzen führen. Webers Legitimitätsbegriff enthält eigentlich immer auratische oder charismatische Elemente (Parsons 1949, 665; Mommsen 1974). Die *Versachlichung* des modernen Rechts, sei es in Gestalt formal-rationaler oder material-rationaler Tendenzen, untergräbt gerade seine Legitimität – die allerdings durch »Fügsamkeit« gegenüber einem funktionierenden Apparat ersetzt werden kann. So jedenfalls lese ich die Schlußbemerkung der »Rechtssoziologie«: »Wie immer aber sich unter diesen Einflüssen das Recht und die Rechtspraxis gestalten mögen, unter allen Umständen ist als Konsequenz der technischen und ökonomischen Entwicklung... die unvermeidlich zunehmende *Unkenntnis* des an technischem Gehalt stetig anschwellenden Rechts auf seiten des Laien, also (die) Fachmäßigkeit des Rechts, und die zunehmende Wertung des jeweils geltenden Rechts als eines rationalen, daher jederzeit zweckrational umzuschaffenden, jeder inhaltlichen Heiligkeit entbehrenden, technischen Apparats ein unvermeidliches Schicksal. Dieses Schicksal kann durch die aus allgemeinen Gründen vielfach zunehmende Fügsamkeit in das einmal bestehende Recht zwar verschleiert, nicht aber wirklich von ihm abgewendet werden...« (Weber 1964, 656). Bevor wir auf ähnlich melancholische Diagnosen zurückkommen, wollen wir einige neuere soziologische Konzeptionen der Rechtsrationalität betrachten, die sich – oft in kritischer Auseinandersetzung mit Weber – auf das sozialstaatliche Rechtssystem beziehen, dessen Anfänge Weber vor Augen hatte. Sie greifen entweder Webers Diagnose der »Materialisierung« oder Instrumentalisierung des Rechts auf. Oder sie kritisieren Webers Bindung des Rationalitätsbegriffs an die Perspektive der Akteure. Schließlich finden wir Theorien, welche Webers Gegenüberstellung von »formaler« und »materialer« Rationalisierung kritisieren oder weiter differenzieren und die von »prozeduraler« Rationalität sprechen.

Instrumentelle Rationalität. Weber sah eine unvermeidlich »zunehmende Wertung des jeweils geltenden Rechts als eines rationalen, daher jederzeit zweckrational umzuschaffenden, jeder inhaltlichen Heiligkeit entbehrenden, technischen Apparats« (Weber 1964, 655f.). Viele sozialwissenschaftliche Untersuchungen und manche Rechtstheorien haben diese Betrachtungsweise des Rechts affirmativ übernommen. Für Bentham und Austin, Jhering, Roscoe Pound und viele spätere gilt Recht als Instrument der Realisierung von sozialen Interessen oder kollektiven Zielen, als Mittel des »social engineering« (Pound).[39] Die Definition der Ziele ist dem (im günstigen Fall: demokratischen) »Souverän« oder der »Politik« überlassen, und die Rationalität des Rechts wird allein unter dem Aspekt der Zielrealisierung betrachtet. Das ist auch die Sicht vieler soziologischer und politikwissenschaftlicher Untersuchungen, die sich mit »Steuerung« durch Recht oder seiner »Implementation« und »Wirksamkeit« befassen. In solchen Untersuchungen bedeutet instrumentelle Rationalität des Rechts häufig nicht mehr, als daß die intendierten Folgen einer Rechtsentscheidung mehr oder weniger annähernd eintreten. Ob die betreffende Regelung auch das geeignetste unter mehreren möglichen Mitteln ist, wird schon seltener untersucht.

Sicher haben solche Betrachtungen häufig ihre richtige Seite. Viele Rechtsnormen im sozialstaatlichen Modell dienen der Realisierung kollektiver Ziele im engeren Sinn, werden also gerechtfertigt durch die Erwartung mehr oder weniger präzis beschriebener sozialer Konsequenzen ihrer Befolgung. Zur Antizipation und Beurteilung solcher Folgen ist mehr und mehr empirisch-theoretisches Wissen erforderlich. Ob Mietpreisbindungen die Wohnungssituation von Leuten mit geringem Einkommen verbessern oder ob die Regulierung des Agrarmarkts tatsächlich der Erhaltung des bäuerlichen Familienbetriebs dient, das sind empirische Fragen. Die Rationalität entsprechender Normen ist also unter anderem abhängig von der Qualität sozialwissenschaftlicher Erkenntnisse. Allerdings ist die Identifizierung halbwegs deutlicher Ziele ein bekanntes Problem für empirische Untersuchungen über die »instrumentelle Rationalität« oder den »Erfolg« rechtlicher

39 Wieacker spricht vom Aufkommen des »Naturalismus« (Wieacker 1982, 711 ff.) in der europäischen Jurisprudenz des 19. Jahrhunderts. Summers verzeichnet einen Übergang zum »pragmatischen Instrumentalismus« in der amerikanischen Jurisprudenz: »In the United States during the first half of this century, a great instrumentalist revolution in the general theory of law occured.« (Summers 1986, 1; ausführlich Summers 1983.) – Für eine neuere *positive* Würdigung des »Zwecks im Recht« siehe Nonet, Selznick 1978 (»Sovereignty of Purpose«, 78 ff.); Nonet 1980. »Purpose« ist hier in einem sehr weiten Sinn verstanden, der auch die Realisierung moralischer Prinzipien einschließt.

Maßnahmen: Verschiedene Akteure verfolgen oft unterschiedliche Ziele mit derselben Maßnahme; deklarierte und intendierte Ziele differieren, Zieldefinitionen werden im Laufe der Implementation geändert usw. Nach den »Zielvorstellungen« oder intendierten »Zwecken« hinter rechtlichen Regelungen zu suchen ist in vielen Fällen ein hoffnungsloses Unterfangen. Eine weitere Kritik am Zweck-Mittel-Modell lautet, daß es keine »linearen« oder einfachen Beziehungen zwischen rechtlichen Maßnahmen und Konsequenzen gebe. Das würde im Extremfall heißen, daß man mit rechtlichen Maßnahmen nie auf bestimmte Wirkungen zielen kann, weil die Konsequenzen unübersehbar oder jedenfalls mit unseren beschränkten kognitiven Kapazitäten nicht zu antizipieren sind. Diese Behauptung kann nur auf empirischer Grundlage diskutiert werden.

Nun läßt sich gegen eine solche instrumentalistische Auffassung der Rechtsrationalität einwenden, daß sie die mögliche Rationalität oder Irrationalität der vorausgesetzten Ziele oder »Werte« ausklammert, während die Vernunft oder Unvernunft einer Rechtsordnung nicht ohne die Betrachtung solcher Ziele beurteilt werden kann. Der Einwand ist berechtigt; aber er mindert noch nicht den Wert der Analyse der instrumentellen Rationalität des Rechts, betrachtet als *Teil*aspekt der Rechtsvernunft. Auch unter diesem Teilaspekt ist es allerdings nicht ausreichend zu fragen, ob eine rechtliche Regelung zur Erreichung eines definierten Zielzustands beiträgt. Man muß prüfen, welche Kosten oder Nebenwirkungen auftreten und ob es günstigere Alternativen gibt. Die Analyse muß also immer komparativ sein.

Andere Einwände stellen die Anwendbarkeit des Zweck-Mittel-Schemas auf Rechtsnormen oder jedenfalls auf einen erheblichen Teil solcher Normen selbst in Frage. Es läßt sich argumentieren, daß die Rationalität kollektiver Ziele in gewisser Weise von der Qualität der sozialen Prozesse abhängt, in denen sie formuliert und verbindlich gemacht wurden. Dabei spielen wiederum rechtliche Verfahrensregeln eine bedeutende Rolle. Diese selbst lassen sich nicht ohne weiteres als Mittel für gegebene soziale Ziele begreifen. Zu unterscheiden ist weiter zwischen moralischen Prinzipien und Normen auf der einen, und nichtmoralischen kollektiven Zielen auf der anderen Seite. Diese sind nicht einfach gegeneinander abzuwägen; moralische Prinzipien und Normen wirken viel-

mehr als »constraints« für die Formulierung und Verfolgung nichtmoralischer kollektiver Ziele. (Das gilt, wie erwähnt, nur auf der Grundlage bestimmter Moralkonzeptionen. Utilitaristen würden es bestreiten.)
Im Hinblick auf bestimmte Arten von Zielen läßt sich auch gar nicht sinnvoll von »Mitteln« sprechen. Selbst wenn wir die Redeweise akzeptieren, in der solche Prinzipien wie »Gerechtigkeit« als kollektive Ziele oder Werte bezeichnet werden, ist es nicht plausibel, alle Regelungen, die unter Berufung auf solche Prinzipien begründet werden, als Mittel zu einem Ziel zu verstehen. Moralische Normen oder entsprechende Rechtsnormen wie das Tötungs- und Verletzungsverbot oder das Gebot, Versprechen oder Vereinbarungen einzuhalten, oder Grundrechte der Verfassung sind in gewisser Weise Konkretisierungen des Prinzips der Gerechtigkeit, aber sie sind nicht Mittel zur Verwirklichung des »Ziels« der Gerechtigkeit. Wenn man so will, sind sie eher Teilaspekte des »Ziels«. Allerdings *können* moralische oder entsprechende rechtliche Gebote die Verfolgung eines Ziels verlangen – etwa des Ziels, die Lage einer unterprivilegierten Gruppe soweit als möglich und mit adäquaten Mitteln zu verbessern.

Ökonomische Rechtstheorie. Ökonomische Theorien des Rechts vertreten ebenfalls einen instrumentalistischen Rechtsbegriff. Während jedoch die eben erwähnten instrumentalistischen Theorien von gegebenen kollektiven Zielen oder Werten ausgehen und analysieren, in welchem Grad Rechtsnormen solche Ziele realisieren, beginnen die ökonomischen Theorien mit individuellen Präferenzen und fragen, wie sich aus der rationalen strategischen Verfolgung solcher Präferenzen durch die einzelnen soziale Ordnungselemente wie Kooperation, Normen und kollektive Ziele ergeben können. Die ökonomischen Theorien arbeiten mit hypothetischen Rationalitätsmodellen, in denen bestimmte Annahmen über die Rationalitätsmerkmale individueller Handlungen oder Entscheidungen vorausgesetzt werden. Diese Modelle können eine normative oder eine empirische Anwendung erfahren. In der empirischen Version dienen sie zur Rekonstruktion von Rechtsentwicklungen, zur Beschreibung der Funktion von rechtlichen Regelungen oder zur Prognose der Auswirkungen solcher Regelungen. Man versucht zum Beispiel zu bestimmen, welche Verhaltenswirkungen eine bestimmte Regelung – sagen wir: der Haftung bei Unfällen – unter der Voraussetzung eigenorientierten Verhaltens der Rechtssubjekte haben wird. Für das Problem der *Rationalität* des Rechts ergeben sich aus diesen empirischen Anwendungen keine neuen Gesichtspunkte.

Funktionalismus. Mit funktionalistischen Argumenten hat man sich in den Sozialwissenschaften dagegen gewandt, die Rationalität sozialer Handlungszusammenhänge und normativer Ordnungen allein auf die rationalen Handlungsorientierungen der Akteure zurückzuführen. Ich präsentiere das funktionalistische Analysemuster in der denkbar einfachsten Version (einige Komplikationen werden in Kapitel VI behandelt). Ausgangspunkt ist eine Bezugseinheit, die Akteure oder Handlungen umfaßt. Das kann eine Gruppe, eine soziale Beziehung, eine Institution, eine Gesellschaft sein – in einem unspezifischen Sinn können wir von »sozialem System« sprechen. Ein weiteres Element bildet der Begriff der nichtantizipierten Handlungskonsequenzen: alle Handlungen haben Folgen, welche die Akteure nicht voraussehen. Einige dieser Konsequenzen betreffen Attribute der Bezugseinheit: Zustände oder Eigenschaften des sozialen Systems. Diese Konsequenzen werden die »latenten Funktionen« der Handlungen genannt. Gewöhnlich sind damit gewisse »positive« Handlungskonsequenzen bzw. solche latenten Handlungsfolgen gemeint, die zu irgendwie als »positiv« ausgezeichneten Zuständen oder Merkmalen des sozialen Systems beitragen. Eine letzte, obwohl nicht unbedingt notwendige Komponente des Modells besteht in einer Art Stabilisierungsmechanismus: Durch einen latenten sozialen Mechanismus wirken die positiven Konsequenzen gewisser Handlungsweisen zurück auf deren Wiederholung oder Beibehaltung. Ein Beispiel wären die latenten Funktionen von gewissen zwanghaften Handlungsmustern, durch welche uneingestandene Wünsche befriedigt bzw. kompensiert werden. Statt Handlungen oder Handlungsweisen können wir auch Handlungskomponenten, zum Beispiel Normen, in das Schema einsetzen: Die Befolgung einer Norm kann latente, positive Konsequenzen haben, die wiederum auf irgendeine Weise zur Stabilisierung der Normgeltung beitragen. Um ein klassisches Beispiel aus der Anthropologie zu wählen: Das Verbot des Inzests begründet den

Zwang zur Exogamie, und Exogamie schafft soziale Bande über den engeren Familienverband hinaus, ermöglicht so die Aufrechterhaltung der sozialen Solidarität in größeren Gruppen. Schließlich läßt sich das Schema auf komplexere soziale Strukturen anwenden. Die Struktur eines sozialen Systems mit ihren intentionalen und latenten Elementen (geltende Normen, nichtintendierte Interdependenzen von Handlungen usw.) kann die sozialen Handlungsläufe so regulieren, daß deren latente Effekte zur Erhaltung »positiver« Systemzustände und zur Reproduktion der ganzen Struktur beitragen. So lassen sich etwa selbststabilisierende Eigenschaften einer Organisation erklären.[40]

Um das Schema für soziologische Theoriebildung fruchtbar zu machen, müssen vor allem zwei Elemente präzisiert werden: Erstens, was sind die Kriterien für »positive« Effekte oder Systemzustände? Anders gesagt: Welche Probleme werden über solche latenten Funktionen sozialen Handelns gelöst, und was sind die Kriterien für Problemlösungen? Zweitens: Wie sieht der Stabilisierungsmechanismus aus? Ich werde später zeigen, daß viele Behandlungen des zweiten Problems ein Mißverständnis darüber enthalten, was die »Latenz« von Funktionen ausmacht (Kapitel VI). Die erste Frage ist von besonderer Bedeutung für unser spezielles Thema. Denn von ihrer Beantwortung hängt ab, in welchem Sinn wir von der *Rationalität* latenter Funktionen oder von »funktionaler Rationalität« sprechen können. Überleben, Stabilität oder Gleichgewicht sind beliebte, selbst explikationsbedürftige Bezeichnungen von solchen positiven Zuständen sozialer Systeme, die über latente Funktionen gesichert werden sollen. Es ist jedoch nicht unmittelbar evident, was beispielsweise die Erhaltung von »Stabilität« mit Rationalität zu tun hat. (Auch diesen Faden nehme ich in Kapitel VI wieder auf.)

Betrachten wir zunächst, wie das funktionalistische Schema in einer einflußreichen soziologischen Theorie ausgebaut und mit einem bestimmten Rationalitätskonzept verknüpft wird.

40 Repräsentative Textsammlung zur älteren sozialwissenschaftlichen Funktionalismusdiskussion: Demerath, Peterson 1967; Martindale 1965. Eine neuere Analyse ist Parijs 1981.

Systemrationalität. In seinen früheren Arbeiten hat Niklas Luhmann die Brauchbarkeit von Webers Konzept der Zweck-Mittel-Rationalität für soziologische Theorien mit verschiedenen Argumenten bezweifelt: Das Zweck-Mittel-Schema sei nicht konstitutiv für individuelle Handlungsrationalität, sondern ein Auslegungsschema, das selbst bestimmte latente Funktionen erfülle; seine Übertragung auf Organisationen sei nicht möglich; die Rationalität individueller Handlungsorientierungen garantiere noch nicht die Rationalität sozialer Verhältnisse: »Seit den Zeiten Max Webers ist, namentlich durch die Entwicklung der Wirtschaftswissenschaften, eine Schwierigkeit deutlicher bewußt geworden: daß Rationalität auf der Ebene des Einzelhandelns nicht dasselbe ist wie die Rationalität auf der Ebene des sozialen Systems. Anders gefaßt: die Rationalität eines sozialen Systems kann nicht allein dadurch gesichert werden, daß alle Beteiligten rational handeln.« (Luhmann 1971, 91 f.; vgl. ders. 1973) In einer bestimmten Auslegung sind alle diese Thesen unproblematisch und akzeptabel. Es wurde zum Beispiel schon erwähnt, daß individuelle Handlungen unter bestimmten sozialen Bedingungen nichtantizipierte kollektive Effekte hervorbringen können, die positiv bewertet werden. Man mag das so charakterisieren, daß die Rationalität des Handlungszusammenhangs die Rationalität der individuellen Handlungsorientierungen übersteigt (das »invisible hand«-Theorem).

Luhmann hat nun solche Feststellungen zum Anlaß genommen, eine radikale Umdeutung des Rationalitätsbegriffs vorzunehmen. Er hat den Begriff »Systemrationalität« eingeführt, den er in zweifacher Weise verwendet. Es kann damit die Rationalität eines Elements von sozialen Systemen gemeint sein (solche Elemente sind für Luhmann Handeln und Erleben oder Kommunikationen). Die Rationalität des Elements besteht darin, daß es objektiv einen Beitrag zur Systemerhaltung leistet, in diesem Sinn also latente Funktionen erfüllt: »Als rational würde danach jedes sinnkonstituierende Erleben und jedes Handeln zu gelten haben, sofern es zur Lösung von Systemproblemen und damit zur Erhaltung reduktiver Strukturen in einer äußerst komplexen Welt beiträgt.« (Luhmann 1970, 79) Oder das betreffende System kann selbst als rational charakterisiert werden – nämlich dann, wenn es in der Lage ist, sich in seiner Umwelt zu stabilisieren: »Ein Handlungs-

system ist rational, wenn seine Bestandsinteressen so generalisiert sind, daß sich unter wechselnden Umweltbedingungen genügend Befriedigungsmöglichkeiten ergeben.« (Luhmann 1970, 47f.)
In späteren Analysen behandelt Luhmann Rationalität noch in etwas anderer Weise als Eigenschaft sozialer Systeme. Rationalität ist gebunden an eine bestimmte Form von »Selbstreferenz« der Systeme, nämlich an »Reflexion«. Damit ist ein bestimmter modus operandi gemeint, in dem das System sich auf sein Verhältnis zur Umwelt bezieht: »Soziale Systeme können nicht nur über ihre Umwelt kommunizieren, sie können auch ihre Differenz zur Umwelt, zum Beispiel die Vorstellung ihrer Grenzen oder der besonderen Konstitutionsmerkmale ihrer Elemente, in der internen Kommunikation verwenden. Sie sind, anders gesagt, in der Lage, die System/Umwelt-Differenz in das System wiedereinzuführen und mit ihrer Hilfe Prozesse der Selbstbeobachtung, der Selbstbeschreibung, der Reflexion informativ durchzuführen. Damit allein ist der Titel der Rationalität noch nicht verdient.... Rationalität ist erst gegeben, wenn der Begriff der Differenz selbstreferentiell benutzt, das heißt, wenn auf die Einheit der Differenz reflektiert wird. ... Übersetzt man diese Idee in eine kausaltheoretische Sprache, dann besagt sie, daß das System seine Einwirkungen auf die Umwelt an den Rückwirkungen auf es selbst kontrollieren muß, wenn es sich rational verhalten will. Ein System, das über seine Umwelt verfügt, verfügt am Ende über sich selbst.« (Luhmann 1984, 640-42) Soziale Rationalität würde beispielsweise bedeuten, daß die Gesellschaft die von ihr ausgelösten Umweltprobleme, soweit sie auf die Gesellschaft selbst zurückwirken, in ihren internen Kommunikationen berücksichtigt.[41] Also eine Art Verantwortungsethik für Systeme? Wohl nicht: Es geht den Systemen ja nach wie vor um die Fortsetzung der *eigenen* Selbstreproduktion; deren Aufrechterhaltung auch durch Kontrolle der Rückwirkungen, welche die Folgen der eigenen Aktivitäten des Systems in der Umwelt auf das System selbst haben, ist das eigentliche Rationalitätskriterium.[42]

41 Luhmann 1984, 645; zu diesem speziellen Thema siehe Luhmann 1986; Luhmann 1987, 104ff.

42 Es ist eine Konsequenz einer speziellen, mit dem Konzept »autopoietischer Systeme« verknüpften epistemologischen Konzeption, daß Systeme ihre Umwelt gar nicht anders berücksichtigen können als durch die Wirkungen,

Die spezielle Rationalität des *Rechts*systems hat Luhmann selten explizit behandelt. Frühere Analysen lassen erkennen, daß die Rechtsrationalität in der Erfüllung der spezifischen Funktion gesehen wird, die Luhmann dem Recht zuschreibt: nämlich die Stabilisierung reziproker sozialer Verhaltenserwartungen (Luhmann 1981a, 73ff.; 1983a, 31ff.). In neueren Werken tritt die Notwendigkeit der autopoietischen Selbstreproduktion des Rechts in den Vordergrund (Luhmann 1985b); darauf läßt sich das Rationalitätskriterium der »reflexiven« Umweltberücksichtigung wohl anwenden: Das Rechtssystem muß so operieren, daß es die autopoietische Selbstreproduktion anderer Systeme nicht gefährdet. In einer indirekten Beziehung zur Rationalitätsthematik steht Luhmanns Behandlung von Begriffen wie Argumentation, Gerechtigkeit oder Legitimation, die in anderen Rationalitätskonzeptionen eine konstitutive Rolle spielen. Luhmann gibt diesen Begriffen stets eine funktionalistische Deutung, welche das Verständnis der Akteure unterläuft und die funktionale Rolle entsprechender Phänomene für die Systemstabilisierung hervorhebt – eine Rolle, die nur aus der Position des soziologischen Beobachters identifizierbar, für die Teilnehmer also notwendig latent ist. Argumentation bekommt die Funktion der »Erzeugung von Redundanz«, der Minderung des »Überraschungswerts« von Überzeugungen zugewiesen (1985a, 35); ob das mit einer internen Vernunft von Argumenten zusammenhängt, bleibt unklar. Gerechtigkeit wird zu »adäquater Komplexität des Rechtssystems«, das so strukturiert sein muß, daß es eindeutige und konsistente Entscheidungen ermöglicht (1981, 388). Weitergehende moralische Konnotationen des Begriffs werden abgewiesen. Und Legitimation gründet nicht auf rationalen Überzeugungen, sondern besteht in Folgebereitschaft, die durch sozialpsychologische Techniken erzeugt wird.[43]

Mit anderen soziologischen Theorien teilt Luhmann also einen Rationalitätsbegriff, der in mehrfacher Hinsicht *deskriptiv* ist. Zunächst werden die Intentionen und Selbstverständnisse der Ak-

welche Umwelten (vor allem: andere Systeme) auf die eigenen Operationen des Systems ausüben. Aber die nähere Betrachtung dieser Theoriekonstruktion ist für die vorliegende Diskussion nicht unbedingt notwendig.

43 Siehe unten Kapitel VII, zu Luhmanns »Legitimation durch Verfahren« (1975).

teure unterlaufen; sie werden nicht interpretativ aufgenommen, Überzeugungen und Handlungsgründe werden nicht auf ihre Rationalität hin überprüft unter Kriterien, die dem Akteur und dem soziologischen Beobachter in gewisser Weise gemeinsam wären. Auch die Rationalitätsbegriffe und -kriterien, welche die Akteure vielleicht selbst entwickelt haben, werden nicht bewertet. Statt dessen wird eine Art objektiver Rationalitätsbegriff gebildet, nach dem soziale Handlungssysteme oder die Intentionen oder Handlungen der Akteure beurteilt werden. Eine Handlung mag rational sein, ohne daß der Akteur es weiß – in Luhmanns Konzeption *kann* er es auch gar nicht wissen. Rationalität läßt sich *nur* aus der Perspektive des soziologischen Beobachters zuschreiben; diese Zuschreibung kann als solche gar nicht in die Selbstbeschreibung des beobachteten Systems eingehen. Dafür gibt Luhmann epistemologische Gründe; es läßt sich aber auch intuitiv erfassen, daß zum Beispiel juristische Argumentation dann nicht möglich wäre, wenn die beteiligten Akteure im Bewußtsein der Funktion handelten, die Luhmann ihrer Aktivität zuschreibt. *Manche* der Beteiligten mögen ein entsprechendes zynisches Selbstbewußtsein haben – wenn *alle* es hätten, würde das Spiel seinen Charakter wandeln; »Legitimation durch Verfahren« wäre wohl kaum noch möglich.[44]

Deskriptiv ist diese Rationalitätskonzeption auch noch in der Weise, daß sie keine Parteinahme des Wissenschaftlers voraussetzt. Anders gesagt: der Sozialwissenschaftler verpflichtet sich nicht selbst auf einen entsprechenden Rationalitätsbegriff; die Zuschreibung von Rationalität oder Irrationalität ist keine Empfehlung oder Kritik; die Rationalitätskriterien, die er auf seinen Gegenstand anwendet, binden ihn nicht in seiner eigenen Tätigkeit. Es scheint, daß Weber häufig eine solche deskriptive Verwendung von Rationalitätsbegriffen im Auge hatte.[45] Theoretiker, die so operieren wollen, müssen zwischen zwei Typen von Rationalitätsbegriffen scharf unterscheiden: zwischen Rationalitätsbegriffen und entsprechenden Kriterien, die sie in deskriptiver Einstellung anwenden wollen, und solchen Rationalitätsbegriffen, die sie für sich selbst als verbindlich ansehen oder mit denen sie ihr eigenes prak-

44 Über »Selbstbeschreibung« und »Fremdbeschreibung« im Recht siehe etwa Luhmann 1985a, 44ff.

45 So interpretiert ihn zum Beispiel Brubaker 1984, 10, 35f.

tisches Selbstverständnis ausdrücken. Sie können zum Beispiel strikt trennen zwischen »wissenschaftlicher« und »Alltagsrationalität«, müssen dann allerdings zusehen, wie sie den daraus folgenden Rollenkonflikt bewältigen. Für Luhmann ist das Problem allerdings schwieriger, weil er stets die Forderung betont hat, soziologische Theorien oder sozialwissenschaftliche Aktivitäten auf sich selbst anzuwenden. Im Falle von Begriffen wie Wahrheit, Argumentation oder Rationalität kommt er damit in eine heikle Lage. Er gerät in einen gewissen Widerspruch, weil er schwerlich als wissenschaftlicher Aktor in Interaktionen mit anderen Mitgliedern der Wissenschaftlergemeinschaft seine Begriffe, Wahrheits- und Rationalitätsansprüche usw. ernstnehmen und sie zugleich als Selbstbeobachter als bloß funktional für die Selbstreproduktion des Wissenschaftssystems verstehen kann.[46]

Dieser kritische Punkt läßt Luhmanns Theoriekonstruktion fragwürdig werden. Aber vielleicht gibt es sinnvolle Verwendungsweisen für Begriffe wie Systemrationalität oder funktionale Rationalität, wenn wir einige von Luhmanns Prämissen aufgeben? Daß es Handlungen und Handlungszusammenhänge gibt, welche nichtantizipierte Handlungsfolgen hervorbringen, welche die Situation der entsprechenden Akteure oder Kollektive beeinflussen, wird niemand bestreiten. Es gibt offensichtlich Institutionen und soziale Mechanismen, die auf dieser Tatsache beruhen und soziales Leben regulieren, indem sie die Akteure von kognitivem und kommunikativem Aufwand entlasten. Solche Handlungen, Institutionen oder Handlungssysteme, die empirisch zu analysieren sind, können wir in verschiedener Weise als rational oder irrational charakterisieren. Wir können fragen, wie die Akteure selbst diesen Zusammenhang von Aktivitäten und ungeplanten Resultaten im Lichte ihrer eigenen Rationalitätsstandards beurteilen würden, sobald sie ihn durchschaut hätten. Oder wir können als sozialwissenschaftliche Beobachter unsere eigenen Rationalitätskriterien

46 Siehe entsprechende Einwände von Habermas 1971, 221 ff. Luhmann selbst vermerkt gelegentlich das Problem. Er notiert zum Beispiel »eine formale Eigentümlichkeit, die man im Rationalitätsbegriff und in wohl keinem anderen Begriff findet: Der Begriff der Rationalität muß sich selbst unterstellt, er muß selbst rational gebildet werden, während zum Beispiel der Begriff der Wärme nicht warm sein kann ...« (1984, 640). Ich sehe aber nicht, daß er daraus Konsequenzen gezogen hätte.

anlegen. Diese müssen wir rechtfertigen. Dabei kommen wir kaum umhin, von den Rationalitätsstandards auszugehen, die ein grundlegendes Element unseres eigenen Selbstverständnisses sind und die wir in unseren wissenschaftlichen oder in sonstigen Aktivitäten anwenden oder voraussetzen. Wir müssen uns ja fragen, ob der Rationalitätsbegriff, den wir in der sozialwissenschaftlichen Analyse verwenden wollen, selbst rational ist.

Noch einmal auf Luhmanns Begriff der Systemrationalität bezogen: Wenn man für die Zwecke der soziologischen Analyse einen speziellen Rationalitätsbegriff vorschlägt, der von unseren leitenden Rationalitätskonzeptionen abweicht, sollte man dafür gute Gründe haben. Was spricht dafür, »Systemerhaltung« als *Rationalitäts*kriterium zu akzeptieren? Ich sehe keine. In Luhmanns Auffassung entspricht dieser Begriffsgebrauch ausdrücklich *nicht* den üblichen handlungsleitenden Rationalitätsmaßstäben unserer Kultur, und es ist, wie wir gesehen haben, unklar, wie er sich zu dem (mutmaßlichen) Rationalitätsanspruch von Luhmanns Theorie verhält. Selbst zur analytischen Verwendung aus der Beobachterperspektive ist Systemstabilisierung als Rationalitätsstandard jedoch von zweifelhaftem Wert. Die Einwände sind wohlbekannt (Carlsson 1965; Habermas 1973, 11 ff.): Abgesehen davon, daß es oft problematisch ist festzustellen, wann ein soziales System – sagen wir eine Gesellschaft – sich bloß ändert oder wann es sich auflöst, ist schiere »Selbsterhaltung« ein äußerst dürftiges Kriterium. Danach ist alles gleichermaßen rational, was zum bloßen Weiterbestand oder zu einer beliebig gearteten Ordnung beiträgt. Ein solches Rationalitätskriterium gäbe keine Möglichkeit, zwischen besseren und schlechteren, rationaleren und weniger rationalen Zuständen der Gesellschaft zu unterscheiden. Dieses Kriterium besagt auch, daß es unter keinen Umständen rational sein kann, auf die individuelle oder kollektive Selbsterhaltung zu verzichten – eine weitere fragwürdige Implikation. Will man nicht bloße Selbsterhaltung, sondern spezifischere Systemprobleme zum Ausgangspunkt einer funktionalistischen Analyse machen, kommt man letztlich darauf zurück, daß für die Definition von sozialen Problemen und Lösungen normative kulturelle Standards relevant sind – Standards der Gerechtigkeit oder andere moralische Kriterien, Vorstellungen des guten Lebens usw. –, die mit gewissen Rationalitätsansprüchen verbunden sind. Der Sozialwissenschaftler ist dann gezwungen, diese Standards und Ansprüche intern zu erfassen und sie im Lichte seiner eigenen Rationalitätsstandards kritisch zu bewerten. Davon ausgehend kann er auch die funktionale Rationalität latent wirksamer Elemente der sozialen Ordnung oder die Rationalität von »Systemen« bzw. »systemischen Mechanismen« beurteilen. Eine bloß *deskriptive* Verwendung der Rationalitätskategorie, so lautet meine These hier, ist in keiner der möglichen Varianten sinnvoll: weder in der Form der Ausklammerung der Selbstverständnisse, der Gründe und Kriterien der Akteure noch in ihrer bloßen unkritischen Übernahme, noch in der Konstruktion eines rein deskriptiven Rationalitätskriteriums, das sogar von den eigenen Rationalitätsstandards des Wissenschaftlers absieht (Kapitel V und VI).

Prozedurale Rationalität. Ebenfalls in kritischer Auseinandersetzung mit Webers Rationalitätsbegriffen ist eine Konzeption »prozeduraler Rationalität« vorgeschlagen worden. Gegen Webers Analyse der »formalen Rationalität« des Rechts hat Habermas (1988, 225 ff.) darauf hingewiesen, daß die von Weber bezeichneten formalen Merkmale des Rechts nicht moralisch neutral sind; nur die moralischen Aspekte des Rechtsformalismus könnten ihm möglicherweise eine legitimierende Funktion geben. Implizit heißt das: Die Legitimität einer Rechtsordnung beruht auf ihrer moralischen Rationalität. In der Suche nach solchen moralischen Grundlagen der Legitimität positiven Rechts setzt Habermas (wie schon Weber) bei bestimmten *formalen* Merkmalen des Rechts an. Diese werden jedoch ganz anders bestimmt als bei Weber: »Legitimität verdankt eine in den Formen begründungspflichtigen positiven Rechts ausgeübte Herrschaft stets einem impliziten moralischen Gehalt der formalen Qualitäten des Rechts. Der Formalismus des Rechts darf indessen nicht zu konkretistisch an bestimmten semantischen Merkmalen festgemacht werden. Legitimierende Kraft haben vielmehr Verfahren, die Begründungsforderungen und den Weg zu ihrer argumentativen Einlösung institutionalisieren.« (Habermas 1987, 12) Das läßt sich so verstehen, daß Verfahrensregeln mit bestimmten Charakteristika ein wesentliches Element der moralischen Rationalität des Rechts darstellen. Es läßt sich aber auch so lesen, daß die moralische Rationalität des Rechts *allein* in den rechtlichen Verfahrensregeln (Regeln des Gesetzgebungsverfahrens und der Rechtsanwendung) liegt. Das hieße: die (moralische) Rationalität aller Normen und Prinzipien des Rechts ergibt sich entweder daraus, daß sie zur rationalen Verfahrensregelung beitragen oder abgeleitet daraus, daß sie Ergebnisse solcher Verfahren sind. Diese stärkere These finde ich allerdings unplausibel (Kapitel VII und VIII).

Die Kategorien »Prozeduralisierung« und »prozedurale Rationalität« sind auch zur Kennzeichnung von *Entwicklungs*tendenzen im modernen Recht gebraucht worden. Mit Prozeduralisierung und ähnlichen Bezeichnungen (»reflexives Recht«) sind Tendenzen bezeichnet worden, die Verfolgung kollektiver Ziele mit Hilfe substantieller gesetzlicher Regelungen (oder durch richterliche Rechtsfortbildung) zu ersetzen durch die Delegation von Entscheidungen an Akteure außerhalb des Rechtssystems, unter Vorgabe bestimmter Verfahrensregeln (Teubner 1982; Teubner, Willke 1984) Anspruchsvoller sind Versuche, Rationalitätsfortschritte im modernen Recht anhand formaler oder prozeduraler Merkmale in eine Art Stufenschema zu bringen.[47] Nun lassen sich Elemente neuzeitlicher Rechtsentwicklung wie grundlegende Rechtsgarantien gegenüber dem Staat, Verfassungen, Grundrechte, Demokratisierung und »soziale Rechte« zweifellos als normativer Fortschritt interpretieren, und es sind verschiedene Versuche unternommen worden, diese Entwicklung in einem Stufenschema zu periodisieren.[48] Aber solche historischen Skizzen lassen sich kaum

47 Es hat einen Versuch gegeben, Entwicklungen im modernen Recht als »entwicklungslogische« Sequenz zu rekonstruieren. Soweit publiziert (Tugendhat 1980), handelt es sich um das Bemühen, »Begründungsstrukturen« im modernen Recht, de facto aber: moralphilosophische Konzeptionen in eine Stufenfolge zu bringen. Wieweit dieser Versuch erfolgreich war, soll hier nicht im einzelnen diskutiert werden (skeptische Bemerkungen über die Anwendbarkeit auf die Rechtsentwicklung bei Frankenberg, Rödel 1981). Generell scheint die Problematik ähnlich zu liegen wie bei der Rekonstruktion »postkonventioneller« Moralstufen in Kohlbergs Schema: Es ist fraglich, ob sich die moral- und rechtsphilosophischen Konzeptionen seit der Entwicklung des modernen Naturrechts als sozialkognitive Stufen oder eher als in gewisser Weise gleichberechtigte, konkurrierende, möglicherweise unterschiedlich adäquate Varianten auf dem gleichen Begründungsniveau betrachten lassen.

48 Siehe schon das Schema von T. H. Marshall (1977) und seine Reformulierung durch Parsons (der institutionelle Entwicklungen unter anderem als fortschreitende »Inklusion« versteht – was auch den Aspekt normativer

im anspruchsvollen Sinn einer Entwicklungslogik oder Abfolge »struktureller Stufen« deuten. Als »Prozeduralisierung« läßt sich die Entwicklung wohl nur in der trivialen Weise verstehen, daß Partizipationsrechte vor allem bei der Gesetzgebung erweitert wurden (Demokratisierung). Vielleicht haben sich im Laufe dieses Jahrhunderts relevante *Veränderungen* in den formellen Regelungen der Gesetzgebung und Rechtsprechung ergeben, die es erlauben würden, von einer Zunahme »prozeduraler Rationalität« zu sprechen. Man könnte zum Beispiel an Verbesserungen des gerichtlichen Rechtsschutzes und der entsprechenden Verfahrensregeln denken. Systematisch untersucht worden ist das bisher nicht, und es ist kaum plausibel, darin die entscheidende Rechtsentwicklung dieses Jahrhunderts zu sehen.[49] Allerdings finden wir in den Äußerungen über eine neue »prozedurale« oder »reflexive« Stufe der Rechtsentwicklung vielfältige, diffuse Suggestionen; häufig bleibt unklar, wieweit es sich um die Entwicklung bestimmter rechtlicher Prozeduren (oder »prozeduraler« Formen des Rechts) handelt – oder wo um die Hoffnung auf »prozedurale« Alternativen zum Recht, in Gestalt von informellen oder jedenfalls nicht in den üblichen Formen der Gesetzgebung und der gerichtlichen Streitentscheidung sich vollziehenden sozialen Einigungs- und Konfliktregelungsprozessen. Um die Berechtigung solcher Hoffnungen zu klären, wären genauere empirische Analysen der Entwicklung solcher Vergesellschaftungsformen nötig.

Universalisierung hat) (Parsons 1971, 111 ff.; Parsons 1966b). Diese spezielle Schematisierung der Entwicklung ist allerdings stark am englischen Vorbild orientiert.

49 Eder (1986a) bezeichnet »kommunikative Rationalisierung« als »Entwicklungsprinzip des spätmodernen Rechts« (wobei mit »Entwicklungsprinzip« offenbar sowohl der Mechanismus des Wandels wie die Struktur der Ergebnisse gemeint ist). Die »Rationalisierung des spätmodernen Rechts« sieht er als fortschreitende Institutionalisierung »kommunikativer Prozesse«. Er meint sogar, eine »prozedurale Regelung des Strafvollzugs« entdecken zu können (1986b, 239). Leider bleibt völlig undeutlich, welche empirischen Entwicklungen gemeint sein könnten.

4. *Einige Gesichtspunkte*

Einige Aspekte des Rationalitätsbegriffs, die sich aus dieser Sichtung von Rationalitätskonzeptionen in verschiedenen Rechtstheorien ergeben, sollen noch einmal festgehalten werden. Ich beziehe mich dabei auf einen Systematisierungsversuch von G. Teubner, der in einem früheren Aufsatz, der den heutigen theoretischen Absichten des Verfassers vielleicht nicht mehr ganz entspricht, drei Rationalitätsdimensionen von Rechtssystemen unterschieden hat: »*Interne Rationalität*«, die soviel meint wie Konsistenz, Klarheit und systematische begriffliche Strukturierung von Rechtssystemen (die Verwandtschaft zu Webers Konzept der formalen Rationalität des Rechts ist deutlich). »*Normrationalität*« bezieht sich auf die Form der Legitimation oder das Legitimationsniveau – »auf die grundlegenden Prinzipien, welche die Art und Weise rechtfertigen, in der Rechtsnormen menschliches Handeln ordnen sollen« (Teubner 1982, 24). »*Systemrationalität*« schließlich »bezieht sich auf die Kapazität der Rechtsordnung, auf Kontrollprobleme der Gesellschaft zu antworten« (24).[50] Diese verschiedenen Rationalitätsbegriffe liegen nicht auf derselben Ebene.

»Normrationalität« meint offenbar jene Rationalitätsdimension, die hier *moralische* Rationalität genannt wurde. Wie wir gesehen haben, gibt es zentrale Elemente moderner Rechtsordnungen, die unmittelbar moralischen Charakter haben. Andere Elemente – nämlich Konventionen sowie Normen, die der Realisierung nichtmoralischer kollektiver Ziele dienen – erhalten einen moralischen Verpflichtungscharakter nur auf indirekte Weise: nämlich durch die Prozeduren der Aushandelung kollektiver Güter oder der Entscheidung über politische Ziele. Werte und kollektive Ziele, die keinen moralischen Charakter haben, können vielleicht in anderer Weise rational sein; das bleibt zu diskutieren.

Unter »interner Rationalität« können wir bestimmte formale Bedingungen der Rationalität eines Rechtssystems verstehen. Dazu

50 Teubner kombiniert diese drei Rationalitätsdimensionen mit drei Typen des modernen Rechts: nämlich den Typen des »formalen«, »materialen« und »reflexiven« Rechts. Diese drei Typen sieht er als eine *Entwicklungsreihe*. Sie lassen sich jedoch eher als verschiedene Typen rechtlicher Regulierung verstehen, die in modernen Rechtssystemen nebeneinander bestehen. Siehe dazu Kapitel VIII.

gehören Konsistenz und Kohärenz – Eigenschaften, die noch nicht analysiert wurden und später zu erläutern sind (Kapitel V und VI). Verschiedene andere Merkmale der »rule of law« wie Klarheit und Bestimmtheit rechtlicher Regeln, Vermeidung rückwirkender Geltung, Publizität usw. sind wünschenswerte formale Merkmale, insofern ein Element der Rechtsrationalität. Sie können zur moralischen Rationalität hinzutreten, sie aber nicht garantieren oder ersetzen.

»Systemrationalität« wird von Teubner in ebenso problematischer Weise gebraucht wie bei Luhmann.[51] Offen bleibt: Was sind denn *Kriterien* für »Antworten« auf »Kontrollprobleme der Gesellschaft«? Aus dem Begriff der »Systemrationalität« läßt sich Sinn machen, soweit er darauf hinweist, daß das Rechtssystem (als Handlungssystem) selbst ebenso wie die sozialen Handlungszusammenhänge, die es regeln soll, teilweise »systemischen« Charakter hat, auf nichtintentionalen Mechanismen sozialer Koordination beruht. Die Rationalität des Rechtssystems hängt also auch davon ab, wie diese Mechanismen im Rechtssystem funktionieren und sich auswirken und welche Auswirkungen Recht auf das Funktionieren solcher Mechanismen in anderen Handlungsbereichen hat. Dazu bedarf es aber *normativer Kriterien*, die unabhängig gerechtfertigt sein müssen. »Systemrationalität« ist insofern ein Aspekt oder eine Bedingung von »Normrationalität«. Dieses Verhältnis ist näher zu klären (Kapitel VII und VIII). Wir werden auch noch einmal betrachten müssen, wie sich Rationalitätszuschreibungen in der Beobachterrolle – vor allem die Beurteilung der Rationalität von Aktivitäten oder Institutionen mit latenten Funktionen – zu Rationalitätsurteilen in der Teilnehmerrolle verhalten.

Wir sahen weiter, daß die besondere institutionelle Struktur von Rechtssystemen, nämlich die Kombination »primärer« verhaltensregelnder Normen mit Verfahren der Rechtsänderung und Rechtsanwendung Konsequenzen für die Rationalitätsproblematik hat, die unter anderem im Konzept der »prozeduralen Rationalität« angesprochen werden. Es geht um die Rationalität dieser verschiedenen Prozeduren und um die Bedeutung, welche die

51 In Teubners letzter systematischer Formulierung seiner Theorie ist von »Rationalität« gar nicht mehr die Rede (Teubner 1989).

Prozeduren für die Rationalität oder Legitimität ihrer Ergebnisse (also von Normen oder Einzelentscheidungen) haben. Das betrifft auch die Frage nach rationalen Rechtfertigungen für die Befolgung oder Nichtbefolgung von Recht (Kapitel VII).

V. Rechtskritiken

1. *Rechtskritik und Rationalität*

So alt wie die Hoffnungen, Gesellschaft durch Recht vernünftig ordnen zu können, sind die Enttäuschung dieser Aspirationen und die Kritik am Recht. Die Themen und Kritikmuster wiederholen sich. Manche dieser Kritiken bewegen sich auf dem Boden positiver Erwartungen in das Recht. Die Ungerechtigkeit der Gesetze und die Parteilichkeit der Richter werden beklagt; Diskrepanzen zwischen den normativen Forderungen und Versprechen der Rechtsordnung und den sozialen Verhältnissen sollen aufgehoben werden. Andere Kritiken sind radikaler oder skeptischer. Das Recht wird in seine Schranken gewiesen: Grenzen der empirischen Wirksamkeit und der legitimen Kompetenz der Herrschaft der Gesetze werden aufgewiesen. Hinter der abstrakten Rationalität des Rechts wird eine materiale Irrationalität entdeckt. Rechtsideale gelten als Reflex und ideologische Hülle eines unvernünftigen Gesellschaftszustands, der in Wahrheit nicht durch Recht regiert wird und auch nicht durch Recht vernünftig umgestaltet werden kann. Mit der Entwicklung des sozialstaatlichen Rechts sind die thematischen Schwerpunkte verlagert, die alten Kritikmuster variiert und einige neue entwickelt worden. Das sozialstaatliche Modell läßt sich zum Teil (als intendierte oder nichtintendierte) Antwort auf Mängel oder Rationalitätsdefizite eines liberalen Modells verstehen. Nach unserer Rekonstruktion ist es jedoch eher eine »Aufhebung« des liberalen Modells als seine vollständige Ablösung – wesentliche Elemente des liberalen Rechts bleiben ins sozialstaatliche Modell inkorporiert und gehen eine spannungsreiche Verbindung mit neuen Elementen ein. Gewisse Kritiken des liberalen Rechts lassen sich deswegen auf das sozialstaatliche übertragen, während die Spannungen zwischen den alten und den neuen Elementen des sozialstaatlichen Modells Anlaß für neue Problemdiagnosen geben.

Die Themen der Rechtskritik haben in jüngerer Vergangenheit zweimal eine besondere Konjunktur und eine gewisse öffentliche Verbreitung erlebt: Einmal im Rahmen der kulturellen und politischen Bewegungen der sechziger Jahre; zum anderen im Verlaufe des gegenwärtigen Jahrzehnts. In der früheren Phase kam die Kritik hauptsächlich von links und war bestimmt von verschiedenen marxistischen oder radikaldemokratischen Argumentationsmustern. Entsprechend spielten eher traditionelle Elemente der Liberalismus-Kritik eine große Rolle. In den achtziger Jahren finden wir kompliziertere Konstellationen und Allianzen: ernüchterte, manchmal von gewissen technokratischen Neigungen geheilte Reformer; konservative und liberale Kritiker des »Wohlfahrtsstaats«; »kommunitäre« oder links-alternative, postmarxistische Staats- und Bürokratiekritiker; schließlich wie eh und je juristische Standesvertreter, die sich mit besseren oder schlechteren Argumenten gegen das *politische* System auflehnen.[1] Nun sind es eher die spezifisch sozialstaatlichen Charakteristika des Rechtssystems, die in den Mittelpunkt der Kritik rücken. Dabei gibt es gewisse nationale Differenzen: Während die Entwicklung des Rechts in der Bundesrepublik unter Titeln wie »Verrechtlichung« oder »Normenflut« im Rahmen von Staats- und Bürokratiekritik und von generelleren Krisendiagnosen (Legitimitätskrise, Unregierbarkeit) behandelt wird, steht in den USA eher die Aktivität der Gerichte im Vordergrund (»litigation explosion«). Gelegentlich werden die spezifischen Kritiken zusammengeführt zur Diagnose einer generellen Krise des sozialstaatlichen Modells (Teubner 1985a; Kamenka, Erh-Soon Tay 1975).

Neben solchen Kritiken gibt es bestimmte empirische Diagnosen zur Entwicklung des Rechts in den heutigen westlichen Gesellschaften, die, falls sie zuträfen, eine *Rechts*kritik sinnlos machen würden. Gemeint sind Theorien, die einen vermutlich irreversiblen Funktionsverlust des Rechts konstatieren und ihm nur noch eine marginale oder schwindende Rolle unter den sozialen Regulierungsmechanismen zuweisen.[2] Solche Feststellungen können

1 Eine US-amerikanische Eigentümlichkeit ist das Revival marxistischer Rechtskritik in Gestalt der »Critical Legal Studies«-Bewegung (mit einigen einheimischen Zutaten aus dem Erbe des »legal realism« und neuerdings gewissen postmarxistischen Ingredienzen). Vgl. Frankenberg 1987; die Beiträge in Joerges, Trubek 1989; Unger 1983; Stanford Law Review 1984; Cardozo Law Review 1985.

2 Zur Marginalitätsthese vgl. etwa Trubek, Galanter 1974. Siehe die oben, Kapitel III, Fn. 48 angegebene Literatur zur »Auflösung des Staates« und des Rechts als Folge einer Überdehnung ihrer Funktionen und ihrer Ersetzung

sich sowohl auf die reale Ordnungsfunktion des Rechts wie auf seine ideologische Rolle beziehen. Die klassische marxistische Kritik hatte das Recht in vieldeutiger und stets umstrittener Weise als von anderen sozialen Faktoren abhängige Variable behandelt, ihm aber gleichwohl eine wichtige ideologische Funktion zugeschrieben. Nach manchen Analysen ist auch diese Funktion geschwunden – und damit die Voraussetzung wirksamer Ideologiekritik (Maus 1986a, 227ff.). Solche empirischen Thesen sollen hier nicht weiter diskutiert werden. Nehmen wir an, daß die Rechtskritiken – im Gegensatz zu den zuletzt erwähnten Auffassungen – ihren Gegenstand noch nicht verloren haben, und betrachten wir die innere Logik solcher Kritiken. Es soll dabei im Augenblick weniger um die substantielle Stichhaltigkeit der Diagnosen und Kritiken gehen, die im folgenden behandelt werden, als um methodische Probleme: Welche typischen Argumentationsmuster finden wir in den Rechtskritiken, welche Rationalitätskonzepte werden dabei explizit oder implizit verwendet, welche neuen Aspekte für die Rationalitätsthematik ergeben sich daraus?

Bestimmte Formen der Rechtskritik werden dabei ausgespart. Das gilt einmal für Darstellungen, die den Zusammenhang von Kritik und Rationalität explizit auflösen. Die Begriffsgeschichte legt eine solche interne Beziehung zwischen Kritik und Rationalität nahe.[3] Auch »Vernunftkritik« galt lange, wie bei Kant, als Selbstkritik der Vernunft – als Vergewisserung ihrer Voraussetzungen und Grenzen. Neuere Formen der Vernunftkritik drohen diesen Sinn zu sprengen. Sie haben auch in die Rechtskritik Einzug gehalten (Frankenberg 1987). Diese Formen *skeptischer* Kritik werde ich

durch semiöffentliche Institutionen oder Regulierungsmechanismen (»private governments«, »Neokorporatismus« usw.).

3 Siehe Koselleck über den Sinn, den »Kritik« im 18. Jahrhundert gewann: »Es liegt schon in dem Begriff der Kritik, daß durch die Kritik eine Scheidung vollzogen wird. Die Kritik ist eine Kunst des Urteils, ihre Tätigkeit besteht darin, einen vorgegebenen Sachverhalt auf seine Echtheit oder Wahrheit, seine Richtigkeit oder Schönheit zu befragen, um aus der gewonnenen Erkenntnis heraus ein Urteil zu fällen ... Im Zuge der Kritik scheidet sich also das Echte vom Unechten, das Wahre vom Falschen, das Schöne vom Häßlichen, das Rechte vom Unrechten« (1959, 86). »Dem Sinn nach läßt sich im achtzehnten Jahrhundert das Wort ›kritisch‹ und ›vernünftig‹ oft und leicht austauschen. Die Vernunft wird selber zum kritischen Prozeß der Wahrheitsfindung.« (192)

hier vernachlässigen. Auch bestimmte nichtdiskursive Formen der Auseinandersetzung mit dem Recht bleiben hier beiseite. Rechtskritik (wie Sozialkritik generell) ist seit jeher sehr wirkungsvoll in nichtargumentativen Formen artikuliert worden: in Satire und Ironie, in Literatur und Kunst, in utopischer Spekulation und der Metaphorik politischer Pamphlete. Die »Utopia« des Thomas More, die Pamphletistik der Bauernkriege, Daumiers Karikaturen, Dickens' »Bleak House« und Anatole Frances »Crainquebille« sind klassische Exempel dieser Genres.[4] Die möglichen Beziehungen solcher Kritikformen zur Rationalitätsthematik werden hier undiskutiert bleiben. Wir werden uns also nur mit theoretisch artikulierten, argumentativ begründeten Formen der Kritik oder der Problem- und Krisendiagnose beschäftigen. Solche Diagnosen oder Kritiken erheben einen expliziten Anspruch auf Rationalität und müssen sich der Forderung stellen, ihre Maßstäbe auszuweisen. Sind rational begründete diagnostische Kriterien deswegen stets auch Kriterien für die Rationalität oder Irrationalität der sozialen Verhältnisse, auf die sie angewendet werden? Das ist nicht offensichtlich. Zwar geht es bei der Kritik von Fehlern oder Irrtümern, dem Nachweis von suboptimalen, verbesserungsfähigen Zuständen oder Praktiken, dem Hinweis auf ungelöste soziale Probleme um rationale Korrekturen oder Lösungen, im Extremfall um die Korrektur von Irrationalitäten. Wie steht es aber mit der Diagnose von sozialen Störungen oder Pathologien? Die »Krankheit« einer Person mag zwar in einem bestimmten Sinn ein sozial definierter Zustand sein, aber gewöhnlich verstehen wir sie nicht als eine Form von Irrationalität. Wie verhält sich das bei *sozialen* »Pathologien«? Ob oder in welchem Sinn es dabei um irrationale Gesellschaftszustände geht, bleibt zu sehen.

Ich unterscheide drei Hauptformen der Rechts- und Sozialkritik: *Immanente Kritik*, *autonome Kritiken* und die Analyse *»realer Widersprüche«*. Die Grenzen zwischen diesen verschiedenen Typen sind nicht immer scharf zu ziehen. Auf jeden Fall gibt es Verbindungen: Autonome Kritik kann auf bestimmten Formen immanenter Kritik aufbauen, und der Nachweis »realer Widersprüche« setzt gewisse autonome Kritikmaßstäbe voraus.

4 Über das düstere Bild des Juristen in alter und neuer Populärkultur vgl. Post 1987.

Immanente Kritik entnimmt ihre Maßstäbe in bestimmter Weise den Gegenständen der Kritik selbst. Sie zeigt, daß ein symbolisches Gebilde oder eine soziale Praxis mitsamt den entsprechenden handlungsleitenden Überzeugungen intern *inkonsistent* sind. Als grundlegenden Kritikstandard setzt sie also die Vermeidung logischer oder pragmatischer Widersprüche voraus.[5] Dies gilt im allgemeinen als elementare Rationalitätsvoraussetzung. Es ist wohl eine Bedingung der Möglichkeit immanenter Kritik, daß solche grundlegenden Standards nicht nur vom Kritiker selbst akzeptiert werden, sondern auch für die Akteure, deren Praxis und Selbstverständnis oder Weltbild er kritisieren will, Gültigkeit haben. Andernfalls hätte der Kritiker keinen Adressaten. Er könnte allenfalls als Beobachter die Irrationalität der Praktiken oder Überzeugungen feststellen, die er analysiert. Aber selbst diese Möglichkeit ist zweifelhaft. Es ist nämlich fraglich, ob der Kritiker ohne die Voraussetzung gewisser gemeinsamer logischer Regeln überhaupt einen internen Zugang zu diesen Gegenständen der Kritik finden, sie also wirklich verstehen könnte. Dieses Problem können wir jedoch ausklammern. Wir halten uns bei unserer Rekonstruktion im Rahmen moderner Weltbilder und Sprachsysteme; hier können wir gewisse gemeinsame Konsistenzkriterien unterstellen.

Immanente Kritik ist zu unterscheiden von *reformistischer* Kritik. Reformistische Kritik akzeptiert ein bestimmtes Bezugssystem, etwa eine Theorie oder eine soziale Ordnung, und zielt auf Korrekturen innerhalb des Systems, unter Beibehaltung grundlegender Merkmale, die seine Identität definieren.[6] Immanente Kritik

5 Über pragmatische oder performative Widersprüche siehe die Arbeiten von K.-O. Apel, etwa Apel 1984, 22ff. Vgl. auch O'Connor 1948. Eine genauere Analyse der in »immanenten Kritiken« vorausgesetzten Standards für Konsistenz oder Kohärenz wäre wünschenswert, ist für meine gegenwärtigen Zwecke aber nicht notwendig. Siehe jedoch einige Erläuterungen weiter unten.

6 Eine Sozialkritik, die auf »systemsprengende Reformen« zielt, wäre reformistisch im Sinn der hier gegebenen Definition nur dann, wenn Grundelemente der bestehenden Struktur erhalten blieben – etwa Verfahrensregeln. Die Unterscheidung von »Reform und Revolution« als *Strategien* der Veränderung hat oft einen anderen Sinn.

zielt nicht notwendig auf reformistische Konsequenzen. Und reformistische Kritik ist nicht notwendig »immanent« – sie kann auch auf »autonomen« Kritiken beruhen.
Zwei Grundformen immanenter Kritik lassen sich unterscheiden: Die Konfrontation von »Anspruch und Wirklichkeit« und der Aufweis interner Inkonsistenzen in Sinnzusammenhängen.[7]

Interne Widersprüche des Rechts als Symbolsystem. Wenn in Rechtskritiken von der Inkonsistenz oder von internen Widersprüchen einer Rechtsordnung die Rede ist, geht es nicht um einzelne Fälle kollidierender Normen, sondern um den Charakter des ganzen Systems. Es wird etwa das Fehlen einer inneren Ordnung oder Systematik des Normensystems kritisiert, das zu einer Vielzahl von Normenkollisionen führe und eine konsistente Orientierung am Recht oder ein konsistentes Entscheiden in Einzelfällen unmöglich mache. Solche Defizite werden meist erklärt mit der sozialstaatlichen Instrumentalisierung des Rechts.[8]
Eine ältere und grundsätzlichere Version der Konsistenzkritik richtet sich bereits gegen das liberale Recht. Sie geht von einem unlösbaren Konflikt oder einer Aporie zwischen grundlegenden Prinzipien oder Strukturmerkmalen des Rechts aus. Rechtssy-

7 In der marxistischen Tradition finden wir ein Analysemuster, das darauf abzielt, »Widersprüche« innerhalb der sozialen Verhältnisse aufzuweisen, die auf ihre »Aufhebung« drängen. Auch das ist »immanente Kritik« genannt worden; das entspricht jedoch nicht meiner Verwendung des Begriffs. Solche Analysemuster behandle ich im Abschnitt über »reale Widersprüche«.
8 Exemplarisch für eine solche Kritik aus der »Juristenperspektive« sind die Beiträge des Sonderhefts »Crises dans le Droit« der Zeitschrift »Droits«: »La crise s'offre d'abord comme une crise formelle dont les aspects quantitatifs et qualitatifs sont intriqués. Les lois prolifèrent anarchiquement. Elles s'attachent à des objets de plus en plus étroits. Elles sont de plus en plus mal rédigées.... Un instrumentalisme sans doctrine, autre que l'idéologie sociale-pragmatique qui le fonde, mine la cohérence de l'ordonnancement juridique en multipliant les antinomies principielles... La prévisibilité des normes, qui était pourtant l'un des arguments forts du légicentrisme des Lumières, s'égare en des entrelacs byzantins. ... Mais on pressent qu'une telle crise formelle et organique reflète une crise plus profonde.... Le droit n'existe plus comme instance spécifique dotée de fins propres: il a le statut subalterne d'une trousse de bricolage, d'une réserve d'›instruments‹ aptes à ›légitimer‹ la poursuite de n'importe quelles fins – et conséquemment le rôle des juristes dans la société, tant dans le public que dans le privé, décline rapidement.« (Rials 1986, 4-6)

steme enthalten fundamentale Prinzipien und normative Strukturen, nach denen die konkreteren Normierungen auszurichten sind. Auf diesen Prinzipien beruht die Legitimation der Rechtsordnung. Nicht zuletzt sind sie konstitutiv für die Rationalität der Rechtsprechung, die für ihre Fallentscheidungen auf Prinzipien zurückgreifen muß. Die Kritiker identifizieren nun konfligierende Prinzipien, die sich in ihrer Sicht nicht in einer kohärenten Interpretation zusammenbringen lassen. Entsprechend fehle es vor allem der Rechtsprechung an klaren normativen Vorgaben. Wenn die Widersprüche nicht latent gehalten werden könnten, drohe die Legitimität der Rechtsordnung verloren zu gehen. (Was möglicherweise das Ziel der Kritiker ist.) Dieses Schema ist in letzter Zeit vor allem von den Vertretern der »Critical Legal Studies« variiert worden. Duncan Kennedy hat zum Beispiel einen Grundwiderspruch des common law anhand von Blackstones »Commentaries« entdeckt: »that relations with others are both necessary to and incompatible with our freedom« (Kennedy 1979, 303). Ähnlich sieht Unger an der Basis des Vertragsrechts zwei konfligierende Gesellschaftsmodelle (»vision and countervision«): nämlich »freedom to contract and community« (Unger 1983, 618ff.).[9]

Die Verfechter solcher Kritiken sehen sich zwei möglichen Gegeneinwänden ausgesetzt. Einmal müssen sie sich fragen lassen, ob ihre Interpretation des normativen Hintergrunds der Rechtsordnung wirklich adäquat ist: »Nothing is easier or more pointless than demonstrating that a flawed and contradictory account fits as well as a smoother and more attractive one. The internal skeptic must show that the flawed and contradictory account is the only one available.« (Dworkin 1986, 274) Dworkin fordert zu Recht, den kritisierten Rechtskonzeptionen eine faire Chance zu geben und die Möglichkeit einer Rekonstruktion zu prüfen, die sie akzeptabler machen würde. Das ist als hermeneutisches Prinzip angemessen. Immerhin bleibt die Möglichkeit, daß die kritische Interpretation den verborgenen Sinn oder die Selbstmißverständnisse der Praxis der Rechtsgemeinschaft richtig enthüllt. In dieser Weise könnten die kritische und die konstruktive Interpretation

9 Weitere farbige Beispiele der »dekonstruktiven« oder »aporetischen« Kritik sind Frug 1984; Dalton 1985.

sogar komplementär sein – vorausgesetzt, die Kritik läßt Raum für eine solche Alternative.[10] Der andere Gegeneinwand betrifft die Unterscheidung zwischen *konkurrierenden* und *widersprüchlichen* Prinzipien. Prinzipien können konfligieren im Sinne eines Zielkonflikts oder einer Kollision jeweils gültiger Normen, zwischen denen in bestimmten konkreten Fällen ein Ausgleich oder eine Entscheidung gefunden werden muß. Die Verwirklichung eines normativen Prinzips kann die Einschränkung der Verwirklichung anderer Prinzipien notwendig machen und rechtfertigen.[11] Um des Prinzips der Freiheit willen sind vielleicht Abstriche an der Realisierung von Gleichheit zu machen – oder umgekehrt. Dieses Beispiel zeigt allerdings auch, daß es oft nicht einfach um Abwägung, sondern eher um eine kohärente Interpretation solcher Prinzipien geht, die den Anschein der Kollision unter Umständen auf-

10 Viele kritische Rekonstruktionen scheinen jedoch tatsächlich das Prinzip hermeneutischen Wohlwollens zu verletzen. Exemplarisch ist Ungers Fundamentalkritik an der liberalen Tradition (Unger 1975): »Liberalism must be seen all of a piece, not just as a set of doctrines about the disposition of power and wealth, but as a metaphysical conception of the mind and society. Only then can its true nature be understood, and its secret empire overthrown.« Dann folgt die Zuschreibung eines fiktiven, aus unterschiedlichen Theorien »rekonstruierten« epistemologischen, anthropologischen und sozialtheoretischen Systems – ohne Berücksichtigung des *eigentlichen* Beweisthemas der liberalen Theorien von Recht und Politik (nämlich der Konstruktion und Rechtfertigung einer ganz bestimmten Form der Vergesellschaftung in Gestalt von Recht und Staat – keineswegs eines *umfassenden* Gesellschaftsmodells). Das absehbare Ergebnis ist eine lange Liste von »Antinomien« der liberalen »Metaphysik« (siehe die »Antinomientafel« S. 138). Charakteristisch für das Muster »aporetischer« Kritik ist diese Arbeit in doppelter Weise: Erstens in der Supposition aller möglicher Theorieelemente, die nicht zum eigentlichen *Beweisthema* einer liberalen Staats- und Rechtskonzeption gehören oder jedenfalls zur Rechtfertigung der Konzeption nicht *notwendig* sind. Zweitens in der manchmal willkürlichen Konstruktion von »Antinomien«. – Zum Argument, daß ein beträchtlicher Teil der Liberalismus-Kritik das Thema verfehlt, siehe Larmore 1987, 25 ff.

11 Für Alexy ist es sogar das charakteristische formale Merkmal von Prinzipien (im Gegensatz zu Normen), daß ihre Realisierung gradierbar ist oder daß sie »Maximierungsgebote« darstellen. Siehe Alexy 1985, 71 ff. Ob das darauf aufbauende Schema von »Abwägungen« im Sinne einer quasi quantitativen Substitution oder eines trade-offs zwischen Prinzipien wirklich eine gute Darstellung der Weise ist, in der Prinzipienkonflikte in rationaler Weise gelöst werden, ist zu bezweifeln. – Über die Unterscheidung von »principles« und »rules« vgl. Dworkin 1985, 9 ff.; 1977, 14 ff.

löst oder doch ihren Charaker erheblich modifiziert. Je nach der Auslegung, die Begriffe wie Freiheit und Gleichheit erfahren, stellt sich ihr möglicher Konflikt sehr verschieden dar.[12]

An den alten Topoi der Liberalismus-Kritik wie dem Widerspruch von Freiheit und Gleichheit oder dem von Liberalismus und Demokratie läßt sich die Differenz zwischen der Feststellung eines bloßen Prinzipienkonflikts und der Diagnose der Inkonsistenz einer normativen Konzeption oder der Unvereinbarkeit von Prinzipien illustrieren. Um simplifizierte Beispiele zu konstruieren: Wer unter Freiheit unter anderem die Freiheit zu vertraglichen Vereinbarungen ohne Rücksicht auf die soziale Position der Vertragspartner und unter Gleichheit unter anderem Gleichheit von Einkommen und Vermögen versteht, kann einen bloßen normativen Zielkonflikt sehen. Er mag dahin kommen, eine gewisse Beschränkung der Vertragsfreiheit zugunsten größerer Gleichheit zu fordern. Die *stärkere* These von der Inkonsistenz einer liberalen normativen Konzeption vertreten etwa demokratische Liberalismuskritiker, für welche das »Demokratieprinzip« keine Rechtfertigung für eine dem Mehrheitswillen entzogene Garantie von Grundrechten zuläßt[13] oder die es nicht nur für schädlich, sondern auch für *inkonsistent* halten, solche Funktionen wie die Entscheidung über Investitionen aus dem Bereich demokratischer Willensbildung auszuklammern und privater Macht oder automatischen Marktmechanismen zu überlassen.[14] Eine solche prinzipialistische Argumentation scheint mir allerdings unhaltbar, wie in Kapitel VII zu zeigen sein wird.

12 Die Suche nach einer normativen Konzeption, welche die Prinzipien von »liberty« und »equality« aufeinander bezieht und integriert, ist ein zentrales Motiv der Arbeiten von liberalen Theoretikern wie Rawls und Dworkin.

13 Es seien denn solche Garantien, die als Voraussetzungen des demokratischen Prozesses selbst gelten – also etwa Freiheiten politischer Kommunikation. – Zu dieser Form der Auseinandersetzung über mögliche Gegensätze von »Liberalismus« und »Demokratie« siehe etwa Levine 1981 (liberale Demokratie ist inkonsistent), Gutmann 1980, 1983 (Verteidigung »liberaler« Argumente). Zum Problem der verfassungsmäßigen Selbstbegrenzung in der Demokratie: Holmes 1988.

14 Etwa Dahl 1985, im Anschluß an eine lange Tradition. Eine Prämisse dieser Kritik ist natürlich, daß eine solche weitergehende demokratische Kontrolle praktikabel ist (ein empirisches Problem) *und* daß es keine relevanten entgegenstehenden normativen Gesichtspunkte gibt – sonst wären wir wieder bei einem Zielkonflikt.

Die These vom Widerspruch zwischen Prinzipien oder zwischen den Grundstrukturen einer Rechtsordnung kann eine noch stärkere Fassung erhalten. Etwa indem behauptet wird, die Verfolgung des Gleichheitsprinzips werde eine solche Eigendynamik entwickeln, daß die Freiheit gefährdet sei (Tocqueville). Oder indem prognostiziert wird, die Realisierung weitgehender ökonomischer Freiheiten im Sinne der Freiheit von Eigentum und Vertrag werde zu sozialen Machtkonzentrationen und Ungleichheiten führen, welche alle Rechte und Freiheiten entwerten und grundlegenden normativen Prinzipien einer liberalen Rechtsordnung ins Gesichts schlagen müßten. Mit solchen Argumenten gehen wir aber schon zu Formen der Kritik über, die in den nächsten Abschnitten behandelt werden: zum Widerspruch zwischen Anspruch und Wirklichkeit und zu »realen Widersprüchen« zwischen sozialen Organisationsprinzipien.
Das sozialstaatliche Modell läßt sich teilweise als Ausdruck einer Neuinterpretation der Prinzipien von Freiheit und Gleichheit, teilweise als Versuch einer Berücksichtigung der zuletzt genannten Einwände gegen ein liberales Modell verstehen. Nun fehlt es gegenüber dem neuen Modell nicht an Kritiken, die behaupten, das Streben nach Gleichheit führe zur Aufhebung der Freiheit. Spezifischer wird ein Umschlag der Bemühung um Gleichheit und Sicherung der materiellen Voraussetzungen des Freiheitsgebrauchs in Freiheitsbedrohungen befürchtet, der durch die sozialstaatliche Instrumentalisierung des Rechts drohe. Gewisse Freiheitsgarantien des liberalen Modells würden dabei untergraben: Subjektive Rechte würden disponibel, Grundrechtsschutz werde in positive Handlungspflichten des Staats umgedeutet mit der Konsequenz, daß die begrenzende Funktion der Grundrechte gegenüber der Staatsgewalt schwinde (Denninger 1988). Als Konsequenz ergebe sich eine Desintegration der Rechtsordnung – ein Schwinden von Rechtssicherheit (als Orientierungssicherheit); schwindende Gesetzesbindung von Gerichten und Verwaltungen; schwindende Rationalität der Rechtsprechung und entsprechende Krisen der Rechtsdogmatik und Methodenlehre. Solche Entwicklungen kann man als Ausdruck eines Konflikts inkompatibler Prinzipien oder Ziele verstehen oder auch so, daß bestimmte Ziele mit teilweise ungeeigneten Mitteln verfolgt werden.
Wie die letzten Beispiele einer immanenten Kritik am Recht zei-

gen, hängt die interne Konsistenz eines normativen Symbolsystems nicht zuletzt ab von den Konsequenzen, die sich aus dem Versuch seiner Realisierung ergeben. Anders gesagt: die internen Inkonsistenzen liegen nicht immer auf der Hand, sondern zeigen sich unter Umständen erst, wenn die Realisierung der entsprechenden Prinzipien und Normen unter gegebenen empirischen Voraussetzungen antizipiert oder erprobt wird. Ob die Konsistenz oder Inkonsistenz richtig *beurteilt* wird, ist deswegen auch von der Korrektheit empirischer Annahmen abhängig. Inkonsistenzen eines Rechtssystems können also unter Umständen auch daraus erklärt werden, daß zum symbolischen Gehalt des Rechtssystems implizite Annahmen über soziale Verhältnisse oder Mechanismen, also empirische Elemente eines Sozialmodells oder Gesellschaftsbilds gehören, die falsch sind. Das Aufdecken solcher falscher Voraussetzungen ist natürlich keine rein immanente Kritik mehr.

Anspruch und Wirklichkeit. Die Geschichte der Klagen und Anklagen, daß die in Verfassungen und Rechtsordnungen enthaltenen universalistischen Prinzipien und Grundrechte in den entsprechenden Gesellschaften nicht oder unvollständig realisiert seien, ist lang. In welchem Sinn handelt es sich dabei um immanente Kritik? Der Hinweis auf solche Diskrepanzen setzt einen speziellen Konsistenzmaßstab voraus. Vereinfacht gesagt geht es um die Übereinstimmung von Reden und Handeln. Was sind, bezogen auf Rechtsordnungen, die Terme des Vergleichs? Da sind auf der einen Seite Rechts- und Verfassungsprinzipien, Grundrechte und Rechtsnormen, die in einer Gemeinschaft als geltend deklariert und von relevanten Teilen der Mitgliedschaft auch als gültig betrachtet werden. Dem stehen soziale Praktiken gegenüber, die in unparteilicher Betrachtung die normativen Forderungen und Versprechen verletzen. Daß Recht gebrochen wird, ist ein gewöhnliches Phänomen. Aber hier geht es nicht um einzelne Rechtsverletzungen, auch nicht um die Weigerung eines Teils der Mitglieder, das Recht zu befolgen – also um offene Konflikte über die Rechtsordnung. Sondern es geht um organisierte, gewissermaßen offizielle Muster des Rechtsbruchs oder der Nichtverwirklichung normativer Forderungen. Eine Diskrepanz zwischen dem normativen Anspruch von Rechtsprinzipien und der sozialen Realität ist nicht in allen Fällen kritikwürdig – nämlich dann nicht, wenn die normativen Prinzipien als Programm oder Ideal verstanden werden, das nur allmählich realisierbar ist, und wenn angemessene Anstrengungen unternommen werden. Anders, wenn die Kluft zynisch ignoriert oder – der gewöhnliche Fall – wenn sie verleugnet wird, wenn das Ideal schon als Realität ausgegeben wird. Dann besteht Anlaß für Ideologiekritik.

Das Mißverhältnis von deklarierter Norm und sozialer Realität kann auf verschiedene Weisen verschleiert werden. Die Norm kann umgedeutet werden: Typisch ist die einseitige, selektive Auslegung von Prinzipien und Normen. Widersprüche zwischen allgemeinen Prinzipien und konkreteren Verhaltensnormen können durch diverse Rationalisierungen latent gehalten werden. Oder die soziale Realität kann in entsprechend verzerrter Weise gedeutet werden. Ein historisches Beispiel: In seinem »American Dilemma« schilderte Myrdal die Inkonsistenz der amerikanischen normativen Kultur jener Jahre (um 1940), die in der Diskrepanz zwischen allgemein, beinahe ritualistisch anerkannten Grundsätzen und Verfassungsprinzipien (Gleichheit) und den Regeln einer normativen Alltagskultur bestand, welche diesen Grundsätzen eklatant widersprachen oder sie neutralisierten (Rassendiskriminierung). Myrdal beschrieb den Mechanismus der Verdrängung dieses Widerspruchs als Ambivalenz oder »shifting« zwischen inkompatiblen Überzeugungen, verknüpft mit ad-hoc-Deutungen oder systematischen Rationalisierungen: »Sometimes mental contradictions are elaborated into theories and find their way into learned treatises and documents of state policy. The all-embracing Jim Crow doctrine ›equal but separate‹ belongs to the same category of systematized intellectual and moral inconsistency. A partial blinding of a person's knowledge of reality is sometimes necessary ...« (Myrdal 1962, 39).[15] Die Erforschung der Ursachen und

15 Öffentliche Heuchelei oder Doppelmoral, die Praktizierung oder Tolerierung von Verhaltensweisen, die nach »offiziell« geltenden und ritualistisch bekräftigten Normen illegitim sind, ist ein verbreitetes Phänomen (das soziologisch zu erklären ist). Beispiele wären öffentliche Verdammung und praktische Duldung privater Praktiken (Wirtschaftskriminalität, Verhaltensweisen im Bereich der sexuellen Beziehungen, Abtreibung), Korruption, Klientelismus und Patronage, routinemäßige illegale Praktiken von Staatsorganen bis hin zum »sottogioverno«. – Siehe auch Merton über »institutionalized evasions of institutional rules« (1971, 836).

der Wirkungsweise solcher sozialer Verdrängungsmechanismen wäre Sache sozialwissenschaftlicher Analysen. Hier genügt die Feststellung, daß es sich um Formen sozialer Irrationalität handelt – verzerrte Wahrnehmungen und inkonsistente Deutungen, in gewissem Sinn Diskrepanzen zwischen kollektiven Überzeugungen und kollektivem Handeln, die nicht als bloß zeitweilige Irrtümer zu erklären sind.

Solche Diskrepanzen und Inkonsistenzen können durch immanente Kritik offengelegt werden. Dabei ist nicht gesagt, ob sie gegen das Ideal oder gegen die soziale Realität sprechen. Anders ausgedrückt: Der Kritiker ist keineswegs gezwungen, die Kritik als *Einforderung* der nichtrealisierten normativen Gehalte anzulegen. Genausogut kann er den Schluß ziehen, die Ideale seien zu verwerfen und durch realitätsnähere Prinzipien zu ersetzen. Oder er kann die soziale Realität und ihr normatives Gegenbild zugleich verwerfen. Tatsächlich ist er, wenn er sich auf immanente Kritik beschränkt, nicht einmal unbedingt gezwungen, zu diesen Alternativen Stellung zu nehmen. Die Marxsche Ideologiekritik ist übrigens entgegen einem verbreiteten Mißverständnis ein Beispiel für die letztgenannte Alternative: die Ablehnung von sozialem Ideal und sozialer Realität zugleich. Die bürgerlichen Freiheits- und Gleichheitsideale sind für ihn die ideale Hülle einer verkehrten sozialen Realität, und das ideale Bild ist von dieser sozialen Realität, durch welche es erzeugt wird, nicht abzutrennen.[16]

16 So beschreibt z. B. S. Benhabib Marx' Methode der »immanenten Kritik« als »the juxtaposition of norm and actuality, of the self-understanding of bourgeois society to the reality of its social relations.« (Benhabib 1986, 173 f.) Das ist falsch – auch wenn es schwierig ist auszumachen, was Marx *wirklich* tun wollte oder tat. Aber diese Form immanenter Kritik hat er eindeutig abgelehnt; siehe etwa seine Bemerkungen gegen Bastiat und Proudhon (»Gleichheits-, Freiheits- etc. Harmonien«) in den »Grundrissen« (Marx 1953, 151 ff.): »Was die Herren von den bürgerlichen Apologeten unterscheidet, ist auf der einen Seite das Gefühl der Widersprüche, die das System einschließt; auf der andren der Utopismus, den notwendigen Unterschied zwischen der realen und idealen Gestalt der bürgerlichen Gesellschaft nicht zu begreifen, und daher das überflüssige Geschäft vornehmen zu wollen, den ideellen Ausdruck selbst wieder realisieren zu wollen, da er in der Tat nur das Lichtbild dieser Realität ist.« (160) Siehe auch die Darstellung im ersten Band des »Kapital« (Marx 1968): Marx zeigt, daß der »Äquivalententausch« zwischen Kapital und Arbeit, die »Grundlage aller Freiheits- und Gleichheitsillusionen«, in bestimmter Weise »Schein« ist: da-

Wenn die Realisierung normativer Gehalte einer Rechtsordnung gegenüber einer diskrepanten Realität eingefordert wird, ist der Standpunkt der *immanenten* Kritik auch schon verlassen. Denn der Aufweis von Inkonsistenzen und Diskrepanzen allein begründet eine solche Forderung offenbar nicht. Er läßt sich allenfalls als Appell an die Rationalität der Akteure verstehen, diese Diskrepanzen *irgendwie* zu beseitigen. Für die Einforderung müßte der Kritiker eigene normative Rechtfertigungen beibringen. Er müßte zeigen können, daß die geltenden Prinzipien und Normen eine Einlösung verdienen. Allenfalls könnte er dem Verlangen auf Einlösung *zusätzliches* Gewicht verleihen, indem er die unabgegoltenen normativen Gehalte der Rechtsordnung als eine Art freiwillig erklärte kollektive Verpflichtung, als eine Art kollektives Versprechen behandelt.

Immanente Kritik zielt also nicht notwendig auf *bestimmte* praktische Konsequenzen – insofern ist sie also nicht notwendig reformistisch. Soweit sie andererseits für die Begründung praktischer Forderungen herangezogen wird, müssen diese ebenfalls nicht unbedingt reformistischen Charakter haben: Die Differenz von Anspruch und Wirklichkeit kann auch als Argument für die Notwendigkeit verwendet werden, *beide* Seiten zu revolutionieren. Das war schließlich die Position von Marx.

hinter versteckt sich ein »Ausbeutungsverhältnis«. Aber er weist jeden Versuch, dieses Ausbeutungsverhältnis unter Berufung auf Freiheits- und Gleichheitsideale zu kritisieren, zurück. In der Tat ist es einigermaßen unklar, ob er eine irgendwie moralische Kritik der Ausbeutung intendiert und welche moralischen Maßstäbe dabei ins Spiel kommen sollten. »Kritik« ist für Marx nicht normative Kritik – sondern Ideologiekritik (Aufweis *»notwendig falschen«* Bewußtseins – also eine aporetische Kritik), andererseits Nachweis »realer« Widersprüche, die auf »Aufhebung« drängen. Allerdings lassen sich mehr oder weniger deutliche implizite normative Maßstäbe nachweisen: im Appell an elementare moralische Intuitionen in der Beschreibung der Konsequenzen der scheinbar gleichen, real in spezifischer Weise ungleichen Beziehung zwischen Kapital und Lohnarbeit; und vor allem in der »Verdinglichungskritik«. *Diese* zielt auf Aufhebung aller sozialer »Naturwüchsigkeit«, aller Mediatisierung durch Mechanismen wie Markt und Geld und auf bewußte Kontrolle aller sozialen Verhältnisse durch das Kollektiv. Letzteres ist das entscheidende Kritikmotiv in Marx' Werk (im Gegensatz zu den mit Lukács beginnenden Deutungen des Verdinglichungsbegriffs).

3. *Autonome Kritiken*

Autonome Kritiken rechtfertigen ihre eigenen Standards. Sie beschränken sich nicht auf den Nachweis von Inkonsistenzen in den kritisierten symbolischen Gebilden, Überzeugungen oder Praktiken. Das bedeutet keineswegs, daß die Standards der Kritik ganz *andere* sein müssen als die normativen Standards, welche in der kritisierten Rechtsordnung selbst institutionalisiert sind. Immanente Kritik wird zur autonomen, wenn sich der Kritiker positiv auf die in der Gemeinschaft anerkannten normativen Prinzipien bezieht, sie also mit Gründen für gerechtfertigt hält und aus solchen Gründen ihre Verwirklichung *fordert* oder eine neue, angemessenere Auslegung vorschlägt. Autonome Kritik bedeutet also nicht notwendig ein völliges Heraustreten des Kritikers aus den normativen Traditionen und Argumentationsformen einer Gemeinschaft. Auch dann nicht, wenn die Kritik sich auf *universalistische* Geltungsansprüche und Rationalitätskriterien beruft. In der normativen Ordnung und Kultur einer Gemeinschaft können universalistische Elemente in konkreten, den jeweiligen historischen und sozialen Umständen angemessenen Verkörperungen zu finden sein. Deswegen ist die Kritik sogar darauf angewiesen, an diesen konkreten Kontext anzuknüpfen. Eine »heteronome«, dogmatische Kritik würde sich vorbehaltslos an diesen Kontext und die vorgegebene Tradition binden und sie gegen Innovationen oder Degenerationen verteidigen. Das ergibt die bekannten Paradoxien des Konservatismus: dem fragwürdig Gewordenen wieder fraglose Geltung verschaffen zu *wollen*. Eine autonome Kritik nimmt ihren Ausgang vom historischen Kontext und expandiert ihn, sucht nach Deutungen, Reformulierungen oder Korrekturen der gegebenen normativen Ordnung, welche universellen Rechtfertigungsansprüchen genügen. Dabei wird sie möglicherweise gezwungen, den Kontext der vorgegebenen politischen und moralischen Tradition und der gegebenen institutionellen Ordnung zu sprengen und grundlegende Elemente als nicht rechtfertigungsfähig zu verwerfen.[17]

17 Rawls' und Dworkins Reformulierungen der liberalen Traditionen repräsentieren verschiedene Versionen einer solchen Kritikstrategie. Autonome Kritik kann auf die Reformulierung einer politischen und moralischen Tradition oder einen Bruch abzielen. Die Kritik des traditionellen oder christlichen Naturrechts und der entsprechenden Rechtsordnungen war ein sol-

Einige typische Beispiele autonomer Rechtskritik sollen hier erwähnt werden.

Moralische Kritik. Moralische Kritiken sind das traditionelle, fundamentale Genre der Rechtskritik. Moralische Kritiken am modernen Recht setzen voraus, daß positives Recht einer moralischen Kritik und Rechtfertigung noch fähig ist. In welcher Weise das der Fall sein könnte und welche Einschränkungen und Komplikationen sich aus der »Positivierung« des Rechts, aus der Rolle von Gesetzgebung und Rechtsprechung für den moralischen Gesichtspunkt ergeben, wurde anhand des liberalen und des sozialstaatlichen Modells diskutiert. Moralische Kritik beurteilt Rechtsordnungen und rechtliche Regelungen nach moralischen Standards wie Gerechtigkeit, Solidarität, Selbstbestimmung. Solche Kritik kann, wie erwähnt, eine *empirische* Komponente haben, wenn die normative Rechtfertigung von Normen auf falschen empirischen Voraussetzungen beruht und die Befolgung der Norm andere als die vorausgesetzten Konsequenzen hat. Viele traditionelle Kritiken etwa an Normen des klassischen Privatrechts sind von dieser Art.[18]

Technokratische Kritiken. Auseinandersetzungen um soziale Wirkungen und Wirksamkeit rechtlicher Maßnahmen und entsprechende konkrete Kritiken an einzelnen Bestandteilen der Rechtsordnung gehören zur Routine des Rechtssystems. Problematisch werden Kritiken unter dem Aspekt der Wirksamkeit und der Ökonomie von Rechtsinstitutionen, wenn die Rationalität des Rechts – wie in den instrumentalistischen sozialwissenschaftlichen Konzeptionen des Rechts – auf solche Aspekte reduziert wird. Mit Vorstellungen über eine technisch rationale Gesellschaftsorganisation haben sich bestimmte Formen der Rechtskritik gegen das Recht selbst gewandt. In den Entwicklungsmodellen von Saint-

cher Bruch. Rawls' Konzeption der gerechten Grundstruktur einer modernen Gesellschaft ist eine Reformulierung. Ihre Verwirklichung könnte allerdings allerlei radikale, in gewissem Sinn »revolutionäre« institutionelle Konsequenzen voraussetzen.

18 Siehe zum Beispiel die ältere, konservative und sozialistische Kritik am »Sozialmodell« der klassischen Privatrechtsgesetzbücher in Deutschland; vgl. Wieacker 1974, 18ff.

Simon und Comte war die Herrschaft des Rechts oder der Juristen nur eine Übergangsstufe, dazu bestimmt, durch rationalere Formen der Verwaltung der Gesellschaft unter Führung von Industriellen, Bankiers und Wissenschaftlern abgelöst zu werden. Die Vorstellung, daß das Problem vernünftiger Vergesellschaftung hauptsächlich in einer rationalen »organisation du travail« bestünde, durch welche »formales« Recht oder zumindest »Rechte« überflüssig würden, hat dann später in der marxistischen Tradition eine dubiose Rolle gespielt.[19]
Einen etwas anderen Charakter haben neuere Kritiken, nach denen gewisse Interpretationen liberaler Grundrechte und ein zu weit getriebener gerichtlicher Rechtsschutz gegenüber der Verwaltung oder gar dem Gesetzgeber (verfassungsgerichtliche Normenkontrolle) eine rationale Reformpolitik behinderten. Hier sind nicht nur technisch-organisatorische, sondern auch normative Argumente im Spiel – etwa die Berufung auf das Demokratieprinzip oder eine Kritik am Status quo, die moralische Elemente hat.[20]

Kritik der Rechtsform. Eine andere Variante radikaler Rechtskritik enthält schließlich ein *neues* Element. Gemeint sind Kritiken, die dem Recht oder der »Rechtsform« generell eine Tendenz zur Deformation sozialer Beziehungen vorhalten. Sie haben eine lange Tradition. Schon in der frühen Neuzeit, mit den ersten Anfängen der Entwicklung der modernen Staatsverwaltung, finden wir die Kritik an der Abstraktheit, am Intellektualismus und Individualismus des Rechts, an der Vergewaltigung »gewachsener«, »organischer« Sozialverhältnisse durch die abstrakten Rechtskategorien; schließlich den Konflikt zwischen der Generalität des Gesetzes und der Würdigung des individuellen Falles (Billigkeit, equity). Die konservative und romantische Kritik im späten 18. und im 19. Jahrhundert wiederholt noch einmal die Anklagen, die gegen

19 Siehe Engels' berüchtigte, auslegungsbedürftige Formel über die Ersetzung der Herrschaft über Menschen durch die Verwaltung von Sachen (Anti-Dühring). Marx und Engels erwarteten ein »Absterben« von Staat, Recht und Moral gleichermaßen, weil sie an ein Verschwinden konflikterzeugender sozialer Bedingungen glaubten. Vgl. Lukes 1982; Buchanan 1982, 69.
20 Siehe Scharpf (1970) über »die politischen Kosten des Rechtsstaats«.

das Recht als Herrschafts- wie Legitimationsmittel des absolutistischen Staates (auf dem Kontinent) und gegen die Auflösung feudaler oder ständisch-korporativer Sozialbeziehungen und patrimonialer und ständischer Gerichtsbarkeit gerichtet worden waren (Kondylis 1986, 285 f.). In verwandelter Gestalt lebt das Kritikmuster fort in den späteren Variationen des Gegensatzes von Gemeinschaft und Gesellschaft. Jetzt wird das liberale Recht als institutionelle Form einer besitzindividualistischen, entsolidarisierenden, sozialitätszersetzenden Marktgesellschaft kritisiert. Diese Kritik changiert zwischen der Verwerfung von spezifisch individualistischen Varianten oder Deutungen des Rechts und der generellen Ablehnung der »Rechtsform« oder zumindest der Form »subjektiver Rechte«.[21] Sie hat in den letzten Jahren einen Widerhall gefunden in der vor allem in den USA propagierten Ablehnung der *gerichtlichen* Konfliktaustragung zugunsten »informeller«, schlichtender oder therapierender Verfahren der Konfliktregulierung – die nach Auffassung der Proponenten besser in der Lage seien, gestörte Sozialbeziehungen wieder einzurichten (Auerbach 1983; Abel 1982).

In einem bestimmten Strang der marxistischen Tradition ist die Rechtskritik noch fundamentalistischer betrieben worden: Die »abstrakte Rechtsform« galt als Pendant zur »Warenform« – beides soziale Bewußtseinsformen, in denen eine »Realabstraktion« sozialer Beziehungen, ihre Verdinglichung und Verkehrung in Äquivalenzen von Warenquanta, überhaupt ihre Zergliederung, Quantifizierung usw. zum Ausdruck käme.[22] Noch genereller hielt später Adorno dem Recht vor, »das Urphänomen irrationaler Rationalität« zu sein: Die Subsumtion unter generelle Normen unterdrücke die Differenzen der einzelnen Fälle und leiste deswegen »geheim der Ungleichheit Vorschub«.[23] Solche Einwände er-

21 Siehe etwa die Kritik von »rights« bei Shapiro 1986, 59ff.

22 So vor allem Lukàcs 1923, 106 ff., in Anlehnung an Weber, und Paschukanis 1929, 28ff.

23 »Recht ist das Urphänomen irrationaler Rationalität. In ihm wird das formale Äquivalenzprinzip zur Norm, alle schlägt es über denselben Leisten. Solche Gleichheit, in der die Differenzen untergehen, leistet geheim der Ungleichheit Vorschub... Die Rechtsnormen schneiden das nicht Gedeckte, jede nicht präformierte Erfahrung des Spezifischen um bruchloser Systematik willen ab und erheben dann die instrumentale Rationalität zu

strecken sich nicht nur auf das Recht, sondern auch auf jede Moral, die generelle Regeln formuliert. Diese Kritik ist (unabhängig von ihren ebenfalls höchst problematischen Voraussetzungen in Gestalt der Marxschen »Kritik der politischen Ökonomie«) übergeneralisiert und deswegen falsch. Wie K. Günther gezeigt hat, schließen sich die notwendige Allgemeinheit moralischer oder rechtlicher Normen und die angemessene Berücksichtigung der Eigenheiten des konkreten Falls nicht aus (Günther 1988, 255ff.). Auch wo rechtliche Regelungen so formuliert sind, daß sie in einem bestimmten Streitfall nicht *alle* konkreten Umstände, die von einem moralischen Standpunkt aus relevant sein könnten, als *rechtlich* relevant gelten lassen, liegt darin noch nicht *per se* etwas Verwerfliches oder Irrationales: Solche »Abstraktionen« können unter Umständen als eine Voraussetzung der praktischen Wirkungsfähigkeit des Rechts *normativ* gerechtfertigt werden.

Damit ist dieser Strang der Rechtskritik aber noch nicht abzutun. Eine Kritik an individualistischen Tendenzen im Recht, die einer egoistischen, strategischen Ausnutzung zugesicherter individueller Handlungsspielräume Vorschub leisteten, hat ihre historische, vielleicht noch nicht erledigte Berechtigung. Sie muß sich auf *moralische* Argumente stützen. Die Kritik an »verdinglichenden« Wirkungen rechtlicher Regelungen, an bestimmten Formen der Isolierung und »Zurichtung« sozialer Probleme durch ihre Verwandlung in Rechtsfälle oder an der oft antagonisierenden Funktion rechtlicher und gerichtlicher Regelung konfliktträchtiger sozialer Interaktionen hat noch einen anderen Status. Unabhängig von ihrem oft illusionären sozialromantischen Hintergrund trifft sie oft reale Phänomene. Es ist jedoch nicht offensichtlich, nach welchen Kriterien entsprechende Probleme, Defizite oder Störungen identifiziert werden. Es geht um die Angemessenheit recht-

einer zweiten Wirklichkeit sui generis.... Das System selbstgemachter Begriffe, das die ausgereifte Jurisprudenz vor den Lebensprozeß der Gesellschaft schiebt, unterscheidet sich durch Subsumtion alles einzelnen unter die Kategorie vorweg für die Ordnung, der das klassifikatorische System nachgeahmt ist. Zu seiner unvergänglichen Ehre hat Aristoteles in der Lehre von der epieikeía, der Billigkeit, das gegen die abstrakte Rechtsnorm angemeldet. Je konsequenter aber die Rechtssysteme durchgebildet sind, desto unfähiger werden sie zu absorbieren, was sein Wesen daran hat, der Absorption sich zu verweigern.« (Adorno 1966, 301-303)

licher Regelungsformen an bestimmte Interaktionsformen und Problemlagen. Wonach ist sie zu bestimmen, und was sind die Kriterien für die Diagnose der pathologischen Folgen unangemessener Regelungen? Solche Fragen sind in den letzten Jahren unter dem Thema »Verrechtlichung« diskutiert worden, das ich im nächsten Abschnitt aufgreife.

4. *»Reale Widersprüche«*

Ein weiterer Typus von Rechts- und genereller von Sozialkritik verweist auf »reale« gesellschaftliche oder sozialstrukturelle Widersprüche. Damit sind nicht soziale Konflikte gemeint, also konfligierende Interessen oder Ansprüche sozialer Gruppen. Sondern es geht um Widersprüche oder Inkompatibilitäten zwischen Institutionen oder sozialen Strukturen, die möglicherweise, aber nicht notwendig Ursache oder Anlaß für soziale Konflikte sein können. Der Versuch, eine bestimmte Rechtsordnung zu verwirklichen, kann unter gegebenen historischen und sozialen Umständen zu sozialen Verhältnissen führen, welche den legitimierenden Prinzipien und normativen Ansprüchen, die mit dieser Rechtsordnung verbunden sind, widersprechen. Diese Form des Widerspruchs haben wir oben schon kennengelernt (»Anspruch und Wirklichkeit«). Tatsächlich geht immanente Kritik in die Darstellung »realer Widersprüche« über, wenn sie zeigt, daß die kritisierte Rechtskonzeption spezifische, real nicht gegebene soziale Verhältnisse voraussetzen würde, um ihren normativen Sinn verwirklichen zu können, und daß die Realisierung der Rechtsordnung unter den *tatsächlich* gegebenen sozialen Bedingungen zu Konsequenzen führen muß, welche die in der Rechtsordnung selbst inkorporierten Standards verletzen. Diese Kritik setzt also empirisches Wissen über soziale Verhältnisse und Vergesellschaftungsmechanismen voraus, nicht zuletzt solches Wissen, das sich aus der externen Perspektive ergibt (Kapitel II). Die Kritik des Rechtssystems muß damit in eine Analyse der Gesamtgesellschaft eingebettet werden. Es geht nicht mehr allein um interne Widersprüche des Rechts, sondern darum, ob Recht und andere soziale Institutionen und Vergesellschaftungsformen ein integriertes, funktionierendes Ganzes bilden. Für dieses »Funktionieren« werden jedoch Maßstäbe be-

nötigt.[24] Es kann an den im Recht inkorporierten Maßstäben gemessen werden – in diesem Fall haben wir eine Weiterentwicklung der »immanenten Kritik«. Es können aber auch andere, »autonome« Kritikstandards verwendet werden. Von den oben beschriebenen Formen »immanenter« oder »autonomer Kritik« unterscheidet sich das Modell »realer Widersprüche« durch eine sozialtheoretische Komponente: die Einbeziehung sozialstruktureller Ursachen, problemerzeugender Faktoren in die Analyse. De facto dient dieses Kritikmuster innerhalb der sozialwissenschaftlichen Theoriebildung allerdings häufig dem Versuch, die normative Rechtfertigung von Kritikmaßstäben zu umgehen und eine normativ neutrale, »wertfreie« Analyse vorzuspiegeln.
Ich skizziere drei typische Muster der Analyse »realer Widersprüche«. Ich benenne sie unter Verwendung gewisser Termini, die in den entsprechenden sozialwissenschaftlichen Krisentheorien eine Rolle spielen, als das Theorem der »kulturellen Widersprüche«, als Theorien »inkompatibler Organisationsprinzipien« und als »Interferenztheorien«.

Kulturelle Widersprüche.[25] Nach einigen Analysen wird eine Krise des modernen Rechts dadurch ausgelöst, daß stützende kulturelle Voraussetzungen sich auflösen. Häufig handelt es sich um Variationen der Säkularisierungsthese: die schwindende kollektive Verbindlichkeit religiöser Überzeugungen untergrabe die Geltungsgrundlagen des Rechts.[26] Das kann so verstanden werden,

24 Dieselbe Problematik wurde oben (Kapitel IV) anhand des Begriffs der »Systemrationalität« diskutiert: was sind die Kriterien für das Funktionieren eines sozialen Systems oder seiner Elemente?
25 Daniel Bell machte den Begriff »cultural contradictions of capitalism« populär (Bell 1974, 1976, 1985). Das Vorbild ist Max Webers Diagnose eines »Konflikts der Wertsphären« oder »Lebensordnungen« (Weber 1973, 328f.; 447ff.), vgl. Habermas 1981:1, 333ff. Das Säkularisierungsthema (keine stabile Sozialordnung ohne religiöses Fundament) hat natürlich eine längere Geschichte.
26 »The traditional symbols of community in the West, the traditional images and metaphors, have been above all religious and legal. In the twentieth century, however, for the first time, religion has become largely a private affair, while law has become largely a matter of practical expediency.... in the twentieth century the Western legal tradition is in a revolutionary crisis greater than any other in its history, one that some believe has brought it virtually to an end« (Berman 1983, vi, 1).

daß die Geltung von Recht und Moral aus internen Gründen auf religiösen Grundlagen beruhe, weil sich eine überzeugende nichtreligiöse Rechtfertigung nicht geben lasse. Es kann aber auch so gemeint sein, daß ohne Formen religiöser Vergemeinschaftung und Glaubensgewißheit die *motivationale* Grundlage des Rechtsgehorsams nicht gesichert werden könne. Es werden also *nichtrationale* Voraussetzungen der Rechtsgeltung behauptet. Nach einer anderen Variante trägt das Recht selbst zur Erosion der kulturellen Ressourcen bei, auf denen seine Geltung beruht. Die »Positivierung« und »Instrumentalisierung« des Rechts, seine Umwandlung in einen »jederzeit zweckrational umzuschaffenden, jeder inhaltlichen Heiligkeit entbehrenden, technischen Apparat« (Weber) untergrabe seine moralische Dignität und produziere instrumentelle Einstellungen gegenüber dem Recht selbst, die auch dessen immer noch moralnahen Kernbereich affizierten.[27] Gelegentlich wird nicht erst die sozialstaatliche, sondern schon die liberale Rechtsstruktur für paradoxe kulturelle Effekte verantwortlich gemacht: Die Form »subjektiver Rechte« führe zu einer potentiell schrankenlosen Entwicklung von Ansprüchen ohne Bindung an korrespondierende Pflichten.[28] Solche Diagno-

27 Über den Verlust der kulturellen Grundlagen des Rechts durch »Instrumentalisierung« usw. siehe die beseelte Litanei von Naucke (1986), der eine Art »Ansteckungsthese« vertritt: das Nebeneinander von »eigentlichem«, nämlich moralischem und »technischem« oder »therapeutischem« Recht untergrabe die Integrität und Geltung des Rechts insgesamt. Siehe auch die Nostalgie von Bock (1988) für Recht und Staat als »Kulturmächte«, vor allem Kap. V: »Das Recht unterliegt infolge seiner Überforderung durch die ihm zufallende Verantwortung für Fortschritt und Glück einer doppelten Instrumentalisierung.... Es wird nicht mehr als um seiner selbst willen geltendes Corpus von Geboten betrachtet, sondern als Mittel für andere Ziele und Zwecke.... Die Instrumentalisierung des Rechts als Mittel zur Steuerung der Gesellschaft durch die Politik schlägt nun freilich um in einen sekundären Prozeß der Instrumentalisierung des Rechts durch den Bürger. Wird nämlich das Recht als bloßes Mittel wahrgenommen, so werden die Gesetze auch als bloße Regeln angesehen, mit denen man rechnet wie mit anderen Regeln des natürlichen Geschehens oder den Fahrplänen der Bundesbahn« (Bock 1988, 223).

28 So Luhmann: Grundrechte seien »Ausdruck einer tiefreichenden Umorientierung vom alten ethischen Bindungsdenken zu einem neuen Anspruchsdenken« (1965, 27). Die »Semantik« von »Subjekt« und »subjektivem Recht« impliziere die Auflösung einer Ordnung konkreter Reziprozitäten ebenso wie einer objektiven Pflichtenordnung: »Ansprüche« statt »Verant-

sen beruhen teils auf moral- und rechtstheoretischen Behauptungen, die wir teilweise schon implizit in Frage gestellt haben, teils auf empirisch-soziologischen Annahmen, die hier nicht zu diskutieren sind.

Inkompatible Organisationsprinzipien. In der Darstellung der beiden Rechtsmodelle war schon davon die Rede, daß die dargestellten Formen spezifisch rechtlicher Vergesellschaftung durch komplementäre nichtrechtliche Vergesellschaftungsformen ergänzt werden müssen. Diese Voraussetzung kann empirisch fraglich werden. Es können soziale Bedingungen auftreten (Erosion anderer Vergesellschaftungsmechanismen, problemerzeugende Sozialstrukturen), die zu Inkompatibilitäten führen und die rechtliche Ordnung überfordern und gefährden. Möglicherweise trägt die Rechtsordnung selbst bei zum Entstehen solcher inkompatibler institutioneller Strukturen und sozialer Prozesse. Das ist jedenfalls die schon erwähnte Annahme der klassischen Liberalismus- und Kapitalismuskritik: Mit Hilfe des Rechts werden Vergesellschaftungsmechanismen implementiert (Märkte, Eigentumsformen), die eine selbstdestruktive Dynamik sozialer Prozesse fördern, welche auch die Funktionsbedingungen der Rechtsordnung untergraben, die soziale Rolle des Rechts marginalisieren und seinen normativen Anspruch zunichte machen.[29]

wortlichkeiten«. Dadurch ergebe sich ein Umschlag vom »Subjekt« zum »Interessen- und Anspruchsträger«: »Zuweisungen (von Gütern und Chancen, B. P.) kann man nicht ernstlich mehr als Emanationen der Subjektivität der Einzelperson begreifen; sie werden abgelesen an den Gestaltungsabsichten der Rechtsordnung.« (1981, 91) Das Argumentationsmuster wurde übernommen von Preuss (1985) und Deggau (1989). Siehe schon T. H. Marshall (1949) über »the changing balance between rights and duties« im welfare state (Marshall 1977, 129). Selznick (1987) besteht auf dem Vorrang von »duties« gegenüber »rights«.

29 Typisch für diese These eines Grundwiderspruchs zwischen liberaler Demokratie und Kapitalismus: Wolfe 1977. Die These eines strukturellen Grundwiderspruchs liberaler Rechts- und kapitalistischer Gesellschaftsordnungen existiert in vielen Varianten. Für eine neuere Version vgl. etwa Bowles und Gintis (1986), die einen Grundwiderspruch zweier dynamischer sozialer Tendenzen sehen: die Erweiterung von »property rights« gegen die Ausdehnung von »personal rights« (Bowles, Gintis 1986, 29). Zur These der Ohnmacht oder Marginalität des Rechts siehe etwa Blanke 1986, 413.

Das sozialstaatliche Modell soll diesen Tendenzen entgegensteuern. Aber das Schema sozialstruktureller Widersprüche oder institutioneller Inkompatibilitäten ist auf dieses Modell erweitert worden, und neue Widersprüche sind entdeckt worden (sozialstaatliche Regelungen untergraben die Funktionsfähigkeit des ökonomischen Systems, was wiederum dem »Steuerstaat« die Basis abgräbt, etc.).[30]

Hier steht nur die logische Struktur solcher Analysen und die Art der Rationalitätsstandards, die sie anwenden oder voraussetzen, zur Diskussion. Zur *Logik* solcher Analysen sozialstruktureller Widersprüche ist ein Hinweis angebracht, der den Bemerkungen über die Differenz zwischen konfligierenden und unvereinbaren normativen Prinzipien entspricht. Im Hinblick auf soziale Organisationsprinzipien oder Vergesellschaftungsmechanismen ist zu unterscheiden zwischen einer Komplementarität verschiedener Sozialstrukturen, die sich gegenseitig ergänzen, aber auch kontrollieren und begrenzen müssen – was eine möglicherweise prekäre Balance schafft –, und einer selbstdestruktiven Koppelung antagonistischer Mechanismen. Die Differenzierung verschiedener Vergesellschaftungsmechanismen, die jeweils ihre eigene »Logik« haben, schafft noch nicht per se »Widersprüche«. Daß der »Markt« oder der »Kapitalismus«, »sich selbst überlassen« (was immer das heißen mag), destruktive soziale Konsequenzen hervorbringen würde, heißt noch nicht viel, wenn es möglich ist, die negativen Konsequenzen jeweils durch komplementäre institutionelle Mechanismen zu begrenzen. Die These »antagonistischer« Widersprüche müßte zeigen, warum oder unter welchen spezifischen Bedingungen ein solches institutionelles Gleichgewicht *nicht* erreicht werden kann. Die Diagnose eines »Widerspruchs« oder ei-

30 Siehe Offes elaboriertes Modell struktureller Widersprüche zwischen »Liberalismus« (Marktgesellschaft), Demokratie und »welfare state« (Offe 1987). Soziologische Systemtheoretiker haben das Schema weiter generalisiert und den »autopoietischen« Systemen eine Tendenz zugeschrieben, sich nach ihrer »Eigenlogik«, nach eingebauten Entwicklungs- und Steigerungsmechanismen tendenziell schrankenlos und ohne Rücksicht auf die Umwelt, also auch auf andere soziale Systeme zu entwickeln. In modernen, funktional differenzierten Gesellschaften gebe es also keine oder nur unzulängliche Mechanismen der Abstimmung und Integration der Leistungen von Subsystemen. Siehe Luhmann 1986 und die Übernahme des Argumentationsmusters bei Offe 1986, 106ff.

ner Krisentendenz, die sich auswirken können oder nicht, latent bleiben können oder nicht, je nachdem welche stabilisierenden, entgegenwirkenden Tendenzen wirksam sind, läßt sich umformulieren in die Angabe funktionaler Kompatibilitäts- oder Gleichgewichtsbedingungen; eine Prognose realer Entwicklungen ist das noch nicht.[31]
Wie erwähnt sind die Kriterien sozialer Rationalität oder Irrationalität, die in Sozial- und Rechtskritiken dieses Typs verwandt werden, teilweise die Konsistenzkriterien einer immanenten Kritik: Eine soziale Ordnung, in der gewisse normative Standards und Legitimitätskriterien als verbindlich anerkannt oder deklariert werden, die in der Praxis systematisch verletzt werden, kann sicher widersprüchlich oder irrational genannt werden. Empirisch läßt sich unter Umständen eine Krise ihrer Legitimität prognostizieren. Wiederum gilt, was für das Schema immanenter Kritik schon festgestellt wurde: Weitergehende normative Konsequenzen kann der Kritiker auf dieser Basis allein nicht ziehen – ob die soziale Ordnung in Richtung der Verwirklichung ihrer Legitimationsprinzipien oder in anderer Weise geändert werden soll, bedarf unabhängiger Begründungen. *Implizit* werden in Krisenanalysen, die auf dem Modell struktureller Widersprüche aufbauen, allerdings häufig unabhängige Standards der Kritik vorausgesetzt – was sich in positiven Begriffen wie »Stabilität« oder »Integration«, vor allem aber in einem vielfältigen Vokabular zur Charakterisierung von Krisenphänomenen oder »sozialen Pathologien« ausdrückt, das teils deskriptiven, teils evaluativen Charakter hat.

31 In der marxistischen Tradition ist das Modell von Grund- und Nebenwidersprüchen vielfältig variiert worden. Der Grundwiderspruch wurde je nachdem als Klassenantagonismus oder als struktureller Widerspruch an der »Basis« der Gesellschaft (»gesellschaftliche Produktion und private Aneignung« o. ä.) gefaßt. Die Verdrängung oder Eindämmung des Grundwiderspruchs führt nach diesem Modell dann zu vielfältigen abgeleiteten oder »Nebenwidersprüchen«. Der analytische Wert des Modells hängt davon ab, daß die Charakterisierung des »Grundwiderspruchs« (die bei Marx von den speziellen, unhaltbaren werttheoretischen Prämissen seiner »Kritik der Politischen Ökonomie« abhängt) geklärt und die kausalen Beziehungen zwischen »Grundwiderspruch« und abgeleiteten »Widersprüchen« spezifiziert und nachgewiesen werden; ob das Modell zur Kapitalismuskritik taugt, hängt zusätzlich davon ab, daß gezeigt wird, daß diese sozialen Kosten der »Eindämmung« des Grundwiderspruchs zu hoch sind, im Vergleich zu denkbaren Alternativen.

Das läßt sich deutlicher am Beispiel der »Interferenztheorien« zeigen.

Interferenztheorien. Als Interferenztheorien sollen Analysen bezeichnet werden, die eine spezielle Inkompatibilität im Rahmen von liberalen oder sozialstaatlichen, kapitalistischen Gesellschaften diagnostizieren: Bestimmte grundlegende institutionelle Strukturen und Prozesse im Bereich der Ökonomie, des Staates und des Rechts interferieren mit sozialen Interaktionen, Lebensformen und Formen sozialer Ordnung, in denen sich individuelle und kollektive Identitäten bilden und soziale und kulturelle Ressourcen wie Solidarität, moralische Motivationen, Deutungsmuster usw. reproduziert werden. Die Interferenz wirkt sich als Störung dieser Prozesse aus. Die traditionelle Version lautete, der Kapitalismus lebe vom Verzehr »vorkapitalistischer« sozialer und kultureller Ressourcen.[32] Es handelt sich dabei um eine spezielle Variante der These einer selbstzerstörerischen Tendenz des Kapitalismus; argumentationsstrategisch hatte diese These unter anderem die Funktion, den Kritiker von der Rechtfertigung normativer Kritikmaßstäbe zu entlasten: Die Alternative »Sozialismus oder Barbarei« sprach für sich. Oder, weniger dramatisch: Ein System, das »seine eigenen Voraussetzungen untergräbt«, ist offensichtlich irrational. Warum die erwähnten sozialen und kulturellen Ressourcen nur unter vorkapitalistischen Bedingungen reproduktionsfähig sein sollten, blieb in den entsprechenden Theorien meist ein wenig dunkel. Die vorherrschende Vorstellung schien zu sein, daß im Kapitalismus *alle* sozialen Beziehungen »unter das Kapital subsumiert« und damit deformiert würden. Habermas hat das Theorem modernisiert und alte Schwächen vermieden: Die »Kolonialisierung der Lebenswelt« durch »Funktionssysteme« betrifft nicht »vorkapitalistische« Lebensformen oder kulturelle Ressourcen, sondern eine bereits weitgehend modernisierte, rationalisierte Lebenswelt (Habermas 1981:2, 489ff.). Außerdem ist es in seiner

32 Der Terminus »Interferenztheorie« stammt von Kitschelt (Kitschelt 1985), der Marx, Weber, K. Polanyi, Touraine, Habermas und Offe als Beispiele für diesen Theorietypus nennt. Zur Geschichte dieses »Selbstzerstörungs«-Topos siehe Hirschman 1982. Zur genannten speziellen Variante siehe auch Hirsch 1977, 117ff.; Kumar 1983; Kristol 1978. Ein Beispiel für die Adaption des Theorems in der Rechtstheorie: Preuss 1989a, 5.

Analyse nicht mehr das ökonomische System allein, sondern es sind auch das politische System und bestimmte Formen des Rechts, von denen störende Interferenzen mit den sozialen und kulturellen Reproduktionsprozessen der Lebenswelt ausgehen. Allerdings gibt es da einen strukturellen Zusammenhang der folgenden Art: Modernes Recht bildet eine institutionelle Voraussetzung der kapitalistischen Ökonomie. Die strukturellen Widersprüche des ökonomischen Systems führen zu seiner Expansion und zu Störungen der Lebenswelt. Diese Widersprüche sollen mit politischen und rechtlichen Mitteln eingedämmt werden. Dadurch entstehen jedoch neue Interferenzen (522ff.). Dieses kausale und genetische Erklärungsmodell können wir hier beiseite lassen.[33]

Die Kritik der »Verrechtlichung« und ihrer sozialen Folgen läßt sich als diagnostischer Befund fassen, unabhängig von Hypothesen über die spezifischen strukturellen Ursachen und die präzise empirische Gestalt des Verrechtlichungsprozesses. Hier soll es nur um das Problem der Diagnose*kriterien* gehen.[34] Im Begriff der Verrechtlichung läßt sich ja nicht nur eine deskriptive, sondern auch eine kritische Komponente ausmachen: Recht wird auf soziale Beziehungen angewandt, für deren Regelung es nicht geeignet ist. Oder schwächer: Rechtliche Regelungen (oder auch: rechtliche Regelungen *eines bestimmten Typs*) von bestimmten Bereichen sozialen Handelns haben gewisse negative Konsequenzen. Wie werden diese identifiziert?

Leider bietet die »Verrechtlichungs«-Literatur in dieser Hinsicht ein Bild der Konfusion. Ein suggestives kultur- und sozialkritisches Vokabular ersetzt häufig ausgewiesene Kritikstandards. Immerhin lassen sich gewisse Muster ausmachen. Ein Typus der Kritik nimmt ein älteres *moralisches* Motiv der Rechtskritik auf: nämlich die Kritik am *Freiheitsverlust* durch bestimmte Formen rechtlicher Regelung. Entsprechende Argumente finden sich spe-

33 Ebenso Habermas' frühere Versuche, die vom Recht ausgehenden negativen Interferenzen einem bestimmten Typ von Recht zuzurechnen (Habermas 1981:2, 535ff.).

34 Welche empirischen Vorgänge in der Diskussion über »Verrechtlichung« präzise gemeint waren, wie die These einer »Zunahme« der Verrechtlichung zu verstehen ist und ob sie empirisch zutrifft, kann glücklicherweise ebenfalls dahingestellt bleiben. Einen neueren Überblick bietet Teubner 1987b. Skeptische Kommentare und empirische Befunde bei Rottleuthner 1985; Galanter 1985; Macaulay 1984.

ziell in der repetitiven Diskussion über Sozialrecht und Sozialpolitik als Instrumente sozialer Kontrolle. Das gleiche Thema taucht in der althergebrachten Kritik am Arbeitsrecht auf (in welcher der Begriff der »Verrechtlichung« überhaupt geprägt wurde): Verrechtlichung von Arbeitskonflikten restringiere die Handlungs- und Organisationsfreiheit der Arbeiterbewegung.[35] Hier haben wir eine Variante »autonomer«, wenn auch nicht immer klar ausgewiesener moralischer Kritik. Ein anderes Kritikmuster hat mehr oder weniger den Charakter von nichtmoralischen *Werturteilen*: Rechtliche Regelungen oder Politiken werden kritisiert, weil sie Lebensformen oder Verhaltensweisen fördern, die im Lichte bestimmter Standards des »guten Lebens« verworfen werden. Beispiele sind Kritiken am »staatsbürgerlichen Privatismus« oder an »konsumistischen Umdefinitionen« von Lebensproblemen.[36] Sofern solche Urteile zu begründen sind, verweisen sie auf ein Rationalitätsdefizit entsprechender Handlungs- oder Lebensformen.
Andere Kritiken beziehen sich auf kompliziertere Syndrome sozialer Störungen oder Pathologien. Die Diagnose setzt bei Leidenserfahrungen oder Desorientierungen an, die gewöhnlich in generelleren diagnostischen Kategorien beschrieben werden: Entfremdung, Versachlichung, Sinnverlust, Identitätsstörung sind die allgemeinsten solcher Kategorien; in ihnen werden Erfahrungen oder Symptome schon unter ätiologischen oder theoretischen Gesichtspunkten klassifiziert.[37] Soweit solche Symptome oder Leidenserfahrungen ihre Ursache in sozialen Umständen haben, die

35 Damit verbunden ist häufig ein politisch-strategisches Argument: Verrechtlichung führe zur »Entpolitisierung« von Arbeitskämpfen oder trage zur »Integration« der Arbeiterklasse in die bestehende Gesellschaftsordnung bei (Fränkel 1932; Kirchheimer 1928). Die Stichhaltigkeit solcher Argumente steht hier wieder nicht zur Diskussion. Einen sehr guten Überblick bietet Simitis 1987.

36 Vgl. Habermas 1981:2, 533. »Staatsbürgerlicher Privatismus« mag gewisse moralische Konnotationen haben, zumal wenn institutionelle Mechanismen der Ausschließung von politischer Partizipation kritisiert werden. Dennoch scheint hinter der Kritik ein ethisches Ideal politischen Engagements auf.

37 Vgl. Habermas 1981:2, 524ff. für die Verwendung solcher Kategorien im Zusammenhang mit der Rechtskritik; siehe auch Mirowsky, Ross 1986 über »social patterns of distress«. Über »Alienation« und »Anomie« siehe die begriffsgeschichtliche Studie von Orrù (1987) sowie den Überblick bei Schweitzer 1981.

durch bewußte kollektive Anstrengungen geändert werden müssen, sind sie wiederum Ausdruck eines Rationalitätsdefizits oder gar sozialer Irrationalität. Das Leiden ist nicht irrational, aber eine kollektive Praxis und institutionelle Ordnung, welche vermeidbares Leiden hervorrufen, sind es. Es ist jedoch nicht leicht zu bestimmen, welche Rationalitätskriterien hier eine Rolle spielen könnten – und wie die Bedingung der »Veränderbarkeit durch kollektive Anstrengung« zu verstehen ist. Mehr dazu im nächsten Kapitel.

Bestimmte Formen rechtlicher Regelung können solche Phänomene verursachen, wenn sie den jeweiligen Interaktions- und Beziehungsformen oder den zu lösenden Interaktionsproblemen nicht angemessen sind. Es ist jedoch schwierig, allgemeine Kriterien der Kompatibilität oder Angemessenheit zu benennen. Natürlich gibt es plausible, aus der Geschichte der Rechtskritik wohlbekannte Gesichtspunkte (Pound 1916). Viele moralische Normen und Einstellungen wie Vertrauen, solidarische Kooperationsbereitschaft, gegenseitiger Respekt, Ehrlichkeit, Hilfsbereitschaft sind Grundelemente sozialer Beziehungen, die sich nicht durch Recht garantieren oder ersetzen lassen. Das gilt noch mehr für affektive Elemente wie Sympathie oder Zuneigung. Vor allem kontinuierliche, nicht funktional spezialisierte Interaktionen (Familienbeziehungen, sozialisatorische Interaktionen) lassen sich nur marginal durch Recht regeln.[38] Es ist oft beschrieben worden, daß Recht eine Art »Ausfallbürgschaft« für Beziehungen auf solcher Grundlage darstellt – eine letzte Ebene der Beziehungsdefinition oder Konfliktregelung, die nur explizit in Anspruch genommen wird, wenn die primären Beziehungsgrundlagen schon erheblich gestört sind. Wenn die Thematisierungsschwellen überschritten sind, hinter denen das Beziehungsproblem als Rechtskonflikt definiert wird, entsteht nicht selten eine desintegrierende Eigendynamik der Konfliktaustragung, die zur Auflösung der Beziehungen führt.[39] Möglicherweise haben Versuche, Recht oder

38 Vgl. u. a. Sachße 1986; Handler 1986.

39 Freund 1974; Luhmann 1981, 53ff. Vgl. Ellscheid: »Das sich aus der Beziehung menschlicher Nähe zurücknehmende Individuum grenzt sich unter Berufung auf das Recht gegen gemeinschaftsbezogene bloß moralische Ansprüche ab und erwartet die Realisierung *seiner* Ansprüche nur noch im Rahmen einer dem ursprünglichen Lebensverhältnis fremden Ordnung, die

bestimmte Formen von Recht in zu starkem Maß für die Regelung solcher Beziehungen einzusetzen, etwa als Kompensation für die Defizite anderer Integrationsmechanismen, eine kontraproduktive Wirkung.[40] Nur in diesem Fall könnte man Recht oder »Verrechtlichung« als eine genuine *Ursache* von sozialer Desintegration ansehen. Solche Thesen bedürfen jedoch einer Überprüfung und Konkretisierung für einzelne soziale Felder, deren Resultate schwer zu generalisieren bzw. zu antizipieren sind.[41]

5. *Resümee*

Als Ergebnis dieser Sichtung typischer Formen der Rechtskritik bleiben uns vor allem einige neue Problemaspekte. Das Kritikmuster der Konfrontation von »Anspruch« und »Wirklichkeit« des

von einer außerhalb der Lebensbeziehung stehenden Instanz garantiert wird« (Ellscheid 1979, 45; vgl. ders. 1985). Ich wäre allerdings skeptisch gegenüber solchen Generalisierungen. Es ist fraglich, ob das Verhältnis der Kontrahenten vor Gericht als strategische Interaktion korrekt beschrieben ist (zumal es nach der Art der Streitfälle erhebliche Unterschiede geben mag); es ist noch fraglicher, ob rechtliche Regelungen von Interaktionen entsprechende Einstellungen *hervorrufen*. Der Wechsel von einer kooperativen zu einer konfliktorientierten Interaktion ist in der Regel schon die *Voraussetzung* für eine Berufung auf das Recht; ob rechtliche Regelungen einen solchen Einstellungswechsel fördern, ist eine empirische Frage.

40 Ein spezieller, aber wichtiger Teil des Problems besteht in der Frage, welche Kompetenzen *Gerichte* zur Regelung bestimmter Konflikte (und zur Kontrolle der *Ausführung* der getroffenen Regelungen) haben. Die Problematik ist bekannt aus Studien über das Familien- und Jugendhilferecht (Zenz 1979), auch aus Studien über die Rolle (speziell amerikanischer) Gerichte bei der Umgestaltung öffentlicher oder halböffentlicher Institutionen (Schulen, Gefängnisse, psychiatrische Kliniken) unter grundrechtlichen Gesichtspunkten (aus einer rechtstheoretischen Perspektive diskutiert von Chayes 1976; Resnick 1982). Solche Fragen »institutioneller Kompetenz« lassen sich nur komparativ im Hinblick auf alternative Problemlösungen diskutieren.

41 Maus (1987, 301 ff.) äußert Zweifel an der kausalen Funktion des Rechts für die Desintegration der Lebenswelt. Rechtssoziologische Untersuchungen lassen alle Hypothesen über *einfache* – positive *oder* negative – Wirkungsbeziehungen zwischen Recht und »informellen« Sozialbeziehungen in zweifelhaftem Licht erscheinen. Für eine skeptische Beobachtung über die Wirksamkeit des Schulrechts siehe z. B. Richter 1988. Merry 1988 gibt einen Überblick über einschlägige Studien.

Rechts verweist auf die Möglichkeit, daß soziale Wahrnehmungen über den normativen Sinn der geltenden Rechtsordnung und den Charakter entsprechender sozialer Praktiken ideologisch verzerrt sein können – eine Form sozialer Irrationalität. Immanente Kritik als Aufdeckung interner Inkonsistenzen des Rechts, vor allem: unvereinbarer Prinzipien oder widersprüchlicher symbolischer Tiefenstrukturen des Rechts verweist auf einen noch näher zu explizierenden Begriff der Konsistenz oder Kohärenz eines Rechtssystems – ein Element der Rechtsrationalität. Die Analysen »realer Widersprüche« in institutionellen Strukturen werfen die Frage auf, was die Bedingungen von Kompatibilität und Inkompatibilität verschiedener Elemente einer Sozialstruktur oder eines Institutionensystems sind. Die Diagnose pathologischer Konsequenzen bestimmter Formen der »Verrechtlichung« sozialer Beziehungen gibt schließlich Anlaß zu weiteren Überlegungen über Kriterien und Bedingungen sozialer Integration oder Desintegration.

VI. Soziale Rationalität

Treten wir jetzt einen Schritt zurück, um einige allgemeinere Überlegungen zum Begriff der Rationalität anzustellen. Gewisse Vorverständnisse von Rationalität und von ihren verschiedenen Formen und Aspekten, die in den vorangegangenen Überlegungen enthalten waren, sind zu verdeutlichen. Die bisherige Diskussion hat einige Aspekte des Begriffs der Rationalität von Recht als Symbol- und als Handlungssystem ergeben, die zu systematisieren und zu verallgemeinern sind. Erst halb aufgeklärt sind die Probleme der Differenz von Teilnehmer- und Beobachterrolle im Hinblick auf Rationalitätsurteile und die Probleme des Begriffs funktionaler oder latenter Rationalität. Schließlich sind das Konzept der »Systemrationalität« und das Verhältnis von Handlungsrationalität und institutioneller Rationalität genauer zu analysieren.

1. Rationalität: Einige Begriffsklärungen

Rationalität ist an Begründung oder Begründbarkeit gebunden. Und sie ist in einem bestimmten Sinn wesentlich praktisch: Rationalität ist vor allem ein Attribut von Aktivitäten und insbesondere von Problemlösungen. Diese Explikation ist an verbreitete, obgleich nicht unstrittige Auslegungen des Begriffs angelehnt. Sie ist vermutlich nicht erschöpfend: Es mag andere sinnvolle Gebrauchsweisen geben. Aber sie trifft den Sinn von Rationalität, der für unsere Thematik besonders relevant ist.

Rationalität als Prädikat. »Rationalität« oder »rational« sollen hier strikt im prädikativen Sinn gebraucht werden.[1] Damit werden

1 Ich vernachlässige gewisse traditionelle philosophische Begriffsunterscheidungen: Verstand und Vernunft, ratio und intellectus, dianoia und nous (Apel 1979c). Auch die im Englischen eingeführte Unterscheidung zwischen »rationality« und »reason« oder zwischen »rational« und »reasonable« werde ich terminologisch nicht übernehmen. In neuerer Zeit ist sie von David A.J. Richards formuliert worden im Sinne einer Unterscheidung zwischen »ökonomischer« und »moralischer« Rationalität (Richards 1971, 76).

essentialistische Konnotationen vermieden (die auch noch mitschwingen, wenn davon gesprochen wird, daß »Vernunft« in Handlungen oder Institutionen »verkörpert« sei).[2] Das ist eine Konsequenz der Abkehr von metaphysischen Konzepten »objektiver Vernunft«, in denen vernünftige Erkenntnis der Welt die Enthüllung oder Manifestation des vernünftigen Wesens, der Wahrheit der Welt selbst war. Die kulturelle Entwicklung unserer Neuzeit hat zu einer »Subjektivierung« geführt, die zugleich ein Autonomwerden wie eine Selbstbescheidung menschlicher Vernunft bedeutete. Vernunft ist zu einer Eigenschaft menschlichen Denkens, Sprechens und Handelns in einer prinzipiell vernunftlosen äußeren Realität oder objektiven Welt geworden. Mit dieser Entwicklung haben sich Verkürzungen des Vernunftbegriffs eingestellt: die Reduktion von Rationalität auf die Erkenntnis dieser objektiven, sinnfreien Welt und den Gebrauch gewisser formaler Regeln des Schlußfolgerns und Entscheidens sowie auf ein Handeln, das mittels der Anwendung von solchen Erkenntnissen und formalen Regeln subjektive, willkürliche Zwecke verfolgt. Diese Verkürzungen sind immer wieder durch philosophische Theorien kritisiert worden, die gezeigt haben, daß sich der Begriff der Rationalität auch auf moralische Einsichten und entsprechendes Handeln sowie auf Evaluationen (Urteile über das Gute, Begehrenswerte, Schöne) und deren Realisierungen in Handeln und Lebensführung beziehen läßt. Die Prädikate »rational« und »irrational« sind aber nicht nur auf Urteile oder Handlungen, sondern auch auf andere Gegenstände angewandt worden. Es ist also zu klären, was die Kriterien für solche Anwendungen sein könnten. Anders gesagt: Wie können solche Prädikationen im jeweiligen Fall gerechtfertigt werden?

Rawls hat sie in ähnlicher Form aufgenommen (Rawls 1980, 529-533). »Reasonable« hat gewöhnlich eine Konnotation von »common sense«. Für eine philosophische Ausdeutung dieser Konnotation siehe Perelman 1979. Einige sachliche Gesichtspunkte, die in diesen älteren und neueren Begriffsunterscheidungen enthalten sind, nehme ich jedoch unten in der Unterscheidung von Dimensionen und Kriterien der Rationalität auf.

2 Auch das Verständnis von »Vernunft« oder »reason« als subjektives »Vermögen« wird hier nur in einer bestimmten Bedeutung aufgenommen: nämlich im Sinne bestimmter komplexer Fähigkeiten, deren Beherrschung eine der Bedingungen dafür ist, Personen (oder Akteure) als rational zu bezeichnen.

Rationalität und Begründung. Wenigstens als Ausgangspunkt unserer Diskussion über soziale Rationalität kann eine Explikation dienen, die verbreitet, wenngleich strittig ist: Rational ist das, was *selbst* einer Begründung oder Rechtfertigung fähig ist (Habermas 1981: 1,27ff.). Begründung oder Rechtfertigung werden hier in einem weiten Sinn verstanden, der nicht nur deduktive oder induktive Argumente einschließt.[3] Begründungen können den Verweis auf intersubjektiv nachprüfbare oder wiederholbare Erfahrungen und die Präsentation von Beweisen (evidence) einschließen; sie können auch auf Aktivitäten wie empirische Untersuchungen, Tests usw. verweisen.[4] In *bestimmten* Formen der Begründung hat auch der Verweis auf *individuelle*, nicht geteilte oder wiederholbare Erfahrungen eine rechtfertigende Funktion – etwa der Hinweis auf Gefühle oder Bedürfnisse, vorausgesetzt, sie können in bestimmter Weise verständlich gemacht werden.

Rational soll also primär genannt werden, was gerechtfertigt werden kann oder wofür gute Gründe gegeben werden können – oder

3 Für andere Formen von »justification« siehe z. B. Rawls 1971, 577ff. oder Apels Konzept transzendentalpragmatischer Begründungen.

4 Insofern ist der Polemik der Vertreter des Kritischen Rationalismus gegen den Begriff der »Begründung« Rechnung getragen. Zumindest insoweit »Begründung« in diesen Polemiken in einem rationalistischen Sinn als Begründung unbedingt gewisser Sätze verstanden wird (so stets bei H. Albert, siehe Albert 1968; Albert 1988, 2). Auch der wissenschaftstheoretische Gegensatz von »justification« und »falsification« kann hier beiseite bleiben. Soweit es um die Akzeptanz empirischer Sätze geht, kann deren Rechtfertigung auch im Hinweis auf das »Überleben gegenüber Kritik« verstanden werden; daran hängt hier nichts. Schnädelbach hält die Explikation von Rationalität durch Begründbarkeit für zu eng: »Rational ist auch das Vermögen der Realitätsprüfung (Freud), des Lernens aus Fehlern und Irrtümern (Popper), des Problemelösens in rückgekoppelten Handlungszusammenhängen (Gehlen), der zweckorientierten Mittelwahl (Weber) – viele andere prominente Muster ließen sich anfügen; die genannten gehen im Schema ›Begründung‹ oder ›diskursive Einlösung von Geltungsansprüchen‹ einfach nicht auf.« (Schnädelbach 1987c, 69) Nun lassen sich Realitätsprüfung, Lernen aus Fehlern, rationale Wahl als Aktivitäten verstehen, die sich nach bestimmten Kriterien begründen lassen und deren Ergebnisse sich wiederum rechtfertigen lassen müssen und die eben deswegen rational sind. Andere, eher naturalistische Explikationen etwa von »Lernen« und von Rationalität generell sind vorgeschlagen worden (siehe behavioristische Lernkonzepte oder Bennetts Explikation von Rationalität (Bennett 1964)). Hier muß, wie gesagt, dahingestellt bleiben, ob solche Explikationen ebenfalls sinnvoll sind.

könnten.[5] In diesem Konjunktiv stecken Ambiguitäten, die das praktische Verhältnis des Urteilenden zum Gegenstand des Rationalitätsurteils oder das Verhältnis von Beobachter und Akteur betreffen. Wir werden sie später behandeln. Die Angabe von Gründen zielt auf intersubjektive Einsicht und Anerkennung, auf eine Konvergenz der Überzeugungen – frei und doch in gewisser Weise »intern« genötigt. Rational ist also, was begründet ist und so von allen eingesehen werden kann. In *diesem* Sinn ist auch der »subjektivierte« neuzeitliche Rationalitätsbegriff »objektiv«.

Diese Explikation stellt eine enge Verbindung von Rationalität und sprachlicher Rechtfertigung her. Verglichen mit vielen Verwendungen von »Intelligenz« im Sinne von adaptivem oder problemlösendem Verhalten bekommt Rationalität damit einen engeren Sinn. Für einen solchen grundlegenden Zusammenhang zwischen Rationalität und Sprache sind starke Argumente vorgebracht worden (Davidson 1982). Jedoch werden später einige Komplikationen zu berücksichtigen sein: Rationales Handeln, ja selbst sprachliche Verständigung mögen an Voraussetzungen gebunden sein, die nicht selbst sprachlich artikulierbar sind. Für unser Thema relevanter sind Fälle, in denen Aktivitäten als rational bezeichnet werden, obwohl die Akteure keine expliziten, bewußten Gründe für ihr Handeln haben.

Ein Problem, das hier nicht gelöst werden kann, ist das des Universalismus: Gelten dieselben Kriterien für Rationalität oder Begründbarkeit für alle sprachfähigen Wesen? Oder nur für solche, die jeweils spezifischere kulturelle Voraussetzungen gemeinsam

5 »Someone acts rationally in matters of belief, action, and evaluation when his reasons are cogent reasons. Rationality thus involves the capacity ›to give an account‹ – to use one's intelligence to provide a ›rationale‹ for what one does that establishes its appropriateness. It is a matter of conducting one's affairs responsibly – of being able to provide an account of (sufficiently) telling reasons for what one does in a way that will enable people ›to see the point‹ and to accept that it makes good sense to proceed as one did. A belief or evaluation or action is accordingly rational if the agent can tell a story that succeeds in making sense of it by showing that – and how – it was a sensible thing to arrive at in the circumstances ... Rational people are, ex officio, in a position to provide a rationale of good reasons for what they do – which is why the range of rationality has, since the days of the philosophers of ancient Greece, generally been deemed coextensive with the linguistically equipped intelligence needed for the articulation of warranting considerations – of *reasons*« (Rescher 1988, 4).

haben? Das meiste, was ich zu den Problemen sozialer Rationalität sagen werde, läßt sich unabhängig von dieser Alternative verstehen – zumindest provisorisch. Wir beziehen uns zunächst auf den Kontext unserer eigenen Kultur – *innerhalb* derer aber präsumtiv einheitliche, außerdem dem Selbstverständnis nach universalistische Rationalitätsstandards gelten. Die Berechtigung dieses Anspruchs werde ich nicht ausführlich diskutieren; jedoch werde ich das Problem des Universalismus streifen, wenn es um Rationalitätsurteile aus der Beobachterperspektive geht. Möglicherweise gibt es Unterschiede im Anspruch universeller Begründbarkeit zwischen Tatsachenurteilen und moralischen Urteilen einerseits, evaluativen Urteilen andererseits; davon wird die Rede sein.
Ohnehin bewegt sich diese Explikation noch in einem ziemlich engen Zirkel. Es ergibt sich ja sogleich die Frage, ob sich mehr darüber sagen läßt, wie wir »gute« Gründe identifizieren oder was »rationale« Begründungen oder Rechtfertigungen auszeichnet. Obwohl es nicht sinnvoll ist, ein einheitliches Metakriterium für die Bestimmung guter Gründe angeben zu wollen, lassen sich gewisse allgemeine Merkmale verschiedener *Arten* guter Gründe oder verschiedener Dimensionen der rationalen Rechtfertigungen angeben (Abschnitt 3).

Pragmatischer Charakter von Rationalität. Wie später deutlich werden soll, hat die Zuschreibung von Rationalität primär einen pragmatischen Sinn. Rationalität bezieht sich in erster Linie auf Aktivitäten (eingeschlossen »mentale« und sprachliche Aktivitäten) und Akteure (bzw. deren Eigenschaften oder Zustände), und nur in einem abgeleiteten Sinn auf Bedeutungsgehalte oder symbolische Gebilde (Propositionen, Theorien, Normsätze). »Rational« in dieser ersten, primären Bedeutung ist deswegen auch nicht *identisch* mit Prädikaten wie Wahrheit (einer Aussage), moralische Richtigkeit (einer Norm oder eines Urteils) oder Angemessenheit bzw. Gültigkeit (einer nichtmoralischen Bewertung) und auch nicht ein *Oberbegriff* für solche Prädikate, so daß die Prädikation von »Wahrheit«, »moralische Richtigkeit« usw. gleichbedeutend wäre mit der Zuschreibung entsprechender Typen von Rationalität. Aber es gibt natürlich eine Beziehung zwischen solchen Prädikaten, der Begründung ihrer Anwendung und der Zuschreibung verschiedener Formen von Rationalität.

Verantwortung. Aus dem skizzierten Rationalitätskonzept ergibt sich, daß eine sehr enge Beziehung zwischen dem Begriff der Rationalität und dem der *Verantwortlichkeit* besteht. Rational sind Überzeugungen, Behauptungen oder Handlungen, für die man geradestehen, die man begründen oder vor sich selbst und vor anderen rechtfertigen kann. Das bedeutet umgekehrt, daß das Prädikat rational und die Negation *ir*rational nicht auf Verhältnisse angewendet werden können, die wir nicht beeinflussen oder ändern können. Die entzauberte Welt ist weder rational noch irrational. Konstante bzw. durch unsere Eingriffe nicht veränderbare Eigenschaften der äußeren und auch der menschlichen Natur, wohl auch gewisse soziale Gesetzmäßigkeiten, welche den Akteuren als Handlungsbedingungen vorgegeben sind, können nicht irrational genannt werden, sondern sind nichtrational (arational). Wie die Reichweite und die Grenzen unserer Handlungsmöglichkeiten – vor allem im Bereich *kollektiven* Handelns –, also die Grenzen des Bereichs des Veränderbaren zu bestimmen sind, das ist natürlich ein äußerst schwieriges und kontroverses Problem.

Irrationalität. Überhaupt machen die Anwendungsbedingungen des Begriffs der Irrationalität die Verbindung zwischen Rationalität und Verantwortung deutlich. Die Klassifikation von Aktivitäten oder Akteuren als irrational setzt eine gewisse Zuschreibung von Verantwortlichkeit und Fähigkeit zu Rationalität voraus. Irrationalität ist eine Perversion von Rationalität oder das Fehlen *möglicher* Rationalität. Jemand, der unter Hypnose handelt oder unter dem Einfluß einer geistigen Erkrankung, die seine Urteilsfähigkeit und Handlungsfreiheit beseitigt, kann nicht irrational genannt werden. Auch bloße Irrtümer sind nicht irrational.[6] Dar-

6 »The point is that the possibility of irrationality depends on a large degree of rationality. Irrationality is not mere lack of reason, but a disease or perturbation of reason.« (Davidson 1982, 321) – »... irrationality is a fairly gross violation of the dictates of reason, a flying in the face of reason, a belief, feeling or action which runs counter to a weighty reason when one has not reason or only a feeble on favoring it...« (Baier 1978, 713). Ähnlich Benn, Mortimore 1976b, 3; Gert 1983, 49; und Szabados 1979: »Irrationality (in the puzzling and interesting cases) presupposes and operates against the background of rationality. It is for this reason that we are inclined to mark off cases of irrationality from cases of being sick in the head or from cases of being generally unable to recognize reasons and essentially relevant evidence.

über hinaus ist, wie erwähnt, zwischen irrationalen und arationalen Elementen zu unterscheiden. Rescher fügt eine weitere plausible Unterscheidung hinzu: »The rational has diverse contrasts; it can be distinguished from what is *a-rational*, in being indifferent to reason, simply not concerned with it; *irrational*, in going against reason; *extra-rational*, in going beyond or outside the range of reason. Natural forces are a-rational; foolish and unreasonable people are often irrational; mystics and visionaries comport themselves in ways that are extra-rational in proceeding by ›purely intuitive‹ means when in circumstances where reason is rather silent than negative.« (Rescher 1988, 197f.)

2. Anwendungsbereiche des Prädikats »rational«

Einige der bisher genannten Gesichtspunkte werden deutlicher, wenn wir uns fragen, worauf das Prädikat »rational« angewandt werden kann und in welcher Weise (Schema 3).[7]
Ich unterscheide vier Hauptkategorien: Sinngehalte und -strukturen (A); intentionale Zustände und Aktivitäten (B); Akteure oder Personen (C); soziale Verhältnisse (D). In diesem Abschnitt werde ich hauptsächlich die Kategorien A und B diskutieren, während die Problematik der Kategorie D, also der Rationalität von sozialen Institutionen oder Zuständen, in den beiden folgenden Abschnitten behandelt wird. Zur Kategorie C – der Rationalität von Akteuren oder Personen – hier nur eine kurze Erläuterung: Eine Voraussetzung dafür, eine Person rational zu nennen, ist sicher, daß sie über kognitive Kompetenzen verfügt – also die Fähigkeit, sich an Gründen zu orientieren und ihre Überzeugungen und Aktivitäten zu rechtfertigen. Die Fähigkeit zur Rechtfertigung schließt das Vermögen ein, sich sprachlich zu verständigen. Aber auch speziellere kognitive Kompetenzen können einen sozialen, auf intersubjektives Verstehen gerichteten Charakter haben (soziale Kognition) (Selman 1980). Zur Rationalität einer Person ge-

So the widespread and philosophically interesting cases of irrationality are those when a generally rational agent, with a concern for rationality, nay, in the name of rationality, believes or behaves irrationally; whence the need for self-deception and rationalisation« (388).

7 Eine ähnliche Frage verfolgt Ritsert (1988, 89ff.).

hört aber auch, daß sie fähig ist, nach ihren rationalen Einsichten zu handeln, oder besser: daß sie sich normalerweise oder zu einem gewissen Grad auch praktisch an solchen Einsichten orientiert. Es ist also eine gewisse praktische Einstellung auf Rationalität erforderlich. Je nachdem, ob sie in größerem oder geringerem Ausmaß gegeben ist, können wir einen Akteur mehr oder weniger rational nennen; und wenn er häufig in der Praxis gegen seine besseren Einsichten handelt, kann er uns als irrational gelten. Rationalität der Lebensführung (Weber) bestünde in einer systematischen und kontinuierlichen Orientierung an Rationalitätskriterien.[8]

Die Kategorien A und B unterscheide ich ohne feinere bedeutungstheoretische Differenzierungen: A umfaßt symbolische Gebilde und deren Sinngehalt oder Bedeutung. Alle Subkategorien von B sind entsprechend als Zustände oder besser Aktivitäten eines Akteurs zu verstehen. Wo abgekürzt von »Überzeugung« geredet wird, ist also das Akzeptieren von Sinngehalten gemeint – im Sinne von »belief states« oder »propositional attitudes« oder des »act of believing«. Die symbolischen Gebilde und Gehalte der Kategorie A bilden die Gegenstände oder Inhalte von solchen Überzeugungen, Urteilen (Urteilsakten) oder Äußerungen. »Intentional« heißt im Hinblick auf geistige Zustände oder Aktivitäten, daß sie einen bestimmten Gehalt haben (anders als etwa Bewußtseinszustände wie unbestimmte Angst), und generell für Aktivitäten, daß die Akteure Gründe für ihr Tun haben. Diese können in bestimmter Weise unbewußt sein; dazu gleich. Auch Überzeugungen müssen nicht immer *aktuell* bewußt sein.[9]

8 Soziologische Theorien nehmen häufig an, daß solche praktischen Einstellungen auf Rationalität (ein »Ethos« der Rationalität) eine kulturelle und sozialpsychologische Variable darstellt, die sich in Modernisierungsprozessen positiv entwickelt. So schon Weber. Zu entsprechenden empirischen Studien siehe etwa Inkeles 1976.

9 »Many conscious states are not Intentional, e. g., a sudden sense of elation, and many Intentional states are not conscious, e. g., I have many beliefs that I am not thinking about at present and I may never have thought of.... Such unconscious beliefs ... need not be instances of any kind of repression, Freudian or otherwise; they are just beliefs that one normally doesn't think about ...« (Searle 1983, 1 f.). – Nicht alle intentionalen Zustände sind entweder rational oder irrational. Manche mögen arational sein; viele haben zumindest ein arationales (Antriebs-)Element. Vor allem Wünsche usw. haben eine »energetische« Komponente (Triebe/Antriebe), die mit der symbolischen auf irgendeine Weise amalgamiert wird (Ricoeur 1969). Welche inten-

Sinnstrukturen und Rationalität. Innerhalb der ersten Kategorie wird zwischen symbolischen *Gehalten* und *Strukturen* unterschieden. In symbolischen Gebilden und Aktivitäten lassen sich bestimmte formale Strukturen ausmachen. Dazu gehören semantische Strukturen, also grundlegende Kategorien oder Begriffssysteme, und Kriterien formaler Korrektheit in Gestalt »generativer« Regeln. Die Beherrschung entsprechender Kategorien und Regeln bildet ein wesentliches Element der kognitiven Kompetenz von Akteuren. Beispiele sind die Regelsysteme der Logik, Mathematik und Grammatik. Piaget hat (wie in ganz anderer Weise schon Kant) die Verbindung logischer und arithmetischer Strukturen mit grundlegenden Schemata der Weltauffassung und des Agierens in der Welt analysiert, wie den Schemata der Orientierung in Raum und Zeit, des physikalischen Messens und der Klassifikation. Auf dem Gebiet semantischer Strukturen (Begriffssysteme, Weltbildstrukturen) sind die Grenzen zwischen »Struktur« und »Inhalt« allerdings schon fließend. Gemeinsam ist solchen Basisregeln die Selbstverständlichkeit ihrer Geltung. In der Regel werden sie nicht als solche explizit gewußt, sondern intuitiv, praktisch beherrscht und angewendet. Sollten wir solche Strukturen *rational* nennen? Tatsächlich sind sie eher Bedingungen oder Voraussetzungen von Rationalität, und ihre korrekte Beherrschung oder Anwendung ist *ein* Kriterium für die Rationalität von symbolischen Aktivitäten oder von deren Ergebnissen, also symbolischen Gebilden. Solche Strukturen bilden nicht zuletzt eine Voraussetzung für Begründungen, und es ist offen, ob oder in welcher Weise sie (»transzendental«) selbst begründet werden können. In einem speziellen Sinn hat man dennoch von der Rationalität solcher Strukturen gesprochen: nämlich im Hinblick auf eine evolutionäre Stufenfolge formaler oder kognitiver Strukturen (ontogenetisch oder phylogenetisch betrachtet), die als eine Entwicklung von niedrigeren zu höheren Rationalitätsniveaus oder als Vorgang der »Rationalisierung«, etwa von Weltbildern, betrachtet werden kann.[10] Rationalität wird hier als komparative Kategorie gebraucht, nicht als Gegenbegriff zu Irrationalität.

tionalen Zustände (vor allem Neigungen, Wünsche usw.) »rationalisierungsfähig« sind und welche nicht, ist natürlich umstritten. Siehe unten die Bemerkungen über evaluative und expressive Rationalität.

10 Siehe die bekannten Analysen der Piagetschule, vor allem Kohlbergs Unter-

Sinngehalte und intentionale Aktivitäten. Es ist nicht sinnvoll, das Prädikat »rational«, so wie es hier expliziert worden ist, auf Sinngehalte anzuwenden. Ich würde vorschlagen, den Anwendungsbereich von »rational« auf die Kategorien B, C und D, also auf intentionale Zustände und Aktivitäten, Akteure und soziale Verhältnisse zu beschränken. Es gibt neben »rational« andere kritische Prädikate eines bestimmten Typs (nennen wir sie »Geltungsprädikate«): wahr, richtig, gültig oder angemessen. Die Anwendungsbedingungen dieser Prädikate unterscheiden sich in charakteristischer Weise von der Art, in der wir »rational« verwenden. Geltungsprädikate beziehen wir auf Sinngehalte, speziell auf Urteile: »wahr« beziehen wir auf Aussagen bzw. Propositionen oder auf Theorien, »richtig« auf moralische Urteile oder Normen; »gültig« auf evaluative Urteile. »Moralisch richtig« läßt sich allerdings auch auf Handlungen beziehen – nämlich auf solche, die auf einem »richtigen« moralischen Urteil beruhen. Entscheidend ist nun, daß für diese Prädikate – exemplarisch für »wahr«, nach bestimmten Theorien auch für »moralisch richtig« oder selbst für (evaluativ) »gültig« – gilt, daß sie mit *»objektiven«* oder *»idealen«* Anwendungs- oder Erfüllungsbedingungen verbunden werden – wie die auch immer expliziert werden mögen. Die Wahrheit eines Satzes und die Richtigkeit eines moralischen Urteils hängen nicht von den Personen ab, welche den Satz für wahr oder die Norm für richtig halten, oder von deren Umständen.

Im Falle des Prädikats »rational« verhält es sich etwas anders. Eine Überzeugung zu haben und auf ihrer Grundlage zu handeln ist rational, wenn man gute Gründe dafür hat, sie je nachdem für wahr, moralisch richtig usw. zu halten. Aber die Wahrheit, moralische Richtigkeit usw. einer Überzeugung ist keine notwendige, vielleicht auch keine hinreichende Bedingung für die Rationalität ihrer Akzeptanz. Eine Überzeugung anzunehmen kann rational sein, auch wenn sie falsch ist. Nämlich dann, wenn der Akteur in seiner jeweiligen Situation hinreichende Gründe hat, sie für wahr oder richtig *zu halten.* Umgekehrt kann die Rationalität einer Überzeugung bezweifelt werden, wenn sie zwar wahr ist, aber vom Akteur aus den falschen Gründen akzeptiert wird. Aufgrund

suchungen zur Entwicklung des moralischen Urteils, für die ontogenetische Entwicklung. Zur Übertragung des Analyseschemas auf Weltbildentwicklungen siehe Habermas 1976, 9ff.; Habermas 1981:1, 72ff.; Dux 1982.

Schema 3:

Anwendungsbereiche des Prädikats »rational«

	individuell	kollektiv
A.		
Symbolische Gebilde und Sinngehalte	1	
Aussagen, Theorien		
Normen, Prinzipien, normative Urteile		
Werte, Evaluationen		
Expressive und narrative Symbolismen		
Sinnstrukturen	2	
Basisregeln (Logik, Grammatik)		
Kategorien, Begriffssysteme		
Weltbildstrukturen		
B.		
Intentionale Zustände und Aktivitäten		
Überzeugungen, Neigungen	3	4
Überzeugungen, Urteile (belief states/ believing) (empirisch, normativ, evaluativ). Bedürfnisse, Wünsche, Abneigungen, Präferenzen, Interessen		
Handlungsabsichten	5	6
Projekte		
Pläne, Ziele		
Entscheidungen		
Handeln	7	8
Handlungen, Aktivitäten		
(auch: Sprechhandlungen, andere symbolische Akte)		
C.		
Akteure	9	10
Kompetenzen		
Einstellungen, Performanz		
Lebensführung		
D.		
Soziale Verhältnisse	11	
Institutionen		
andere Strukturen/Prozesse/Zustände		
Gesellschaften		

solcher Überlegungen hat man Wissen als »gerechtfertigte wahre Überzeugung« – justified true belief – definiert: als eine wahre Überzeugung, die aus den richtigen Gründen akzeptiert wird. Wissen in diesem Sinn wäre immer eine rationale Überzeugung, aber nicht alle rationalen Überzeugungen wären Wissen.

Solche Aussagen über die Rationalität von Handlungen oder Überzeugungen machen wir normalerweise in der Beobachterrolle – oder auch in der *Retrospektive* auf eigene frühere Aktivitäten. In der Rolle des Teilnehmers wird im allgemeinen nicht über die Rationalität, sondern über die Wahrheit oder Richtigkeit von Überzeugungen oder Behauptungen gestritten – wobei offenbar ihr Sinngehalt gemeint ist. Die Teilnehmer können eine Aussage als wahr oder eine Norm als richtig akzeptieren, weil sie glauben, daß sie sich hinreichend um Kritik, Bestätigung oder Rechtfertigung bemüht haben. Sie können dies im Bewußtsein möglicher Fehlerhaftigkeit tun; ihre Akzeptanz ist dennoch rational, wenn sie das nach den Umständen Nötige und Angemessene zur Vergewisserung getan haben. Sie können eine Aussage auch bloß als wahrscheinlich wahr oder als hinreichend gerechtfertigt betrachten, um sie zur Grundlage ihrer Aktivitäten zu machen.[11] In solchen Fällen ist die Rationalität von Entscheidungsgrundlagen auch aus der Sicht der Akteure nicht an ihre Wahrheit oder Richtigkeit nach idealen Standards gebunden. Kompliziert sind auch die Beziehungen zwischen der Rationalität instrumentellen Handelns und der Wahrheit der von den Akteuren angewandten Annahmen. Solange ihre Prognosen über den Zusammenhang von Eingriff und Resultat richtig sind, können die Theorien, aus denen sie solche Prognosen ableiten, falsch sein – ohne den Handlungsvollzug zu gefährden. Das ist bei vielen Alltagstheorien zweifellos der Fall (»Rezeptwissen«). Das ist ein Spezialfall von »latenten Funktionen«: der Zusammenhang von Handlung und Ergebnis wird zwar richtig gesehen bzw. antizipiert, aber der kausale Zusammenhang wird falsch gedeutet. Auf diesem Sachverhalt beruhen manche Auffassungen über einen grundlegenden Unterschied zwischen »Alltagsrationalität« und »wissenschaftlicher Rationali-

11 Popper verlangt eine entsprechende Haltung für die Akzeptanz von Theorien – die nicht wegen ihrer (nie gegebenen) »Wahrheit«, sondern wegen des Nutzens für den Fortgang der Forschung erfolgen sollte. Siehe die Bemerkungen von Mortimore, Maund 1976, 22.

tät«. Das gleiche Verhältnis finden wir aber auch in der Medizin oder in technologischen Disziplinen.

Schließlich: Die guten Gründe, eine Überzeugung als wahr oder richtig zu akzeptieren (oder auch: Geltungsansprüche in Sprechakten zu akzeptieren), sind oft von anderer Art als die Gründe oder Verfahren, mit denen die Wahrheit oder Richtigkeit einer entsprechenden Aussage letztlich zu belegen wäre. Man akzeptiert einen sehr großen Teil seiner Überzeugungen, weil man sich auf gesellschaftliche Prozeduren der Hervorbringung, Überprüfung und Verbreitung von Wissen verläßt (vielleicht auch auf persönliche Autorität).[12] Allerdings gilt das eher für empirisches Wissen als für moralische und evaluative Urteile.

Generell gehört zur Rationalität von Überzeugungen ein rationales Urteil, welche *Anstrengungen* man in ihre Überprüfung (inquiry) investieren sollte.[13] In diesen verschiedenen Hinsichten ist Rationalität (auch kognitive Rationalität) also an pragmatische Bedingungen gebunden: »Rationality, like politics, is an art of the possible – a matter of doing the best that is possible in the overall circumstances in which the agent functions – cognitive circumstances included ... In matters of belief, action, and evaluation we must proceed within the budget of our intellectual and other resources (of time, effort, finances, and ability), doing the best we can in the full recognition that this may not lead us to the ideally best.« (Rescher 1988, 23, 10) Es ist dieser generell pragmatische Charakter von Rationalität, der es sinnvoll erscheinen läßt, in bezug auf symbolische Gebilde oder Sinngehalte nur von wahr, richtig usw. zu reden und »rational« auf pragmatische Kontexte, eingeschlossen die *Akzeptanz* oder Beurteilung solcher Sinngebilde als wahr, richtig usw., zu beschränken.

12 Siehe schon A. Schütz: »The Well-Informed Citizen. An Essay on the Social Distribution of Knowledge.« (Schütz 1964b).

13 »We cannot think of the standards of epistemic rationality as solely concerned with the degree of support given to propositions by antecedently accepted premises. They also demand, at least in cases of belief about fairly complex matters, a variety of activities (let us call them *research activities*) prior to the formation of belief ...«; deren Umfang ist »limited by practical considerations« (Mortimore, Maund 1976, 15 f.).

Rationalität von Überzeugungen und Rationalität des Handelns. Gewöhnlich wird die Rationalität von Handlungen auf die Rationalität der Intentionen (Überzeugungen, vielleicht Neigungen, und Entscheidungen der Akteure) zurückgeführt. Das ist grundsätzlich plausibel: Wenn wir die Rationalität einer Handlung als ihre Begründbarkeit verstehen, ist zuerst an die expliziten Gründe zu denken, welche die Handelnden selbst hatten. Es gibt jedoch einige bekannte Einwände.

Eine Form der Kritik besteht im Verweis auf nichtrationale, nichtintentionale oder nicht sprachlich explizierbare Voraussetzungen von Handlungen, Überzeugungen, auch schon von Begründungen. Es wird darauf hingewiesen, daß Handlungen, Überzeugungen und Argumentationen in bestimmter Weise auf Elementen beruhen, die nicht artikuliert und die nicht *wie* Überzeugungen überprüft werden können – nämlich auf »practical knowledge«, bestimmte Arten des »Könnens« oder »Kennens« (connaître, nicht savoir; know-how, nicht know-that), auf praktischen Fertigkeiten (skills) oder auch auf fundamentalen, nicht problematisierbaren Gewißheiten.[14] Daß Rationalität des Denkens und Handelns auf gewissen »nichtrationalen« Voraussetzungen beruht, ist für sich genommen kaum überraschend und noch keine Herausforderung eines Verständnisses von Rationalität als Begründbarkeit. Daß alles Handeln und damit auch rationales Handeln beispielsweise gewisse körperliche Fähigkeiten voraussetzt, macht diese noch nicht zum Rationalitätskriterium. Problematischer wird der Hinweis, wenn er so verstanden wird, daß »gute Gründe« nur vor einem nicht überprüfbaren, partikularen, an spezifische Lebensformen oder Praktiken gebundenen Hintergrund verständ-

14 Siehe Searle 1983, 141 ff.; Dreyfus 1980; Habermas 1981:1, 449 ff.; ähnliche Hinweise finden sich schon bei Michael Polanyi; A. Schütz/Husserl; Merleau-Ponty. – Verhältnismäßig unproblematisch ist dagegen der Hinweis auf die holistische Struktur von »belief systems«: Unsere Überzeugungen hängen netzartig zusammen; der Sinn und die Glaubwürdigkeit jeder einzelnen Überzeugung ist auf einen Kontext anderer Überzeugungen angewiesen (Quine et al.). Dieser Kontext kann nie insgesamt expliziert und kritisch geprüft werden. Rationalität hängt aber nicht von der expliziten Rechtfertigung jeder einzelnen jeweils relevanten Annahme ab, sondern davon, wie diejenigen Elemente überprüft und gerechtfertigt werden, die jeweils problematisch werden – und davon, daß es keine prinzipiellen Sperren gegen solche Problematisierungen gibt.

lich oder überzeugend wirken. Der *Universalitätsanspruch* von Rationalität oder »guten Gründen« wäre in Frage gestellt. Ob diese Konsequenz wirklich gezogen werden muß, bleibt hier offen.[15]

Wichtiger ist hier ein anderer Hinweis. Handlungen beruhen nicht immer auf expliziten Überlegungen und Plänen. Gehandelt wird oft spontan oder aufgrund eingespielter Routinen und Gewohnheiten, viel weniger aufgrund expliziter Überlegung (deliberation) und Planung. Viele Überzeugungen oder Neigungen, die für das jeweilige Handeln relevant sind, bleiben gleichwohl unbewußt. Der Handelnde könnte möglicherweise nachträglich seine Gründe nennen, aber sie sind ihm im Handeln nicht präsent, und es ist oft nicht ganz klar, was die Wahrheitsbedingungen nachträglicher Erklärungen seiner Handlungsintentionen wären. Können wir solches Routinehandeln rational nennen? Man kann sagen, daß sich Überzeugungen und Erfahrungen zu Routinen und Gewohnheiten (habits) sedimentieren und daß dieser Vorgang unter bestimmten Bedingungen rational ist. Zuviel Problematisierung würde lähmend wirken; zuwenig kann zu Dogmatismus und Lernblockaden führen. Rationalität hängt von einem Gleichgewicht zwischen der Bildung von Gewohnheiten, Routinen, impliziten Überzeugungen einerseits, der Bereitschaft und Fähigkeit zur kritischen Überprüfung, Korrektur und Verbesserung andererseits ab. Andere Fälle »latenter« oder »objektiver« Rationalität sind verwickelter; sie werden uns im übernächsten Abschnitt beschäftigen.

Rationalität von Interaktionen oder kollektiven Aktivitäten. Soziale Interaktionen oder kollektive Aktivitäten, die auf geteilten, rational begründeten Überzeugungen beruhen, können wir gewiß rational nennen. Kollektive Überzeugungen bestehen nicht nur in identischen (inhaltsgleichen) Überzeugungen bei verschiedenen Akteuren. Sie setzen zumindest ein reziprokes Wissen um diese Übereinstimmung voraus. In einem stärkeren Sinn erfordert die Rationalität kollektiver, geteilter Überzeugungen nicht nur eine

15 Das Problem ist allerdings aktuell. Denn mit solchen Argumenten ist nicht nur die Inkompatibilität des Weltverständnisses verschiedener Kulturkreise, sondern auch von weiblicher und männlicher, wissenschaftlicher und Alltagsrationalität behauptet worden.

solche bewußte Übereinstimmung, sondern eine gemeinsame Praxis der kritischen, argumentativen Überprüfung und Erarbeitung solcher Überzeugungen. Es ist allerdings eine praktische Frage, wieweit eine solche Übereinstimmung jeweils gehen muß und wieweit sie auch gemeinsam aktiv, in argumentativer Auseinandersetzung erarbeitet sein muß, um ein kollektives Handeln rational zu nennen. Rationale kollektive Handlungspläne oder kooperative Unternehmungen setzen unter anderem voraus, daß die Beteiligten die Verteilung von Lasten und Vorteilen mit guten Gründen akzeptieren können. Gemeinsame Pläne oder Projekte setzen jedoch keineswegs geteilte *Ziele* oder *Bewertungen* voraus. Möglicherweise, aber nicht notwendigerweise enthält der kollektive Plan eine Zielbestimmung oder einen Erfolgsstandard für das kollektive Unternehmen. Selbst in diesem Fall kann es sich um ein bloß instrumentelles Ziel handeln, das den einzelnen Teilnehmern die Realisierung ganz verschiedener individueller Ziele ermöglicht. Auch wenn es ein genuin gemeinsames Ziel oder einen gemeinsamen evaluativen Erfolgsstandard gibt, können zusätzlich noch differierende individuelle Nebenziele verfolgt werden. Die Gemeinsamkeit von Werten oder Zielen ist also keine notwendige Bedingung für Vergesellschaftung oder Kooperation; in mancher Hinsicht wäre sie nicht einmal unbedingt eine positive Voraussetzung: Divergierende individuelle Werte und Ziele erleichtern funktionale Differenzierung – abgesehen vom positiven Wert eines kulturellen Pluralismus. Solche Divergenzen werden kompatibel gehalten durch Abgrenzung von Handlungsfreiheiten einerseits, freiwillige Transaktionen andererseits. Der notwendige Umfang des geteilten kognitiv-empirischen Wissens kann ebenfalls erheblich variieren. Vielleicht zielt die Struktur des Projekts oder Handlungsplans gerade darauf, durch Arbeitsteilung und Hierarchie die kognitiven Lasten zu verteilen und die Ansprüche an genuin gemeinsames Wissen herabzusetzen. Damit ist schon ein Aspekt der Rationalität von *Institutionen* genannt, die in Abschnitt 4 näher betrachtet wird.

Formale und materiale Rationalität, theoretische und praktische Vernunft, Rationalität der Wissenschaft und des Alltags – das sind einige der Unterscheidungen, mit deren Hilfe man Formen oder Typen der Rationalität beschrieben hat. Die traditionelle Unterscheidung von theoretischer und praktischer Rationalität wurde im letzten Abschnitt in bestimmter Weise unterlaufen. Rationalität ist wesentlich praktisch, ob es um die Annahme von Überzeugungen, um Handlungspläne oder Handeln geht. Auch die rationale Bildung, Überprüfung und Akzeptanz von Überzeugungen erfordert praktische Aktivitäten und Entscheidungen. Bestimmte Formen rationaler Rechtfertigung von Urteilen oder Behauptungen oder die Kriterien dafür, wann es rational ist, den Inhalt von Überzeugungen als wahr oder richtig (oder wenigstens plausibel, wahrscheinlich usw.) *gelten* zu lassen, wechseln mit den Handlungskontexten. Das ist das richtige Element der Gegenüberstellung von wissenschaftlicher und Alltagsrationalität.[16] Wissenschaft im modernen Sinn ist eine besondere, institutionalisierte soziale Aktivität, spezialisiert auf Erkenntnisgewinn und in gewissem Maß entlastet von der Lösung praktischer Handlungsprobleme außerhalb ihrer eigenen Sphäre. Institutionalisiert sind nicht zuletzt bestimmte Standards und Verfahren der Kritik, Rechtfertigung und Überprüfung von Aussagen oder Theorien. Von ihnen hängt es ab, wann es rational ist, eine Aussage oder Theorie zu akzeptieren. Natürlich bedürfen diese Standards selbst der Rechtfertigung. Ihre Rationalität ist wiederum eine Bedingung für die Rationalität der Wissenschaft als sozialer Praxis – obwohl nicht die *einzige*: andere institutionelle Elemente (Allokation von Ressourcen, Ausbildung des Nachwuchses, Bildung von Reputation, Motivierung der Teilnehmer usw.) spielen ebenfalls ihre Rolle. In *anderen* Handlungsbereichen gelten nicht unbedingt dieselben Kriterien rationaler

16 Die vor allem von sozialphänomenologischen Theoretikern (in Anlehnung an Husserls Kritik an der Verdrängung der lebensweltlichen Sinnfundamente der modernen Wissenschaft) betont und gelegentlich mystifiziert worden ist. Siehe Kockelmans 1979; Schütz 1964a, 64ff.; dazu die Kontroverse zwischen Schütz und Parsons (in der Parsons die Kontinuität zwischen wissenschaftlicher und Alltagsrationalität hervorhob), in Grathoff 1978.

Akzeptanz von Aussagen oder Theorien. Ob es rational ist, ein wissenschaftliches Ergebnis in nichtwissenschaftlichen Kontexten oder auch in anderen wissenschaftlichen Disziplinen als wahr zu akzeptieren, hängt beispielsweise häufig vor allem davon ab, ob wir gute Gründe haben, an die Rationalität der Wissenschaft und die Wirksamkeit entsprechender Standards und Kontrollmechanismen zu glauben. Damit ist eine grundlegende Gemeinsamkeit des Rationalitätskonzepts vorausgesetzt, aber auch eine Differenz spezifischerer Kriterien. Wissenschaft ist in modernen Gesellschaften eine institutionalisierte rationale Aktivität oder ein »Vernunftunternehmen« (Toulmin 1978) neben anderen – etwa dem Recht. Sie alle haben spezifische Erkenntnisziele, Methoden, Erfolgskriterien und Kritikstandards. Deswegen kann man zunächst in einem *deskriptiven* Sinn von verschiedenen »Rationalitäten« oder gar »Logiken« (oder »Handlungslogiken«) sprechen: etwa von »juristischer Rationalität« oder »politischer Rationalität«.

Unterscheidungen von Rationalitätstypen sind aber meist grundsätzlicher gemeint, und auch dem Selbstverständnis unterschiedlicher »Vernunftunternehmen« und der Rechtfertigung ihrer jeweiligen Rationalitätsstandards liegen solche prinzipielleren Differenzierungen zugrunde. Schon die alte Unterscheidung von theoretischer und praktischer Vernunft oder die neuere von Wissenschafts- und Alltagsrationalität betreffen nicht allein die geringere oder größere Distanz intellektueller Aktivitäten zum praktischen Handeln und daraus abgeleitete Merkmale. Sie schreiben der Theorie oder Wissenschaft bestimmte Erkenntnisinteressen oder Erkenntnisgegenstände zu. Im neuzeitlichen Verständnis zielt Wissenschaft primär auf Erkenntnis einer objektiven, empirischen Realität oder auf die Analyse formaler Regeln und Beziehungen. Dem entspricht ein Konzept empirisch-kognitiver oder formaler Rationalität. Gemessen daran ist der Charakter der Rationalität von Geistes- und Sozialwissenschaften oder einer Disziplin wie der Jurisprudenz allerdings stets im Zwielicht geblieben. Diese Rationalitätsformen haben ihr praktisches Komplement: Die Anwendung empirischen Wissens und formaler Entscheidungsregeln in technisch-instrumentellen oder »zweckrationalen« Aktivitäten. Allein, diese praktischen Anwendungen treffen nicht die traditionelle Bedeutung praktischer Rationalität (und auch nicht den neueren Sinn von Alltagsrationalität). Praktische Rationalität im philosophischen Sinn meinte vor allem die Rationalität des Strebens nach bestimmten Zielen oder Gütern oder die Vernunft von moralischen Normen des Handelns und Zusammenlebens. Ebenso wie im Konzept der Alltagsrationalität war zudem häufig ein spezifisch praktisches, theoretisch nicht explizierbares Vermögen zu vernünftigem Handeln mitgemeint. (Darin kann man eine problematische Verselbständigung des pragmatischen Elements sehen, das *allen* Formen rationaler Aktivität, auch den »theoretischen«, eigen ist.) In verschiedenen modernen Moraltheorien ist der Begriff der Rationalität von moralischen Normen oder Urteilen erneuert und ohne Rückgriff auf ein spezielles praktisches Urteilsvermögen expliziert worden. In der Kritik an der einseitigen Ausgrenzung und Privilegierung von empirisch-kognitiver und formaler Rationalität, sei es in Gestalt der Wissenschaft oder entsprechender Elemente des nichtwissenschaftlichen Handelns, sind darüber hinaus Rationalitätstypologien entwickelt worden, die kognitiv-empirische, moralische und andere Vernunftelemente vereinen und dabei auch die alte Gegenüberstellung von theoretischer und praktischer Vernunft aufheben oder zumindest neu interpretieren – und zwar in noch anderer Form, als das oben geschah. Sie nehmen *praktische* Erkenntnisinteressen oder sprachliche bzw. sprachvermittelte *soziale Praxis* als Ausgangspunkt für die Rekonstruktion verschiedener Rationalitätsdimensionen. Exemplarisch ist die Analyse von Habermas, der seine frühere Konzeption erkenntnisleitender praktischer Interessen (Habermas 1968) ersetzt hat durch eine Rekonstruktion der Rationalitätsstrukturen von sozialen Interaktionen: Die Rationalitätsaspekte kommunikativen Handelns lassen sich an der Struktur von Sprechhandlungen aufweisen, in denen unterschiedliche Geltungsansprüche erhoben werden, für die jeweils eine rationale Rechtfertigung gefordert werden kann. Im Falle eines Dissenses kann eine solche Rechtfertigung in entsprechend spezialisierten Diskursen angestrebt werden. Die Differenzierung von Geltungsansprüchen (in Ansprüche auf Wahrheit, moralische Richtigkeit, Wahrhaftigkeit oder Authentizität, vielleicht evaluative Angemessenheit) läßt sich abbilden auf »reine Typen« rationalen Handelns, die – in analytischer Abstraktion – jeweils einem Geltungs- oder Rationalitätsaspekt entsprechen: konstative Sprechakte oder instrumentelle Handlungen, normenregulierte Handlungen, expressive Selbstdarstellungen und evaluative Äußerungen. Man könnte auch von entsprechenden Rationalitätstypen sprechen: kognitiv-instrumentelle, moralisch-praktische, evaluative und expressive Rationalität (Siehe vor allem Habermas 1981:1, 25-45, 444 ff.).[17] Einige wesentliche Elemente dieser Analysen bringe ich in das folgende, interaktionstheoretisch angelegte Schema von Rationalitätsdimensionen und Rationalitätskriterien ein. Dieses Schema ist nicht unbedingt erschöpfend, aber es soll die wichtigsten Elemente präsentieren, die für die Konzeption sozialer, institutioneller und schließlich rechtlicher Rationalität relevant sind. Ausgangspunkt ist das Problem der Rationalität *sozialen Handelns*, das als Reproduktion eines sozialen Lebenszusammenhangs verstanden wird. Viele Analysen sozialen Handelns nehmen statt dessen eine Art »Naturzustand« als Ausgangspunkt: Akteure, die sich in einer Art vorsozialer Situation begegnen und statt sich aus dem Weg zu gehen, Wege zur Handlungskoordination oder Kooperation suchen. Möglicherweise wird Kooperation dabei auch noch primär als koordiniertes instrumentelles Handeln, als gemeinsame Beschaf-

17 K.-O. Apel hat Elemente einer transzendentalpragmatischen Theorie der Rationalitätstypen entwickelt (Apel 1979c, 1984). Apel unterscheidet »scientific-technological types of rationality«: »formal-logical and mathematical thinking«, »scientific-technological rationality in the sense of physics and of manipulative instrumental technique«, »rules of means-ends or strategic rationality«; demgegenüber: »communicative rationality« mit den Subtypen »methodological rationality of communicative understanding in the human sciences«, »normative rationality of grounding ethical norms through practical discourse«, »dialectic-strategic rationality« (1979c, 318-325). Grundlegend ist der Rationalitätstypus der »transcendental-pragmatic reflection« (317). »Dialectic-strategic« rationality ist ein besonderer Typ moralischer Rationalität. Ein Begriff der Rationalität von Evaluationen fehlt in diesem Schema offenbar. Ob hermeneutische Interpretation einen eigenen Rationalitäts*typus* verkörpert, möchte ich hier offenlassen. In gewisser Weise ist Verständigung oder Sinnverstehen eine *Voraussetzung* von Rationalität. Allerdings ist hartnäckiges Mißverstehen (oder verzerrte Kommunikation) eine Form sozialer Irrationalität. »Strategische Rationalität« behandle ich (wie die Spieltheorie oder die Theorien rationaler Wahl das auch tun) als eine Spielart der Wahlrationalität oder ökonomischen Rationalität. Anders als Habermas und Apel halte ich eine Abbildung von Rationalitätsdimensionen auf Handlungstypen nicht für sinnvoll. Strategische Wahlrationalität kann unter Umständen ein Aspekt auch des verständigungsorientierten Handelns sein (etwa bei der Lösung von Koordinationsproblemen ohne Kommunikationsmöglichkeiten).

fung von Mitteln zur individuellen Bedürfnisbefriedigung verstanden. Diese Weise, das Problem der »double contingency« (Parsons) sozialer Interaktion zum Ansatz der Analyse zu machen, ist irreführend. Akteure (Personen) und Sozialität sind von vornherein aufeinander bezogen. Die Entwicklung der Person, die Ausbildung von Kompetenzen und Identitäten ist an die Teilhabe an sozialen Lebensformen gebunden, und bestimmte Formen sozialer Beziehung und kollektiven Lebens haben keine instrumentelle Rolle, sondern sind Selbstzweck. Ohne Sozialität keine handlungsfähigen Akteure: Soziales Handeln findet immer schon als Handeln in vorgegebenen sozialen Zusammenhängen statt, und es dient – bewußt oder unbewußt – immer auch der Reproduktion der Sozialität. Soziales Handeln muß also immer zugleich die Probleme der individuellen und der sozialen Reproduktion lösen; danach bemißt sich seine Rationalität. Soziale Interaktionen lassen sich entsprechend als Prozesse der Problemlösung verstehen, die auf *drei grundlegende Problembereiche* bezogen sind: den Bereich der Orientierung in der »äußeren«, »objektiven« Welt und ihrer praktischen Bewältigung (»instrumentelle« Dimension); den Bereich moralischer Probleme: Ausgleich konfligierender Ansprüche, gegenseitige Anerkennung, Solidarität; schießlich den Bereich der Entwicklung, Artikulation und Befriedigung von Bedürfnissen und Zielen, der Ausbildung individueller und kollektiver Identitäten, der Verwirklichung eines »gelungenen« individuellen und kollektiven Lebens (evaluative und expressive Dimension). Jede Gesellschaft entwickelt oder reproduziert gewisse kulturelle und institutionelle Ressourcen zur Problemlösung in diesen Bereichen: Theorien und Technologien, Handlungsnormen, evaluative Standards und expressive symbolische Muster und Ausdrucksformen.

Problem*lösungen* in diesen drei Bereichen lassen sich als solche rechtfertigen: Es gibt mehr oder weniger rationale Antworten auf diese Problemtypen. Entsprechend lassen sich drei grundlegende Dimensionen sozialer Rationalität unterscheiden: nämlich kognitiv-instrumentelle, moralische und evaluativ-expressive Rationalität. Der Sinn dieser Differenzierung läßt sich präzisieren, indem man die unterschiedlichen Formen der Rechtfertigung analysiert, welche für Problemlösungen in diesen drei Bereichen gegeben werden können. Für jeden dieser Bereiche gibt es spezifische Sorten von relevanten »guten Gründen«, die in Rechtfertigungen herangezogen werden können, und gibt es spezifische Standards, Kriterien oder Verfahren der Rechtfertigung und damit der Rationalität. Die Unterscheidung von *kognitiv-instrumenteller* und *normativer* Rationalität ist weithin unstrittig. Kognitiv-instrumentelle Rationalität betrifft den Erwerb und die Anwendung empirischen Wissens oder die Verwendung wirksamer Rezepte, Techniken und Technologien. Es gibt eine enge, wenn auch nicht triviale Beziehung zwischen empirischen Theorien und Technologien oder instrumentellen Handlungen: Wahre empirische Theorien können erfolgreiches instrumentelles Handeln leiten. Jedoch hängt die Wirksamkeit von Technologien nicht immer unmittelbar ab von wahren Theorien; umgekehrt ist nicht alles empirische (naturwissenschaftliche) Wissen instrumentell verwendbar. Im einzelnen sind die Standards empirisch-kognitiver Rationalität natürlich keineswegs unproblematisch. »Wahrheit« ist ein oberster, wenn auch unterschiedlich verstandener Standard; über die *Kriterien* für die rationale Akzeptierbarkeit von Aussagen oder Theorien mit Wahrheitsanspruch streiten sich weiterhin die Wissenschaftstheoretiker.

Unabhängig davon wird in unserer modernen kulturellen Welt im allgemeinen davon ausgegangen, daß normative Überzeugungen und Äußerungen einen anderen Status haben. Sie haben Normen (Handlungsdirektiven), nichttechnische Empfehlungen oder Werturteile (Evaluationen) zum Inhalt.[18] Nehmen wir an, daß sich (wie in Kapitel IV argumentiert wurde) zwischen der *moralischen* Richtigkeit und Rechtfertigung von Normen oder Urteilen (über Handlungen und Personen) and *anderen*, nichtmoralischen Gründen für Normen, Empfehlungen und Bewertungen unterscheiden läßt. Wir setzen also einen spezifischen »moral point of view«, einen spezifischen Begriff moralischer Richtigkeit und entsprechende Kriterien der Rechtfertigung und Rationalität voraus. Dann bleiben uns nichtmoralische Evaluationen (Werturteile und entsprechende Standards) und Expressionen (expressive Hand-

18 Direktiven verlangen bestimmte Handlungsweisen, Empfehlungen legen eine bestimmte, positiv bewertete Handlungsweise (oder ein Handeln mit erwarteten, positiv empfohlenen Konsequenzen) nahe. Technische Empfehlungen wären demgegenüber hypothetische Imperative, die auf empirisches Wissen gestützt sind – also etwa »Rezepte«.

lungen oder Äußerungen) als Kandidaten für einen dritten Typus von Rationalität oder eine dritte Dimension von Handlungsrationalität.

»*Werte*« sind als Standards des Wünschbaren, Schätzenswerten, in irgendeiner Weise positiv Ausgezeichneten zu verstehen, die in Werturteilen (Evaluationen) angelegt werden. »Wert« kann noch in zwei anderen Weisen gebraucht werden: Der Wert eines Objekts bezeichnet den Grad, in welchem es einem Wertstandard entspricht oder positiv bewertet wird. Wenn von den »Werten« eines Akteurs oder einer Gemeinschaft gesprochen wird, sollen damit die Wertstandards und auf Objekte oder Zustände bezogenen Werturteile gemeint sein, nach denen diese Akteure oder Kollektive sich richten. Werte haben ihr negatives Pendant – Maßstäbe und Ausdrücke der Ablehnung oder Abneigung. Es gibt eine Vielzahl unterschiedlicher evaluativer Standards – verschieden nach der Art (schön, erhaben, angenehm usw.) und nach ihrer Generalität oder Komplexität, und sie können auf die verschiedensten Objekte angewandt werden: Situationen, Eigenschaften von Personen, Lebensweisen, soziale Beziehungen, Erlebnisse, Artefakte (nicht zuletzt: symbolische Objektivationen), Objekte der äußeren Natur: Tiere, Pflanzen, Landschaften.[19] Wertstandards dienen der Interpretation und Artikulation von Bedürfnissen und Wünschen; sie sind also eine elementare Bedingung der Entwicklung von Handlungsplänen.[20] Nicht alle Bewertungen haben jedoch ei-

19 Hier soll kein Versuch gemacht werden, Werte oder Standards zu klassifizieren oder zu hierarchisieren. In der Tradition der deutschen »Wertphilosophie« neukantianischer oder anderer Provenienz – Lotze, Meinong, Scheler, N. Hartmann – finden sich diverse Systematisierungsversuche; Max Webers Konzeption der »Wertsphären« nimmt solche Überlegungen auf. Sie sind später in den USA fortgeführt worden, vgl. Perry 1954 über »realms of value«, und Taylor 1961. Rescher (1969) entwickelt ebenfalls verschiedene Klassifikationsvorschläge. – Ich vernachlässige unter anderem die elementare Unterscheidung zwischen »instrumentellen« und »intrinsischen« Werten (Rescher 1969, 62ff.).

20 »Präferenzen« sind in der Regel definiert als Vorzugsrelationen zwischen alternativen »Zuständen« (»states«). Diese formale Definition, welche den Entscheidungstheorien in der Regel genügt, sagt nichts über den Charakter oder die Beschreibung dieser »states«, und sie läßt die *Bewertungen* und deren Gründe außer Betracht. Nach diesem Modell können die Gründe für Präferenzordnungen hedonistisch sein (»utility« in einem engen Sinn von »Lust« oder »Befriedigung«), sie können »altruistisch«, vielleicht

nen unmittelbaren Handlungsbezug: es gibt gewissermaßen kontemplative Bewertungen, Bewertungen von Objekten oder Situationen außerhalb der jeweiligen Handlungsreichweite, vielleicht auch »interesseloses Wohlgefallen«. Es läßt sich unterscheiden zwischen spontanen Reaktionen, in denen man etwas genießt, als schätzens- oder begehrenswert empfindet, sich angezogen fühlt, sich an etwas erfreut, bewegt ist usw., und der reflektierteren Reaktion des Beurteilens, des Aussprechens einer Bewertung.[21] Bewertungen können mit Gründen gerechtfertigt werden. Manche solcher Bewertungen und der entsprechenden Rechtfertigungen machen eine subjektive Neigung im Lichte sozialer Standards bloß verständlich; andere – etwa Urteile über die Qualität einer handwerklichen Arbeit, über die Schönheit eines Artefakts, die Güte eines Weins, die Anmut von Ausdrucksgesten, den Wert eines Lebensziels usw. – haben einen objektiveren, intersubjektiv verbindlicheren Charakter. Zu rechtfertigen sind letztlich die Standards, die in evaluativen Urteilen angewandt werden. Aber generelle Standards und konkrete Urteile beeinflussen sich wechselseitig. Die Herausbildung von Standards setzt »knowledge by acquaintance«, setzt Erfahrung und Vergleich voraus. Im gleichen Wechselverhältnis stehen spontane Reaktion und reflektiertes Urteil.

Es gibt komplexe Bewertungen, in denen sich evaluative mit anderen Elementen verbinden. Das mag für ästhetische Urteile gelten – wenn wir von der umstrittenen Annahme ausgehen, daß in Kunstwerken und ästhetischer Erfahrung in bestimmter Weise auch Vernunftelemente kognitiven und moralischen Charakters enthalten sind. Es gilt sicherlich für die Bewertung von Lebensplänen, der Lebensführung oder Lebensform einer Person oder Gruppe. In den Maßstäben, nach denen Ansehen, Respekt, Bewun-

»moralisch« sein usw. Rationalitätsmerkmale sind ausschließlich gewisse Konsistenzbedingungen. Allerdings gibt es Versuche, andere Rationalitätskriterien ebenfalls formal zu definieren (Metapräferenzen, »cool moment«-Theorien). Das auf der Kategorie der »Präferenz« aufbauende Begriffsinventar läßt jedoch in jedem Fall nur eine sehr reduzierte Beschreibung von Entscheidungsprozessen zu.

21 Von Dewey stammt die Unterscheidung zwischen »valuing« und »evaluation«: »The act of ›valuing‹ an object is any act governed solely by a disposition of liking or favoring the object, of preferring it to other objects, of approving of it, of pricing it... Evaluation... constitutes the rational ground for valuing.« (Taylor 1961, 20f.)

derung, Prestige verteilt werden, aufgrund derer wir von gelungener Selbstverwirklichung sprechen oder nach denen wir ein Leben oder eine Lebensform als mehr oder weniger geglückt bezeichnen, mischen sich Elemente kognitiver, moralischer und evaluativer Rationalität. Bedürfnisse oder Bewertungen sind irrational, wenn sie (wie sadistische Bedürfnisse oder »völkische« Werte) gegen moralische Imperative verstoßen. Ein Leben, das allein dem »money making« oder selbstzerstörerischen Sensationen gewidmet ist, kann aber auch unter rein evaluativen Gesichtspunkten als irrational gelten.

Setzen wir als plausibel voraus, daß Evaluationen entweder intelligibel und nachvollziehbar gemacht oder in vielen Fällen auch als gültig, als intersubjektiv einsehbar ausgewiesen werden können. Daran lassen sich zwei Fragen knüpfen: Gibt es evaluative Urteile, die universelle Gültigkeit beanspruchen können, oder sind Evaluationen immer auf einen geteilten kulturellen Kontext angewiesen? Und gibt es irgendeine Form des Rationalitätsfortschritts, gibt es kumulative Lernprozesse in dieser Rationalitätsdimension? Vielleicht ließe sich am Beispiel der Kunst demonstrieren, daß es abstrakte Qualitätsstandards oder Bewertungsstandards gibt (Schönheit, Authentizität, Stimmigkeit), die interkulturell und epochenübergreifend angewandt werden können. Es ließe sich dann in verschiedenen zeitgenössischen und vergangenen Kulturen zwischen höher- und geringerwertigen symbolischen Gebilden mit allgemein nachvollziehbaren Gründen unterscheiden – ohne daß deswegen eine gerichtete Entwicklung vorauszusetzen wäre. Mit anderen Worten: Kumulative historische Fortschritte wären kein notwendiges Merkmal *aller* Formen von Rationalität.[22]

22 Ob Kunst sich kumulativ entwickle wie Wissen – darüber geht der Streit seit der »querelle des anciens et des modernes«. Alfred Weber hat eine verneinende Antwort zur Grundlage einer Unterscheidung zwischen »Zivilisation« (die auf Wissensfortschritt beruht) und »Kultur« gemacht (Weber 1920). Parsons hat – in einem sozialwissenschaftlichen Bezugsrahmen – die Möglichkeit einer kumulativen Entwicklung der »expressiven« Kultur angenommen, vor allem im Hinblick auf ihre Ausdifferenzierung gegenüber anderen kulturellen Elementen (Parsons 1961, 984ff.). Habermas gibt eine vermittelnde Antwort: Die Ausdifferenzierung autonomer Kunst und ästhetischer Erfahrung und die Ausdehnung und Vermehrung entsprechender Erfahrungsmöglichkeiten stellen eine gerichtete Entwicklung dar – die jedoch frühere Erfahrungen nicht entwerten (Habermas 1985, 207).

Möglicherweise lassen sich ähnliche Überlegungen für die Beurteilung von Lebensformen anstellen. Allerdings spielen hier universalistische Kriterien kognitiv-empirischer und moralischer Rationalität, die sich eindeutiger auf kumulative Lernprozesse beziehen lassen (ohne daß Regressionen ausgeschlossen wären), eine stärkere Rolle. Übrigens bedeutet Allgemeingültigkeit von Standards nicht Uniformität konkreterer Bewertungen und entsprechender Praktiken. Wie das Beispiel der Kunst ebenfalls zeigt, steht die Annahme gewisser allgemeingültiger, genereller evaluativer Gesichtspunkte keineswegs im Widerspruch zu einem kulturellen Pluralismus auf einer konkreteren Ebene: Eine Vielfalt von Lebensstilen oder Lebensentwürfen, die Verfolgung unterschiedlicher Lebensziele ist vielleicht sogar eine positive Bedingung für eine rationale Entscheidung der einzelnen über ihre eigenen Bewertungen und Projekte.

Unter *Expressionen* sind symbolische Formen des Ausdrucks oder der Kommunikation von Emotionen und Erlebnissen zu verstehen. Dafür steht ein eigenes symbolisches Repertoire zur Verfügung: nicht nur sprachliche Ausdrücke, sondern auch andere Symbolformen, nicht zuletzt körperliche Ausdrucksformen, symbolische Aspekte von Kleidung und Schmuck, soziale Rituale. In expressiven Formen teilen wir nicht nur Gefühle und Bedürfnisse mit, wir vergegenwärtigen sie uns auch. In welchem Sinn kann hier von Rationalität und Irrationalität die Rede sein? Wahrhaftigkeit im Sinne von Aufrichtigkeit, der Vermeidung von bewußter Täuschung ist ein *moralisches* Problem. Etwas anders steht es um unsere Fähigkeit, Erlebnisse zu machen und zu artikulieren, uns unsere Gefühle und Bedürfnisse zu vergegenwärtigen und ihnen angemessen oder authentisch Ausdruck zu verleihen. Darin kann man eine spezifische Form von Rationalität sehen. Umgekehrt können Fälle von Verleugnung oder Abwehr emotionaler Impulse oder Wünsche, von Unfähigkeit zu bestimmten Erfahrungen unter Umständen Erscheinungen von Irrationalität sein.[23]

23 Innerhalb der Dimension evaluativ-expressiver Rationalität unterscheide ich also zwischen der Angemessenheit von Evaluationen und der Authentizität von Expressionen. In Habermas' Darstellung spielen diese beiden Elemente eine problematische Rolle: In seinen formalpragmatischen Analysen finden sich nur noch drei Geltungsansprüche und entsprechende »formale Weltkonzepte« (324); dabei werden die expressive und die evaluative Kom-

Als »expressiv« hat man auch alle Formen symbolischer Darstellung oder symbolischen Ausdrucks bezeichnet, die sich nicht diskursiver sprachlicher Formen bedienen (Peacock 1976). In diesem Sinn ist auch hier gelegentlich von expressiven Symbolen die Rede. Damit ist nicht unterstellt, daß alle solche symbolischen Darstellungen oder Ausdrucksformen der Repräsentation innerer Erlebnisse ihrer Produzenten dienen. Expressive Symbolismen im zuletzt genannten, weiten Sinn können unterschiedliche Funktionen haben und nach unterschiedlichen evaluativen oder ästhetischen Kriterien beurteilt werden.[24]

Verhältnis der drei Rationalitätsdimensionen. Die Rationalität vieler Arten von Handlungsplänen, Aktivitäten oder auch Normen läßt sich in allen drei Dimensionen beurteilen. Es läßt sich also beispielsweise fragen, ob eine Handlung auf rationalen kognitiv-empirischen oder technischen Annahmen beruht, ob sie moralisch gerechtfertigt ist und wie die Ziele der Handlung oder die Handlungsweise selbst unter evaluativen Gesichtspunkten einzustufen sind. Die »Gesamtrationalität« einer Handlung wäre um so größer, je mehr ihre Rationalität in den einzelnen Dimensionen gesteigert würde. Daraus ließe sich eine Rationalitätsmaxime ableiten: Wähle die Handlungsweise, die in allen drei Dimensionen ein Optimum an Rationalität verwirklicht. Es ergibt sich die Frage, ob die Maximierung der Rationalität in den drei Dimensionen *unabhängig* geschieht oder ob es Substitutionsverhältnisse (tradeoffs) gibt – so daß beispielsweise ein Mehr an instrumenteller oder evaluativer Rationalität durch eine Minderung moralischer Ratio-

ponente anscheinend in unplausibler Weise fusioniert. Es wird zudem nahegelegt, künstlerische Äußerungen mit expressiven Akten im Sinne des Ausdrucks innerer Empfindungen zu identifizieren und allein mit einem Geltungsanspruch wie »Wahrhaftigkeit« oder »Authentizität« zu verbinden. Einige Einwände bei Seel 1985, 136ff.; McCarthy 1984; Wellmer 1985, 9ff. Habermas selbst hat seine Position im Hinblick auf die Rolle der Kunst bzw. den Begriff der ästhetischen Rationalität inzwischen modifiziert, vgl. Habermas 1985, 199ff.

24 In bestimmten Richtungen der Ästhetik galt Kunst generell als Kommunikation innerer Erlebnisse oder Gefühle ihrer Produzenten. Zur Kritik siehe Tormey 1971 – der Kunst zwar als »expressiv« versteht, aber nicht in einem intentionalistischen Sinn, nicht unmittelbar als Darstellung eines inneren Zustands *des Künstlers.*

nalität zu erkaufen wäre. Webers berühmte Äußerungen über den *Konflikt* der »Wertsphären« legen so etwas nahe: »Die Unmöglichkeit ›wissenschaftlicher‹ Vertretung von praktischen Stellungnahmen – außer im Falle der Erörterung der Mittel für einen als fest *gegeben* vorausgesetzten Zweck – folgt aus weit tiefer liegenden Gründen. Sie ist prinzipiell deshalb sinnlos, weil die verschiedenen Wertordnungen der Welt in unlöslichem Kampf untereinander stehen.... Wenn irgend etwas, so wissen wir es heute wieder: daß etwas heilig sein kann nicht nur: obwohl es nicht schön ist, sondern: *weil* und *insofern* es nicht schön ist... und daß etwas schön sein kann nicht nur: obwohl, sondern: in dem, worin es nicht gut ist, das wissen wir seit Nietzsche wieder... – und eine Alltagsweisheit ist es, daß etwas wahr sein kann, obwohl und indem es nicht schön und nicht heilig und nicht gut ist. Aber das sind nur die elementarsten Fälle dieses Kampfes der Götter der einzelnen Ordnungen und Werte.« (Weber 1973, 328f.) Weber behauptet, daß die *Differenzierung* von Bewertungsgesichtspunkten zu ihrem *Konflikt* führen muß und daß es zumindest keine »wissenschaftliche« Entscheidungsmöglichkeit eines solchen Konflikts geben kann. Für denjenigen, der die Prämisse eines notwendigen oder möglichen Konflikts akzeptiert, aber eine rationale Entscheidung für möglich hält, bietet sich entweder das Modell der *Abwägung* oder die Annahme einer fixen, »lexikalischen« Ordnung (Rawls 1971, 42f.) an, etwa in Gestalt einer absoluten Priorität der moralischen Bewertung. Das Konfliktmodell bezieht eine gewisse Plausibilität aus der Erfahrung, daß wir manchmal verschiedene, im konkreten Fall konfligierende moralische Prinzipien oder Forderungen »abwägen« müssen oder daß wir häufig zwischen Objekten, Zielen oder Handlungsweisen zu wählen haben, die wir in verschiedenen *evaluativen* Dimensionen jeweils entgegengesetzt bewerten – etwa die sichere und besser bezahlte, aber langweilige berufliche Position gegen die interessantere, aber auch riskantere. Allein, die Übertragung dieses Modells auf die Bewertung von Plänen, Aktivitäten oder Entscheidungen in den drei Rationalitätsdimensionen ist irreführend. Es geht nicht eigentlich um Konflikte *zwischen* diesen Dimensionen, und jedenfalls handelt es sich nicht um Abwägungen im Sinne eines trade-off oder Substitutionsverhältnisses. Gibt es einen Konflikt zwischen empirisch-kognitiver Rationalität einerseits, normativer (moralischer oder evaluativer) Rationalität andererseits? Empirisch-kognitive Rationalität heißt, daß den Aktivitäten, Handlungsplänen oder Entscheidungen das beste verfügbare oder mit angemessenen Anstrengungen erreichbare Wissen zugrunde gelegt wird. Aus empirischem Wissen allein folgen aber noch gar keine Handlungsempfehlungen – es informiert nur über mögliche Handlungsweisen und deren erwartbare Konsequenzen. Empfehlungen für die Verwendung bestimmter empirischer Erkenntnisse oder Techniken setzen die Klärung moralischer und evaluativer Gesichtspunkte – und zusätzlich die Anwendung des Ökonomie-Prinzips – voraus. Hier ist kein Platz für Konflikte zwischen normativer und empirisch-kognitiver Rationalität. Normative Probleme *können* sich allerdings ergeben, wenn es um die Aktivitäten der Wissensbeschaffung und Wissenssteigerung geht. Dann ist wie bei allen Aktivitäten zu fragen, in welchen Grenzen sie moralisch erlaubt sind oder wo zum Beispiel moralisch relevante Interessen berührt werden. Auch ist zu entscheiden, wieviel *Wert* auf die systematische Erweiterung empirischen Wissens und seine Umsetzung in Technologien gelegt und wieviel Anstrengungen dafür aufgebracht werden sollen. Hier spielen vielleicht moralische Elemente herein (wenn es um den Kampf gegen Hunger und Krankheit geht); im wesentlichen ist es aber ein *evaluatives* Problem, das Entscheidungen *innerhalb* der evaluativen Dimension voraussetzt, und auf dieser Grundlage ein ökonomisches Problem: Gegeben gewisse Bewertungen, wieviel Anstrengungen sollten investiert werden?[25]

Prima facie plausibler ist die Annahme, daß es Konflikte zwischen den Forderungen einer rationalen Moral und des Strebens nach Realisierung nichtmoralischer Werte gibt. Gerät nicht die Verfolgung ästhetischer oder hedonistischer Ziele oder der Anspruch auf authentische Selbstverwirklichung unter Umständen in Konflikt mit der Moral? Aber das ist wiederum eine schiefe Betrachtung. Wenn wir Moral als Regelung intersubjektiver Beziehungen betrachten, bei der es um angemessene Berücksichtigung des Wohls der Beteiligten geht (damit das Problem moralischer Pflichten ge-

25 Ein »Konflikt« zwischen kognitiv-empirischer und moralischer Rationalität wird gelegentlich so formuliert: nicht alles, was »technisch machbar« sei, sei auch moralisch zulässig. Sicher; aber es ist weder ein kognitives noch überhaupt ein Rationalitätsprinzip, alles »technisch Machbare« zu realisieren.

gen sich selbst beiseite lassend), wird deutlich, daß es nicht einfach um einen Konflikt moralischer und nichtmoralischer Werte gehen kann, sondern darum, daß verschiedene Akteure, die entsprechend ihren Wertvorstellungen handeln, in Konflikte geraten, die einer moralischen Regelung bedürfen. Es handelt sich um intersubjektive Konflikte über Ansprüche auf Wertrealisierung, nicht um einen Konflikt zwischen moralischer und evaluativer Rationalität. Gibt es ein Problem, moralische Konflikte von bloßen Differenzen über nichtmoralische Werte zu unterscheiden? Kaum: Ein moralischer Konflikt entsteht, sobald irgend jemand einen Anspruch gegen andere geltend macht, der nicht unmittelbar gewährt wird. Es kann sich herausstellen, daß der Anspruchsteller keine moralische Deckung für eine Forderung auf Berücksichtigung seiner Wertvorstellungen beibringen kann. Dann wird der Konflikt gegen ihn entschieden; aber es war immer noch ein moralischer Konflikt.

Nun können kognitiv-empirische und evaluative Gesichtspunkte für die Rechtfertigung moralischer Konfliktlösungen von Bedeutung sein. Moral hat mit dem Ausgleich konfligierender Interessen zu tun; Interessen sind auf die Realisierung von Werten oder die Erlangung von »Gütern«, d. h. von positiv bewerteten Objekten oder Zuständen gerichtet. In *diesem* Sinn ist »Güterabwägung« ein Element moralischer Urteile. Wenn es nun um die moralische Bewertung konfligierender Aktivitäten oder Ansprüche geht, kann *möglicherweise* der nichtmoralische Wert solcher Handlungen oder entsprechender Ziele, Bedürfnisse, Wohlfahrtsvorstellungen, Güter usw. eine Rolle spielen. (Das ist ein offenes Problem der Moraltheorie.) Moral kann instrumentelle Rationalität des Handelns zur Pflicht machen – etwa zur Vermeidung von Schäden oder Risiken oder zur Realisierung bestimmter gebotener Zustände. Die Rationalität moralischer Normen oder Urteile kann von der Rationalität der Beurteilung vorausgesetzter empirischer Sachverhalte oder Gesetzmäßigkeiten, etwa von der korrekten Antizipation der Folgen der Realisierung einer Norm, abhängen. Moralische Ziele können aus empirischen Gründen untereinander konfligieren, und es ist dann moralisch geboten, die auch unter Gesichtspunkten instrumenteller Rationalität bestmögliche Lösung zu suchen. Es kann zum Beispiel als moralisch geboten gelten, sowohl unmittelbare materielle Not zu beseitigen als auch eine möglichst egalitäre Verteilung von Einkommen und Lebenschancen zu realisieren. Beide Ziele können aus empirischen Gründen konfligieren; dann muß vielleicht ein Gewinn an Wohlstand gegen einen Verlust an Egalität abgewogen werden. Die Suche nach einer optimalen Lösung hat moralische und empirische Aspekte: Wie sind die moralischen Gewichte von Wohlstand und Egalität zu verteilen; welche institutionelle Regelung bringt das günstigste Verhältnis von Wohlstandsmehrung und Egalitätsverlust?

All das bedeutet keinen Konflikt oder keine Abwägung zwischen kognitiv-empirischer, evaluativer und moralischer Rationalität. Alle drei Rationalitätsaspekte sind unabhängige Bedingungen der »Gesamtrationalität« einer Handlung, Entscheidung, Norm usw. Sie sind nicht substituierbar: Ein Gewinn in der einen läßt sich nicht gegen einen Verlust in der anderen Dimension verrechnen. Und ein Handeln, das in einer der drei Dimensionen unter die Rationalitätsschwelle fällt, ist nicht zu rechtfertigen und damit insgesamt irrational.[26]

Formale Rationalitätskriterien. Quer zu dieser Unterscheidung von drei Rationalitätsdimensionen steht die übliche Differenzierung von formaler und materialer Rationalität. Für rationale Rechtfertigungen im Bereich empirischer, moralischer und evaluativer Rationalität spielen gewisse formale Kriterien eine Rolle: übliche Kriterien wie die logische Schlüssigkeit oder andere formale Eigenschaften gültiger Argumente, die Konsistenz und Kohärenz von Überzeugungen, vielleicht auch gewisse »prozedurale« Kriterien, welche formale Eigenschaften von Argumentationen betreffen. Solche formalen Kriterien können einheitlich für alle drei Rationalitätsdimensionen oder nur für spezifische Rationalitätsformen gelten (etwa formale Merkmale moralischer Argumentation). Auf die rechtfertigende oder kriteriale Rolle, die einige dieser formalen oder prozeduralen Kriterien spielen, kommen wir in Kapitel VII zurück.

26 Allerdings kann der Konflikt zwischen »Wertsphären« noch anders verstanden werden: nämlich als Konflikt zwischen Rollen oder Lebensbereichen, in denen jeweils bestimmte Formen der Rationalität dominieren. Dann handelt es sich um ein Problem der Integration von Institutionensystemen; siehe unten.

Daneben gibt es spezielle *handlungslogische* Rationalitätsbedingungen – formale Rationalitätskriterien für Aktivitäten, Handlungspläne und soziale Regelungen generell, die alle drei Rationalitätsdimensionen übergreifen oder ihnen gewissermaßen nachfolgen. Solche Kriterien sind vor allem in der normativen ökonomischen Theorie und genereller in den Theorien rationalen Entscheidens (rational choice und Spieltheorie) analysiert worden. Diese Untersuchungen machen in der Regel sehr spezielle, einschränkende Voraussetzungen über die Handlungs- oder Entscheidungssituation; vor allem setzen sie Zielfunktionen oder Präferenzordnungen der Akteure mit bestimmten formalen Eigenschaften voraus. Ich kann hier nur intuitiv erläutern, wie sich diese formalen, handlungslogischen Rationalitätskriterien unabhängig von solchen speziellen Voraussetzungen betrachten lassen. Grundlegend ist das Ökonomie- oder Effizienzprinzip. Es fordert, diejenige Handlungsmöglichkeit zu wählen, welche die Realisierung gegebener Ziele mit dem geringsten Aufwand ermöglicht oder welche bei gegebenen Handlungsmöglichkeiten die größtmögliche Wertrealisierung oder Zielverwirklichung ergibt. Ökonomische Rationalität in diesem Sinn erfordert, daß Problemlösungen in den anderen Rationalitätsdimensionen schon gegeben sind: Daß also die objektiven Situationsmerkmale und die alternativen Interventionsmöglichkeiten (Technologien) bekannt sind, daß Bewertungen getroffen sind und daß moralische Ansprüche geklärt, Rechte und Verpflichtungen festgesetzt sind. Moralische Verbote und Gebote sind entsprechend Fixpunkte, »constraints« für die Wahl der ökonomischsten Handlungsalternative; evaluative Standards geben Maßstäbe für Vorzüge (benefits) und Nachteile (costs) von Handlungsalternativen. Eine rationale Wahl von Technologien kann übrigens erst auf dieser Grundlage erfolgen – empirisches Wissen kann uns sagen, auf welchen Wegen wir ein Ziel überhaupt erreichen können, aber sie allein gibt kein Kriterium für den *besten* Weg.[27] Ökonomische Wahlrationalität setzt voraus, daß Bewer-

27 »Technical decisions are not possible until after the economic questions of comparative costs have been answered. The best means is the one which makes the greatest contribution at least cost; but such a means cannot be discovered until comparative costs (prices) have been determined. Similarly, an organization can be technically rational only in the context of a system of prices« (Diesing 1962, 12). Diesing gibt eine gute Erläuterung zum Unter-

tungen von Handlungen und deren Ergebnissen in verschiedenen Dimensionen gegeneinander abgewogen werden; das kann schon im Fall eines einzelnen Akteurs problematisch sein. Schwieriger wird dieses Problem der Bestimmung und des Vergleichs von »costs« und »benefits«, wenn es darum geht, das Ökonomieprinzip für die Aktivitäten eines Kollektivs zu realisieren: In diesem Fall können die Probleme des »interpersonellen Nutzenvergleichs« hinzutreten. Verschiedene Lösungen dieses Problems (mit oder ohne Nutzenvergleich) sind vorgeschlagen worden; Details sind hier nicht erforderlich.

Ökonomische Rationalität ist also reine Wahlrationalität: sie setzt alle substantiellen Elemente der Wahlsituation als gegeben voraus.[28] Für Entscheidungen unter Ungewißheit, bei denen die Wahrscheinlichkeit des Eintretens unterschiedlicher möglicher Handlungsresultate nicht abgeschätzt werden kann, und für interdependente Entscheidungen – also Entscheidungen, in denen jemand die *unabhängigen* Entscheidungen von anderen berücksichtigt, welche wiederum *seine* Entscheidungen antizipieren – sind

schied von technischer und ökonomischer Rationalität (15 ff.). – Der Begriff der »Zweckrationalität« ist vielfach irreführend: Er legt nahe, »rationale Mittelwahl« sei ein technisches Problem (nach dem Modell des Handwerkers oder Künstlers, der ein Artefakt verfertigen will und dafür die »besten« Materialien und Werkzeuge sucht). Die meisten realen Entscheidungen sind nicht von diesem Typ. In der Regel geht es um die Relationierung von Werten und Handlungsmöglichkeiten – unter Gesichtspunkten von »costs« und »benefits«. Die Unterscheidung von »Zweck« und »Mittel« wird dadurch obsolet. Siehe schon Myrdal 1933: »Nun ist es jedoch offenbar, daß nicht nur ›Zwecke‹ Gegenstand von Wertsetzungen sind, sondern auch ›Mittel‹. Die Mittel sind nicht wertmäßig indifferent. Die Wertsetzung bezieht sich jeweils auf einen ganzen Verlauf und nicht nur auf sein antizipiertes Schlußresultat. Das Werturteil hat zu vergleichen und auszuwählen zwischen verschiedenen Verlaufsalternativen.... gibt man das zu, so bricht das ganze Schema (von der ›Neutralität‹ der Mittel, B. P.) auseinander oder verliert jedenfalls bedeutend an Einfachheit.« (310f.) Siehe auch Baurmann 1987, 62f.; Schwemmer 1984.

28 »Ökonomische Rationalität« ist zu unterscheiden von der Rationalität eines *ökonomischen Systems.* Naheliegenderweise hat man versucht, die Rationalität eines ökonomischen Systems nach den genannten »ökonomischen« Kriterien zu definieren (Pareto-Optimalität usw.) (vgl. Godelier 1972). Dagegen sind im Prinzip die gleichen Einwände zu machen, die im Kapitel IV im Hinblick auf die »ökonomische Theorie des Rechts« erwähnt wurden. Auch ökonomische Systeme sind unter moralischen und evaluativen Kriterien usw. zu bewerten, die nicht auf Wahlrationalität zu reduzieren sind.

weitere Kriterien oder Maximen rationaler Wahl entwickelt worden. Im letzteren Fall handelt es sich um *strategische* Wahlrationalität. Strategische Rationalität ist nicht unbedingt nur ein Merkmal strategischen Handelns – wenn man, wie ich es oben vorgeschlagen habe (Kap. II, Fn. 35), darunter ein Handeln versteht, das nicht auf eine ungezwungene Übereinkunft, sondern auf Überlistung oder Überwältigung abzielt. Strategische Rationalität kann auch im legitimen Interessehandeln eine Rolle spielen (faires bargaining) oder überhaupt in Handlungsformen, in denen es auf die Antizipation der Entscheidungen anderer ankommt in Umständen, in denen eine aktuelle Verständigung nicht möglich oder erforderlich ist.[29]

Eine spezifischere Bedingung der rationalen Wahl von Handlungsalternativen ist die Berücksichtigung der *Konsistenz* von Handlungsplänen: Es dürfen nur realisierbare und kompatible Aktivitäten geplant werden. Diese Bedingung scheint trivial; bei entscheidungstheoretischen Überlegungen wird vorausgesetzt, daß nur Handlungsmöglichkeiten berücksichtigt werden, die »feasible« sind. Komplizierter und interessanter werden solche formalen Merkmale rationaler Handlungspläne, wenn man eine längerfristige Handlungsperspektive berücksichtigt, in der nicht mehr alle Handlungsalternativen und Evaluationen zum Entscheidungszeitpunkt schon bekannt sind. Dann kommt es darauf an, Handlungspläne zu wählen, die entsprechende Optionen offenhalten. Solche Merkmale rationaler Handlungspläne sind noch wenig untersucht.[30] In einer noch etwas komplexeren Form wird uns dieses Problem der Kohärenz und Integration von Handlungsregulierungen (speziell von Regulierungen funktional differenzierter Aktivitäten) wiederbegegnen, wenn es um die Rationalität von Institutionen geht.

Rationale Verständigung ist in gewisser Weise ein weiteres übergreifendes Rationalitätskriterium, das implizit schon in den bisher entwickelten Explikationen des Rationalitätsbegriffs enthalten war. Rationalität setzt generell Rechtfertigung und kritische

29 Siehe die vor allem von Th. Schelling und D. Lewis analysierten Koordinationsprobleme: Welcher von zwei Teilnehmern eines Telefongesprächs ruft nach einer Unterbrechung der Verbindung wieder an?

30 Über einige Merkmale solcher rationaler Handlungspläne vgl. Rawls 1971, 407ff.

Überprüfung voraus; diese Begriffe verweisen auf Diskussion und Auseinandersetzung. Trotz dieses grundlegenden Zusammenhangs zwischen Rationalität und intersubjektiv zwingender Begründung oder Begründbarkeit ist in den konkreten Fällen sozialen Handelns immer problematisch, in welchem Umfang oder in welcher Weise die Rationalität von Handlungen bzw. Handlungskoordinationen von tatsächlich vollzogenen kommunikativen Einigungen oder diskursiven Auseinandersetzungen unter den Beteiligten abhängt. *Soweit* soziales Leben und kollektives Handeln *Übereinstimmung* in kognitiv-empirischen, moralischen und evaluativen Fragen voraussetzt, ist eine Rationalitätsbedingung, daß diese Übereinstimmung erstens überhaupt und zweitens auf vernünftiger Grundlage – also in Gestalt gemeinsamer, ungezwungener Überzeugungen – zustande kommt. In Fällen pathologischer Interaktionen, die nach latenten Gesetzlichkeiten (Projektion, unbewußte wechselseitige Manipulation usw.) ablaufen, wäre diese Bedingung ebenso verletzt wie bei Vorliegen von kollektiven Selbsttäuschungen, bewußten Manipulationen, Konsensfiktionen oder auf andere Weise »induzierten« kollektiven Überzeugungen. Es gibt jedoch *unaufhebbare* Grenzen kommunikativer, auf Übereinstimmung von Handlungsorientierungen beruhender Vergesellschaftung, über die unten noch mehr zu sagen sein wird.

4. *Rationalität und Irrationalität sozialer Institutionen*

In welcher Weise können wir von der Rationalität von Institutionen sprechen oder von der Rationalität (und Irrationalität) anderer Sozialstrukturen oder sozialer Zustände, schließlich von der Rationalität einer Gesellschaft oder ihrer Zustände im ganzen? Können wir hier die bisher diskutierten Kriterien ebenfalls anwenden? Im Prinzip ja. Rational sind Institutionen, für deren Beibehaltung gute Gründe bestehen. Unter Institutionen verstehe ich differenzierte soziale Handlungsfelder oder Handlungszusammenhänge. Sie haben Sinngrenzen und normative Strukturen, die in gewisser Weise in entsprechenden Überzeugungen der jeweiligen Akteure bestehen, und andere symbolische Elemente (zum Beispiel spezielle Wissenvorräte, eine Art kollektives Gedächtnis

u. ä.). Institutionen sind also nicht die symbolischen Elemente oder normativen Handlungsschemata allein, sondern deren »Instantiierung« in realen Handlungsabläufen. »Rolle« oder »Familie« als Institution in diesem Sinn meint also nicht nur die entsprechenden Normen, sondern ein spezifisches Handeln in einer Rolle oder eine bestimmte familiäre Lebensgemeinschaft oder eine entsprechende Klasse von Aktivitäten mit denselben Merkmalen (eine Menge von Familien beispielsweise). Institutionen können relativ einfach (eine Rolle) oder komplex (ein Rechtssystem, ein Schulsystem, das Energieversorgungssystem einer Gesellschaft, ihr Wohnungs- und Grundstücksmarkt, eine Organisation usw.) sein. Läßt sich nun die Rationalität einer Institution auf die Rationalität der normativen Strukturen und der Handlungen oder Handlungsorientierungen, die Elemente des jeweiligen institutionellen Komplexes sind, zurückführen? Das ist sicher ein wesentliches Element. Aber da sind Komplikationen.
Institutionen haben eine eigene Materialität oder Trägheit, die unter anderem darauf zurückzuführen ist, daß sie nicht *nur* aus symbolischen Elementen bestehen, sondern auch aus materiellen Strukturen: Artefakten, materiellen Ressourcen, erworbenen und nicht verlust- oder kostenfrei übertragbaren Fähigkeiten, Routinen usw. Solche »materiellen« Elemente können, soweit sie Resultat sozialer Aktivitäten sind oder durch solche Aktivitäten verändert werden könnten, in einem indirekten Sinn als mehr oder weniger rational betrachtet werden. Man kann insofern von der Rationalität oder Irrationalität eines Verkehrsnetzes oder einer Siedlungsstruktur oder einer sozialen Ressourcenverteilung sprechen. Das ist eine elliptische Ausdrucksform dafür, daß die Aktivitäten, welche diese Zustände geschaffen haben oder aktuell reproduzieren, mehr oder weniger rational waren oder sind. Wegen der Persistenz bestimmter Elemente von Institutionen spielt der Zeitfaktor hier eine besondere Rolle: Da sind alle jene Entscheidungen oder Aktivitäten, die sich in der Retrospektive als fehlerhaft darstellen und deren Folgen nicht oder nicht ohne Kosten zu revidieren sind; in *ihrer* Zeit, unter den jeweiligen Umständen, nach den gegebenen Kenntnissen usw. mögen sie gleichwohl rational gewesen sein. Diese »materielle« Seite ist bei der Beurteilung der Rationalität von Institutionen, das heißt bei der Prüfung der Gründe für ihre Beibehaltung oder Änderung einzubeziehen:

Es ist eine Sache, eine individuelle oder kollektive Überzeugung zu revidieren, eine andere, eine institutionalisierte soziale Praxis zu verändern. Im letzteren Fall sind die spezifischen »Kosten« und Risiken zu berücksichtigen, die sich durch die unvermeidliche Trägheit der Institutionen ergeben. Soweit geht es aber noch um die Rationalität intentionalen Handelns – die immer auch von der Berücksichtigung vorgegebener objektiver Situationselemente und der Antizipation von Konsequenzen für zukünftiges Handeln abhängt.

Eine andere Komplikation ist theoretisch interessanter. Die Rationalität von Institutionen gründet nicht *allein* auf der Rationalität der in ihrem Rahmen handelnden Akteure. Es gehört zur Funktion von Institutionen, die einzelnen Akteure von kognitivem Aufwand zu entlasten. Das geschieht auf die schon diskutierte Weise durch Bildung von Regeln, Routinen usw.; weiter durch funktionale Differenzierung (Arbeitsteilung, Spezialisierung, die Ausbildung fachlicher Autorität usw.). Entscheidend ist jetzt, daß solche Teilaktivitäten auf verschiedene Weisen integriert werden können. Es gibt soziale Mechanismen, welche die Akteure auch vom kognitiven oder kommunikativen Aufwand der Koordination ihrer funktional spezifischen Teilaktivitäten entlasten: objektive oder »systemische« Mechanismen (Kapitel II). Die Rationalität von Institutionen hängt deswegen auch von der Funktion solcher Mechanismen ab. Das wird im nächsten Abschnitt zu betrachten sein.

Wenn von der Rationalität sozialer Institutionen die Rede ist, kann es um einen einzelnen institutionellen Komplex oder das ganze Institutionensystem einer Gesellschaft (bzw. die Grundstrukturen dieses Systems) gehen. Man kann institutionelle Problemlösungen auf enger beschränkten Handlungsfeldern vergleichen und auf ihren Rationalitätsgrad prüfen. Oft ist es jedoch problematisch, sich auf eine Partialanalyse zu beschränken. Wie ein rationales Wirtschaftssystem aussehen könnte, läßt sich zum Beispiel nur unter Einbeziehung der anderen institutionellen Grundstrukturen einer Gesellschaft entscheiden. Erst recht wenn es um die Frage nach der rationalen Gestaltung einer Gesellschaft im ganzen geht. Das ist eigentlich trivial; jedoch gibt es eine gewisse Tradition, die Frage nach der rationalen Gestaltung von Gesellschaft als Frage nach der Gestaltung von Recht und Staat zu verstehen – als den entscheidenden Instrumenten der »Einwirkung der Gesellschaft auf sich selbst«. Nun spielen Recht und politisches System tatsächlich eine herausgehobene Rolle; aber es ist präjudizierend und den realen Verhältnissen und Möglichkeiten unangemessen, sie in der Analyse derart zu privilegieren. Faktisch sind Staat und Recht nur eine Vergesellschaftungsform neben vielen komplementären anderen, mit (schon immer) zweifelhafter »Souveränität«. Deshalb ist ja gerade zu fragen, welche Kompetenzen und Funktionen den politischen und rechtlichen Institutionen zugewiesen werden sollten – zumal wir eigentlich die Struktur der nationalstaatlichen Organisation von Gesellschaften selbst thematisieren und nicht mehr unbefangen zur Voraussetzung unserer Überlegungen machen sollten, wie es auch hier aus pragmatischen Gründen geschieht. Die Frage nach rationalen Formen der Vergesellschaftung läßt sich sinnvoll nur stellen im Hinblick auf eine umfassende »basic structure«: »The basic structure is understood as the way in which the major social institutions fit together into one system, and how they assign fundamental rights and duties and shape the division of advantages that arises through social cooperation. Thus the political constitution, the legally recognized forms of property, and the organization of the economy, and the nature of the family, all belong to the basic structure.« (Rawls 1978, 47) Und, so wäre hinzuzufügen: Es ist zu prüfen, welche Rolle zum Beispiel Recht für die Gestaltung dieser Grundstruktur spielen kann. Das setzt natürlich empirische Analysen voraus. Auf die Rolle des Rechts im Rahmen einer institutionellen Gesamtstruktur kommen wir im letzten Kapitel zurück. Hier sollen noch einige allgemeine Gesichtspunkte für die Beurteilung einer solchen Gesamtstruktur diskutiert werden.

Dimensionen und Kriterien gesamtgesellschaftlicher Rationalität. Wir können die Rationalität einzelner Institutionen und kompletter institutioneller Ordnungen in den drei genannten Dimensionen prüfen. Die Beurteilung ihrer *moralischen Rationalität* wirft keine grundsätzlich neuen Probleme auf. Rawls und andere haben demonstriert, wie die moralische Rechtfertigung institutioneller Grundstrukturen behandelt werden kann (Kapitel IV). Ihre *empirisch-kognitive Rationalität* läßt sich in verschiedener Weise betrachten. In institutionelle Regelungen gehen empirische Erkenntnisse über Gesetzmäßigkeiten der äußeren Natur wie über soziale Mechanismen ein, und institutionelle Praktiken aller Art beinhalten die Verwendung von Technologien. Institutionen regeln auch die Bedingungen des Erwerbs und der Überprüfung von empirischem Wissen. Es ist bekannt, daß institutionelle Gesamtordnungen der Entwicklung solchen Wissens und der Anwendung technologischer Innovationen mehr oder weniger günstig sein können. Wissensentwicklung und Innovation sind jedoch nicht die einzigen Bedingungen empirisch-kognitiver Rationalität. Technologische Entwicklungen können Handlungsmöglichkeiten in einer Weise erweitern, daß zur Folgenkontrolle wiederum ein erheblich erweitertes Wissen notwendig wäre. Wenn sich diese Kluft öffnet, haben wir ein sozial bewirktes Defizit an kognitiver Rationalität. Gewöhnlich sind empirisch-kognitive bzw. technische Rationalität mit ökonomischer Rationalität im Begriff der »instrumentellen Rationalität« oder marxistisch gesprochen: der »Entfaltung der Produktivkräfte« zusammengezogen worden. Dem Kapitalismus ist dann in verschiedenen Varianten entweder eine Hemmung der Produktivkräfte – nach ihrer anfänglichen Entfaltung – oder eine Diskrepanz zwischen technischer und moralischer, vielleicht auch evaluativer Rationalität vorgehalten worden. Neuerdings gewinnt der Hinweis auf kognitive Defizite gegenüber erweiterten Handlungsmöglichkeiten mit unübersehbaren Folgen wieder Gewicht – verbunden mit Aufforderungen zur »Selbstbeschränkung«. Zu fragen wäre natürlich, wodurch eine irrationale Kluft zwischen sozialem Handeln und der Fähigkeit zur Voraussicht bzw. Bewältigung potentieller Folgen hervorgerufen sein könnte; hier spielen vor allem »systemische« Strukturen eine Rolle.

Wieweit läßt sich im Hinblick auf Institutionen von *evaluativer* oder *expressiver* Rationalität sprechen? Wertmaßstäbe und expressive Muster können mehr oder weniger stark institutionalisiert, das heißt kollektiv verbindlich gemacht werden. Institutionen *können* mit bestimmten kollektiven Werten oder genuinen kollektiven Zielen verbunden sein. Das zeigt sich am deutlichsten an freiwilligen Assoziationen, die der Durchführung gemeinsam geschätzter Aktivitäten dienen: Kulturelle Vereinigungen, Sportvereine. (Der Sport wäre ein gutes Beispiel dafür, daß in dieser Form institutionalisierte Werte mehr oder weniger rational sein können.) Auch ganze Institutionensysteme können durch bestimmte

Werthaltungen geprägt sein – die ökonomischen und politischen Institutionen des Westens zum Beispiel durch ein Wertmuster, das Parsons »instrumental activism« genannt hat (Parsons, White 1964). Allerdings wird für die Rechtsordnungen dieser Gesellschaften ein gewisses Maß an Neutralität gegenüber unterschiedlichen nichtmoralischen Werten beansprucht (Kapitel IV). Institutionen, die bestimmte Wertmuster verkörpern, können also nach der Rechtfertigungsfähigkeit solcher Werte beurteilt werden; dabei ergeben sich die oben erwähnten Probleme. Sie können aber auch unter dem prozeduralen Aspekt betrachtet und daraufhin befragt werden, ob sie die Entwicklung rationaler Evaluationen fördern – also Spielräume und Gelegenheiten für Aktivitäten, Interaktionen und Diskurse schaffen, in denen Bewertungen und Standards sich bilden. Ebenso ist zu fragen, in welchem Umfang institutionelle Ordnungen Spielraum für *expressive Aktivitäten* eröffnen. Das ist grundlegend ein moralisches Problem: Wieviel unnötige, das heißt nicht durch Realitätszwänge geforderte Einschränkungen von Bedürfnisartikulation und -befriedigung (»Triebverzicht«) werden den Mitgliedern einer Gesellschaft oder Teilen der Mitgliedschaft auferlegt? Gesellschaften oder Institutionenkomplexe unterscheiden sich aber auch danach, welche expressiven Muster oder Ausdrucksformen sie überhaupt zur Verfügung stellen – wie semantisch reich oder verarmt sie sind. Gesellschaften oder Institutionen mit starren Konventionen können expressive Ausdrucksmöglichkeiten rigide beschränken. In sozialen Konventionen sind expressive und moralische Elemente häufig sehr eng verbunden. Siehe zum Beispiel die Rolle von »Manieren« oder der »Etikette«, in denen sich Bedeutungsregeln für die Signalisierung von Empfindungen und Einstellungen, Limitationen des zugelassenen Grads an Expressivität und moralische Normen des gegenseitigen Respekts finden. In modernen Gesellschaften finden wir eine institutionelle Differenzierung zwischen Handlungsbereichen, in denen expressive Aktivitäten zugelassen oder gefördert werden, und solchen, in denen ein erhebliches Maß an »affektiver Neutralität« gefordert wird (Berufssphäre). Das wirft das Problem eines angemessenen Ausgleichs auf.

Übergreifende oder formale Kriterien. Oben wurden formale, handlungslogische Rationalitätskriterien erwähnt, welche die drei

Dimensionen kognitiv-empirischer, moralischer und evaluativer Rationalität übergreifen. Auf institutionelle Ordnungen lassen sich diese Kriterien in modifizierter Form ebenfalls anwenden. Dabei sind vor allem zwei neue Gesichtspunkte zu berücksichtigen. Wenn von handlungslogischen Kriterien die Rede ist, sollte das nicht zu der Annahme verleiten, die entsprechenden Eigenschaften von Institutionensystemen müßten das Resultat bewußter, geplanter Aktivitäten sein. Sie können sich vielmehr auch durch spontane Prozesse von Variation und Selektion ergeben. Die andere Eigentümlichkeit: Es geht nicht mehr um spezifische Handlungspläne, sondern um generalisierte, intersubjektiv geltende normative Ordnungen. Damit wird das Problem der Bestimmtheit bzw. der Interpretation entsprechender Regelungen und ihrer Anwendungen auf konkrete Situationen aktuell; das hat gewisse Implikationen für die formalen Merkmale bzw. formalen Rationalitätsbedingungen solcher Regelsysteme.

Das *Ökonomieprinzip* läßt sich nun in der folgenden Weise auf Institutionensysteme beziehen: Vorausgesetzt, daß die moralischen Ansprüche erfüllt sind, ist dasjenige unter mehreren möglichen institutionellen Arrangements vorzuziehen, bei dem die Gesellschaftsmitglieder ihre Ziele im größten Umfang realisieren können. Ein spezifischeres formales Rationalitätskriterium ist die *Konsistenz* einer normativen Ordnung.[31] Normensysteme sind inkonsistent, wenn sich aus ihnen widersprüchliche Verhaltensforderungen für gleiche Situationen oder beliebige Entscheidungen von Konflikten ergeben – und wenn sie keine Mittel bieten, solche Kollisionen oder Unklarheiten aufzulösen. Solche Mittel sind oft nicht in den einzelnen Normformulierungen selbst, sondern in den Tiefenstrukturen einer normativen Ordnung, in leitenden Prinzipien oder normativen Hintergrundstheorien zu finden. Konsistente Handlungsanleitungen und Entscheidungen setzen deswegen unter Umständen eine anspruchsvollere Einheit und kohärente Struktur der normativen Ordnung voraus.

Konsistenz oder auch Kohärenz sind aber nicht die einzigen formalen Bedingungen, welche die innere Struktur einer normativen

31 Eine besondere Form von Konsistenz – nämlich von als geltend deklarierten Normen, Werten oder Deutungen und faktischen Handlungen – wurde in Kapitel V analysiert; zu entsprechenden Inkonsistenzen siehe unten die Bemerkungen über soziale Irrationalität.

Ordnung erfüllen muß. Das zusätzliche, stärkere Erfordernis läßt sich mit dem Begriff der *sozialen Integration* bezeichnen. Die institutionelle Ordnung einer funktional differenzierten Gesellschaft muß die verschiedenen Teilaktivitäten kongruent zusammenfügen oder kompatibel machen. Die auf die Lösung unterschiedlicher Probleme spezialisierten sozialen Aktivitäten und institutionellen Prozesse müssen sich gegenseitig so stützen und ergänzen, daß die Gesamtheit dieser interdependenten Aktivitäten und ihre Ergebnisse den Standards instrumenteller, ökonomischer, moralischer und evaluativer Rationalität entsprechen. In diesem Sinn geht es um *funktionale* Integration; die Konsistenz von Normensystemen ist dafür nur eine notwendige, keine hinreichende Bedingung: »Within sociology there are two basic theories of how any social organization achieves and maintains integration. These are usually labeled ›normative integration‹ and ›functional integration‹.... The degree of normative integration in any social system is a result of such factors as (a) the extent to which the normative order is congruent with the underlying basic values, (b) the perceived internal consistency of the system of norms, and (c) the thoroughness with which the norms are institutionalized into actual social organizations.... Functional integration exists in a social system ... to the extent that complementary activities and relationships among specialized and interdependent parts are established and maintained, so as to satisfy the operational requirements of the system.« (Olsen 1965, 38 f.)[32] Offenbar handelt es sich

32 Ähnlich Diesing: »A system is integrated when the activity of each part fits into and completes the activity of other parts, and when in addition each part supports, confirms, and reinforces other parts by its activity. A social system is integrated when the roles of which it is composed are internally consistent and fit together.... Integration is something more than both mechanical efficiency and logical consistency ...« (Diesing 1962, 77). – Olsens Formulierung markiert übrigens den Beginn eines gewissen Mißverständnisses: nämlich der Verwechslung von *Bedingungen* oder *Kriterien* sozialer Integration – wie interne Konsistenz einer normativen Ordnung und funktionale Komplementarität differenzierter Aktivitäten – und unterschiedlichen *Modi* oder *Mechanismen*, durch welche soziale Integration erreicht wird: durch Normen oder andere Formen intentionaler Ordnung oder durch nichtintentionale Mechanismen. In vielen Verwendungen des Begriffs »funktionale Integration« geht beides durcheinander. »Soziale Integration« wird häufig auch noch als Abwesenheit (von bestimmten Formen) von Konflikt oder Spaltung, als Aufrechterhaltung von Konsens oder je-

bei »normativer« und »funktionaler« Integration um komplementäre Aspekte. Beide müssen erfüllt sein, damit die soziale Reproduktion ungestört ablaufen kann. Denkbar wäre ein logisch konsistentes Normensystem, das gleichwohl dysfunktional wäre. Andererseits kann funktionale Integration nicht *nur* durch normative Ordnungen, sondern muß auch durch andere soziale Regulierungsmechanismen gesichert werden.

Bekannte Beispiele für funktionale Komplementaritäten innerhalb von institutionellen Strukturen sind die soziokulturellen Voraussetzungen demokratischer politischer Systeme (bestimmte kognitive Voraussetzungen bei den Mitgliedern der politischen Gemeinschaft, Kompromißfähigkeit und wenigstens Grundelemente universalistischer moralischer Orientierungen, weiter strukturelle Voraussetzungen wie Massenkommunikationsmittel usw.) oder die funktionalen Interdependenzen zwischen modernen ökonomischen Systemen und anderen sozialen und kulturellen Elementen: Familienorganisation, Ausbildung, individuelle Kompetenzen, Motivationen und Einstellungen. Natürlich sind Variationen möglich, aber nicht in beliebigem Maß: Bestimmte strukturelle Kompatibilitätsbedingungen müssen erfüllt werden, wenn Störungen vermieden werden sollen.[33]

Im Hinblick auf bestimmte Erfordernisse funktionaler Differenzierung können wir die Rede vom »Konflikt der Wertsphären« noch anders verstehen, als wir das oben in der Kritik an Weber getan haben. Ein Aspekt solcher Differenzierung ist nämlich die jeweilige Konzentration auf eine bestimmte Rationalitätsdimension. Vor allem kommt es zu einer Differenzierung von Rollen und Handlungsbereichen, in denen der Schwerpunkt auf der empirisch-kognitiven oder instrumentellen Rationalität des Handelns liegt (Berufsrollen) und solchen, in denen größerer Spielraum für Affektivität und expressive Selbstdarstellung oder für die Verfolgung ästhetischer oder ähnlicher Werte gegeben ist, die in den Be-

denfalls einer stabilen Ordnung verwendet. Das ist zu eingeschränkt: die Lösung von Konflikten ist nur eine der Funktionen einer institutionellen Ordnung.

33 Das ist die sachliche Basis der in Kapitel V diskutierten Theoreme über »strukturelle Widersprüche«. – Siehe Parsons 1951, 177ff.; über Bedingungen struktureller Kompatibilität als Schranken für die Variation des Rechts auch Luhmann 1983, 299ff.

reichen primär instrumentellen Handelns zurückstehen müssen. In all diesen Hinsichten gibt es natürlich erhebliche Differenzierungen auch innerhalb von Berufsrollen. Eine Kompatibilitätsbedingung ist dann, daß eine gewisse »Balance« zwischen den verschiedenen Aktivitäten oder Rollen der Mitglieder gewahrt bleibt.[34] Ein Ungleichgewicht kann dann als Konflikt verschiedener »Rationalitäten« gedeutet werden: Sei es, daß eine unzulässige Dominanz kognitiv-empirischer Rationalität kritisiert, sei es, daß ein Vordringen expressiver Einstellungen in Handlungssphären oder Rollen beklagt wird, die ein gewisses Maß an »affektiver Neutralisierung« verlangen.

Nur am Rande zu erwähnen sind hier der Begriff der *kulturellen Integration* und das Verhältnis zwischen Institutionensystemen und Kultur. Dabei ist vor allem an die evaluativen und expressiven Elemente der Kultur zu denken – an grundlegende Werthaltungen oder ethische Einstellungen, die etwa Weber mit Prädikaten wie Aktivismus und Passivität, Weltbejahung und -ablehnung gekennzeichnet hat; aber auch an spezifischere Wert- und Deutungsmuster, Lebensentwürfe usw. Es gibt in Soziologie und Kulturanthropologie eine Reihe von Versuchen, solche »patterns of culture« zu identifizieren und bestimmte kohärente Konfigurationen typologisch zu erforschen (Levine 1968). Im Hinblick auf eine solche »logische« oder »stilistische« Einheit von kulturellen Traditionen könnte man von kultureller Integration sprechen. Der Gegensatz wäre »Synkretismus«. Auf einer etwas konkreteren Ebene könnten wir analysieren, ob es in einer bestimmten Gemeinschaft Wertmaßstäbe, Ziele und Vorstellungen des »guten Lebens« gibt, die eine innere Sinneinheit darstellen und konsistente Handlungsorientierungen oder Lebensentwürfe ermöglichen – das wäre ein Problem evaluativer Rationalität. Davon sind zwei andere Aspekte des Verhältnisses von Kultur und Gesellschaft zu unterscheiden: einmal der Aspekt der größeren oder geringeren kulturellen Einheitlichkeit einer gegebenen sozialen Gemeinschaft (das Problem von Subkulturen oder Teilkulturen oder von kulturellem Pluralismus), zum anderen die Frage nach der Übereinstimmung zwischen Wertmaßstäben und kulturellen Modellen des »guten Lebens« mit dem Charakter der etablierten Institutionensysteme.

34 Vgl. Dreitzel 1968, 274 – im Anschluß an Parsons.

Konflikt zwischen diesen Ebenen ist denkbar – wenn etwa ein modernes Institutionensystem einer Gesellschaft mit bestimmten traditionalistischen Wertorientierungen (Pietät, Familialismus, Konsensorientierung) übergestülpt wird. Wieviel Übereinstimmung zwischen den institutionellen Strukturen und den evaluativen kulturellen patterns und welches Maß an kultureller Homogenität (»Identität«) in modernen Gesellschaften wirklich erforderlich ist, um Störungen zu vermeiden, erfordert wieder empirische Untersuchungen. Wieviel kulturelle Homogenität (oder Pluralität) darüber hinaus *wünschenswert* sein mag, wäre wieder ein evaluatives Problem.

Dynamische Aspekte. Die bisher dargestellten Dimensionen oder Kriterien der Rationalität von Institutionen – also die drei »materialen« Dimensionen: kognitiv-instrumentelle, moralische und evaluative/expressive Rationalität sowie die formale, handlungslogische Dimension mit Kriterien wie Konsistenz und Kohärenz, funktionale Integration und Effizienz – wurden zunächst in einer »statischen« Betrachtung von Institutionensystemen entwickelt. In einer »dynamischen« Perspektive wäre zu analysieren, wie Institutionen zustande kommen oder aufrechterhalten werden und wie institutionelle Strukturen ihre eigene Anpassung und Weiterentwicklung fördern. Teilweise regulieren Institutionen (vor allem das Recht) ihre eigene Reproduktion oder Veränderung in Gestalt prozeduraler Regeln; die Bedeutung solcher Verfahren für institutionelle Rationalität wird im nächsten Kapitel untersucht. Einige allgemeinere dynamische Aspekte sind schon hier zu thematisieren: nämlich die Rolle von aktivem Konsens und Partizipation in der Gestaltung von Institutionen und die Bedeutung institutionellen Lernens.

Konsens, Partizipation. Generell gilt, was oben über rationale Verständigung als Rationalitätskriterium gesagt wurde. Die Akzeptanz von Institutionen darf nicht auf manipulativ erreichter Zustimmung beruhen, und Institutionen sind daraufhin zu beurteilen, wieweit sie freiwillige Zustimmung verdienen und die *Herbeiführung* solcher Zustimmung fördern. *In welchem Maß* aber beruht die Rationalität von Institutionen darauf, daß die an ihnen Beteiligten oder von ihnen »Betroffenen« (unter den Zeitgenos-

sen) sie mit expliziten und guten Gründen anerkennen und unterstützen und daß diese Überzeugungen in Prozessen öffentlicher Deliberation gewonnen und in Beteiligung an Entscheidungen umgesetzt werden? Daß sie also nicht nur eine solche allgemeine, ungezwungene und gutbegründete Anerkennung finden *würden* oder *könnten*? Daß solche aktive Zustimmung notwendig ist, dafür gibt es Argumente verschiedener Art: moralische Argumente – der Hinweis auf Freiheit, Mündigkeit, Autonomie, spezieller das (diskurstheoretische) Argument, daß moralische Fragen letztlich nur richtig beantwortet werden können durch den realen Diskurs aller Betroffenen; weiter der Hinweis auf Prozesse der Interpretation von Bedürfnissen, der Bildung von Motiven und Einstellungen, der daran anknüpfenden Formulierung kollektiver Ziele, die alle bestimmte Formen sozialer Interaktion erfordern. Schließlich der empirische Hinweis auf rational begründeten Konsens (rationale Legitimität) als eine Bedingung der Stabilität sozialer Ordnung.
Dieses Diskurs- oder Demokratieprinzip hebt aber die anderen genannten Standards nicht auf, in zweierlei Hinsicht. Erstens (und mehr oder weniger trivial): Es müssen die anderen genannten Rationalitätsaspekte, Standards und Kriterien in den Diskursen selbst zur Geltung kommen. Zweitens: Die Realisierung dieses Prinzips stößt praktisch auf wohlbekannte Schwierigkeiten und Grenzen. Ein Optimum an kognitiv-instrumenteller Rationalität, ökonomischer Effizienz, aber auch an moralischer Rationalität wird nicht unbedingt durch die möglichst weitgehende Annäherung an »ideale« demokratische Verfahren oder Diskursbedingungen gesichert; eine solche »Annäherung« ist deswegen nicht das einzige Kriterium für die Rationalität von Institutionen (Kapitel VII).

Lernen. In gewisser Weise sind rationale Problemlösung und Lernen oder Lernbereitschaft identisch. Zur Rationalität gehören Überprüfung, Kritik, Revision und Innovation – in einem jeweils praktisch angemessenen Ausmaß. Im Hinblick auf institutionelle Rationalität sind entsprechend die Prozesse oder Verfahren von besonderem Interesse, in denen Überzeugungen überprüft, Entscheidungen getroffen, soziale Probleme definiert und kollektive Problemlösungen gesucht und implementiert, institutionelle

Strukturen gestaltet und verändert werden. Welche sozialen und speziell institutionellen Bedingungen fördern Lernfähigkeit? Wie wird die Identifikation möglicher gemeinsamer Interessen, eine positive Einstellung auf kooperative Problemlösung gefördert? Wie wird der gegenteilige Effekt vermieden? Denn institutionelle Strukturen können auch verzerrte Wahrnehmungen produzieren, antagonistische Konflikt- und Situationsdefinitionen fördern und Kooperation erschweren. Generell läßt sich sicher sagen, daß ungezwungene Diskussion und Offenheit für Kritik ein wichtiges Element sind. Aber öffentliche Diskussion ist nicht die einzige Bedingung sozialen oder institutionellen Lernens. Die Notwendigkeit *praktischer* Problemlösungen, praktischer Versuche und Erfahrungen, die bekannten Probleme der Komplexität von Problemen, der begrenzten Verarbeitungskapazität »offener« Diskussionszusammenhänge, die entsprechenden »Gesetze« von Arbeitsteilung und Organisation usw. – all diese Faktoren machen die Frage nach den sozialen Voraussetzungen dynamischer und innovativer Problemlösungsprozesse (in allen drei angegebenen Dimensionen) empirisch interessant und schwierig. Umgekehrt läßt sich nach den Mechanismen fragen, die Problemverdrängung, Lernblockaden, suboptimale Lösungen usw. hervorbringen.

Fortschritt, Regression, soziale Irrationalität. Rationalität ist ein Prädikat, das verschiedene Gradeinstufungen zuläßt. Überzeugungen, Aktivitäten, Institutionen können nach ihrem Rationalitätsgrad verglichen werden. »Rationalisierung« im Sinne eines *Zuwachses* an Rationalität wird häufig mit den Begriffen des Fortschritts und des Lernens verbunden. Fortschrittsskepsis kann sich in zwei Formen äußern: empirisch und kategorial. Die kategoriale Kritik bezweifelt, daß es überhaupt Kriterien für Fortschritt oder Rationalisierung gebe. Die empirische Kritik mag im Lichte komplexerer Fortschritts- oder Rationalitätskriterien keinen realen, kontinuierlichen Fortschritt entdecken oder sieht ihn allenfalls in einzelnen Dimensionen (kognitiv-empirische Rationalität), jedoch entwertet durch Regression in anderen Dimensionen. Die kategoriale Kritik kann sich als generelle Vernunftskepsis äußern, oder sie kann Rationalität kulturrelativ auffassen – als gebunden an historisch-kulturelle Kontexte, ohne die Möglichkeit eines Vergleichs zwischen verschiedenen historischen Rationalitätsformen,

also ohne die Möglichkeit, Fortschritt oder Regression in der Abfolge verschiedener Kulturen zu identifizieren. Hier wurde als Hypothese angenommen, daß sich ein kumulativer Rationalitäts- oder Lernfortschritt in den Bereichen des kognitiv-empirischen Wissens und des moralischen Urteilens rekonstruieren läßt – ohne daß Fortschritt und Kumulation deswegen als graduelle, kontinuierliche Anhäufung von Erkenntnissen verstanden werden müßten: Strukturbrüche und »paradigm shifts« sind möglich. Ob wir im Bereich evaluativer Standards und Urteile von einer solchen Kumulation ausgehen sollten, wurde offengelassen.
Nun ist es eine zweite Frage, ob sich kulturelle Rationalitätssteigerungen auch in institutionelle Ordnungen und soziale Praktiken umsetzen. Sie soll hier nicht empirisch beantwortet werden – es geht nur um logische Möglichkeiten. Eine deutliche, hartnäckig erhaltene Differenz zwischen kulturellen Rationalitätsstandards und symbolischen Ressourcen auf der einen, der institutionellen Praxis auf der anderen Seite wäre ein Fall sozialer *Irrationalität*. Nicht jedes Rationalitätsdefizit sozialer Praktiken ist schon irrational. Irrationalität liegt dann vor, wenn symbolische Ressourcen für soziale Problemlösungen praktisch nicht ausgeschöpft werden, wenn es zu Regressionen hinter einmal erreichte Rationalitätsniveaus kommt oder wenn Lernblockaden vorliegen. Lernblockaden oder das Nichtausschöpfen von Rationalitätspotentialen verweisen auf bestimmte Mechanismen, in denen irrationales Verhalten sich ausdrückt oder durch welche es hervorgebracht und perpetuiert wird. Im Hinblick auf individuelles Verhalten sprechen wir von Selbsttäuschung, »wishful thinking«, Rationalisierung oder Abwehr (im psychoanalytischen Sinn). Im Hinblick auf soziale Irrationalitäten ist häufig von Ideologie die Rede. Auch werden gewissermaßen anthropologische Tendenzen zu Verhaltensweisen angenommen, die nach den hier entwickelten Kriterien als irrational zu gelten hätten: Gewaltausübung, Streben nach illegitimer Macht, Behauptung von Privilegien. Eine anspruchsvollere Analyse müßte die sozialen Mechanismen aufzeigen, die (analog zu den Mechanismen von Verdrängung und Abwehr) das Ausschöpfen von Rationalitätspotentialen verhindern und soziales Verhalten auf irrationale Bahnen bringen; anthropologische Annahmen über eine konstante, vorsoziale »Menschennatur« würden dadurch möglicherweise überflüssig, jedenfalls in ihrer Bedeutung

reduziert. Doch das sind nun wieder Aufgaben für sozialwissenschaftliche Forschungen.
Gesellschaften können das Rationalitätsziel in allen einzelnen Dimensionen verfehlen. Irrationalität in der instrumentellen (kognitiv-empirischen oder technischen) Dimension liegt zum Beispiel vor, wenn Wissensfortschritte aus ideologischen Gründen gehemmt werden oder wenn die kognitiven Ressourcen nicht ausreichen, um mit den Folgen der Anwendung von Technologien fertig zu werden. Eine Kultur kann irrationale Wertmuster favorisieren (»kriegerische« Tugenden, »völkische« Werte); eine Gesellschaft kann so beschränkte Möglichkeiten zur Entwicklung individueller oder kollektiver Identitäten bieten, oder sie kann so arm an expressiven Mustern und so restriktiv im Hinblick auf zugelassene Ausdrucksmöglichkeiten sein, daß irrationale Belastungen und Deformationen für die Mitglieder und ihre sozialen Beziehungen entstehen. Der verbreitetste und am eindeutigsten zu identifizierende Fall sozialer Irrationalität besteht sicher in krassen Ungerechtigkeiten einer sozialen Ordnung oder ihrer Unfähigkeit, Konflikte in normativ akzeptabler Weise zu regulieren – also in moralischer Irrationalität. Konflikte sind natürlich nicht per se irrational. Aber es gibt hartnäckige Konflikte mit pathologischen Zügen und irrationale Formen der Konfliktaustragung – auf seiten aller oder nur bestimmter Konfliktparteien. Eine Gesellschaft, die systematisch Konflikte produziert und Lösungen verhindert, mag sehr wohl irrational sein.
Blockierte Lernfähigkeit oder das Fehlen einer hinreichenden Überzeugungsbasis für die Legitimität von Institutionen wurden als mögliche Formen von sozialer Irrationalität schon erwähnt. Rationalitätsdefizite oder Irrationalitäten können auch durch mangelnde funktionale Integration, durch Inkompatibilitäten zwischen funktional differenzierten Aktivitäten oder Institutionen oder durch »Systemirrationalität« (nächster Abschnitt) zustande kommen. Ein geläufiges Beispiel sind ökonomische Krisen, die durch fehllaufende, verselbständigte Prozesse oder systemische Mechanismen verursacht werden. Das Resultat ist – in Gestalt von ungenutzten produktiven Ressourcen, Arbeitslosigkeit usw. – zunächst ein Defizit an ökonomischer Rationalität; das Versäumnis, die negativen Konsequenzen zu beheben oder zu kompensieren, kann zu einem moralischen Defizit werden. Es gibt subtilere

Formen von Inkompatibilität. Ein hypothetisches Beispiel (einer bekannten These folgend): Möglicherweise bieten moderne Gesellschaften zuwenig Spielraum für Interaktionen und soziale Beziehungsformen, in denen die Mitglieder in solidarischem Umgang gegenseitigen Respekt, Vertrauen, Selbstachtung und ein sicheres Selbstwertgefühl gewinnen können; zuwenig Raum für Aktivitäten, in denen sie durch Diskussion, Erfahrung, Vergleich ihre evaluativen Maßstäbe und entsprechende Ziele, Interessen, Lebensweisen entwickeln können; zuwenig Gelegenheit schließlich für affektive Beziehungen und expressive Aktivitäten. Eine Ursache könnte in der Dominanz und einer bestimmten internen Struktur des »instrumentellen« Institutionenkomplexes liegen – in der Struktur von Märkten und (privaten wie staatlichen) formalen Organisationen, die auf Problemlösungen im Bereich kognitiv-empirischer oder technischer und ökonomischer Rationalität spezialisiert sind. Strukturelemente der entsprechenden Institutionen, wie Rollen mit zuwenig Spielraum für Eigeninitiative und Selbstentfaltung und bestimmte Formen der Erfolgsorientierung und Erfolgsbewertung, oder Konsequenzen, wie die starke Ausrichtung des Erziehungssystems auf die Anforderungen des instrumentellen Komplexes, eine bestimmte Gestaltung der äußeren Umwelt usw., könnten zu den oben erwähnten Defiziten in der moralischen oder evaluativ-expressiven Dimension beitragen.

Soziale Irrationalität manifestiert sich in der Regel in Erscheinungsformen sozialer Desintegration, in Störungen, Pathologien oder Krisen. In manchen Fällen mögen Irrationalitäten allerdings auch latent bleiben; in anderen Fällen sind die Symptome oder auch soziale Problemdefinitionen mehr oder weniger deutlich, aber die spezifische Natur des Problems und die Ursachen sind unklar. In sozialen Pathologien oder Beziehungsstörungen sind die moralischen Elemente (Fehlen wechselseitiger Anerkennung) und die evaluativen oder expressiven Komponenten (irrationale oder mangelhaft integrierte Wertstandards und Ziele, Abwehr von Affekten oder Identifikationen, Erlebnisarmut) und allgemeine Interaktionsverzerrungen (wechselseitige Mißverständnisse, zwanghafte oder latent strategische Interaktionsformen) sehr oft eng verquickt, und es dürfte oft schwierig sein, die Syndrome in diese verschiedenen Komponenten aufzulösen. Gleichwohl dürfte ihre analytische Unterscheidung eine Hilfe für die Entwicklung präziserer diagnostischer Kriterien und ätiologischer Hypothesen sein. Umgekehrt können die Problemdiagnosen helfen, die verschiedenen Rationalitätskriterien für die Gestaltung sozialer Beziehungen und Institutionen zu präzisieren (Kapitel VIII).[35]

5. *Teilnehmer und Beobachter. Funktionale und Systemrationalität*

Wir können Rationalitätsurteile in der Rolle des Teilnehmers oder des Beobachters abgeben. Als *Teilnehmer* müssen wir uns fragen, was in unserer Situation das Vernünftige ist – das heißt, wir müssen (individuell oder kollektiv) die Überzeugungen akzeptieren, die Urteile fällen oder die Entschlüsse fassen, für die wir unter den gegebenen Umständen die besten Gründe sehen. In der Regel fragen wir uns spezifischer, ob gewisse Annahmen wahr, ob bestimmte Normen oder Handlungsweisen moralisch richtig oder bestimmte Werturteile gültig sind und ob wir uns über unsere Empfindungen und Motive aufrichtig Rechenschaft geben. Was wir für vernünftig halten, hängt davon ab, wie wir diese Fragen beantworten. Oft nehmen wir die Antworten jedoch als gegeben, ohne Anlaß für eine Überprüfung oder explizite Rechtfertigung zu sehen; oft verlassen wir uns auf das Urteil anderer oder auf sozial validierte Annahmen; oft begnügen wir uns mit Plausibilitäten und Vermutungen. Ob wir rational sind statt dogmatisch, hängt davon ab, ob wir das nach den Umständen optimale Maß an Problematisierungen, Kritik und entsprechenden Untersuchungen und Rechtfertigungen aufbringen. Dafür wären pragmatische Maßstäbe zu finden und zu rechtfertigen. So wäre es wohl eine Bedingung von Rationalität, daß wir die Grundentscheidungen unseres persönlichen und kollektiven Lebens einer expliziten

35 Der Vollständigkeit halber sei noch die Diagnose einer spezifischen Form von Irrationalismus erwähnt, die in einer Hypertrophie von Rationalitätsansprüchen bestünde. Das ist seit Burke und generell seit der konservativen Kritik an der Französischen Revolution ein Topos der Sozialtheorie (nicht nur in ihren konservativen Varianten). Vergleiche etwa (in historischer Perspektive) Hayek 1952, 17-182; Poppers »Poverty of Historicism« und Oakeshotts »Rationalism in Politics« (1962). Einige richtige Elemente dieser Kritiken habe ich hier berücksichtigt. Die generelle Tendenz ist oft problematisch; in diese Auseinandersetzung will ich hier nicht eintreten.

Prüfung und Rechtfertigung unterziehen – während wir uns in vielen partikularen Fragen und besonders bei komplexeren kognitiv-empirischen Problemen auf Praktiken und Einsichten verlassen, die als »settled« gelten oder indirekt (durch soziale Prozesse) validiert sind. Verschiedene Handlungskontexte (Wissenschaft, Alltag usw.) und Rollen sind mit ganz verschiedenen Standards der expliziten Rechtfertigung verknüpft. Es scheint übrigens, daß wir in der Teilnehmerrolle über Rationalität statt unmittelbar über unsere Gründe für Überzeugungen und Entscheidungen am ehesten dann reden, wenn wir *Irrationalität* vermuten – bei uns selbst oder bei einem Interaktionspartner. Dann geraten wir in die spezielle Teilnehmerrolle des Ideologiekritikers (oder Therapeuten), fragen uns selbst oder gegenseitig nach unseren tatsächlichen Motiven, versuchen Selbsttäuschungen und Rationalisierungen auf den Grund zu kommen.

Beobachterperspektive. In der Rolle des Beobachters oder Interpreten fragen wir, ob die Akteure gute (oder die bestmöglichen) Gründe hatten zu glauben, was sie glaubten, oder zu tun, was sie taten – gegeben ihre Situation, ihre Kenntnisse und vorgegebenen Überzeugungen, ihre Methoden und Mittel zur Überprüfung. Nichtwissen oder Irrtümer sind nicht per se irrational. Wir können feststellen, daß ihre Überzeugungen falsch waren (im Lichte *unserer* heutigen Überzeugungen von dem, was wahr ist – die sich natürlich irgendwann wiederum als falsch erweisen mögen) und ihre Aktivitäten nicht den erwarteten Erfolg hatten, daß sie aber gleichwohl rational waren. Die gleiche Perspektive ergibt sich übrigens, wenn wir zurückblicken auf eigene vergangene Überzeugungen, Entscheidungen oder Handlungen. Wir sehen heute, daß unser früheres Urteil falsch war, daß wir aber gute Gründe hatten, es zu akzeptieren – gegeben unsere Situation, unser damaliges Überzeugungssystem, unsere Informationsmöglichkeiten. Um die Rationalität von Überzeugungen und Handlungen anderer Akteure zu beurteilen, müssen wir uns den kulturellen Kontext *und* die Handlungssituation vergegenwärtigen, in denen sie agierten, ihre Überzeugungen bildeten und ihre Entschlüsse faßten. Dieses interpretierende Rationalitätsurteil ist notwendig *kritisch*. Es reproduziert nicht einfach die Gründe der jeweiligen Akteure. Die beobachteten Akteure können glauben, gute Gründe zu haben, ohne daß es sich nach ihren eigenen Maßstäben um *gute* Gründe handelte. Es kann sein, daß sie ihren Möglichkeiten nicht gerecht werden, daß sie in ihrem jeweiligen Kontext unvernünftig urteilten und handelten, obwohl sie ihr Tun »rationalisierten«. Das heißt: sie gaben Gründe, die nicht ihre wirklichen Gründe waren und die ihren eigenen Überzeugungen und kritischen Fähigkeiten widersprachen. Sie täuschten sich selbst, statt bloß zu irren, oder sie bemäntelten mehr oder weniger bewußt ein Handeln, das sie vor sich selbst nicht hätten rechtfertigen können. Natürlich gibt es auch Formen irrationalen Handelns, die nicht mit solchen Rationalisierungen daher kommen. Akteure können im Widerspruch zu ihren Überzeugungen handeln, ohne es zu bemerken. Ihre Überzeugungen können inkonsistent sein. Der Interpret, der dies feststellt, betreibt eine Art *immanenter Kritik*.

Als Interpreten können wir also feststellen, daß Akteure rational handelten, obwohl wir »es besser wissen« – obwohl wir wissen, daß sie sich faktisch irrten, obwohl wir wissen, daß ihre moralischen Einsichten beschränkt waren und heute nicht mehr standhalten. Wir können es einfach deswegen besser wissen, weil wir den entscheidenden epistemischen Vorteil des Rückblicks haben – und sehen, was herausgekommen ist. Oder wir können es besser wissen, weil wir (nicht immer unabhängig vom Vorzug neugewonnener Erfahrungen) unsere eigenen Urteile für angemessener halten – aus Gründen, welche den anderen nicht zur Verfügung standen.[36] Wir können deswegen wiederum zwei Formen der Beurteilung der Rationalität von Überzeugungen oder Handlungen anderer unterscheiden: immanente Kritik im bezeichneten Sinn und eine externe oder autonome Kritik im Lichte unserer eigenen Standards und Erkenntnisse. Nun könnte eine solche externe Kritik aus einer strikten Beobachterrolle, typisch etwa im Fall historischer Betrachtungen, als eine sterile Übung erscheinen: warum den anderen aus einer epistemisch privilegierten Position ihr Unwissen vorhalten? Jedoch hat eine solche Betrachtung ihre Funktion. Sie bildet einen *Ausgangspunkt* für eine *immanente* Betrachtung oder Beurteilung. Wir ermessen die Distanz unserer eigenen,

36 Natürlich muß es der Beobachter – auch der aus historischer Distanz – keineswegs wirklich in allen Fällen »besser wissen«. Er muß nicht einmal *glauben*, es besser zu wissen. Er kann auch dazu kommen, die überlegenen Einsichten der beobachteten Akteure zu akzeptieren.

heutigen Überzeugungen und Einsichten von denen der beobachteten Akteure und fragen uns, ob diese Distanz selbst plausibel erklärbar ist. Wir müssen uns fragen, ob die Fehlurteile der anderen wirklich als Irrtümer oder Nichtwissen aus ihren spezifischen sozialen und kulturellen Voraussetzungen heraus verständlich sind. Nur wenn wir solche »Entschuldigungsgründe« finden, können wir sie dennoch als rational verstehen.[37] Das heißt: wir setzen ein Rationalitätskonzept und grundlegende Rationalitätsmaßstäbe voraus, die für *beide* Seiten gültig sind: für uns selbst wie für die von uns beobachteten Akteure. Rationalität hat für uns einen bestimmten Sinn, der in der beschriebenen Weise mit Rechtfertigung zusammenhängt. Wenn wir etwas rational nennen, meinen wir, daß etwas gerechtfertigt und insofern empfehlenswert ist – wir drücken eine Zustimmung oder fundamental positive Wertung aus. Rationalität ist deswegen keine rein konventionelle, deskriptive Kategorie. Von ihrem normativen Charakter können wir auch in der Beobachterperspektive nicht abstrahieren. Wenn wir sagen, daß die beobachteten Akteure rational handelten, meinen wir, daß sie letztlich gute Gründe hatten, die auch für uns als solche verständlich und einsehbar sind – wenn wir alle Unterschiede der Situation, den Rückstand des Wissens, vielleicht auch tiefergehende Differenzen des Weltbilds usw. in Rechnung stellen. Anders gesagt: Die immanente Kritik, das Erfassen der Überzeugungen und Standards der anderen, ihre Intelligibilität als *Rationalitäts*standards hängen davon ab, daß wir unsere und ihre Überzeugungen in Beziehung setzen können – und das heißt, wie eingeschränkt auch immer: daß wir sie im Hinblick auf ihre Angemessenheit vergleichen können.[38] Es macht keinen Sinn, Rationalität als eine rein

37 Mit ähnlichen Deutungsabsichten unterschied Weber zwischen »subjektiver Zweckrationalität« und »objektiver Richtigkeitsrationalität« (Weber 1973, 104ff.).

38 Siehe Rescher 1988, 149ff.; Davidson 1973-74. Siehe auch die Debatten über die Voraussetzung gemeinsamer, universeller Rationalitätskonzepte als Grundlage interkulturellen Verstehens in Hollis, Lukes 1982; Horton, Finnegan 1973. – Eine denkbare Form, die Kompatibilität von Rationalitätskonzepten zu wahren, sind Theorien der kognitiven Entwicklung: Stufenschemata der Entwicklung von Kategorien, Standards oder Weltbildstrukturen. Es läßt sich dann von Rationalitätsformen »niedrigerer« Entwicklungsstufen sprechen – die deswegen noch nicht per se irrational, sondern vielleicht nur ein notwendiger Schritt in einem Lernprozeß sind. Vgl. Habermas 1985, 204f.

deskriptiv-empirische, nicht selbst evaluative Kategorie konstruieren zu wollen. Was immer wir in einem solchen Fall mit »Rationalität« bezeichnen mögen – es hat nichts zu tun mit dem, was wir unter Rationalität verstehen. Und unser eigenes Verständnis von Rationalität ist nicht willkürlich, sondern in gewisser Weise nicht hintergehbar: Es ist unlöslich mit Denken und Sprechen verbunden. Wir können es nicht durch Definition oder Entschluß verändern.

Sowohl immanente wie externe Kritik der Rationalität von Überzeugungen und Handlungen haben zudem bestimmte *explanative* Funktionen. Nur zur Erinnerung: Nach einer bestimmten Auffassung können wir Handlungen (oder wenigstens bestimmte Handlungen) durch die Gründe von Akteuren erklären. Bei solchen Erklärungsversuchen gelangen wir letztlich dazu, uns nach der *Rationalität* der Gründe zu fragen.[39] Wenn wir ein Handeln mit den guten Gründen des Akteurs erklären, ist das Erklärungsproblem unmittelbar in gewisser Weise gelöst: Welche Fragen wären noch zu stellen? Wir können uns natürlich nach den Umständen umsehen, unter denen die Akteure zu ihren Überzeugungen und

39 Ob das Verstehen von Handlungen oder Äußerungen immer schon eine Bewertung der Rationalität entsprechender Gründe voraussetzt (wie die These von Habermas lautet), kann hier dahingestellt bleiben. Es mag verschiedenste Formen von »Verstehen« geben. Für Handlungs*erklärungen* (auch für Erklärungen des Entstehens von Überzeugungen) jedenfalls ist »rationales Verstehen« grundlegend. Das Problem ist (unter anderem) in der Wissenschaftssoziologie und -geschichte ausführlich behandelt worden. Laudan verweist auf die Asymmetrie der Erklärung von »false« und »irrational« beliefs (Laudan 1981, 178). Laudan vertritt, daß rationale Überzeugungen anders erklärt werden müssen als irrationale (während sich diese Unterscheidung nicht in gleicher Weise auf wahre und falsche Überzeugungen anwenden läßt; die Gründe ergeben sich aus unserer Erörterung oben): »What is being argued here is that ›explanation by reasons‹ is a distinct species of causal explanation different from, say, familiar psychoanalytic and socio-economic modes of explanation. Some beliefs, caused by reasons, should be explained by citing the reasons. Others, caused perhaps by the direct action of social and psychological forces unmediated by reasons, call for a very different sort of explanation.« (187f.) Popper, Polanyi, Lakatos haben ähnliche Unterscheidungen vertreten. Zur Gegenposition vgl. u. a. die Arbeiten der Edinburgher Wissenschaftssoziologen S. B. Barnes und D. Bloor. – Zur Rolle des Verstehens und der Kritik von moralischen Überzeugungen oder Charakterzügen für historisches Erklären vgl. Gallie 1964, 204f.

Urteilen gelangten, nach mehr oder weniger günstigen äußeren Bedingungen usw.; aber die Rationalität der Gründe, die schließlich akzeptiert wurden, bleibt dennoch ein irreduzibles Erklärungsmoment. Anders im Fall anscheinend irrationaler Überzeugungen oder Handlungen. Die Zuschreibung von Irrationalität hat bloß deskriptive, keine explanative Funktion. Im Fall von Irrationalität *müssen* wir uns nach spezifischeren *Ursachen* des irrationalen Handelns oder Verhaltens umsehen. Allerdings kann auch die externe Kritik von »intern« oder »subjektiv« rationalen Aktivitäten oder Überzeugungen bestimmte explanative Funktionen haben: Gerechtfertigte, aber falsche Überzeugungen können zu Handlungen mit unvorhergesehenen Konsequenzen führen. Vielleicht war es unter den gegebenen Kenntnisvoraussetzungen durchaus rational, wenn man im Mittelalter Ansteckung durch Berührung oder ähnliches als Form der Übertragung der Pest ansah. Daß diese Ansicht de facto falsch war, mag gleichwohl einigen Einfluß auf den Verlauf der Pestepidemien (und damit der Geschichte) gehabt haben.

Latente oder funktionale Rationalität. Nun erschließt sich aus der Beobachterperspektive noch ein anderer, schon erwähnter Typ von historischen und sozialen Phänomenen: Mitglieder einer Gesellschaft handeln richtig oder vernünftig, im Sinne ihrer eigenen Rationalitätskriterien und kulturellen Voraussetzungen oder auch nach der externen Beurteilung eines Beobachters, aber auf Befragen wissen sie keine besonders erhellenden Gründe für ihr Tun zu nennen. Sie machen das schon länger so, es hat sich irgendwie bewährt. Oder sie geben unplausible Gründe. Kollektive halten an bestimmten Institutionen oder Ordnungen fest, die dem Interpreten als rational erscheinen, aber sie tun dies wieder ohne *explizite* Rechtfertigung, anders gesagt: ohne Problematisierung. Der gleiche Sachverhalt läßt sich »funktionalistisch« beschreiben: Akteure halten aus bestimmten Gründen (besseren oder schlechteren) an gewissen Praktiken und Institutionen fest, die im Lichte einer sozialwissenschaftlichen Analyse positive Effekte im Sinne von internen oder externen Rationalitätsstandards haben; aber die Akteure nehmen den Zusammenhang zwischen ihren Aktivitäten und diesen positiven Effekten nicht oder nur sehr unvollständig wahr. Das ist der Fall »latenter Funktionen«. Sollten wir hier von

Rationalität reden? Wenn die Frage uneingeschränkt bejaht wird, ist die Tür geöffnet für ein naturalistisches Konzept von Rationalität – alle Arten adaptiven Verhaltens, die sich *für den Beobachter* als zweckmäßig darstellen, könnten rational genannt werden. Andererseits wäre ein Rationalitätskonzept, das keinen Raum für die Rolle praktischen oder intuitiven, nichtexpliziten Wissens, für die Routinisierung oder Traditionalisierung praktisch bewährter Problemlösungen läßt, allzu restriktiv. Solche Elemente des sozialen Lebens können in unser Rationalitätskonzept eingefügt werden, wenn wir die kulturellen Wechselbeziehungen zwischen Traditionalisierung oder Habitualisierung und kritischer Prüfung oder Rechtfertigung ansehen: Habituelle Praktiken, Traditionen, »practical knowledge« können als rational gelten, wenn in hinreichendem Maß die Möglichkeit oder Fähigkeit besteht, sie im Problem- oder Konfliktfall jeweils zu thematisieren.[40] Die Analyse latenter Funktionen bleibt auch dann an ein nichtnaturalistisches Rationalitätskonzept rückgebunden, wenn die Zielzustände selbst nur durch Rückgriff auf kulturelle, mit Gründen verbundene Standards beschrieben werden können – seien es die Standards der Mitglieder, seien es die des Beobachters. Handlungen, deren latente Funktionen im Fall ihrer Bewußtmachung von den Akteuren mit guten Gründen als eigene Zielsetzungen übernommen würden, kann man mit einiger Plausibilität rational nennen. Das gilt kaum für Aktivitäten oder Handlungsweisen oder Überzeugungen, deren latente Funktion gerade darauf beruht, daß die Latenz erhalten bleibt.[41] Ideologien oder neurotische Zwangshandlungen wären Beispiele – klassische Fälle von Irrationalität. Im übrigen gibt es gar keinen guten Grund, *alle* irgendwie positiven »latenten Funktionen« von sozialen Handlungen oder Institutionen als »rational« zu bezeichnen – nicht alle guten Dinge sind Fälle von Rationalität.

40 Es wäre wohl paradox, ein *Generalvertrauen* in die überlegene Weisheit von Traditionen gegenüber dem »subjektiven« Urteil (E. Burke) begründen zu wollen. Besser zu verteidigen ist die Forderung, den »burden of proof« in der Regel auf den Kritiker zu legen, wenn es um die Veränderung halbwegs bewährter Praktiken geht.

41 Davon noch zu unterscheiden sind positive Wirkungen von Aktivitäten, die nicht selbst *als Ziel* verfolgt werden können, sondern die »essentially by-products« sind (Elster 1983) – »Glück« wäre vielleicht ein Beispiel.

Systemrationalität. »Systemrationalität« ist – so möchte ich behaupten – nichts anderes als *institutionelle Rationalität*, die Rationalität von Handlungssystemen. Alle Institutionen und komplexeren sozialen Praktiken haben faktisch und unvermeidlich einen teilweise »systemischen« Charakter. Das heißt: sie umfassen nicht nur intentionale, sondern auch nichtintentionale Mechanismen der Handlungskoordinierung. Kein Vergesellschaftungszusammenhang ist jemals völlig transparent. Diese empirische These kann ich hier nicht weiter begründen. In manchen Fällen ist dieser Charakter von Institutionen oder Handlungssystemen ja weithin unbestritten – etwa im Fall von Marktökonomien oder komplexen Organisationen. Nehmen wir also solche unproblematischen Fälle als Beispiel.

Der ökonomisierende Effekt von Märkten und Organisationen beruht nicht zuletzt darauf, daß nicht jeder »das Ganze« überschauen, alle Konsequenzen seiner Aktivität übersehen und auf die Aktivitäten aller anderen abstimmen muß – was ja auch gar nicht möglich wäre. Ebensowenig könnte die Spitze einer Hierarchie alle unteren Ebenen vollständig und bewußt kontrollieren. In einem bestimmten Sinn haben gewisse einzelne Aktivitäten innerhalb solcher Institutionen oder Praktiken notwendigerweise eine »latente Funktion«. Darauf beruht ja »systemische« oder nichtintentionale Handlungskoordinierung: Sie geht »hinter dem Rükken« der Akteure vor sich – durch objektive Interdependenzen und Rückkopplungen. Das heißt aber nur, daß die *spezifischen* Wirkungen einer Aktivität, ihr *spezifischer* funktionaler Beitrag vom jeweiligen Akteur nicht (vollständig) überschaut oder kontrolliert wird. Es heißt *nicht*, daß die funktionale Rolle des jeweiligen Handlungs*typs* im System oder gar die Funktionen des Handlungssystems *im ganzen* latent bleiben müssen. Ein Marktteilnehmer zum Beispiel kann nicht alle Konsequenzen seiner Entscheidungen im System antizipieren, und die aggregierten Konsequenzen der Entscheidungen aller Beteiligten sind ihm als Handlungsparameter vorgegeben. Deswegen kann er immer noch ein relativ klares Bild sowohl vom ganzen System und seiner Wirkungsweise als auch von der typischen Funktion einzelner Akteure innerhalb dieses Systems haben. Systemrationalität als Qualität eines Handlungssystems ist also keineswegs notwendig selbst »funktionale Rationalität« – im Sinn der spezifischen »Rationalität« *latenter*

Funktionen. Wir können wissen, wie solche Systeme funktionieren und welche Ergebnisse sie zeitigen; wir können sie in gewissem Umfang einrichten oder ihre Funktion durch Änderung von institutionellen Randbedingungen beeinflussen. In *welchem* Umfang, ist wieder eine empirische Frage. Soweit wir (als Kollektiv) solche Veränderungsmöglichkeiten haben, macht es Sinn, über mehr oder weniger rationale Handlungssysteme oder Gestaltungen von solchen Systemen zu sprechen. Solche Handlungssysteme, einmal entstanden, haben eine mehr oder weniger große Eigendynamik und Resistenz gegen verändernde Eingriffe, und es kann unter Umständen ein Gebot der Rationalität sein, solche eigendynamischen Tendenzen nach Möglichkeit zu beschränken. Aber auch solche Eigengesetzlichkeiten sind nicht notwendig *latent*.[42]

»Systemische Mechanismen« sind eine spezielle Form der Vergesellschaftung, aber »Systemrationalität« ist deswegen kein besonderer Rationalitätstyp. Wir beurteilen ein Handlungssystem vielmehr nach den üblichen Kriterien: nach seiner instrumentellen und ökonomischen Rationalität, nach der moralischen Rechtfertigung der Normen, auf denen es beruht, und der sozialen Konsequenzen, die es hervorbringt; nach den Werten oder Zielen, die es fördert; nach seiner Kompatibilität mit anderen Institutionen oder Teilsystemen, nach den sozialen Lernchancen und Korrekturmöglichkeiten, die es eröffnet oder verschließt, und danach, ob das Ausmaß an systemischer »Selbststeuerung« gerechtfertigt werden kann gegenüber Ansprüchen auf »bewußte gesellschaftliche Kontrolle«.[43] Irrational ist ein solches System (oder eine bestimmte

42 Wieweit die Funktionen und Dysfunktionen etwa von Marktinstitutionen, die Funktionsweise der regulierenden, vor allem der nichtintentionalen Mechanismen und deren Konsequenzen usw. wirklich durchschaut werden, ist natürlich eine theoretische und empirische Frage. Möglicherweise haben solche Mechanismen nicht nur eigendynamische Tendenzen, sondern auch irgendwie die Fähigkeit, ihre Wirkungsweise zu verschleiern. Das war bekanntlich die Annahme von Marx.

43 Als Beispiel für die Berücksichtigung einiger dieser Kriterien siehe Dahls (1983) »five goals for an economic order«: supportive of democracy (i. e. generating »a distribution of political resources favorable to the goals of voting equality, effective participation, enlightened understanding, and final control of the political agenda by all adults subject to the laws«); economic liberty (»a right to gain access to adequate personal resources«); justice or fairness; efficiency; civility (supportive of civil virtue). (84-88)

Gestaltung eines solchen Handlungssystems), wenn es in einer oder mehreren dieser Dimensionen gegenüber realisierbaren besseren Alternativen deutlich zurückbleibt. Eine spezielle Form systemischer Irrationalität sind eigendynamische Tendenzen, welche zu negativen Konsequenzen und Inkompatibilitäten führen.[44]

44 Eine spezifische Form »systemischer Irrationalität« liegt vor, wenn institutionelle Arrangements bestimmte Situationsdeutungen und Handlungsorientierungen der einzelnen Akteure fördern, die unter den jeweiligen Umständen in bestimmter Weise rational sind (der Aktor hat gute Gründe für seine Entscheidungen – zumindest individuell scheinen ihm nur schlechtere Alternativen offenzustehen), im Aggregat aber zu unerwünschten Handlungsresultaten führen. Ein klassisches Beispiel ist Marx' Analyse des Falls der Profitrate: Alle rational handelnden Kapitaleigentümer sind gezwungen, nach der Erhöhung des relativen Mehrwerts zu streben; im Effekt führt das zum Sinken der Profitrate und zur Krise. Elster spricht im Hinblick auf solche Beispiele von »contradictions of society« und unterscheidet »counterfinality« und »suboptimality« des kollektiven Handelns (Elster 1978, 96ff.).

VII. Prozedurale Rationalität

Behauptungen über einen spezifischen Typus »prozeduraler Rationalität« und besonders über eine spezifische prozedurale Rationalität politischer und rechtlicher Institutionen sind in verschiedenen Versionen verbreitet (Kapitel III). Ihr Sinn ist nicht immer leicht zu entschlüsseln. Wer von »prozeduraler Rationalität« spricht, kann Verschiedenes meinen.[1] Es kann dabei um die Rationalität *von* Verfahren oder Prozeduren gehen. Insofern Prozeduren oder Verfahren dabei als soziale Institutionen oder Prozesse verstanden werden, handelt es sich um einen Spezialfall der im vorangegangenen Kapitel behandelten Problematik institutioneller Rationalität. In der Regel geht es aber um mehr: Bestimmte Verfahren gelten als *Garanten* der Rationalität ihrer Ergebnisse. Bei diesen Ergebnissen kann es sich selbst um institutionelle Regelungen handeln; Verfahren können also als die Form betrachtet werden, in denen bestimmte Institutionen ihre eigene Reproduktion und Veränderung regeln. Verfahren, die *konstitutiv* sind für die Vernünftigkeit ihrer Ergebnisse, wären in diesen Fällen Garanten, also notwendige und hinreichende Bedingungen für die Rationalität der institutionellen Komplexe, deren Teil sie sind. Die Rationalität des politischen Systems ist gegeben durch eine bestimmte rationale Gestaltung demokratischer Verfahren; die Rationalität des Rechts wird garantiert durch die Verfahren der Rechtsetzung und Rechtsanwendung. Auf diese Weise soll eine alte Schwierigkeit der Demokratietheorie gelöst werden, die man

1 H. A. Simon schlägt die folgende Unterscheidung zwischen »substantieller« und »prozeduraler« Rationalität vor: »Behavior is substantively rational when it is appropriate to the achievement of given goals within the limits imposed by given conditions and constraints.... Behavior is procedurally rational when it is the outcome of appropriate deliberation. Its procedural rationality depends on the process that generated it« (Simon 1976, 130f.). »Substantielle« Rationalität meint hier »perfekte« ökonomische Wahlrationalität im Sinne einer objektiven oder idealen »Richtigkeitsrationalität«. »Prozedurale Rationalität« in Simons Definition entspricht dem, was oben als Merkmal von Rationalität überhaupt charakterisiert wurde. Simon beschäftigt sich mit »Verfahren« vor allem im Sinne von (Entscheidungs-)Heuristiken und Maximen.

»Rousseaus Problem« taufen könnte: Wie wird gesichert, daß der Wille der Mehrheit auch vernünftig ist, oder in Rousseaus Termini: Wie wird der empirische Wille der Vielen (volonté de tous) zum vernünftigen gemeinsamen Willen (volonté générale)? Seit langem hat man versucht, kollektive *voluntas* und *ratio* durch Verfahren und formale Bedingungen politischer Willensbildung und Entscheidung zusammenzubringen. Allgemeinheit der Gesetze, Gewaltenteilung, repräsentativer Parlamentarismus, Foren und Organe öffentlicher Diskussion sind als Vorkehrungen zur Entwicklung der kollektiven Vernunft angesehen worden. Man kann den Zusammenhang zwischen solchen Verfahren und der Vernünftigkeit ihrer Ergebnisse jedoch in verschiedener Weise auffassen: Die Erfüllung bestimmter Verfahrensbedingungen kann als *förderlich* für das Erzielen vernünftiger Resultate angesehen oder sie kann als *notwendige*, jedoch nicht hinreichende Voraussetzung für die Akzeptabilität der Verfahrensergebnisse betrachtet werden, und schließlich kann sie auch als *hinreichende*, konstitutive Bedingung rationaler Entscheidungen gelten. Oben wurde auf diese letzte, stärkste Fassung des Konzepts »prozeduraler Rationalität« angespielt. Eine Implikation dieser Auffassung ist, daß soziale Verhältnisse nur insoweit als rational gelten können, als sie Resultat von bestimmten bewußten kollektiven Entscheidungsverfahren sind.
Bevor wir diese Beziehungen näher betrachten, ist noch ein Seitenthema aufzugreifen: In unserem Jahrhundert ist nämlich das Konzept der Verfahrensrationalität (vor allem im Deutschen) mit dem Begriff der *Legitimität* staatlicher und rechtlicher Ordnungen verbunden worden. Seit Max Weber hat man explizit nach dem Verhältnis dieser drei Elemente gefragt: Verfahren, Rationalität, Legitimität. In jüngerer Zeit hat Niklas Luhmann ihre Konstellation in eine Alternative umgedeutet: Legitimation durch Verfahren *statt* Legitimation durch rationale Rechtfertigung sei ein funktionales Erfordernis moderner Gesellschaften. Luhmann setzt Legitimität mit faktischer Akzeptanz kollektiv bindender Entscheidungen gleich und beschreibt sehr suggestiv, wie bestimmte Prozeduren (vor allem Gerichtsverfahren – sein ausführlichstes Beispiel) als soziale Systeme mit bestimmten Rollenverteilungen und Verlaufsgesetzlichkeiten einen sozialen Zwang zur Einordnung in das vorgegebene Rollenschema und schließlich zur Übernahme des

Verfahrensergebnisses erzeugen (Luhmann 1975b). Die Notwendigkeit, Folgebereitschaft auf diese Weise zu erreichen, ergebe sich daraus, daß es praktisch unmöglich sei, die soziale Geltung solcher Entscheidungen überwiegend auf die substantiell begründete Einsicht der Betroffenen in ihre sachliche Richtigkeit zu stützen. Wie sich zeigen wird, ist dieser Befund richtig, sogar trivial, *ohne* daß sich notwendig *die* Konsequenzen ergäben, die Luhmann uns präsentiert.

Eine Gegenposition ist vor allem von Habermas entwickelt worden. Für ihn *beruht* Legitimität auf Rationalität, und Rationalität wiederum beruht auf Prozeduren. Die Legitimität einer politischen Ordnung besteht für ihn darin, daß sie rational begründete Zustimmung verdient – in diesem Sinn also rational *ist* (Habermas 1973, 138ff.). Das ist nicht nur als normative Behauptung, sondern in bestimmtem Sinn auch als deskriptive oder rekonstruktive These gemeint: Die Forderung, die Verbindlichkeit einer politischen und rechtlichen Ordnung müsse auf vernünftiger Einsicht beruhen, ist (zumindest latent) Bestandteil unserer modernen politischen Kultur oder des symbolischen Gehalts moderner politischer Ordnungen. Die Aufklärungsprozesse, auf denen diese Kultur beruht, und die potentielle praktische Wirksamkeit der Forderung nach Rechtfertigung sind noch tiefer fundiert in den Strukturen sprachlicher Verständigung, die eine Nötigung zur Vernunft enthalten – zu einer Vernunft, die vieldimensional und nicht auf kognitiv-empirische und logisch-formale Elemente beschränkt ist.

Dieser erste Schritt scheint mir einwandfrei, und ich bin ihm hier weitgehend gefolgt. Der nächste Schritt ist schwieriger: Wie läßt sich der Zusammenhang zwischen Rationalität und *Verfahren* verstehen? Habermas expliziert Rationalität durch Begründung, und er analysiert formale Merkmale, Regeln und präsupponierte Einstellungen und Interaktionsbedingungen, die wir mit dem *Begriff* der Begründung – verstanden nicht nur als Produkt, als semantische Einheit, sondern auch als soziale Interaktion – verbinden (vielleicht sogar *notwendig* verbinden: falls es zutrifft, daß wir solche formalen Voraussetzungen der Begründung oder Argumentation nicht ohne Selbstwiderspruch bestreiten können). Bestimmte formale Kriterien und Verfahrensbedingungen lassen sich darüber hinaus für verschiedene Formen der Begründung, für die Begründung unterschiedlicher Geltungsansprüche spezifizieren. Verfahren der moralischen Argumentation sind das am ausführlichsten analysierte Beispiel. *Einige* dieser formalen Merkmale sind *notwendige* reale Bedingungen für die Gültigkeit oder Akzeptierbarkeit der zu rechtfertigenden Urteile (etwa logisch-semantische Konsistenz); *andere* sind »kontrafaktische Präsuppositionen« – »ideale« Verfahrensbedingungen (vor allem pragmatische Teilnahmebedingungen), deren Erfüllung wir unterstellen, wenn wir uns eine gelungene Argumentation vorstellen. Nun gehen Habermas und Apel noch einen Schritt weiter: Sie identifizieren (im Anschluß an Peirce) das *gültige* (wahre, moralisch richtige) Urteil mit demjenigen, das als Resultat eines zeitlich nicht begrenzten Argumentationsprozesses unter idealen Bedingungen zustande kommen *würde*.[2] An dieser Stelle geht es mir nicht um die Vorzüge und problematischen Punkte dieser Analyse. Wir können ihre Richtigkeit für den Augenblick unterstellen – arguendo. Die Probleme der Verfahrensrationalität, die ich diskutieren werde, sind *unabhängig* davon, ob man bestimmte diskurs- oder konsenstheoretische Explikationen des Begriffs der Rationalität, der Wahrheit, des moral point of view akzeptiert. Auch wenn man die Gültigkeit dieser Explikationen unterstellt, bleibt zu fragen: Welche Rolle spielen die erwähnten »idealen« Verfahrensbedingungen und formalen Kriterien von Argumentationen für Rechtfertigungen unter *aktuellen*, nichtidealen Bedingungen? Welche Rolle spielen sie insbesondere als Kriterien für die Rationalität sozialer Institutionen, speziell von rechtlichen und politischen Verfahren, und was ergibt sich daraus für die oben erwähnten möglichen Beziehungen zwischen Verfahren und der Akzeptabilität oder Rationalität ihrer Ergebnisse?

Es scheint zwei Wege zu geben, auf denen versucht worden ist, ideale Verfahrensbedingungen und Kriterien für die Kritik oder Rechtfertigung von realen Institutionen oder für normative Entwürfe zu verwenden. Auf dem einen werden ideale Verfahren als *hypothetische* Kriterien verwendet. Soweit es zum Beispiel um die moralische Rechtfertigung von Institutionen geht, kann man fragen, auf welche institutionelle Regelung sich alle Beteiligten und

2 Diese Rekonstruktion stützt sich vor allem auf Habermas 1983, 53ff. und 1981:1, 44ff. Über formale Bedingungen und Regeln von Argumentationen (praktischen Diskursen) siehe ausführlich Alexy 1983, 219ff.

Betroffenen unter idealen Teilnahmevoraussetzungen und unter Einnahme eines moral point of view (etwa in Form der Annahme des Universalisierungsprinzips in der Fassung von Habermas) einigen *würden*.[3] Eine ähnliche Struktur findet sich in manchen Theorien des Gesellschaftsvertrags. Eine solche Form der Rechtfertigung läßt sich natürlich auf prozedurale wie auf nichtprozedurale Institutionen oder Normen anwenden. Der *andere* Weg führt von der Angabe idealer Verfahrensbedingungen direkt zur Institutionalisierung – das heißt zur Forderung nach Institutionen kollektiver Meinungsbildung und Entscheidungsfindung, die sich den idealen Argumentationsbedingungen soweit annähern, als das unter gegebenen realen Entscheidungszwängen und Einschränkungen (beschränkte Zeit und begrenzte Ressourcen) möglich ist. Auf diesem Wege ließen sich allenfalls institutionalisierte *Verfahren* als rational auszeichnen. Substantielle, nicht unmittelbar verfahrensbezogene Normen ließen sich mit diesem Argumentationsmuster nur so begründen, daß sie als notwendige Randbedingungen oder Voraussetzungen demokratischer Verfahren erwiesen werden würden. *Alle* normativen Strukturen oder Institutionen würden auf eine einzige raison d'être bezogen: die Ermöglichung diskursiver Formen kollektiver Entscheidungsfindung.

Wenn ideale Verfahrensbedingungen in dieser Weise als Kriterien für die Rationalität realer Verfahren genommen werden, präjudiziert das also in gewisser Weise die Antwort auf die Frage, wie sich die Rationalität von Verfahren zu der ihrer Ergebnisse oder zur Rationalität von Institutionen überhaupt verhält. Solange keine anderen als diese prozeduralen Rationalitätskriterien eingeführt werden, muß die Realisierung bestimmter formaler Verfahrensbedingungen *notwendige und hinreichende* Bedingung der Legitimität oder Rationalität der Ergebnisse politischer oder rechtlicher Entscheidungsfindung sein. Rousseaus Problem wäre gelöst: Vernünftige Willensbildung würde durch die Einhaltung gewisser

3 Habermas' Fassung des Universalisierungsprinzips ist expliziert in Habermas 1983, 74ff., 132f. – Für eine hypothetische Verwendung des Prinzips vgl. Habermas 1976, 279ff. In ähnlicher Weise muß man wohl den Begriff des »advokatorischen Diskurses« verstehen: »Alle Inhalte, auch wenn sie noch so fundamentale Handlungsnormen berühren, müssen von realen (oder ersatzweise vorgenommenen, advokatorisch durchgeführten) Diskursen abhängig gemacht werden.« (Habermas 1983, 104)

Verfahrensbedingungen ermöglicht und garantiert. In dieser Weise ließe sich normative Gesellschaftstheorie als reine *Demokratie*theorie, d. h. ausschließlich als eine Theorie über demokratische Entscheidungsverfahren und deren Voraussetzungen formulieren. Ein solcher Theorietypus ergibt sich offenbar, wenn man das Diskursprinzip demokratietheoretisch wendet und es in den demokratischen Institutionen selbst wie auch in der nichtinstitutionalisierten Öffentlichkeit am Werk sieht – und darin das entscheidende oder *einzige* theoretisch angebbare Kriterium vernünftiger Vergesellschaftung erblickt.[4]

Eine solche Argumentationsstrategie hielte ich für verfehlt. Zwar ist der Hinweis auf die besondere Bedeutung von Verfahrensregelungen in modernen Institutionensystemen berechtigt. Aber weder ergibt die Rekonstruktion idealer Argumentationsbedingungen schon hinreichende Gesichtspunkte für die Gestaltung realer Entscheidungsverfahren, noch ist es plausibel, die Vernunftelemente in institutionellen Ordnungen *allein* in den Verfahren demokratischer Willensbildung zu sehen und eine normative Theorie rationaler Vergesellschaftung auf die Angabe von Verfahrensprinzipien zu beschränken. Auch das alternative Vorgehen, hypothetische ideale Verfahren in Gedankenexperimenten zu verwenden, die als Grundlage normativer Konstruktionen dienen, hat seine Schwierigkeiten. Um diese Einwände zu rechtfertigen und Alternativen anzudeuten, sind die verschiedenen genannten Aspekte oder Bedeutungen von Verfahrensrationalität näher zu untersuchen. Es ist also zu fragen: Was sind »Verfahren« oder »Prozeduren«? Was macht Verfahren rational? Oder: welche Verfahren sind rational unter welchen Bedingungen oder zu welchen Zwecken? Schließlich: In welchen Beziehungen stehen Verfahren oder Prozeduren zur Rationalität (oder Legitimität) ihrer Ergebnisse?

4 Vgl. z. B. Honneth 1986; andeutungsweise Habermas 1987; 1988; 1989b; Preuss 1989c.

1. Was sind »Verfahren« oder »Prozeduren«?

Ein Verfahren ist ein modus operandi – ein irgendwie geregelter oder schematisierter Ablauf einer Aktivität, der zu einem bestimmten Ergebnis oder Erfolg beitragen soll. Verfahren werden ihrer Resultate wegen angewandt, und sie werden primär (aber nicht immer ausschließlich) unter dem Gesichtspunkt gestaltet, optimale Resultate (mit angemessenem Aufwand) hervorzubringen. Zwei grundlegende Unterscheidungen sind zu beachten: die Unterscheidung zwischen Handlungsschema und realem Ablauf und die Unterscheidung von Prozeß und Resultat. Mit »Verfahren« kann ein ideelles Schema gemeint sein, bestehend aus Regeln, Rezepten, Heuristiken usw., das von Akteuren explizit oder intuitiv gewußt oder beherrscht wird und angewendet werden kann. Oder es kann der entsprechende reale Ablauf – Aktivitäten, Interaktionen, Prozesse, die durch menschliche Aktivitäten in Gang gesetzt wurden – angesprochen werden. In den realen Abläufen (eine bestimmte Form von *Prozessen*) werden die Handlungsschemata realisiert; aber die regulierenden Strukturen dieser Abläufe bestehen möglicherweise nicht *nur* aus solchen normativen, intentionalen Schemata. Bei den Bezeichnungen bestimmter Verfahrenstypen ist daneben die Prozeß/Resultat-Ambiguität zu beachten: »Argumentation« kann zum Beispiel beides meinen.

Es gibt viele Arten von Verfahren. Wir sprechen von Ableitungsverfahren, Lösungs-, Test-, Prüf- oder Entscheidungsverfahren, von Methoden, Heuristiken, Prozeduren, Operationen, von Konservierungsverfahren, Verfahrenstechnik usw. Ich unterscheide hier fünf Klassen von Verfahren. Das ist vermutlich keine vollständige Klassifikation, aber es sind die wichtigsten Typen:

I. Technische Verfahren (Techniken)
II. Symbolische Operationen
III. Diskurse (Diskussionen)
IV. Untersuchungen (inquiries)
V. Beschluß- und Entscheidungsverfahren

I. *Techniken.* Die erste Kategorie ist für unsere Probleme weniger relevant. Ich führe sie hier auf, weil »Verfahren« oder »Prozedur« sehr häufig, vielleicht überhaupt am häufigsten in dieser Bedeutung gebraucht wird. Es handelt sich um Handlungsschemata oder

-abläufe, die ein »äußeres« Ergebnis, entweder eine Veränderung in der objektiven Welt oder ein soziales Ergebnis hervorbringen, das nicht auf Verständigung, Überzeugung oder Vereinbarung beruht. Die entsprechenden Schemata sind »technische Regeln«, Rezepte, Technologien, Strategien, bestimmte medizinische oder therapeutische Verfahren.
Die anderen, nun folgenden Kategorien bilden insofern eine Entwicklungsreihe, als die Verfahren der jeweils früheren Kategorien unter Umständen (teilweise mit spezifischen Einschränkungen) ein *Element* von Verfahren der in dieser Typenreihe nachfolgenden Kategorien bilden können.

II. *Symbolische Operationen.* Hier handelt es sich um Denkvorgänge und solche Sprachvorgänge, die grundsätzlich auch »monologisch« oder in foro interno vollzogen werden können. Also einmal um die Anwendung von »Basisregeln« – von grundlegenden Regeln und Schemata des Sprechens und Denkens: Logik, Mathematik, Grammatik (Syntax), Semantik. Weiter um die Verwendung von Heuristiken, von Such- und anderen Problemlösungsstrategien oder -routinen und von Methoden (etwa Interpretationsmethoden). Typische Beispiele sind mathematische Lösungs- oder logische Entscheidungsverfahren; Entschlüsselungsverfahren, Übersetzungsverfahren. Aber auch juristische oder andere »Methodenlehren« gehören dazu. Ebenso Argumentationsformen oder -schemata.[5] Solche symbolischen Verfahren können individuell angewandt werden, aber auch ein Strukturelement von Interaktionen sein (vor allem von Kommunikationen).[6]

III. *Diskurse.* Gemeint sind soziale Prozesse oder Interaktionen, die man gemeinhin »Diskussionen« (oder »themenzentrierte Kommunikation«) nennt. Also der Austausch von Argumenten

5 Toulmin 1975. Was Toulmin die »Struktur von Argumentationen« nennt (86ff.), gehört eindeutig in den Bereich symbolischer Operationen bzw. entsprechender Strukturen.

6 Es ist in manchen Fällen unklar, ob oder in welchem Sinn die entsprechenden Regeln oder Verfahren wirklich geistige oder sprachliche Operationen beschreiben oder ob sie nur Rekonstruktionen der formalen Struktur symbolischer Gebilde sind. Das gilt vor allem für Logik und Grammatik. Andererseits werden viele dieser Operationsregeln bewußt erlernt und angewandt – zum Beispiel Rechenregeln.

zur Beantwortung von Fragen oder zur Lösung von Problemen, zur Klärung strittiger Behauptungen usw. Man kann auch von »Argumentation« sprechen. Damit haben wir drei verschiedene Bedeutungen von »Argumentation«: Es kann ein geistiger Vorgang gemeint sein (Überlegung – reasoning, deliberation) oder eine reale Kommunikationsform (Diskussion) oder das *Ergebnis* von Überlegungen oder Diskursen: nämlich eine Struktur von durch logische oder ähnliche Regeln verbundenen Sätzen oder Annahmen – möglicherweise auch in Form eines »Begründungsspiels« mit Argumenten pro und contra. Hier geht es um die zweite Bedeutung. Reale Argumentationen oder Diskurse werden teils durch symbolische Operationsregeln reguliert, teils durch pragmatische Regeln, die für Kommunikationen generell oder spezifisch für diese besondere Kommunikationsform gelten.[7] Reale Diskussionen werden in mehr oder weniger großem Maß natürlich noch durch andere Faktoren und Mechanismen reguliert: Andere, möglicherweise unbewußte Motive der Beteiligten neben dem der kooperativen Suche nach Problemlösungen; diverse unbewußte, sozialpsychologisch erforschbare Interaktionsmuster und -dynamiken.

Diskussionen *schaffen* oder *setzen* keine handlungsrelevanten Verbindlichkeiten. Sie können der Entdeckung oder Gewinnung von *Einsichten* (empirisch-kognitiver oder normativer Art) dienen, die handlungsleitend sind. Aber diese Ergebnisse, auch wenn sie übereinstimmend akzeptiert worden sind, gelten nur solange und soweit als verbindlich, wie die substantiellen Gründe oder Argumente für jeden Beteiligten ihre Überzeugungskraft behalten. Jeder kann nach Abschluß der Diskussion seine Meinung ändern, wenn ihn die Gründe nicht mehr überzeugen. Die einmal vorhanden gewesene Übereinstimmung hat kein selbständiges Gewicht. Ein neues Element kommt hinein, wenn die Diskussion zu Ent-

7 Siehe eine Zusammenstellung solcher spezieller Regeln bei Alexy 1978, 361 ff. (für »praktische Diskurse«). Der Status solcher Regeln kann offenbar unterschiedlich sein: Bestimmte Regeln müssen tatsächlich eingehalten werden, damit wir von Diskursen oder Diskussionen überhaupt sprechen können; andere gelten eher als anzustrebendes Ideal – wir können vielleicht sagen, daß eine Diskussion mehr oder weniger rational ist, je nach dem Grad ihrer Realisierung. Noch einen anderen Status haben offenbar »kontrafaktische Präsuppositionen«, wie die von Habermas analysierten. Ihre Rolle möchte ich hier nicht diskutieren.

schlüssen oder Beschlüssen oder wenigstens zu bestimmten wechselseitigen Erwartungen der Akteure, auf die sie sich später berufen können, führt. Dann haben wir aber schon einen anderen Verfahrenstypus.

IV. *Untersuchungen.* Untersuchungsverfahren zielen auf Erkenntnisse oder Urteile ab – insbesondere auf Urteile über Sachverhalte, eingeschlossen historische und soziale Tatsachen, aber möglicherweise auch auf evaluative Urteile. Untersuchungen sind von bloßen symbolischen Operationen und von Diskussionen unterschieden, weil sie praktische Aktivitäten einschließen, die der Informationsgewinnung dienen (Beobachtungen, Experimente usw.; auch bei evaluativen Urteilen: Vergleiche, andere Formen systematischer Erfahrungsgewinnung).
Allerdings sind Untersuchungen und Diskurse häufig sehr eng verbunden. Technische Verfahren der ersten Kategorie spielen ebenfalls oft eine Rolle in Untersuchungen. Untersuchungsverfahren zielen auf Wiederholbarkeit oder jedenfalls intersubjektive Nachprüfbarkeit ihrer Ergebnisse. Genau wie für Diskussionen gilt, daß diese Ergebnisse nicht sozial verbindlich sind: Jeder kann sie (mit Gründen) in Frage stellen. Das Verfahren ist nur insofern ein eigenständiger Faktor für die Gültigkeit der Ergebnisse, als es nachvollzogen werden kann. Exemplarisch sind wissenschaftliche Forschungsverfahren, Methoden medizinischer Diagnostik, kriminalistische Untersuchungs- und Beweismethoden, Verfahren der Kunstgeschichte und Kunstkritik.

V. *Beschlußverfahren.* Das ist der unglückliche Name, den ich für jenen Typus von Interaktionsschemata oder von entsprechenden Interaktionen gefunden habe, die handlungsrelevante Verbindlichkeiten *schaffen*. Das heißt: Die Verpflichtungen oder Verbindlichkeiten, die aus solchen Interaktionen hervorgehen, beruhen nicht *allein* auf geteilten Überzeugungen *in der Sache*. Sie beruhen auf der Autorität des Verfahrens oder auf der *Erklärung* oder indirekten Kundgabe des Einverständnisses. Die elementarste Form solcher Verfahren sind Versprechen oder Vereinbarungen. Das Vertragsrecht enthält elaborierte Verfahrensregeln dieses Typs. Andere Beispiele sind natürlich Gerichtsverfahren, Gesetzgebungsverfahren usw., überhaupt Schemata, die in den

entsprechenden Wissenschaften als »social decision procedures« oder »collective choice mechanisms« untersucht werden. Diskurse (Kategorie III) und Untersuchungsverfahren (Kategorie IV) können *Elemente* des vorliegenden Verfahrenstyps sein. Ein realer Diskurs, der zu einem ausdrücklich erklärten oder impliziten Einverständnis führt, auf das sich die Teilnehmer in ihren folgenden Aktivitäten *verlassen*, ist bereits eine Art Beschlußverfahren.
Mit dieser letzten Klasse von Verfahren haben wir es im Rahmen unserer Fragestellung vor allem zu tun; sie werden im nächsten Abschnitt noch etwas näher betrachtet. Im Abschnitt 4 diskutiere ich dann Rationalitätskriterien für die Auswahl oder Gestaltung solcher Verfahren. Abschnitt 5 behandelt die Beziehungen zwischen der Rationalität der Verfahren und der Gültigkeit oder Akzeptabilität ihrer Ergebnisse.

2. *Verfahren als soziale Institutionen*

In einem weiten Sinn sind *alle* sozialen Institutionen »Verfahren«, nämlich Einrichtungen zur Lösung kollektiver Probleme. Hier soll es spezieller um Institutionen oder Vergesellschaftungsformen gehen, die auf definitive und *autoritative*, handlungsrelevante Ergebnisse in aktuellen Problem- oder Konfliktfällen abzielen und ein bestimmtes Vorgehen zur Erreichung entsprechender Ergebnisse festlegen. Die Ergebnisse können Entscheidungen über Forderungen, Anträge oder konfligierende Ansprüche sein oder Regeln, Befehle und Anweisungen, Übereinkünfte verschiedener Art, Pläne; auch die Ermittlung eines »Gewinners« oder autoritative Feststellungen sachlicher Art (Gutachten o. ä.), die bestimmt sind, als Prämisse in weitere Entscheidungsverfahren einzugehen.
Um die Merkmale unterschiedlicher Verfahren darzustellen, sind verschiedene Weisen der Abstraktion oder Typenbildung möglich. Man kann einen realen Handlungs- oder Institutionenkomplex betrachten, der in der sozialen Realität durch Sinngrenzen einigermaßen deutlich markiert ist, und mittels Idealisierungen und Vereinfachungen idealtypische Konstruktionen oder Modelle anfertigen. Beispiele wären Systemmodelle von Gerichtsverfahren oder von politischen Entscheidungsprozessen. Oder man kann

abgegrenztere Prozeduren analysieren, die in der sozialen Realität in komplexere Handlungszusammenhänge verschiedener Art eingebettet sind. Ein beliebtes Beispiel sind Wahl- oder Abstimmungsverfahren, die in der Realität im Verein mit diversen Formen politischer Kommunikation, mit öffentlichen und nicht so öffentlichen Debatten, mit vielfältigen Mechanismen der Themenbildung und -kontrolle (agenda setting), der Formulierung von Alternativen und anderen Formen der Entscheidungsvorbereitung fungieren. Sozialwissenschaftliche Untersuchungen über Entscheidungsverfahren wählen häufig diese zweite Form der Abstraktion. Sie konzentrieren sich auf die unmittelbare Entscheidungssituation und analysieren diverse Entscheidungsregeln, Rollenverteilungen und Strategien. Interessen oder Präferenzen werden als gegeben betrachtet; ebenso die Kenntnisse der Beteiligten über die möglichen Handlungsoptionen.[8] Für die sozialwissenschaftliche Analyse verschiedener realer Entscheidungsverfahren sind das problematische Abstraktionen. Denn deren Wirkungsweise hängt meist stark davon ab, welche Definitionen oder Identifikationen von Interessen oder Handlungsmöglichkeiten sie überhaupt erlauben und fördern. Auch die Konzentration auf die unmittelbare, einmalige Entscheidung ist zweifelhaft. Kollektive Regelungsmechanismen sind nicht einfach nach dem Entscheidungs-Ausführungsmodell zu denken: »Entscheidungen«

8 Untersuchungen über Eigenschaften von Verfahren in diesem Sinn finden wir in ökonomischen Theorien – bezogen zunächst vor allem auf Märkte, neuerdings zunehmend auch auf Organisationen (Williamson 1984; 1985) – und in Theorien über »public choice« (Mueller 1979). Ein großes Spektrum von »sociopolitical processes« wird typologisch erfaßt und verglichen bei Dahl/Lindblom 1953. Siehe auch Barry 1965, Kap. V: Types of Social Decision Procedure. Im rechtstheoretischen Kontext vgl. Fuller 1981, der fünf »principal legal processes« unterscheidet: adjudication, mediation, contract, legislation, managerial direction (34). Üblich sind auch Typologien von Konflikten und von Mechanismen der Konfliktverarbeitung (Aubert 1963; Eckhoff 1967; Galtung 1965). In den letzten Jahren ist eine kleine sozial- und rechtswissenschaftliche Industrie entstanden (vor allem in den USA), die sich mit der typologischen Unterscheidung verschiedener Formen von »dispute resolution« oder »dispute processing« befaßt; übliche Typen sind Vermittlung (mediation), Schlichtungsspruch (arbitration) und richterliche Entscheidung (adjudication). Siehe z. B. Black, Baumgartner 1983 (eine Typologie von »third party-interventions«); die Beiträge in Black 1984; Goldberg, Green, Sander 1985.

Schema 4:

Soziale Entscheidungsverfahren

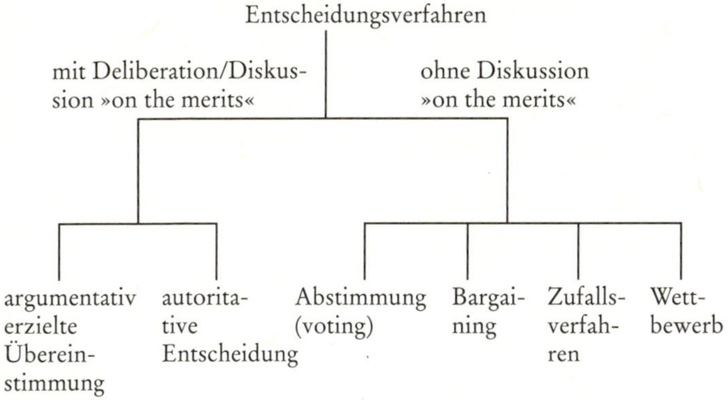

werden im Zuge ihrer »Ausführung« fortlaufend neu interpretiert oder revidiert; die unmittelbaren Ergebnisse von Verfahren (also die genannten »autoritativen Feststellungen« verschiedener Art) sind in der Realität nur Knotenpunkte oder ein Strukturelement unter vielen in sozialen Prozessen. Solche Bedenken können hier jedoch ignoriert werden, weil es nicht um konkrete Analysen und Vergleiche von Institutionen geht. Für die Diskussion einiger allgemeiner Gesichtspunkte, unter denen die Rationalität verschiedener Typen von Entscheidungsverfahren beurteilt werden kann, haben stark vereinfachende Typologien ihren Nutzen.

Hier also eine elementare Typologie sozialer Entscheidungsverfahren (Schema 4).[9]

Die Typologie enthält eine grundlegende Unterscheidung zwischen Verfahren, in denen argumentative Auseinandersetzungen »in der Sache« als Voraussetzung für Entscheidungen vorgesehen sind, und solchen, in denen das nicht der Fall ist. *Zufallsverfahren* sind vielleicht das unproblematischste Beispiel für den zweiten Typ. Aus der griechischen Antike stammt die Vorstellung, eine wahrhaft egalitäre Demokratie erfordere die Besetzung öffentlicher Ämter durch Los. Sie hat sich erhalten in der Praxis der Be-

9 Vgl. Barry 1965, 84ff.; eine Reihe von Verfahrensmerkmalen entnehme ich dieser Darstellung.

stellung von Schöffen oder Juroren (vor allem der Mitglieder gerichtlicher juries in den USA) durch Zufallsauswahl. In einer bestimmten Phase des Vietnamkriegs wurden Wehrpflichtige in den USA durch Losentscheid einberufen (draft lottery). Zufallsverfahren bieten sich an, wo bindende Entscheidungen nötig sind, aber keine hinreichenden sachlichen Gesichtspunkte oder verhandelbaren Interessen als Grundlage zur Verfügung stehen.[10] *Abstimmungsverfahren* können andere Formen der Auseinandersetzung ersetzen. Bekanntlich richtet sich der Ruf »Abstimmung!« gelegentlich ausdrücklich gegen eine inhaltliche Auseinandersetzung. In vielen Kontexten, etwa in politischen Institutionen, werden sie mit Diskussionen oder auch mit Bargaining kombiniert. Abstimmungen können Mehrheitsentscheidungen sein, sie können aber auch ein Quorum, das höher als die einfache Mehrheit liegt, voraussetzen (und damit die Anhänger des Status quo privilegieren).[11] Wenn Konsens (Einstimmigkeit) gefordert oder (was dasselbe ist) ein Vetorecht eingeräumt wird, haben wir eigentlich kein Abstimmungsverfahren mehr, sondern eher einen Fall von Bargaining zwischen vielen Parteien – ein Ergebnis kann nur ausgehandelt werden (falls sich nicht Übereinstimmung aus geteilter Überzeugung ergibt). Institutionalisierte *Wettbewerbe* sind ein ubiquitäres Element moderner Sozialordnungen. Wettbewerbe betreffen vor allem die Verteilung von Gütern, Positionen oder Anerkennung nach bestimmten Regeln der Bewertung von Leistungen oder Eigenschaften der Bewerber.[12] Wettbewerbe können mehr oder weniger mechanisch nach festen Regeln oder Standards entschieden werden; sie können aber auch autoritative, begründete oder dem

10 Über »the role of chance in social affairs« vgl. Aubert 1959; Fishburn 1978; Elster 1989. Zufallsverfahren können auch an spielerische Bedürfnisse (gambling) gerichtet sein – siehe das kuriose Phänomen staatlicher Lotterien.

11 Wenn es sich um Wahlen zu Kollegialorganen handelt, sind weitere Varianten möglich (proportionale Repräsentation usw.); auch sind komplexere Abstimmungsschemata denkbar (etwa für die gleichzeitige Entscheidung mehrerer Alternativen).

12 »Wirtschaftlicher Wettbewerb« ist ein kompliziertes Konzept, das ich hier nicht analysieren möchte. – Eine Kombination von Wettbewerb und Zufall ist das Prinzip: Wer zuerst kommt, mahlt zuerst. Bestimmte knappe Güter werden danach vergeben (Eintrittskarten zu Konzerten). »Queuing« ist eine Variante, die vom Wettbewerb schon weiter entfernt ist: Vorrang genießt, wer am längsten wartet (z. B. auf einen Studienplatz). – Natürlich haben Wettbewerbe auch sonst viele Zufallsmomente.

Anspruch nach begründbare Entscheidungen voraussetzen: so etwa der Wettbewerb um berufliche Positionen (z. B. akademische Berufungen), um Literaturpreise oder andere Auszeichnungen, um Aufträge (Architekten usw.). Politischer Wettbewerb wird typischerweise mit Abstimmungsmechanismen kombiniert.[13] Was *faire* Wettbewerbsbedingungen in verschiedenen Kontexten sind, ist einer der schwierigsten Aspekte des Gleichheits- oder Gerechtigkeitsproblems in modernen Gesellschaften. Problematisch ist unter anderem der Aspekt der »Leistung«. Viele, obgleich nicht alle Wettbewerbe sind ja darauf gerichtet, Verdienste zu belohnen. Wie sind »verdiente« Leistungen zu unterscheiden von »unverdienten« Vorzügen (natürlichen Eigenschaften oder den Resultaten günstiger Sozialisationsbedingungen)?
Institutionalisierte Verfahren, die *argumentativ erzielte Übereinstimmung* der Überzeugungen aller Beteiligten zur *Entscheidungs*grundlage machen, sind offenbar selten. In aller Regel machen Entscheidungs*zwänge* ein solches Vorgehen unpraktikabel. Deswegen werden auch sachorientierte Entscheidungsverfahren in der Praxis oft mit Abstimmungen nach irgendeiner Variante des Mehrheitsprinzips abgeschlossen. Institutionell ist es zudem schwierig oder unmöglich, Elemente von Bargaining aus solchen Verfahren herauszuhalten. *Bargaining* ist die Suche nach einem arbiträren Schnittpunkt zwischen den Interessen der Beteiligten – ohne Versuche, diesen Punkt möglicher Einigung sachlich zu rechtfertigen.[14] Die Beteiligten offerieren einander bestimmte Vorteile für Gegenleistungen (oder drohen mit Nachteilen) und suchen nach einem Punkt, an dem sich die Angebote begegnen. Barry erläutert die Differenz von Verständigung und Bargaining: »However difficult the line may be to draw in particular cases be-

13 Bestimmte Formen von »Wettbewerb« als Entscheidungs- oder Konfliktlösungsmechanismus sind etwas aus der Mode gekommen oder jedenfalls nicht als legitime Formen institutionalisiert: vor allem regulierte Formen gewaltsamer Auseinandersetzung wie Duelle, Blutrache, Fehden oder deren rituelle symbolische Komplemente: öffentliche verbale Duelle. Abkömmlinge finden sich immerhin noch, nicht nur in Kampfsportarten. – Vgl. Weber 1964, 27ff. über »Kampf« und »Konkurrenz«.

14 Bargaining ist ein sozialwissenschaftlicher terminus technicus; interessenorientierte »Verhandlung« wäre eine mögliche Übersetzung. Zur wachsenden Literatur über Formen und Merkmale des Bargaining vgl. den Überblick von Luban (1985).

tween discussion on merits and bargaining, it is easy to state in principle. If agreement is reached by means of discussion on merits, the parties to the dispute have changed their minds about what they want; even if one party had the power to get its way completely it would not want to change the solution. Agreement reached by means of bargaining, on the other hand, merely involves a recognition on the part of each side that it cannot hope to get more of what it wants than is represented by the settlement. But each side retains its wish for the solution it originally entertained and if it had the power to achieve that solution it would use it to that end. Of course, many (perhaps nearly all) negotiations involve both bargaining *and* discussion on merits, but this does not dissolve the difference because (a) there are still clear-cut cases and (b) even in the combined cases one can often distinguish the respective contributions to the agreement of bargaining and discussion on merits.« (Barry 1965, 87) Wir unterscheiden wohl faire und unfaire Bedingungen für Bargaining, aber ich will nicht versuchen, sie zu definieren.[15]

Autoritative Entscheidungen sind Entscheidungen einer Instanz, die von den Betroffenen als legitim betrachtet, mit guten Gründen anerkannt wird. In welcher Weise sind solche Entscheidungen selbst mit Argumentationen »on the merits« verknüpft? Es ist eher die Ausnahme, daß autoritative Instanzen gehalten sind, jede ihrer Entscheidungen auch substantiell gegenüber den Adressaten zu rechtfertigen. In der Regel gibt es aber die Erwartung gegenüber solchen Autoritäten, daß sie ihre Dezisionen auf bestimmte Überlegungen, Untersuchungen und entsprechende Gründe stützen. Es lassen sich drei Hauptformen legitimer, institutionalisierter Autorität unterscheiden: Sachautorität, funktionale Autorität, Amtsautorität. Sachautorität beruht auf spezialisierter fachlicher Kompetenz. Sie ist vor allem die Basis der Autorität des Experten gegenüber einem interessierten Publikum oder des »professionals« gegenüber seinem Klienten – des Arztes gegenüber dem Pa-

15 Ich spreche von Bargaining und nicht von Kompromiß, weil Kompromisse auch andere Elemente haben können. Es gibt zum Beispiel genuin moralische Kompromisse – wenn eine Einigung zwischen unterschiedlichen moralischen Beurteilungen eines Handlungsplans nicht möglich ist und man sich gegenseitig nachgibt, weil der moralische Schaden einer unterbliebenen Aktion größer wäre. Vgl. Kuflik 1979, 49ff.; Barry 1965, 302f.

tienten, des Anwalts gegenüber seinem Mandanten. Es gehört zur normativen Definition dieser Rollen, daß sie aufgrund des besten Wissens der Spezialisten und im besten Interesse ihrer Adressaten bzw. Klienten ausgefüllt werden. Solche Rollen beinhalten aber in der Regel keine Entscheidungs- oder Weisungskompetenz. Funktionale Autorität nenne ich den Fall des »Managers«, der aufgrund seiner Position in einer Organisation weisungsbefugt ist gegenüber anderen Mitgliedern derselben Organisation. Von den Inhabern solcher Positionen wird erwartet, daß sie sachlich rational entscheiden – wenn es sich gleichzeitig um Eigentümer einer privaten Firma handelt, schon aus Eigeninteresse; im Fall von Angestellten im Interesse von Zielen oder Vorgaben, welche durch Entscheidungsverfahren innerhalb der Organisation festgelegt werden (im Falle öffentlicher Verwaltungen wären das entsprechende öffentliche Aufgaben oder politische Aufträge). Aber auch im Verhältnis zu den Weisungsempfängern wird in der Regel die Beachtung gewisser Rationalitätsstandards erwartet: etwa die Vermeidung willkürlicher Behandlung und ohnehin die Beachtung der Grenzen des Autoritätsverhältnisses, welche durch die Mitgliedschaftsbedingungen der Organisation definiert sind. In den meisten Fällen wird für die Inhaber solcher Autoritätspositionen auch Sachautorität reklamiert.

Amtsautorität schließlich umfaßt alle diejenigen Autoritätspositionen, die im Auftrag und im gemeinsamen Interesse der Adressaten bindender Entscheidungen ausgeübt werden. Die Inhaber solcher Positionen sind gegenüber dem gleichen Mitgliederkreis zugleich weisungsbefugt wie verantwortlich und rechenschaftspflichtig, und sie sind auf die unparteiliche Berücksichtigung der Interessen aller Mitglieder verpflichtet. Zu denken ist in erster Linie an öffentliche Ämter: Parlamentarier, Richter, auch an Regierungsmitglieder und Angehörige öffentlicher Verwaltung, soweit sie zu bindenden Entscheidungen gegenüber den Bürgern ermächtigt sind. Die gleiche Beziehung findet sich aber auch zum Beispiel innerhalb von Anstalten wie einer privaten Universität.[16]

Es gibt verschiedene Weisen, Inhaber von Amtsautorität in ihren Entscheidungen und Aktivitäten gegenüber den Mitgliedern der

16 Die Lehrerrolle an Schulen oder Universitäten vereinigt in sich funktionale und Amtsautorität – und fügt dem idealerweise eine gewisse persönliche, nicht institutionalisierbare Autorität hinzu.

entsprechenden Gemeinschaft verantwortlich und rechenschaftspflichtig zu machen und die Rationalität solcher Entscheidungen zu fördern. Regelmäßige Wahl von Amtsinhabern ist nur eine davon. Das Konzept parlamentarisch-demokratischer Repräsentation ist das am besten analysierte Beispiel (Pitkin 1967). Ich erwähne hier nur drei Variablen: die Rolle von öffentlichen Argumentationen in der Entscheidungsvorbereitung, die Beteiligung der Entscheidungsbetroffenen an solchen vorbereitenden Diskussionen, Begründungsverpflichtungen der Entscheidenden gegenüber den Adressaten. Betrachten wir zur Illustration die Konstellationen dieser Variablen in drei Verfahrenstypen, in denen Amtsautorität ausgeübt wird: parlamentarische Gesetzgebung, Verwaltungsentscheidungen, Gerichtsverfahren. Im Falle der Gesetzgebung gibt es unter Umständen vorbereitende öffentliche Diskussionen (in verschiedenen Foren und Formen) und normalerweise oder der Idee nach irgendeine Form öffentlicher parlamentarischer Beratung. Aber es gibt keine *formelle* Entscheidungsrechtfertigung im Fall von Gesetzen – die Entscheidung hebt gewissermaßen die Entscheidungsgründe in sich auf; die Gesetze gelten (juristisch) ohne Rücksicht auf diese spezifischen Gründe, die auch bei verschiedenen Entscheidungsbeteiligten ganz unterschiedlich sein können. Einer der Gründe für diese Form des Verfahrens ist wohl darin zu suchen, daß parlamentarische Gesetzgebung in vielen Fällen (und legitimerweise) Elemente von Bargaining enthält: Sie gleicht teilweise einer Tauschbörse, in der ein für alle vorteilhafter Ausgleich divergierender Interessen gesucht wird. Autoritative Entscheidungen durch ein Kollegialorgan wie das Parlament können solche Prozesse erleichtern durch eine interne Repräsentation unterschiedlicher Interessen.

Verwaltungsentscheidungen sind (in welcher Weise auch immer) an gesetzliche Vorgaben gebunden. Davon abgesehen gibt es Fälle, in denen Verwaltungen die Entscheidungsbetroffenen in die vorbereitende Beratung mit einbeziehen müssen, etwa in der Form von Anhörungen, und in denen sie verpflichtet sind, ihre Entscheidungen wenigstens formell zu begründen. In der Regel sind Verwaltungen aber unmittelbar nur der Regierung und gegebenenfalls dem Parlament rechenschaftspflichtig, häufig aber auch gerichtlicher Kontrolle unterworfen. Ihre Entscheidungen können unmittelbar »Rechtsanwendung« sein (wenn es etwa um die Entscheidung über an die Verwaltung gerichtete Anträge geht, die auf Rechtsansprüche gegründet sind), sie können aber auch im Außenverhältnis eher zielorientiert sein, den Charakter von »Management« tragen.

Gerichtsverfahren haben eine eigenartige Struktur: Sie geben den streitenden Parteien Gelegenheit zur Argumentation; der Richter oder das Richterkollegium müssen sich auf diese Argumente (und Beweise) beziehen, und sie sind in der Regel verpflichtet, ihre Entscheidungen zu begründen. L. Fuller beschreibt den Sachverhalt so: »Adjudication is a process of decision that grants to the affected party a form of participation that consists of the opportunity to present proofs and reasoned arguments.... The litigant must therefore, if his participation is to be meaningful, assert some principle or principles by which his arguments are sound and his proofs relevant... Adjudication is, then, a device which gives formal and institutional expression to the influence of reasoned argument in human affairs. As such it assumes a burden of rationality not borne by any other form of social ordering. A decision which is the product of reasoned argument must be prepared itself to meet the test of reason. We demand of an adjudicative decision a kind of rationality we do not expect of the results of contract or of voting.«[17] Einige weitere Überlegungen zur ratio dieser Unterschiede zwischen den Verfahren der Gesetzgebung und Rechtsprechung sowie allerlei Ergänzungen und Einschränkungen dieser Charakterisierung (die ohnehin – falls die Bemerkung noch notwendig sein sollte – nur die Charakterisierung eines institutionellen Ideals ist) werden im nächsten Kapitel folgen. Hier sei noch einmal an den üblichen Doppelcharakter von »Verfahren« erinnert: als normatives Schema und als realer sozialer Prozeß – der teilweise, aber nicht vollständig durch das normative Schema regiert wird.[18] Wenn die Rationalität von Verfahren oder das Ver-

17 Fuller 1981, 96, 94. Ich habe die Reihenfolge der Formulierungen geändert.

18 Die Charakterisierung von Verfahren als soziale Prozesse stimmt mit dem Sprachgebrauch von Luhmann überein – soziale Verfahren können als »Systeme« betrachtet werden: »Es bilden sich (in der Evolution des Rechts)... Interaktionssysteme besonderer Art (Verfahren) mit der Funktion, bindende Entscheidungen anzufertigen. Solche Verfahren sind nicht nur als kettenförmige Handlungsabläufe (»Prozesse«) zu sehen; sie sind Sozialsysteme auf Zeit, mit einer eigenen Struktur und einer eigenen Ge-

hältnis zwischen Verfahren und der Legitimität ihrer Ergebnisse analysiert werden sollen, müssen natürlich letztlich die realen Prozesse betrachtet werden.

3. *Kriterien für die Rationalität von Verfahren*

Gibt es Gesichtspunkte für die Rationalität institutionalisierter Verfahren, die anders oder spezifischer wären als die in Kapitel VI diskutierten allgemeinen Kriterien für die Rationalität sozialer Institutionen? Und spielen Verfahren eine besondere Rolle für die Rationalität von Institutionensystemen? Verfahren im oben beschriebenen Sinn sind bewußt eingesetzte Instrumente zur Lösung spezifischer Handlungsprobleme, die auf Entscheidungen zugeschnitten werden können. Sie spielen eine Rolle, wenn Probleme oder Konflikte aufgetreten sind, die eine relativ eindeutige Definition und Entscheidung zulassen. Verfahren verkörpern insofern das »aktivistische« Element sozialer Ordnung. Verfahrensförmige Interaktionen unterscheiden sich also von Routinen, der Orientierung an nichtprozeduralen Normen (wie dem größten Teil moralischer Normen), auch etwa von sozialisatorischen oder expressiven Interaktionen, die nicht in gleicher Weise auf *spezifische* Problemlösungen und Entscheidungen zugeschnitten sind, und überhaupt von nicht direkt problem- und entscheidungsbezogenen Kommunikationen. Die beschriebenen Verfahrenstypen können in ganz unterschiedlichem Umfang ausdifferenziert und explizit geregelt (formalisiert) sein. Komplexere Institutionen stützen sich in unterschiedlichem Umfang auf Verfahrenselemente verschiedenen Typs und Formalitätsgrads: in Familien, Freundschaften, informellen sozialen Netzen, religiösen Gemeinschaften sind Entscheidungsverfahren wenig ausdifferenziert und von minderer Bedeutung, in Organisationen, im politischen oder Rechtssystem spielen explizit geregelte Verfahren eine große Rolle. Die zu Beginn gestellten Fragen lassen sich nun ergänzen: Gibt es rationale Kriterien für die Verwendung unterschiedlicher Verfahren in verschiedenen Kontexten? Und ist der Rationalitätsgrad von Institutionen

schichte, mit eigener Komplexität, mit Ungewißheit der Ergebnisse und mit einer gewissen Unabhängigkeit von ihrer gesellschaftlichen Umwelt...« (Luhmann 1981a, 18f.).

davon abhängig, in welchem Umfang sie sich auf welche spezifische Verfahrensart stützen? Da wir Rationalität mit Hilfe des Begriffs der Begründung expliziert haben, mag es naheliegen, die Institutionalisierung von Diskussionen (Diskursen) als primäres Merkmal für die Rationalität von Institutionen zu behandeln. Wie läßt sich dieses Kriterium verwenden?

Um die Diskussion zu vereinfachen, konstruiere ich das folgende Beispiel einer radikaldemokratischen normativen Gesellschaftstheorie mit dem Ziel, sie anschließend zu kritisieren. Wir könnten sagen, daß die rationalste Form der Vergesellschaftung darin bestünde, alle Regulierung sozialer Interaktionen von einem argumentativ erzielten Einverständnis aller Beteiligten oder Betroffenen abhängig zu machen. Wir könnten weiter sagen, daß entsprechende Verfahren die idealen Argumentationsbedingungen verwirklichen müßten, die sich aus den oben referierten formalpragmatischen Analysen ergeben. Das wäre jedoch offensichtlich nur in einer idealen Welt denkbar, in der es keine zeitlichen Beschränkungen für Diskussionen, keine Transaktions- oder Informationskosten, keine relevanten Kompetenzunterschiede zwischen den Akteuren gäbe.[19] Unter diesen Bedingungen wäre das rationalste Entscheidungsverfahren möglicherweise immer der Diskurs, der auf einen ungezwungenen Konsens aller Betroffenen zielt. In der realen Welt ist das offensichtlich anders. Zeit, Aufmerksamkeit usw. sind knapp und müssen auf eine Reihe verschiedener Aktivitäten aufgeteilt werden; die Wahl von Entscheidungsverfahren muß diesen ökonomischen Aspekt berücksichtigen. Wir könnten das in der Weise tun, daß »ideale Argumentationsverfahren« das *Ziel* abgeben, dem die Realität unter den gegebenen Beschränkungen von Zeit und Mitteln soweit als möglich anzunähern ist. Der Rationalitäts*grad* realer Entscheidungsverfahren würde sich also danach bemessen, wie nahe sie dem idealen Verfahren kommen.

Um das Problem weiter einzuschränken, sollten wir einige Handlungsbereiche ausklammern und einige weitere naheliegende Konzessionen an die Realität machen. Wir sollten uns auf solche Probleme sozialen Lebens beschränken, die einer generellen und verbindlichen Regelung bedürfen. Die Präzisierung dieses vagen

19 Letzteres ist vielleicht ein abgeleitetes Merkmal: in einer solchen idealen Welt wäre es vielleicht möglich, allen Akteuren alle wesentlichen Kompetenzen zu vermitteln.

Kriteriums kann natürlich sehr problematisch sein; hier genügt die Annahme, daß sie möglich ist. Wir sollten weiter einräumen, daß für eine Reihe von Koordinationsproblemen Bargaining oder gar Zufallsverfahren ein legitimes Entscheidungsverfahren darstellen (überall dort, wo sich für Diskussion »on the merits« keine sachliche Grundlage oder Notwendigkeit findet). Schließlich sollten wir konzedieren, daß die Klärung bestimmter kognitiv-empirischer Entscheidungsvoraussetzungen an Experten oder an spezielle Verfahren mit eingeschränkter Beteiligung delegiert werden muß. Dann bleibt uns das Programm einer »Fundamentaldemokratisierung«: Die relevanten, einer allgemeinen Regelung oder verbindlichen Entscheidung nach allgemeinen Regeln bedürftigen Probleme einer Gemeinschaft sollten in Verfahren behandelt werden, die sich »idealen« Diskursen soweit als möglich annähern. Anders gesagt: die Rationalität der politischen Institutionen der Gemeinschaft hängt davon ab, wieweit sie die Form von Diskursen realisieren.[20] Das ist also die fiktive Position, die ich in Frage stellen möchte.

Es scheint, daß das skizzierte Rationalitätskriterium für (politische) Institutionen entweder unbestimmt oder falsch ist. *Unbestimmt* ist es, wenn »möglichst weitgehende Realisierung des Diskursprinzips« so verstanden wird, daß entgegenstehende Um-

20 Ich vernachlässige das Problem der Unterscheidung verschiedener Diskurse – insbesondere die mögliche Unterscheidung von »Begründungsdiskursen« (für die Rechtfertigung allgemeiner Regeln oder Prinzipien) und »Anwendungsdiskursen« (für die Entscheidung des Einzelfalls), die sich vielleicht abbilden läßt auf die Funktionen von »Gesetzgebung« und »Rechtsanwendung« (siehe aber Kap. VIII). – Ein alternatives Konzept der Rationalität politischer Institutionen könnte etwa so aussehen: Rationale kollektive Willensbildung beruht vor allem auf informellen, nichtinstitutionalisierten Diskursen in der »Lebenswelt« (die vielleicht institutionell gefördert werden können). Die Rationalität politischer Institutionen beruht darauf, wieweit sie durchlässig oder aufnahmebereit sind für die Resultate dieser informellen Verständigungsprozesse, und diese Aufnahmebereitschaft hängt davon ab, wieweit bestimmte Formen argumentativer Rechtfertigung in diesen Institutionen selbst verankert sind. Andeutungen zu einem solchen Konzept finden sich bei Habermas 1987, 15 f.; Habermas 1989, 153 f. Diese Variante werde ich hier nicht diskutieren: Auch sie hat m. E. richtige Elemente; aber möglicherweise ist sie zu wohlwollend gegenüber »nichtinstitutionalisierten« sozialen Diskussionsprozessen (die ihre eigenen Strukturen haben) und zu pessimistisch oder defensiv gegenüber den Institutionen.

stände (zeitliche Beschränkungen, Entscheidungszwänge, beschränkte Kommunikationskapazitäten, differierende individuelle sachliche Kompetenzen) angemessen zu berücksichtigen sind. Es fehlen nämlich Kriterien dafür, in welcher Weise solche praktischen Schwierigkeiten am besten zu meistern sind und welche Einschränkungen des Diskursprinzips sie rechtfertigen. Neben den praktischen Organisationsfragen (welche Formen der Einschränkung unmittelbarer Partizipation sind angebracht, welche Formen der Arbeitsteilung, Delegation usw.; welche funktionalen Alternativen zu bewußter Konsensbildung sind möglich und gerechtfertigt?) gibt es auch gewisse grundsätzliche Probleme demokratischer Verfahren, die auf dieser Grundlage *allein* nicht zu beantworten sind: Generell die Frage nach den sachlichen, zeitlichen und sozialen Beschränkungen von Verfahren – also nach den Grenzen ihrer »Jurisdiktion« (welche Probleme stehen überhaupt zur Disposition?). Weiter Fragen der jeweiligen »constituency«: Wer soll bei welchen Fragen mitentscheiden? Wer *sind* die »Beteiligten und Betroffenen« im jeweiligen Fall; und welche sollen wirklich beteiligt werden?[21]

Falsch ist das Kriterium, wenn es so verstanden wird, daß unter allen realisierbaren Gestaltungen politischer Institutionen diejenige am rationalsten ist, die das Diskursprinzip (oder sagen wir: demokratische Partizipation) maximal realisiert.[22] Hier haben wir, was Ökonomen ein »second best«-Problem genannt haben (Lipset, Lancaster 1956): Wenn die Verfahrensbedingungen, welche die »beste« Lösung garantieren würden, nicht realisierbar sind, bedeutet das nicht, daß die zweitbeste Lösung durch Verfahren gegeben ist, die dem besten Verfahren möglichst nahe kommen. Die Institution mit der relativ größten Problemlösungsfähigkeit und Lernfähigkeit ist nicht notwendig diejenige, welche die Bedingungen »egalitär-diskursiver Kommunikation«, komparativ gesehen,

21 Die Probleme der Grenzziehung (Probleme von Separatismus/Föderalismus einerseits, der Überschreitung nationaler Grenzen andererseits) werden an Bedeutung weiter zunehmen. – Zum Problem der Abgrenzung des jeweiligen »demos« auch Dahl 1979, 108ff.

22 Vorausgesetzt, wir hätten hinreichend deutliche empirische Kriterien: Es ist nämlich unklar, wie sich die größere oder geringere Annäherung – im Vergleich zweier institutioneller Arrangements – überhaupt bemessen ließe, wenn das eine Verfahren in den Merkmalen a...n, das andere in den Merkmalen m...y dem idealen Verfahren näher käme.

am weitestgehenden erfüllt. Soziale Lernfähigkeit setzt nicht nur Gelegenheit zur Kritik, offene Diskussion über Problemlösungen usw. voraus, sondern eben auch zeitige Entscheidungen und praktische Erfahrungen. Die Begrenzung der verfügbaren Zeit – auch des Zeitbudgets der Bürger, das auf verschiedene, auch nichtpolitische Aktivitäten aufgeteilt werden muß, die alle ihre eigene Notwendigkeit oder ihren eigenen Wert haben –, die Knappheit der Ressourcen und die Probleme sachlicher Kompetenz machen Delegation, Arbeitsteilung sowie die Entlastungsfunktion »systemischer« Regulierungsmechanismen (speziell Organisations- und Marktmechanismen) notwendig. Die Abwägung entsprechender »funktionaler Imperative« gegen die Forderung auf demokratische Partizipation und diskursive Klärung praktischer Fragen und kollektiv verbindlicher Entscheidungen ist ein Entscheidungsproblem, das nicht allein durch die Forderung auf maximale Realisierung des Diskurs- und Demokratieprinzips zu lösen ist. Deswegen kann der Rationalitätsgrad einer Gesellschaftsordnung auch nicht *allein* vom Umfang der Institutionalisierung diskursiver Verfahren abhängig sein.[23]
All das bedeutet natürlich nicht, daß die partizipatorische oder diskursive Gestaltung kollektiver Entscheidungsverfahren nicht von großer Bedeutung wäre. Es gibt mehrere miteinander verflochtene, aber unterscheidbare Argumente für eine solche Verfahrensgestaltung. Ein Aspekt betrifft unmittelbar die Rationalität der Entscheidungen im Sinne sachlicher Richtigkeit und Begründbarkeit: Öffentlichkeit begünstigt Kritik, fördert die Überprüfung von Entscheidungen und Entscheidungsbegründungen und ermöglicht die Mobilisierung von Intelligenz und Kenntnissen und die Nutzung unterschiedlicher Erfahrungen und Perspektiven. Es mag darüber hinaus sein, daß bestimmte praktische Fragen überhaupt nicht rational entschieden werden können, wenn nicht alle Beteiligten Gelegenheit gehabt haben, ihre Auffassungen geltend zu machen. In einem solchen Fall wäre ein bestimmtes Verfahren, nämlich öffentliche Diskussion mit bestimmten Partizipationschancen nicht nur fördernd, sondern konstitutiv für ein rationales

23 Allerdings kann die Untersuchung der »Logik« verschiedener Diskurse Hinweise für die rationale Gestaltung von Verfahren oder Hinweise auf rationale Elemente in gegebenen Verfahren geben; in verschiedener Weise habe ich ja von solchen Analysen profitiert.

Ergebnis – im Sinne einer notwendigen, wenn auch nicht hinreichenden Bedingung. Es wäre in solchen Fällen nicht möglich, durch individuelle Überlegung oder durch Diskussion in einem spezialisierten Kreis zu diesem Ergebnis zu kommen. Das könnte aus Informationsgründen so sein: Gerechte Entscheidungen könnten voraussetzen, daß die Ansprüche oder Interessen aller Teilnehmer bekannt sind, was erfordert, daß sie selbst Gelegenheit haben, sie zu artikulieren. (Ein allwissender impartial spectator, der in die Herzen der Menschen blicken könnte, würde diese Notwendigkeit überflüssig machen.) Ein anderer Aspekt: Es könnte sein, daß die öffentliche Auseinandersetzung auch deswegen konstitutiv ist, weil sich in der kollektiven, kooperativen Suche nach Problemlösungen die Voraussetzungen für eine Problemlösung selbst erst herstellen: weil sich die Einstellungen und Motive der Beteiligten in diesem Prozeß wandeln und ausformen. Anders gesagt: die Richtigkeit des Verfahrensergebnisses hängt von Eigenschaften der Betroffenen oder ihrer sozialen Beziehungen ab, die durch die Beteiligung am Verfahren geändert werden (können). Die (hinreichende) Realisierung bestimmter Verfahrensbedingungen wäre damit eine notwendige Bedingung der Legitimation bestimmter Entscheidungen. Schließlich gibt es noch ein anderes Element: die Anerkennung der Gleichheit und Autonomie der Akteure. Öffentliche Debatten tragen dazu bei, daß die schließlich getroffenen Entscheidungen als mehr oder weniger wohlbegründet oder jedenfalls wohlerwogen eingesehen werden und deswegen aus Einsicht befolgt werden können; und die wechselseitige Anerkennung von Würde und Autonomie impliziert das *Prinzip*, daß jeder ein Recht haben soll, in den ihn betreffenden Angelegenheiten mitzusprechen und mitzuentscheiden. Andere, verwandte Argumente betreffen die bildende und aufklärende Funktion solcher Beteiligung; die Betonung ihrer Bedeutung für die persönliche Selbstverwirklichung.[24]

24 In einer quasi utilitaristischen Wendung hat man das Mehrheitsprinzip als Maximierung der Selbstbestimmung oder Minimierung der »Qual der Heteronomie« (Kelsen) gerechtfertigt: »Nur der Gedanke, daß – wenn schon nicht alle – so doch möglichst viel Menschen *frei* sein, d. h. möglichst wenig Menschen mit ihrem Willen in Widerspruch zu dem allgemeinen Willen der sozialen Ordnung geraten sollen, führt auf einem vernünftigen Wege zum Majoritätsprinzip« (Kelsen 1920, 56). Wie Kelsen richtig betont, wäre der Verweis auf das Einstimmigkeitsprinzip als Maximierung der gleichen Frei-

Solche Argumente für diskursive kollektive Entscheidungsverfahren sind gegen die erwähnten pragmatischen Gründe abzuwägen, die für andere Verfahren mit eingeschränkter Partizipation oder für »systemische« Regulationsmechanismen sprechen. Allgemein gelten dabei die Gesichtspunkte zur rationalen Gestaltung von Institutionen, die in Kapitel VI entwickelt wurden. Eine normative Institutionentheorie müßte diese verschiedenen Gesichtspunkte ins Verhältnis setzen, um Grundprinzipien einer vernünftigen Gesellschaftsgestaltung festzulegen. Rawls' »Theory of Justice« gibt ein Muster für einen solchen Theorietypus – unabhängig davon, wie man zu den Einzelheiten seiner Konstruktion steht. Eine solche normative Institutionen- oder Gesellschaftstheorie kann keine bloße »Demokratietheorie« sein – schon gar nicht unter bloß prozeduralen Gesichtspunkten. Sie muß vielmehr eine angemessene Rolle demokratischer und diskursiver Entscheidungsverfahren im Verhältnis zu anderen sozialen Regulierungsmechanismen definieren – unter dem Gesichtspunkt, welche Verfahren oder Institutionen unter gegebenen sozialen Bedingungen die grundlegenden Probleme des sozialen Lebens am besten lösen.[25] Neben Angaben zur Gestaltung solcher Entscheidungsverfahren und Koordinierungsmechanismen wird die Theorie andere normative Prinzipien und Normen berücksichtigen: »negative« Freiheitsrechte, Nor-

heit irrig: »Was früher bei der ganz nach der Idee der Freiheit sich vollziehenden Gründung der Staatsordnung zum Schutze der individuellen Freiheit diente, wird nunmehr zu ihrer Fessel, *wenn man der Ordnung sich nicht mehr entziehen kann*.... Man wird doch zumeist in eine fertige Staatsordnung hineingeboren, an deren Entstehung man nicht mitgewirkt hat und die einem daher von Anfang an als fremder Wille entgegentreten muß. Nur die Fortbildung, die Abänderung dieser Ordnung steht in Frage. Und unter diesem Gesichtspunkt bedeutet allerdings das Prinzip der absoluten (und nicht das der qualifizierten) Majorität die relativ größte Annäherung an die Idee der Freiheit.« (ebd., 55 f.) Der Irrtum dieses Arguments liegt darin, »Freiheit« nur an die eigene, nicht weiter qualifizierte Zustimmung zu kollektiven Entscheidungen zu binden und dann die einzelnen Freiheiten zu einer Gesamtfreiheit zu addieren. – Zu verschiedenen Begründungen des Mehrheitsprinzips sehr instruktiv der Überblicksartikel von Dreier (1986).

25 In einer gewissen demokratietheoretischen Terminologie: eine normative Institutionentheorie kann nicht nur »input-orientiert«, sie muß auch »output-orientiert« sein (vgl. Scharpf 1975, 21 ff.). Eine elementare Diskussion multipler Kriterien für die Gestaltung politischer Institutionen findet sich in den Arbeiten von R. Dahl, etwa Dahl 1975.

men zum Schutze der Person, Prinzipien distributiver Gerechtigkeit usw., die *nicht* bloß dadurch zu rechtfertigen sind, daß sie die Teilnahme am politischen Diskussions- und Entscheidungsprozeß ermöglichen oder fördern. Es ist ja völlig unplausibel, den Wert aller Rechte und Freiheiten davon abhängig zu machen, daß sie für diese spezielle Aktivität genutzt werden oder genutzt werden könnten. Das wäre tatsächlich eine *illiberale* Position: Denn damit würde ein bestimmter Lebensbereich oder eine bestimmte Form der Praxis, nämlich politische Aktivität, zum einzigen normativen Telos, dem alle institutionellen Regelungen unterzuordnen wären und von dem her sie zu rechtfertigen wären. Der Schutz der Person ist aber nicht nur dadurch zu rechtfertigen, daß er politische Teilnahme ermöglicht, und die freie Gestaltung auch nichtpolitischer Aktivitäten ist nicht weniger schutzwürdig als politische Teilhabe.

4. *Rationale Verfahren und rationale Ergebnisse*

Wenden wir uns nach diesen Überlegungen zur Rationalität sozialer Verfahren den Beziehungen zwischen der Beurteilung von Verfahren und der ihrer Ergebnisse zu.[26] »Prozedurale Rationalität« mag bestimmte Verhältnisse zwischen Prozeduren und Resultaten bezeichnen: etwa Fälle, in denen bestimmte rationale Prozeduren die Korrektheit oder Gültigkeit ihrer Ergebnisse fördern, definieren oder garantieren und in denen die Anwendung gewisser Verfahren eine hinreichende Voraussetzung für die rationale Akzeptabilität ihrer Ergebnisse darstellt. Ich beschränke mich zunächst nicht auf soziale Verfahren, sondern beziehe alle im Abschnitt 1 erwähnten Verfahren (insbesondere symbolische Operationen und Diskurse) mit ein.

Wir können nun eine erste Unterscheidung treffen zwischen Verfahren, welche die Korrektheit ihrer Ergebnisse garantieren oder definieren, und solchen, welche mit einer gewissen Wahrscheinlichkeit ein richtiges Ergebnis hervorbringen. Im letzteren Fall gibt uns die korrekte Durchführung des Verfahrens eine Berechti-

26 Es handelt sich um eine spezielle Variante des alten Problems von Genesis und Geltung.

gung, die Richtigkeit des Ergebnisses zu vermuten oder es als (wahrscheinlich) richtig zu akzeptieren.[27] Die Verfahren können Hervorbringungs- oder Prüfverfahren sein oder beides. Beispiele für den ersten Fall wären Verfahren der Logik, Grammatik oder Mathematik, die eine sozusagen mechanische Ableitung oder Prüfung korrekter Ergebnisse ermöglichen, damit zugleich ihre Gültigkeit definieren. Verfahren des zweiten Typs setzen voraus, daß es unabhängige Kriterien für die Gültigkeit von Ergebnissen gibt – die aber schwierig oder gar nicht zu operationalisieren sind, so daß es rational sein kann, sich auf die berechtigende Funktion des Verfahrens für die Annahme der Gültigkeit des Ergebnisses zu verlassen. Beispiele wären gewisse wissenschaftliche Tests oder Prüfverfahren.

Diese Explikation enthält nun eine wichtige Ambiguität: Wenn wir sagen, daß das *Verfahren* die Richtigkeit des Ergebnisses garantiert oder die Annahme der Richtigkeit rechtfertigt, dann beziehen wir uns auf die korrekte Anwendung prozeduraler, formaler Verfahrensregeln. In bestimmten Fällen kann aber auch etwas anderes gemeint sein: Nämlich dann, wenn wir nicht allein die korrekte Applikation formaler Regeln betrachten, sondern die in den Verfahren zugrunde gelegten oder produzierten substantiellen Einsichten oder Argumente. Auch in einem solchen Fall kann man sagen, daß das präsumtiv korrekte Ergebnis durch ein Verfahren hervorgebracht wird, aber es ist nicht allein oder nicht in erster Linie die Einhaltung formaler Regeln, die uns von der Richtigkeit des Resultats überzeugt. Es ist dann jedoch kaum noch plausibel, von »prozeduraler« Rechtfertigung oder Rationalität zu sprechen. So verhält es sich aber bei realen Argumentationen. Betrachten wir jedoch zunächst die Rolle hypothetischer, gedankenexperimenteller Verfahren. Auch hier zeigt sich, daß die Angabe gewisser Ver-

27 Rescher gibt eine ähnliche Unterscheidung für Wahrheitskriterien: guaranteeing vs. authorizing (Rescher 1975, 340): »Das Problem stellt sich anläßlich der Frage: ›Was ist die Beziehung zwischen *entspricht-dem-Kriterium-für-X* und *ist-tatsächlich-ein-X?*‹ Wenn die Erfüllung des Kriteriums ein Fehlen der geforderten Merkmale *logisch ausschließt* – wenn das Kriterium vollkommen über die Merkmale *entscheidet* –, dann haben wir ein garantierendes Kriterium.... Wenn andererseits die Erfüllung des Kriteriums bestenfalls eine *rationale Begründung* für das Zusprechen eines Merkmals darstellt – ohne eine logisch unangreifbare Garantie zu bieten –, dann haben wir ein berechtigendes Kriterium.«

fahrensbedingungen *allein* noch nicht zu definitiven Ergebnissen führt.

Hypothetische Verfahren. Hier handelt es sich um die Simulation von Verfahren (im Sinne von sozialen Interaktionen), die nicht realisiert oder gar nicht realisier*bar* sind. Solch eine Simulation kann im individuellen Gedankenexperiment vorgenommen oder auch in einem realen Diskurs durchgeführt werden. Die Forderung, in praktischen Fragen nur solche Regeln oder Entscheidungen zu akzeptieren, welche die ungezwungene Zustimmung aller Beteiligten oder Betroffenen finden könnten, erfordert eine solche Simulation. Allerdings ist sie kaum mehr als eine Explikation des Sinns von Begründung überhaupt (es liegt im Sinn von Begründung oder Rechtfertigung, daß sie auf ein intersubjektives Einverständnis zielt), und ihre *kriteriale* Funktion ist entsprechend schwach. Manche Entscheidungen werden dadurch wohl schon evident unmöglich, aber es bleiben viele Alternativen und vor allem zweifelhafte Fälle übrig.[28] Dieses hypothetische Verfahren ist auch schon nicht mehr *rein* »prozedural«: Immerhin müssen wir uns die möglichen Zustimmungs- oder Ablehnungsgründe der Betroffenen vor Augen führen. Um zu bestimmteren Lösungen zu kommen, muß dem Gedankenexperiment mehr Struktur gegeben werden – und es ist zweifelhaft, ob man dabei ohne die Einführung substantieller Elemente auskommt. Das Problem läßt sich an der Funktion »hypothetischer Gesellschaftsverträge« erläutern. Theorien eines hypothetischen Gesellschaftsvertrags (deren Begründungsfunktion zu unterscheiden ist von Vertragstheorien, die sich auf tatsächliche, explizite oder implizite Vereinbarungen oder Zustimmungen beziehen) haben sich nie mit der allgemeinen, unspezifischen Frage nach der allgemeinen Zustimmungsfähigkeit einer institutionellen Ordnung begnügen können. Eine Möglichkeit, dem »hypothetischen Vertragsschluß« eine definitere kriteriale Rolle zu geben, ist die stärkere Strukturierung der Prämissen: Annahmen über die Teilnehmer – ihr Wissen, ihre Motivation usw.; Annahmen über Argumente oder Gesichtspunkte, die sie verwenden, oder über andere Randbedingungen der Vertragssituation – etwa

28 Hier ist die Diskussion über die Funktion des Generalisierungsprinzips in der Moraltheorie berührt; ich beschränke mich auf einige Gesichtspunkte.

einen »Naturzustand« als Ausgangspunkt. Es ist natürlich zu fragen, woher solche Annahmen wiederum gewonnen oder wie sie begründet werden. Instruktiv ist zum Beispiel die Betrachtung der Begründungsstruktur in Rawls' »Theory of Justice«. Die »original position« mit ihren verschiedenen strukturellen Merkmalen (veil of ignorance; Art der zu entscheidenden Fragen; Motive der Teilnehmer) ist ja nur ein Element einer komplizierten Struktur mit anderen wesentlichen Elementen (Konzeption der »well ordered society«, der »free and equal moral person« usw.). Es wäre deswegen irreführend, diese Theorie unter Hinweis auf das Vertragsmodell als »prozedural« zu charakterisieren. Natürlich hat Rawls eine spezifische Begründungsmethode: die des »reflective equilibrium«, eine Art mäeutisches, kohärenztheoretisches Verfahren.[29] Aber dieses Verfahren ist eben angewiesen auf die Rekonstruktion eines ganzen Netzes substantieller Überzeugungen. Rawls' spezifisches Vorgehen mag kritisierbar sein – aber es ist schwer zu sehen, wie die Frage nach einer rationalen institutionellen Struktur moderner Gesellschaften zu beantworten wäre, *ohne* substantiellere Kriterien mit einzubeziehen.[30] Das läßt sich an den Problemen einer Diskurstheorie der Moral verdeutlichen, wie sie von Habermas und Apel vertreten wird. Man kann die spezifische Fassung des Universalisierungsprinzips in dieser Theorie, nämlich

29 Zur Rekonstruktion von Rawls' Begründungsverfahren siehe vor allem Daniels 1979; 1980. (Neuerdings hat Rawls einige schwer durchschaubare Modifikationen seiner Begründungsstrategie vorgenommen; vgl. Rawls 1985; 1987.)

30 Das gleiche gilt natürlich für Sozialkritik, die ihre normativen Grundlagen ausweisen möchte. Auch hier sind kontrafaktische Argumentationsmuster des ganz generellen und formalen Typs unzulänglich – außer im Fall relativ krasser und eindeutiger sozialer Irrationalitäten. Nur in solchen Fällen läßt sich zuversichtlich (aber in gewisser Weise auch redundant) sagen: »*Wenn* ideologische Hemmnisse und Kommunikationsverzerrungen beseitigt wären, würde die bestehende Ordnung sicherlich als illegitim betrachtet«. In weniger offensichtlichen Fällen muß der Kritiker schon spezifischer sagen, was denn die rationalen Einwände der Massen gegen den Gesellschaftszustand sein würden oder sein sollten. Das Bestreben, solche substantiellen Urteile zu vermeiden und gleichwohl kritisch zu sein, hat zu einer gewissen Popularität solcher kontrafaktischer Denkfiguren in den Sozialwissenschaften geführt. Die neomarxistische Tradition hat eine solche kontrafaktische Hypothese immer mehr oder weniger undiskutiert vorausgesetzt – um sich dann der Frage zu widmen, warum das System gleichwohl nicht beseitigt werde.

die Prüfung der Universalisierbarkeit einer Norm durch allseitige Perspektivenübernahme und die Betonung der Funktion *realer* Diskurse, als eine anderen Moraltheorien vermutlich überlegene, anspruchsvoller begründete Explikation des »moral point of view« ansehen. Aber es ist kaum zu sehen, wie diese Explikation auch eine *kriteriale* Rolle spielen könnte. Dies liegt einerseits am ausfüllungsbedürftigen Formalismus des Verallgemeinerungsprinzips, auch in der Fassung, die ihm in der Diskurstheorie der Moral gegeben wird (vergleiche das Universalisierungsprinzip »U« bei Habermas),[31] das für sich genommen eine gewisse heuristische und allenfalls eine schwache negative kriteriale Funktion hat. Diese wird jedoch dadurch gefährdet, daß dieses diskurstheoretisch formulierte Universalisierungsprinzip ideale Realisierungsbedingungen *voraussetzt* – vor allem die tatsächliche ausnahmslose Befolgung einer gültigen Regel. Was bedeutet das aber für das Handeln unter nichtidealen Bedingungen?[32] Das Problem ist von Habermas und Apel gesehen und auf etwas verschiedene Weise beantwortet worden – von Apel durch ein verantwortungsethisches Komplement zur Diskursethik (Apel 1988), von Habermas mit einer Konzeption rechtlicher und politischer Institutionalisierung, in der positives Recht und Rechtszwang als institutionelle Garantien der allgemeinen Befolgung universalisierbarer Normen gerechtfertigt werden. In beiden Fällen bleibt das Paradox, daß *aktuelle* moralische Handlungsanweisungen aus »U« wenigstens in den Fällen nicht zu gewinnen sind, in denen nicht schon die allgemeine Befolgung moralisch gerechtfertigter Normen institutionell gesichert ist. Die Forderung, »U« müsse *in realen, aber »idealen« Verfahren angenäherten Diskursen angewandt werden*, vertieft die Paradoxie: Was tun unter Bedingungen, in denen solche Verfahren nicht

31 Das diskursethische Prinzip »U« besagt, daß jede gültige Norm die Bedingung erfüllen muß, »daß die Folgen und Nebenwirkungen, die sich jeweils aus ihrer allgemeinen Befolgung für die Befriedigung der Interessen eines jeden einzelnen (voraussichtlich) ergeben, von allen Betroffenen akzeptiert (und den Auswirkungen der bekannten alternativen Regelungsmöglichkeiten vorgezogen) werden können« (Habermas 1983, 75 f.).

32 »... one cannot assume that one will in fact approach the good society by acting as if one had already arrived there.... When others act non-morally, there may be an obligation to deviate not only from what they do, but also from the behaviour that would have been optimal if adopted by everybody« (Elster 1986, 119).

möglich sind? Dann bleiben zwei Möglichkeiten: Einmal kann man fordern, solche Verfahren institutionell *möglichst weitgehend* zu realisieren (die Problematik dieser Forderung wurde oben diskutiert); zum anderen kann man »U« in hypothetischen Diskursen verwenden. Daß »U« in hypothetischen oder realen Diskursen eine kriteriale Funktion für die Prüfung der moralischen Rationalität von Normen oder Institutionen haben könnte *ohne* Ergänzung durch andere, substantiellere Kriterien, bleibt jedoch, wie gesagt, noch zu erweisen.[33]

Diskussionen (reale Diskurse). Betrachten wir nun, ob formale Verfahrensbedingungen wirklich eine *konstitutive* Rolle spielen für die Rationalität der Ergebnisse *realer* Argumentationen.

33 Habermas hat solche Forderungen abgewehrt. Substantielle Argumentationen seien nicht Sache des Moraltheoretikers: »Der diskursethische Grundsatz verbietet, bestimmte normative Inhalte (z. B. bestimmte Prinzipien der Verteilungsgerechtigkeit) im Namen einer philosophischen Autorität auszuzeichnen und moraltheoretisch *ein für allemal* festzuschreiben. Sobald sich eine normative Theorie, wie Rawls' Theorie der Gerechtigkeit, in inhaltliche Bereiche erstreckt, zählt sie nur als ein, vielleicht besonders kompetenter, Beitrag zu einem praktischen Diskurs, aber sie gehört nicht zur philosophischen Begründung des ›moral point of view‹...« (Habermas 1983, 133ff.) Das ist ein etwas verwirrendes Argument. Die Adäquatheit philosophischer Begründungen eines »moral point of view« müßte sich doch an substantiellen Anwendungen überprüfen lassen. Die Warnung vor Kompetenzüberschreitungen des Philosophen oder Theoretikers ist sehr plausibel, wenn sie als Hinweis auf die Problematik der Konstruktion rationaler Gesellschaftsordnungen am Schreibtisch und als Warnung vor »Kathederprophetie« verstanden wird. Aber warum sollte der Moraltheoretiker die Brauchbarkeit seiner Grundlagentheorie nicht auch in substantiellen Beiträgen über Grundzüge oder bestimmte Details einer vernünftigen Gesellschaftsstruktur erweisen (als *Beitrag* zu öffentlichen Diskursen)? (Ein allgemein relevanteres Problem scheint mir darin zu liegen, daß solche Anwendungen alsbald ein gewisses sozialwissenschaftliches Fachwissen erfordern.) – In den bisherigen Ansätzen zu einer diskurstheoretischen Institutionenanalyse nimmt sich Habermas zugleich zuviel und zuwenig vor: Er bürdet der formalen Diskursanalyse mehr auf, als sie tragen kann. Und er nimmt die Ansprüche oder Kompetenzen eines moralischen und politischen Theoretikers und Gesellschaftskritikers zu weit zurück. (Das gilt weniger für seine eigene »theoretische Praxis«, versteht sich.) Rollentrennungen sind gewiß notwendig; aber sie müssen sich nicht unbedingt in dieser Weise in grundsätzliche methodologische Gebote bzw. Verbote für die Theoriebildung umsetzen.

Rationalität ist, wie früher entwickelt, letztlich von Rechtfertigungen abhängig, und Rechtfertigungen werden in Argumentationen – als Überlegung in foro interno oder als reale Diskussion – erzeugt oder geprüft. Im weitesten Sinn ist Rationalität, so wie der Begriff hier verstanden wird, also immer »prozedural«. Aber welche Rolle spielen *Prozeduren* im Sinne formaler Bedingungen und Regeln dabei? Wir können sie in zwei Klassen unterteilen: solche, die sich auf symbolische Operationen oder Strukturen beziehen und auch in foro interno angewandt werden können, und solche, die sich auf Einstellungen und Verhalten der Teilnehmer einer realen Diskussion richten. Formale Kriterien oder Prozeduren des ersten Typs (etwa logische Regeln) sind notwendige, aber nicht hinreichende Bedingungen für die Gültigkeit oder rationale Akzeptabilität von Argumentationen (als Produkt bzw. Sinngebilde) – sie definieren nur ihre »formale« Richtigkeit. Wie steht es mit den pragmatischen Regeln: Teilnahmeregeln, Gebot der Aufrichtigkeit, Argumentationslastverteilungen usw.? Nehmen wir ein Beispiel: Wir sind Teilnehmer einer Diskussion, in der wir uns über den Wert einer wissenschaftlichen Hypothese oder Theorie zu verständigen suchen. Wir tauschen also entsprechende Argumente aus, präsentieren vielleicht empirische Evidenzen und ähnliches. Jeder von uns wird sein Urteil schließlich darauf gründen, welche substantiellen Argumente pro und contra ihn überzeugt haben. Das heißt: die Rationalität unserer individuellen oder kollektiven Urteilsbildung werden wir in der Situation oder rückblikkend primär davon abhängig machen, ob die substantiellen Gründe gut genug waren, auf die wir uns gestützt haben. Was uns als Teilnehmer überzeugt, sind natürlich die Argumente – nicht die Bedingungen, unter denen sie ausgetauscht werden. Wie aber berücksichtigen wir die Erfüllung oder Nichterfüllung pragmatischer Argumentationsbedingungen? Ihre Verletzung entwertet nicht notwendig das Ergebnis der Diskussion – zumindest dann nicht, wenn es um Urteile und noch nicht um kollektive Entschlüsse geht. Wenn wir den Eindruck haben, daß jemand nicht aufrichtig um der Verständigung in der Sache willen diskutiert, sondern separate Interessen verfolgt, sich profilieren, einem andern eins auswischen oder uns überreden will, werden wir seine Argumente vorsichtiger betrachten und vielleicht feststellen, daß sie keine sachliche Basis haben, also eigentlich keine sind. Das eine folgt aber nicht notwendig aus dem anderen. Richtige Argumente können aus den trübsten Motiven vorgebracht werden. Wenn wir uns vergewissern wollen, ob am Ende ein echter, auf gemeinsamer Einsicht beruhender *Konsens* zustande gekommen ist, müssen wir natürlich fragen, ob alle ihre Zustimmung letztlich aufgrund wirklicher Überzeugung ausgedrückt haben; hier kommen vielleicht die »kontrafaktischen Unterstellungen« ins Spiel. Aber auch diese Einschätzung werden wir ebensosehr auf die Überzeugungskraft der produzierten substantiellen Argumente stützen wie auf unsere Vermutungen über die realen Verfahrensvoraussetzungen (etwa die Einstellungen der übrigen Teilnehmer, die Fairneß der Rollenverteilung in der Diskussion usw.). Das mag anders sein in bestimmten negativen Fällen, in denen der Interaktionsverlauf deutliche Anzeichen bietet, daß jemand überredet oder genötigt worden ist.

Die Verletzung von pragmatischen Bedingungen rationaler Argumentation *kann* natürlich in irrationalen Ergebnissen resultieren – wenn etwa sozialpsychologische Mechanismen dazu führen, daß Überzeugungen aus anderen als den explizit angegebenen und subjektiv als richtig akzeptierten Gründen angenommen werden. Oder wenn die Zustimmung zu Entscheidungen, die angeblich auf ungezwungener Einsicht und Übereinstimmung der Beteiligten beruhen, auf ähnliche Mechanismen zurückzuführen ist. Eine Verletzung pragmatischer Diskussionsregeln *muß* aber, wie gesagt, das Ergebnis nicht unbedingt entwerten – weder die individuelle sachliche Überzeugung noch den kollektiven Konsens. Umgekehrt schließt die *Abwesenheit* solcher Zwänge oder die weitgehende Erfüllung pragmatischer Regeln rationalen Argumentierens irrationale Ergebnisse nicht aus. Eine konsentierte Überzeugung kann auch unter solchen Voraussetzungen immer noch irrational sein – etwa wenn sie offensichtliche Tatsachen verleugnet oder offensichtlich inkonsistent mit anderen Überzeugungen der Teilnehmer ist. Solche Irrationalitäten könnten etwa auf entsprechenden psychischen Dispositionen der Beteiligten beruhen. Die positive *Erfüllung* formaler, pragmatischer Verfahrensbedingungen kann jedoch unser Vertrauen in die Richtigkeit einer Überzeugung, zu der wir nach Würdigung der substantiellen Argumente gekommen sind, *stärken* (wobei »wir« ein Individuum mit dissenting opinion, eine Minderheit, eine Mehrheit, der ganze Teilnehmerkreis sein können). Verfahrensbedingungen sind Lernbedingungen: Sie haben Einfluß auf die Qualität der Gründe, welche jeweils produziert werden. Offene Diskussion läßt uns annehmen, daß alle oder die wichtigsten relevanten Gesichtspunkte auf den Tisch gekommen sind, unsere eigenen perspektivischen Einseitigkeiten usw. korrigiert wurden etc.; das stützt unser Vertrauen in die gewonnenen, auf substantiellen Gründen beruhenden Überzeugungen. Nun gibt es Fälle, wo die Erfüllung pragmatischer Argumentationsbedingungen eine größere Bedeutung und eine direkte kriteriale Funktion hat. Wenn es zum Beispiel um die unparteiliche Entscheidung eines Konflikts zwischen zwei Parteien geht, kann man es in der Regel als eine *notwendige* Voraussetzung eines zu rechtfertigenden Ergebnisses ansehen, daß beide Seiten gehört wurden. Ähnlich in anderen kollektiven Entscheidungsprozessen – entsprechend den Argumenten für demokratische Partizipation, die oben erwähnt wurden. Aber auch in solchen Fällen hängt die Rationalität des Urteils nicht allein an solchen formalen Bedingungen – sondern vor allem an den substantiellen Entscheidungsgründen. Es ergibt sich: Formale, pragmatische Bedingungen rationalen Argumentierens, wie sie in Diskurstheorien analysiert wurden, sind stets eine begünstigende, manchmal eine notwendige, nie eine hinreichende Bedingung für die Rationalität der Ergebnisse von Argumentationen.[34] Ihre Verletzung kann, muß aber nicht zu irrationalen Ergebnissen führen. Eine *konstitutive* Rolle für die Richtigkeit ihrer Ergebnisse haben Verfahren nur dort, wo es gerade *nicht* um argumentative Rechtfertigung geht: etwa in Tauschprozessen (bargaining).

Soziale Entscheidungsverfahren. Wie liegt der Fall bei institutionalisierten Entscheidungsverfahren? Nicht alle diese Verfahren schließen Argumentationen oder Untersuchungsverfahren ein, wie wir gesehen haben. Autoritative Entscheidungen beruhen zwar auf sachlichen Erwägungen, aber ihre Verbindlichkeit ist in der Regel nicht davon abhängig, daß die Adressaten diese sachlichen Entscheidungsgründe inhaltlich nachvollziehen und für sich

34 Es geht, wie betont, immer um die einzig möglichen »realen« Argumentationen – nicht um den kontrafaktischen oder hypothetischen »unendlichen Diskurs«. (In the long run we are all dead, um John Maynard Keynes' berühmtesten Ausspruch zu zitieren.)

akzeptieren. In welchem Sinn und in welchen Fällen kann die Akzeptanz der Ergebnisse solcher Verfahren gleichwohl als rational gelten?

Oben habe ich einen Unterschied gemacht zwischen Prozeduren, welche die Korrektheit ihrer Ergebnisse *garantieren*, und solchen, die nur eine *Berechtigung* liefern, ihre Ergebnisse als vermutlich korrekt und deswegen akzeptabel zu betrachten. John Rawls hat in seiner »Theory of Justice« eine Typologie entwickelt, welche dieser Unterscheidung eine weitere Differenzierung hinzufügt. Rawls' Typologie bezieht sich auf die Entscheidung von Gerechtigkeitsfragen; die Typologie läßt sich aber auch allgemein auf rationale Entscheidungen anwenden. Statt von »procedural justice« sprechen wir dann von »prozeduraler Rationalität« im Sinne der rationalen Akzeptabilität von Verfahrensergebnissen. In Rawls' Typologie tritt neben die Unterscheidung von »garantierenden« und »berechtigenden« Verfahren die Differenzierung zwischen Entscheidungen, für welche es verfahrens*unabhängige* Richtigkeitskriterien gibt, und solchen, deren Korrektheit *allein* vom Verlauf des Verfahrens abhängt. Er unterscheidet auf dieser Grundlage vier Typen »prozeduraler Gerechtigkeit«: perfect und imperfect, pure und quasi-pure procedural justice. »Perfect« und »imperfect procedural justice« haben gemeinsam, daß es ein unabhängiges Kriterium für die »Richtigkeit« eines Ergebnisses gibt; »a criterion defined separately from and prior to the procedure which is to be followed« (1971, 85). »Perfect procedural justice« ist gegeben durch eine Prozedur, welche eben dieses Ergebnis mit Sicherheit hervorbringt. »Imperfect procedural justice« ist gegeben in Verfahren, deren Regelungen die Hervorbringung eines nach unabhängigen Maßstäben richtigen Ergebnisses wahrscheinlich machen, aber nicht garantieren. Rawls nennt Gerichtsverfahren als Beispiel (85 f.). »By contrast, pure procedural justice obtains when there is no independent criterion for the right result: instead there is a correct or fair procedure such that the outcome is likewise correct or fair, whatever it is, provided the procedure has been properly followed.« (86) Die drei ersten Typen lassen sich also in einem Paradigma anordnen:

Rawls' *vierter* Typus: quasi-pure procedural justice, paßt nicht in dieses Schema (keinesfalls in die freie Zelle rechts unten.) Er hat einen besonderen Status: Unter bestimmten institutionellen Vor-

Schema 5:

Formen prozeduraler Rationalität

		Verfahren, welche die Richtigkeit (Gerechtigkeit, Legitimität, Rationalität) ihrer Ergebnisse garantieren	Verfahren, welche die Richtigkeit (Gerechtigkeit, Legitimität, Rationalität) ihrer Ergebnisse fördern
Verfahrensunabhängige Kriterien der Richtigkeit	ja	perfekt	imperfekt
	nein	pur	---

aussetzungen haben die Ergebnisse von Verfahren, die »imperfect procedural justice« hervorbringen, nicht nur die Vermutung der Richtigkeit für sich, sondern gewinnen auch *Verbindlichkeit*. Rawls meint Verfahren, deren Entscheidungen innerhalb einer gewissen, durch übergeordnete Kriterien abgegrenzten Spannweite legitim und verpflichtend sind. Beispiele wären wiederum Gerichtsentscheidungen oder Verfahren der Gesetzgebung. Der »imperfekte« Charakter solcher bindenden Entscheidungen hat gewisse Konsequenzen. Am Beispiel der Gesetzgebung: Erstens sind die Bürger nicht verpflichtet, ihre Ergebnisse, auch wenn sie sie als bindend betrachten, für gerecht zu halten (360). Zweitens ist die Verpflichtung zum Gesetzesgehorsam nicht *unbedingt*: »If the law actually voted is, so far as one can ascertain, within the range of those that could reasonably be favored by rational legislators conscientiously trying to follow the principles of justice, then the decision of the majority is practically authoritative, though not definitive« (362; zu der Pflicht des Gehorsams gegenüber ungerechten Gesetzen und ihren Grenzen siehe 354ff., 363ff.). Politische Entscheidungsverfahren können ein gerechtes Ergebnis zwar fördern, aber nicht garantieren – das meint ja gerade die Kategorie »*imperfect* procedural justice«. Solange aber keine ernsthaften Argumente dafür sprechen, daß das »imperfekte« Verfahren auf schwerwiegende Weise vom Ziel abgeführt hat, ist das Ergebnis verbindlich – deswegen handelt es sich im Hinblick auf die »obligations« für das Handeln eben um »*quasi-pure* procedural justice«.

Man kann diese Typen auch von einer anderen Seite betrachten: nämlich im Hinblick auf die Möglichkeiten der Entlegitimierung von Verfahrensergebnissen. Bei »purer« Verfahrensgerechtigkeit können Entscheidungen, solange nicht das Verfahren grundsätzlich in Frage gestellt wird, von Beteiligten oder Adressaten auf legitime Weise nur mit dem Hinweis attackiert werden, daß die Verfahrensbedingungen nicht realisiert worden sind. Bei »imperfekten« Verfahren ist nicht nur substantielle Kritik am Ergebnis möglich, sondern unter Umständen auch die praktische Ablehnung des Ergebnisses aus substantiellen Gründen – mit dem Argument, daß die Ergebnisse zu weit von einer nach vernünftigen Kriterien akzeptierbaren Lösung abweichen – selbst wenn das Verfahren formell korrekt war.

Was wären Fälle von reiner prozeduraler Legitimität? »Legitimation durch Verfahren« heißt im Fall von »reiner prozeduraler Legitimität« (analog zu »pure procedural justice«): Die Ergebnisse von Verfahren werden akzeptiert, weil die Verfahren als fair gelten und keine unabhängigen Kriterien zur Beurteilung der Legitimität der Ergebnisse zur Verfügung stehen. Rawls' eigenes Beispiel ist eine Lotterie. Ein anderes Beispiel wären Wettbewerbe mit (wie auch immer definierten) fairen Chancen; ein drittes wären Tauschhandlungen oder »bargaining« unter bestimmten Bedingungen. Ein prominenter Kandidat für eine Institution mit purer Verfahrensgerechtigkeit sind »ideale Märkte« – die nach der Ansicht mancher Theoretiker unter gewissen idealen, vielleicht nicht realisierbaren Voraussetzungen die Merkmale des ungezwungenen, fairen Tauschs und der Chancengleichheit kombinieren.[35]

In manchen Fällen erwächst die sozusagen bedingungslose Verpflichtung auf Akzeptanz der Ergebnisse solcher Verfahren als fair oder legitim aus der vorher gegebenen Zustimmung zum Verfahren oder implizit aus bestimmten Formen der Beteiligung. Wer

35 Siehe Hayek, Nozick, aber auch Dworkin 1985, 193 ff. – Die meisten Ökonomen sind vorsichtiger.

zustimmt, daß eine bestimmte Alternative mit Mehrheit (oder per Los) entschieden wird, kann sich nachher nicht einfach vom Ergebnis dispensieren. Wer sich auf die Regeln eines Spiels oder Wettbewerbs eingelassen hat, sollte sich nicht beschweren, wenn er verliert (vorausgesetzt, es ist nach den Regeln gespielt worden).[36]

Viele der in modernen Gesellschaften zu findenden Entscheidungsverfahren, vor allem die Verfahren im Bereich von Politik und Recht, versehen ihre Ergebnisse jedoch mit »imperfekter« und »quasi-purer« Rationalität und Legitimität. Für Modelle »*perfekter*« Verfahrensrationalität gibt es hier wohl kaum Anwärter. Dagegen sehe ich zwei mögliche Versuche, politische Prozeduren *generell* als Formen »*purer*« Verfahrensrationalität zu deuten. Einmal könnten politische Entscheidungsprozeduren nach dem Muster bestimmter collective-choice-Modelle allein als Aggregation einer Vielzahl von individuellen Präferenzordnungen verstanden werden; oder als Prozesse fairen politischen Tauschs mit nicht weiter begründungsfähigen und -bedürftigen Ergebnissen. Die Korrektheit der Aggregation oder Transformation von Präferen-

36 Dieser Vorgang wird von Luhmann in der üblichen verfremdenden, »externen« Perspektive als eine Art sozialpsychologische Reuse beschrieben, welche die Beteiligten in soviel Selbstdarstellungs- und Konsistenzzwänge verstrickt, daß sie schließlich nicht mehr zurückkönnen. Der Vorgang läßt sich aber auch so deuten, daß sich darin genuin normative Aspekte zeigen: begründbare Verpflichtungen, die aus bestimmten Formen der Partizipation an Institutionen resultieren. Dazu gehören ausdrückliche Selbstbindungen durch Versprechen oder Verträge, aber auch andere Verhaltensweisen, die spezifische Pflichten allererst begründen. Rawls spricht hier von »obligations« (Rawls 1971, 113); die Idee, daß »obligations« aus bestimmten Formen der Partizipation an gesellschaftlichen Institutionen und der Nutznießung ihrer Vorteile entstehen, ist ein Grundelement seiner Konzeption der »justice as fairness«. – Es ergibt sich hier die Frage, ob alle Formen freiwilliger Vereinbarung, wie Versprechen, Verträge usw., unter bestimmten Voraussetzungen (Abwesenheit von Zwang, Täuschung usw.) Formen von »pure procedural justice« darstellen – deren Ergebnisse also unbedingt binden, soweit nur die Verfahrensbedingungen garantiert waren. Sicher ist, daß die Tatsache der Vereinbarung oder Selbstbindung (Versprechen) als solche eine Verpflichtung begründet, die eine gewisse Unabhängigkeit von den Gründen hat, aus denen sich die Beteiligten auf die Vereinbarung eingelassen haben. Es wäre aber zu untersuchen, unter welchen Bedingungen solche Vereinbarungen legitimerweise als ungültig betrachtet oder revidiert werden können.

zen oder die Ungezwungenheit und Symmetrie der Tauschverhandlungen würde dann die Korrektheit des Ergebnisses definieren. Aber man wird das nicht leicht für ein adäquates Modell des politischen Prozesses *im ganzen* halten können – obwohl es innerhalb dieses Prozesses zweifellos legitime politische Tauschoperationen oder »bargaining« gibt. – Zum zweiten könnte man irgendeine Form der Demokratietheorie entwickeln, nach der Mehrheitsentscheidungen unter gewissen Verfahrensvoraussetzungen die Richtigkeit ihrer Ergebnisse definieren – mangels besserer Kriterien. Dagegen gibt es die bekannten Einwände: Auch demokratische Mehrheiten können unakzeptable Entscheidungen treffen, denen die Minderheit zu Recht den Gehorsam verweigern kann. Somit kommen wir also zur »imperfekten« und »quasi-puren« prozeduralen Rationalität politischer Verfahren. »Imperfekte« prozedurale Rationalität bedeutet: Es ist möglich, die Ergebnisse solcher Verfahren nach inhaltlichen Kriterien zu beurteilen, die sich nicht nur auf äußerlich identifizierbare, formale Verfahrensmerkmale beziehen. Und die Verfahren sind darauf ausgerichtet oder geeignet, die solchen inhaltlichen Kriterien entsprechenden rationalen Ergebnisse annäherungsweise hervorzubringen. »Quasi-pure« prozedurale Legitimität heißt: Die Verfahren begründen nicht nur eine Vermutung auf Richtigkeit oder Angemessenheit ihrer Ergebnisse – sondern die »ordnungsgemäße« Durchführung des Verfahrens ist ein eigenständiges, von anderen, substantiellen Begründungen für das Verfahrensergebnis unterschiedenes (oder – in den Augen bestimmter Entscheidungsadressaten – sie ersetzendes) Argument für die Gültigkeit und Verbindlichkeit des Ergebnisses. Daraus folgt, daß substantielle und auf die Prozedur bezogene Argumente für die Beurteilung des Ergebnisses sich widersprechen können. Die Bezeichnung »quasi-pur« impliziert weiterhin, daß das »prozedurale« Argument nicht in jedem Fall den Ausschlag gibt.

Wir müssen dabei unterscheiden zwischen dem Teilnehmer am Entscheidungsvorgang und dem Adressaten oder »Abnehmer« einer solchen Entscheidung (die natürlich personalidentisch sein können). Entsprechend können wir differenzieren zwischen Begründungen oder Rechtfertigungen ex ante oder ex post. Rechtfertigungen ex ante gibt es nur in Entscheidungsverfahren, in denen irgendwelche Formen der Argumentation (deliberation) eingerichtet sind (individuell oder kollektiv). Für die Teilnehmer entsprechender Beratungen zählen letztlich die substantiellen Argumente für die eine oder andere Entscheidungsalternative. Hinweise auf Verfahrensbedingungen haben eine begrenzende Funktion: die Verletzung von Bedingungen kann gerügt, die Einhaltung kann gefordert werden; aber diese Hinweise betreffen nur die Herstellung von Voraussetzungen für den Austausch und die Würdigung substantieller Argumente, welche die Entscheidung begründen müssen. Ex post spielen prozedurale Argumente eine andere Rolle für die Entscheidungsrechtfertigung – sowohl für diejenigen unter den an der Entscheidungsvorbereitung Beteiligten, die mit dem schließlichen Resultat nicht übereinstimmen, als auch für Dritte, die nicht direkt beteiligt waren, aber betroffen sind. Hier erhält dann das Faktum, daß nach einem bestimmten Verfahren in bestimmter Weise entschieden wurde, möglicherweise sein eigenes Gewicht.

Betrachten wir nun verschiedene Möglichkeiten, die Akzeptanz von Verfahrensresultaten zu begründen, denen »imperfekte« und »quasi-pure« prozedurale Legitimität zugeschrieben wird. Für denjenigen, der das Ergebnis »on the merits« für richtig hält, entsteht offensichtlich gar kein Problem. Solche inhaltliche Akzeptanz kann natürlich im Laufe des Verfahrens gewonnen worden sein; und man kann verschiedene Verfahren daraufhin beurteilen, wieweit sie solche sachliche Übereinstimmung fördern. In gewisser Weise entsteht auch für denjenigen kein Problem, der sich kein eigenes Urteil »on the merits« bildet oder sein eigenes tentatives Urteil zurückstellt, weil er auf die Rationalität der Prozedur, das heißt auf die Chance, daß sie ein korrektes Ergebnis hervorbringt, baut.[37] Für diese Einschätzung mag unter Umständen eine Rolle spielen, daß alle Beteiligten, auch er selbst, gehört wurden; auch wenn seine Argumente nicht akzeptiert wurden, mag er auf die Rationalität des kollektiven Prozesses vertrauen, ohne sich deswegen notwendig ein neues begründetes Urteil zu bilden. Übrigens müssen die Teilnehmer nicht unbedingt voraussetzen, daß jede einzelne Entscheidung, die im Rahmen einer Verfahrensordnung

37 Die gleiche Struktur von »suspension of judgement« finden wir übrigens, wenn es um Entscheidungen geht, die in Positionen legitimer Autorität getroffen werden – ohnehin läßt sich die Struktur legitimer Autorität, wie schon erwähnt, unter die Kategorie »Verfahren« subsumieren.

zustande kommt, rational im Sinne von gut begründet ist. Es reicht, wenn angenommen wird, daß das jeweilige Verfahren in the long run vernünftige Resultate produziert – weil Entscheidungen überprüfbar gehalten, Erfahrungen, neue Überprüfungen und praktische Erprobungen nachfolgender Korrekturen ermöglicht werden. Interessanter ist das Problem desjenigen, der das Ergebnis (etwa eines Verfahrens mit abschließender Mehrheitsentscheidung) nach Prüfung mit guten Gründen für falsch, unangemessen oder ungerecht hält. Wie soll er sich verhalten? In welchen Fällen und aus welchen Gründen soll er das Ergebnis als »Prämisse seines Handelns« akzeptieren; in welchen Fällen soll er sich verweigern? Welche Rolle spielen Kritiken an der Prozedur, welche Rolle spielen seine substantiellen Einwände bei einer eventuellen Weigerung? Diese Fragen führen in die Diskussion über die Begründung der Forderung nach Gesetzesgehorsam und über die Grenzen dieses Gehorsams: discretion to disobey, ziviler Ungehorsam, Weigerung »aus Gewissensgründen«, Widerstandsrecht oder schlichte Mißachtung unsinniger oder in der Situation unpassender Rechtsnormen. Verschiedene Antworten auf die Frage nach Begründung und Grenzen des Gesetzesgehorsams sind bekannt (Greenawalt 1987). Aber hier geht es nur darum, ein strukturelles Element aufzuzeigen: Für alle Verfahren, die nicht als solche »purer« Verfahrensrationalität angesehen werden können, das heißt aber: für alle Verfahren, in denen begründete Entscheidungen überhaupt möglich sind, besteht prinzipiell die Möglichkeit, die Ergebnisse sowohl aus substantiellen wie aus prozeduralen Gründen zu akzeptieren oder abzulehnen. Die Diskussion über die Entscheidung zur Stationierung der Mittelstreckenraketen in der BRD und (damit verbunden) über die »Grenzen des Mehrheitsprinzips« bot Beispiele für diese verschiedenen Argumentationsweisen: Berufung auf substantielle Gründe, nämlich auf moralische Prinzipien, »fundamentale« Interessen oder auch Wertmaßstäbe; Hinweise auf prozedurale Mängel (unzureichende oder falsche öffentliche Information, Notwendigkeit einer Parlamentsentscheidung statt eines bloßen Regierungsbeschlusses); und eine Mischung formaler und substantieller Argumente in der Berufung auf Verfassungsgrundsätze.

Legitimation. Wir sehen nun, in welcher Weise Luhmanns Begründung der Unvermeidbarkeit von »Legitimation durch Verfahren« im Sinne von »Manipulation durch Verfahren« fehlgeht. Seine Prämisse war, daß Legitimität bzw. Folgebereitschaft in modernen, komplexen, funktional differenzierten Gesellschaften nicht mehr von der inhaltlich begründeten Anerkennung der sachlichen Richtigkeit von Entscheidungen abhängig gemacht werden könne: »Kein politisches System kann ... seine Stabilität vom Erreichen so hoch gespannter Ziele abhängig machen, und kein Mensch ist in der Lage, für alle aktuellen Entscheidungsthemen Überzeugungen zu bilden.... Dieser Komplexität moderner Gesellschaften kann nur durch *Generalisierung* des Anerkennens von Entscheidungen Rechnung getragen werden. Es kommt daher weniger auf motivierte Überzeugungen als vielmehr auf ein motivfreies, von den Eigenarten individueller Persönlichkeiten unabhängiges (und insofern wahrheitsähnliches!) Akzeptieren an, das ohne allzuviel konkrete Information typisch voraussehbar ist.« (Luhmann 1975b, 32) Das ist – abgesehen von der Zweideutigkeit des Ausdrucks »motivfreies Akzeptieren« – überzeugend. Aber daraus folgt nicht, daß die Legitimität von Ordnungen und Entscheidungen von rationalen Motiven unabhängig sein muß. Es gibt noch eine andere Möglichkeit: Es gibt Wege der indirekten und gleichwohl rationalen Legitimation – nämlich »Legitimation durch Verfahren« in einem anderen als dem von Luhmann gemeinten Sinn. Entscheidungsverfahren können rational legitimierend wirken – unabhängig von oder zusätzlich zu den substantiellen Entscheidungsgründen, welche (möglicherweise) in solchen Verfahren für die Entscheidung herangezogen werden. Ob sie in dieser Weise *rational* legitimieren, hängt von den Merkmalen der Verfahren – von der Rationalität der Verfahren selbst ab.

Andererseits hat sich ergeben, daß die Erfüllung bestimmter formaler Verfahrensbedingungen, speziell die Realisierung demokratischer, diskursiver Verfahrensregeln keineswegs das einzige Kriterium für die Rationalität von politischen oder rechtlichen Entscheidungen ist und auch nicht generell als *hinreichendes* Kriterium der Rationalität oder Legitimität politischer oder rechtlicher Institutionen gelten kann. Daran müssen alle Versuche scheitern, die Idee der »Volkssouveränität« durch eine »prozedurale« Auslegung doch noch als zentrale *Legitimationsformel* für moderne politische Ordnungen zu retten. Institutionelle Ordnungen müssen sich vernünftig rechtfertigen lassen; die bloße Berufung auf eine »souveräne« Entscheidung »des Volkes« – in der Praxis immer die Entscheidung einer bloßen Mehrheit – *rechtfertigt* noch nichts. Demokratische Prozeduren können dazu beitragen, daß die kollektive Willensbildung zu vernünftigen Resultaten kommt, und oft kann das demokratische Verfahren als eine notwendige Bedingung für die Akzeptabilität des Ergebnisses gelten. Aber reale Verfahren geben keine *Garantie*. Das Ergebnis kann immer noch verfehlt sein. Dissens, auf substantielle Einwände gestützt, bleibt immer möglich. *Daß* die Resultate rational sind, muß letztlich im kritischen Urteil eines jeden mit substantiellen Argumenten überprüfbar sein. Der Appell an die Souveränität des Volkes läßt sich nur retten als Aufruf zu autonomer, vernünftiger Urteilsbildung. Volkssouveränität ist kein Legitimationsprinzip, sondern eine regulative Idee: Das »Volk«, das heißt die Bürger eines demokratischen Gemeinwesens sollen in den Grundfragen ihres Zusammenlebens zu einer begründeten, auf autonome Einsicht gestützten Übereinkunft oder Zustimmung kommen – und das heißt umgekehrt: die Grundstrukturen des Gemeinwesens sollen so gestaltet sein, daß sie eine solche Zustimmung verdienen. Dieser Sinn von Volkssouveränität gilt auch für die Rolle des »Volkssouveräns« als Verfassungs*geber*. Eine politische Deklaration in der ersten Person Plural (»we, the people«) mag das revolutionäre Selbstbewußtsein eines »Volkes« als pouvoir constituant artikulieren, sagt aber über die Grundlagen der Legitimität einer in dieser Form verkündeten Verfassung noch nichts aus. Die Berufung auf den kollektiven Willen oder die Entscheidung des Volkes kann solchen Dokumenten den Charakter einer Proklamation, eines Vertragsschlusses, der Begründung eines gemeinsamen Projekts geben. Die rationale Rechtfertigung dieses Projekts wird aber nicht durch die kollektive Entscheidung, den kollektiven »Gründungsakt« gegeben (Rödel, Frankenberg, Dubiel 1989), sondern durch seinen *Inhalt*. Die Betonung der Rolle des »Volkes« als pouvoir constituant kann darüber hinaus den Charakter eines in die Zukunft gerichteten Aufrufs zur Autonomie haben – eines Aufrufs, kollektiv den eigenen autonomen Einsichten zu folgen – und das heißt auch: illegitime Verfassungen und Institutionen umzuwerfen, wenn die notwendigen Veränderungen nicht mehr in deren Rahmen möglich sind. Dramatisch ausgedrückt, handelt es sich um die Behauptung des »Naturrechts auf Revolution«. Weniger dramatisch: Institutionelle Ordnungen können ihre Legitimation verlieren; die institutionalisierten Prozeduren der Veränderung können sich als unzureichend erweisen. Dann bleibt eben nur Lockes »appeal to heaven«. Also die Abschaffung der alten Verfassung und die Begründung einer neuen – durch notwendig nicht-institutionalisierte Aktionen. Aber die eventuell erfolgreiche neue Ordnung wird nicht schon *dadurch* legitim, im Sinne *rationaler* Legitimität, daß sie aus einem momentanen »kollektiven Willen« entsprang. Es müssen sich gute *Gründe* geben lassen, welche die Errichtung und Ausgestaltung der neuen institutionellen Ordnung rechtfertigen.

VIII. Recht und soziale Rationalität

Es sind nun einige Fäden unserer Diskussion über die Rationalität von Recht und Gesellschaft zusammenzuziehen. Die Differenz von Beobachter- und Teilnehmerperspektive (Kapitel II und VI) – die wichtig ist für sozialwissenschaftliche Theorien – wird uns nicht weiter beschäftigen. Als Teilnehmer verständigen wir uns über den Inhalt des geltenden Rechts unserer Gemeinschaft und über mögliche Änderungen. Wir fragen, ob geltende oder vorgeschlagene Rechtsnormen unsere sozialen Beziehungen vernünftig regeln, ob sie also gerechtfertigt werden können. Im besonderen Fall fragen wir, ob die Verpflichtung zur Befolgung geltenden Rechts begründet ist. Als Beobachter registrieren wir die Rechtsüberzeugungen einer Gemeinschaft und prüfen ihren Rationalitätsgrad. In beiden Fällen sind – zumindest im Fall moderner Rechtskulturen – die gleichen grundlegenden Rationalitätskriterien anzulegen.

Auch die Unterscheidung zwischen Recht als Sinn- und als Handlungssystem und die Notwendigkeit der Verknüpfung von interner und externer Perspektive werde ich nicht mehr ausführlich diskutieren (Kapitel II). In der internen Sicht erfassen wir Sinnzusammenhänge des Rechts als Symbolsystem und Handlungsintentionen; in der externen Perspektive analysieren wir faktische, nichtintentionale Interdependenzen sozialer Aktivitäten und soziale Regulierungsmechanismen, die nicht auf bewußten sozialen Handlungsorientierungen und kommunikativer Verständigung beruhen. Diese Doppelperspektive ist relevant, wenn wir die Funktionen von Recht für die Regulierung sozialer Handlungszusammenhänge, Recht also als ein Element sozialer Struktur neben anderen betrachten: Dann gilt uns Recht als eine unter mehreren Komponenten intentionaler Ordnung, die mit anderen Mechanismen der Vergesellschaftung zusammenwirken. Die Verknüpfung von interner und externer Perspektive gilt aber auch für die Betrachtung der Reproduktion des Rechts selbst – d. h. für Analysen des Rechtssystems als Handlungssystem. Die Produktion von Recht ist nicht allein Resultat bewußter Überlegungen und Diskussionen und darauf gegründeter Entscheidungen. Die sozialen

Reproduktionsprozesse, in denen Rechtsordnungen aufrechterhalten und verändert werden, sind auch nicht allein durch rechtliche oder andere Normen gesteuert. Auch hier spielen »systemische« Mechanismen eine Rolle (die wohl am deutlichsten zu greifen sind in den Prozessen der Gesetzesproduktion). Diese Doppelperspektive kann und muß auch von den Mitgliedern eingenommen werden, die sich der Rationalität rechtlicher Regeln und Verfahren vergewissern wollen. Sie setzt allerdings empirisches Wissen über soziale Wirkungszusammenhänge voraus. Diese Gesichtspunkte sind bei den nachfolgenden Überlegungen mitzudenken.

Um das Problem der Rechtsrationalität noch einmal zusammenfassend zu behandeln, werde ich Recht zunächst in seiner Funktion als Regulierungselement für unterschiedliche soziale Handlungszusammenhänge betrachten. Im nächsten Schritt wird es dann um die sozialen Prozesse gehen, in denen Recht selbst hervorgebracht oder geändert wird. Unterschiedliche Typen von Rechtsnormen lassen sich danach unterscheiden, ob sie primär soziale Regulierungsfunktionen außerhalb des Handlungssystems Recht (im engeren Sinn) erfüllen oder ob sie vor allem »reflexiv« die Reproduktion des Rechts selbst steuern (Kapitel II). Einige weitere Unterscheidungen zwischen Typen rechtlicher Regelung geben Aufschluß über unterschiedliche Wirkungsweisen des Rechts. Ich beginne deswegen mit einer Darstellung verschiedener Rechtsformen.

1. Rechtsformen

Primäre und sekundäre Normen. Statik und Dynamik. Es gehört zu den konstitutiven Merkmalen von Rechtssystemen, daß sie Normen, welche Gebote, Erlaubnisse oder Ansprüche festlegen, mit selbstbezüglichen, »reflexiven« Normierungen kombinieren, welche Verfahren der Änderung oder Auslegung von Rechtsbeziehungen und Normen des ersten Typs festlegen. Darauf bezieht sich H. L. A. Harts Unterscheidung von »primären« und »sekundären« Normen.[1] Kelsen sprach in einem ganz ähnlichen Sinn vom

1 »... we have already seen ... the need ... to discriminate between two differ-

»statischen« und vom »dynamischen« Prinzip des Rechts (Kelsen 1960, 198ff.): die »Rechtsstatik« betrifft gegebene Rechtsverhältnisse oder -beziehungen, die »Dynamik« deren rechtlich geregelte und autorisierte Änderung – eingeschlossen (wie bei Hart) die »Anwendung« von Recht im Sinne der autoritativen Klärung und Entscheidung strittiger Fälle, in denen sich die Beteiligten auf das geltende Recht berufen. Sekundäre Regeln sind auch als Ermächtigungs- oder Kompetenznormen bezeichnet worden, welche Akteure oder Organe berechtigen, unter Einhaltung bestimmter Verfahren und Beachtung bestimmter substantieller Beschränkungen gültige Regelungen zu treffen.[2]

Privat und öffentlich. Nun ist es naheliegend, zwischen privaten und öffentlichen Verfahren der Rechtsetzung zu unterscheiden. Rechtliche Regelungen für bilaterale Verträge zwischen einzelnen Akteuren einerseits, Verfahren der parlamentarischen Gesetzgebung oder der Gerichtsentscheidung andererseits sind unproblematische Beispiele. Etwas schwieriger ist es, allgemeine Kriterien zu benennen, die eine scharfe Demarkation zuließen. Zwei traditionelle Kriterien betreffen die Reichweite der jeweiligen Kompetenz. Private Kompetenzen seien einmal enger begrenzt, weil sie sich nicht auf Entscheidungen erstreckten, die andere *ohne deren Zustimmung* binden könnten. In anderer Hinsicht seien sie weiter: denn Private könnten beliebig (im gesetzlichen Rahmen) ihre Interessen verfolgen, während die Teilnahme an offiziellen Verfahren auf Unparteilichkeit und Beachtung des Gemeinwohls ver-

ent thought related types (of rules). Under rules of the one type, which may well be considered the basic or primary type, human beings are required to do or abstain from certain actions, whether they wish to or not. Rules of the other type are in a sense parasitic upon or secondary to the first; for they provide that human beings may by doing or saying certain things introduce new rules of the primary type, extinguish or modify old ones, or in various ways determine their incidence or control their operations.« (Hart 1961, 78f.; vgl. ebd. 26ff., 40f.) Siehe Tapper 1973, 242-277, für Erläuterungen und Kritiken.

2 »Every norm of competence defines a legal act, that is, indicates the conditions for the establishment of valid law. These conditions may be divided in three groups determining (1) the organ competent to undertake the legal act (personal competence); (2) the procedure (formal competence); and (3) the possible content of the legal act (material competence).« (Ross 1958, 204) Über »Kompetenzen« auch Alexy 1985, 211ff.

pflichte.[3] Diese Gesichtspunkte haben ihren Sinn, aber sie lassen sich nicht strikt anwenden, und es gibt zahlreiche intermediäre Fälle. Unklar ist zum Beispiel, in welcher Weise das zweite Kriterium auf die Rolle von Teilnehmern am politischen Prozeß anzuwenden ist, die kein öffentliches Amt innehaben (Wähler usw.). Auch die Rolle der Parteien im Gerichtsprozeß läßt sich nicht recht unterbringen. Die Inhaber privater Autoritätspositionen in Organisationen oder Verbänden können durchaus bindende Entscheidungen für Dritte treffen – deren »Zustimmung« allenfalls in der generellen Akzeptanz der Mitgliedsbedingungen bestand. In vielen Fällen haben Akteure oder Organe, die keinen eindeutig »öffentlichen« (oder staatlichen) Status haben, gleichwohl quasiöffentliche Handlungspflichten und -berechtigungen. Das reicht von Kontrahierungszwängen für bestimmte geschäftliche Betätigungen (Energieversorgungsunternehmen usw.) über die Delegation kollektiv bindender Entscheidungen an Verbände oder halböffentliche Organe (Berufsvereinigungen, Kammern) bis hin zu »Verhandlungssystemen« zwischen öffentlichen (staatlichen) Organen und privaten Repräsentanten, aus denen verbindliche Entscheidungen hervorgehen (korporatistische Gremien – etwa die »konzertierte Aktion im Gesundheitswesen«) (Kapitel IV). Auch Verträge zwischen öffentlichen Organen und Privaten können speziellen Regelungen unterliegen und stellen eine intermediäre Verfahrensform dar. Ähnlich läßt sich die verbindliche rechtliche Regelung der organisatorischen Struktur (»Verfassung«) von Organisationen oder Assoziationen deuten, die einen etwas anderen

3 »Whereas the private competence can be exercised freely as the individual pleases, the exercise of social competence is a duty, an office in the widest sense... Whereas the individual competence is autonomous, that is, limited to a power of binding the individual or others with their consent, authority is heteronomous, that is, power to bind others even without their consent. This difference between the competence which is private (discretionary and autonomous) and the competence which is social (duty bound and heteronomous) may be expressed briefly by saying that the first is ascribed to the subject as an individual, and the second to him as the organ of a community.« (Ross 1958, 203 f.) Im Falle öffentlicher Organe gilt deswegen: »The norms of competence are accompanied by norms of conduct which prescribe for the organs certain duties in connection with the exercise of their public authority... In addition to such special directives there is a general standard, that all public authority shall be exercised in the spirit of the community on a basis of impartial, ›public‹ evaluations.« (204 f.)

Charakter hat als die üblichen Regelungen des Vertragsrechts: denn hier werden Autoritätsbeziehungen gestaltet und interne Verfahren unter Umständen auch unter Gesichtspunkten reguliert, die öffentliche Interessen an der Funktion der entsprechenden Assoziationen oder Organisationen betreffen (»Betriebsverfassungsrecht«, Gesellschaftsrecht, Vorgaben für die interne Struktur von Verbänden usw.). Deswegen werden hier drei Arten von rechtlichen Verfahrensregeln unterschieden: staatliche Verfahrens- und Organisationsregeln, private Verfahrensordnungen und intermediäre Verfahren (Schema 6).[4] Öffentliche Verfahrensregeln umfassen hier auch positive politische Beteiligungsrechte; ebenso zum Beispiel den Anspruch auf gerichtlichen Rechtsschutz. Nicht berücksichtigt ist die Unterscheidung zwischen »negativen« Grundrechten oder Freiheiten (Meinungs- und Gewissensfreiheit, Freiheit der Berufswahl, Schutz der Privatsphäre, Unverletzlichkeit der Person usw.), die *gegen den Staat* gerichtet sind, und entsprechenden gesetzlichen Regelungen, welche die Mitglieder der Rechtsgemeinschaft gegen die Beeinträchtigung solcher Rechte durch andere Mitglieder, Gruppen oder Assoziationen schützen.[5] Diese traditionelle Differenzierung beginnt sich

4 Das Schema folgt nicht den (vor allem in den kontinentaleuropäischen Rechtssystemen) üblichen Einteilungen des »privaten« und des »öffentlichen Rechts«. Das Strafrecht, das gelegentlich zum öffentlichen Recht gezählt wird, gehört hier zur Kategorie 4 (zu den nichtprozeduralen Normen). Viele Bereiche des Verwaltungsrechts (ausgenommen eben Verfahrensregelungen) gehören hier zu den Kategorien 4, 6 und 7. – A. Ross will in ähnlicher Weise »öffentliches Recht« auf Verfahrensrecht beschränken: »... there is a large body of enacted law generally designated as public law and classified as special administrative law – for example, statutory law dealing with social welfare, social insurance, taxes, labour, agriculture, shipping, fisheries, food, imports and exports, prices, traffic and roads, housing, fire service, health, currency, standard time, weights and measures and others.... The public nature of these spheres of law thus is quite different from that which characterizes the organisational law concerning public authorities.« (Ross 1958, 205 f.) – Ebenfalls nicht berücksichtigt wird in meiner Darstellung die Unterscheidung zwischen Verfahrensregeln, welche die »Außenbeziehungen« der staatlichen Verwaltung betreffen, und solchen, die nur interne Organisationsregeln darstellen (Verwaltungsvorschriften, Dienstrecht usw.).

5 Traditionelle »habeas corpus«- und »due process«-Rechte (gegen willkürliche Festnahmen, Durchsuchungen oder andere staatliche Erzwingungsmaßnahmen, auch gegen willkürliche Verwaltungsentscheidungen usw.) können wir zu den öffentlichen Verfahrensregeln zählen.

in der Praxis ohnehin allmählich aufzulösen. In gewisser Weise können manche dieser »negativen« Freiheiten auch als Bestandteil öffentlicher Verfahren betrachtet werden – als Garantien der Freiheit politischer Kommunikation und Assoziation. Eine scharfe Grenze ist da nicht zu ziehen. Aber natürlich lassen sich nicht alle entsprechenden Regelungen als ausschließlich *politische* Beteiligungsrechte deuten.

Andere Rechtskategorien. Das Schema berücksichtigt weitere Differenzen zwischen Rechtskategorien. In unseren Rechtssystemen findet sich offenbar ein Unterschied zwischen Normen, deren Verletzung »Unrecht« bedeutet und eine Art moralisches Stigma trägt (vor allem Kategorie 4 und 5), und Normen, die bloß Prämien oder Gebühren auf bestimmte Aktivitäten setzen, die den Rechtssubjekten ansonsten aber freistehen (Kategorie 6). »Unrecht« kann durch Bestrafung oder durch Verpflichtung zur Wiedergutmachung sanktioniert werden; Kombinationen sind möglich (Kombination oder parallele Durchführung von Kriminal- und Zivilverfahren oder Verpflichtung zu Wiedergutmachungsleistungen in Strafverfahren; »punitive damages« im amerikanischen Zivilverfahren – Verpflichtung zu Ersatzleistungen, die eine Strafkomponente haben).[6] Offensichtlich finden wir unter den Kategorien 4 und 5 Normen von sehr verschiedener moralischer Relevanz. Jedoch gelten Übertretungen dieser Normen stets als »Unrecht« oder »Verletzung einer Pflicht«; diese Qualifizierung enthält einen Vorwurf, also einen spezifischen moralischen Sinn. Natürlich können Intensität und Bedeutung dieses Vorwurfs nach der Art der Übertretung, der verletzten Pflichten, Rechte oder Interessen enorm differieren; trotzdem bildet er ein einheitliches Grundelement. Eine solche Charakterisierung impliziert, daß

6 Die Bezeichnungen »repressiv« und »restitutiv« stammen von Durkheim, der eine evolutionäre Entwicklung vom repressiven zum restitutiven Recht annahm (Durkheim 1977, 109ff.; vgl. Schwartz, Miller 1964; Baxi 1974). – Über verschiedene moralische Konzeptionen des Verhältnisses von »Verbrechen« und »Delikt« siehe Drane, Neal 1980. – Mehr und mehr unscharf wird in der Rechtspraxis übrigens die Abgrenzung zwischen Kategorie 2 (Regeln für private Verfahren – etwa Vertragsrecht) und Kategorie 5 (Normen für Delikte und ungerechtfertigte Bereicherung). – Über »ungerechtfertigte Bereicherung« als eine der grundlegenden Kategorien des Zivilrechts in verschiedenen Rechtssystemen vgl. Zweigert, Kötz 1984:2, 263ff.

Schema 6:

Rechtsformen

I. Prozedurale Normen (primary rules)

1. Staatliche Verfahrens- und Organisationsregeln

Rechtliche Regelungen der Verfahren, in denen für die Rechtsgemeinschaft insgesamt gültige Normen oder Entscheidungen beschlossen werden: Konstitution der entsprechenden Organe (Parlamente, Gerichte, evtl. Organe der Exekutive), Festlegung ihrer Kompetenzen, Wahlverfahren, interne Verfahrensregeln (Verfahrensrecht für Gerichtsverfahren, Geschäftsordnung des Parlaments, Verwaltungsverfahren usw.). Auch: Verfahrensregeln für Interaktionen zwischen öffentlichen Organen und Bürgern; und Regelung der internen Verfassung öffentlicher »Anstalten« (Schulen, Militär).

2. Private Verfahren, Ermächtigungen, Kompetenzen

Vorgeschriebene Prozeduren für Rechtsakte (»Rechtsgeschäfte«) von Privaten – für freiwillige, individuelle oder soziale Handlungen, die bestimmte Rechtsfolgen zum Ziel haben: Verträge, Beschlüsse, Testamente, Eheschließungen usw.

3. Intermediäre Verfahren

Ermächtigungen zu kollektiv verbindlicher Normsetzung oder Entscheidung an Private oder an halböffentliche Organe (Kammern, Berufsverbände, Universitäten, korporatistische Verhandlungsgremien) und Verfassungsvorschriften für »private governments« (Regelung der Binnenstruktur von Verbänden oder Organisationen).

II. Nichtprozedurale Normen (secondary rules)

4. Gebote und Verbote, Rechte und Pflichten – »repressiv«

Verbindliche Verhaltensanweisungen: Gebote, Verbote, Genehmigungspflichten usw., Rechte und Pflichten, die mit Strafandrohungen verbunden sind. Übertretungen sind »Unrecht«, und Sanktionen haben einen besonderen Vorwurfscharakter (Stigma): Strafrecht, aber auch Ordnungsrecht (Arbeitsschutzgesetze, Gewerbeordnungen, zwingende Regelungen des Umweltrechts usw.) und öffentliche Pflichten: z. B. Wehrdienst.

5. Gebote und Verbote, Rechte und Pflichten – »restitutiv«

Verhaltensvorschriften, deren Übertretung Entschädigungs- oder andere abwehrende oder restitutive Ansprüche Betroffener hervorruft; die Übertretung gilt ebenfalls als »Unrecht«: Deliktsrecht; Normen gegen ungerechtfertigte Bereicherung.

6. »Preise«

»Prämien«, »Tarife« oder Transfers von Ressourcen (vor allem Geld, aber auch Sach- oder Dienstleistungen), die verhaltensabhängig zugeteilt werden und verhaltensregulierend wirken sollen, indem sie soziale Kosten »internalisieren«, Gewinne »abschöpfen« oder verteilen oder allgemein die »Kosten« einer Aktivität verändern: Zölle, Gebühren, differenzierte Steuern, bestimmte Subventionen, bestimmte Infrastrukturmaßnahmen, Konjunktursteuerung durch Geldpolitik und ähnliches.

7. Transfers

Rechtliche Regelungen von Transfers und Leistungen, die nicht verhaltensabhängig sind, sondern nach demografischen Merkmalen (Alter, Familienstand etc.), Einkommenslage oder anderen Kriterien des »Bedarfs« zugeteilt werden, sowie Regelungen für die Bereitstellung reiner Kollektivgüter. Beispiele: Öffentliche Dienstleistungen, Zwangsversicherungen, staatliche »Hilfen«. Umgekehrt: generelle Steuern. Wohl auch: Zuteilung von Nutzungsrechten für natürliche Ressourcen (Boden, Luft, Wasser).

es auf diesen Sinn praktisch überhaupt noch ankommt. Bestimmte Handlungstheorien und vor allem die ökonomische Theorie des Rechts leugnen das: Für diese Theorien sind *alle* Sanktionen »Preise«, die von rationalen Akteuren (bad men) ins Kalkül gezogen werden. Es besteht also in diesem Verständnis kein qualitativer Unterschied zwischen strafrechtlichen Vorschriften und Sanktionen und einem Zolltarif. Demgegenüber wird hier angenommen, daß der normative Gehalt moderner Rechtsordnungen eine Differenzierung zwischen »Strafe« (oder auch Zwang zur Restitution) und anderen Formen der Auferlegung von Lasten oder Kosten einschließt: »Strafen« sind charakterisiert durch spezifische soziale Sinnelemente wie Mißbilligung, Vorwurf und Stigma (Achtungsverlust oder Ächtung); ebenso Verurteilungen zur Restitution, wenn auch in vielen Fällen in weit geringerem Maß.[7] Es gibt allerdings Grenzfälle, deren Charakter unklar ist: etwa Ordnungsstrafen, die eher wie »Preise« (Gebühren) betrachtet werden (falsches Parken usw.). Manche delikt- oder haftungsrechtlichen Regelungen haben mittlerweile auch eindeutig den Charakter von »Preisen«: nämlich solche Normen, die eine Haftungs- oder Schadensersatzpflicht *unabhängig* vom Verschulden festlegen (strict liability) – etwa im Fall von defekten Produkten oder von bestimmten riskanten Aktivitäten (Zweigert, Kötz 1984, 391 ff.). Solche Regelungen »internalisieren« die sozialen Kosten oder hier: Risiken solcher Tätigkeiten. Der jeweilige individuelle oder korporative Akteur muß für alle Schäden aufkommen, welche die entsprechende Aktivität hervorruft – ohne daß ihn notwendig ein moralischer Vorwurf treffen müßte.[8] Schwierig ist ohnehin der Fall von korporativen Akteuren (Organisationen), die sich charakteristischerweise durch eine Aufsplitterung oder Zerstreuung persönlicher Verantwortlichkeiten auszeichnen. Es ist oft unklar, wieweit Normen, die auf persönliche Verantwortlichkeit zielen, hier noch anwendbar sind.[9]

Die letzte Kategorie (Transfers) betrifft Regelungen für die Bereitstellung öffentlicher Güter, für redistributive Maßnahmen und für staatliche Ressourcenbeschaffung – soweit letztere nicht durch »Preise«, etwa durch verhaltensabhängige Steuern (z.B. Verbrauchssteuern) geschieht. Von »Preisen« unterscheiden sie sich dadurch, daß sie nicht unmittelbar auf Verhaltensregulierung zielen. Daß solche Verhaltenswirkungen gleichwohl eintreten können, wird in manchen Fällen sogar kritisch gegen die entsprechenden Regelungen eingewandt: wenn etwa progressive Steuertarife und sozialpolitische Leistungen für eine »Hemmung der Lei-

7 Auszeichnungen und Ehrungen sind vielleicht ein »positives« Komplement – im Unterschied zu bloßen Begünstigungen.

8 Ein funktionales Äquivalent für solche Regelungen sind Zwangsversicherungen – in Deutschland etwa die betriebliche Unfallversicherung. Über funktionale Alternativen zum Deliktrecht vgl. Sugarman 1985.

9 Entmoralisierte, ökonomische Sanktionen greifen im Fall von Organisationen aus anderen Gründen nicht immer im erforderlichen Maß. Zu solchen Problemen und möglichen Lösungen (auch für das Problem der Garantie persönlicher Zurechenbarkeit) siehe Stone 1975; Dan-Cohen 1988; und – auf anderer Abstraktionsebene – die Arbeiten von G. Teubner.

stungsbereitschaft«, mangelnde Selbstverantwortung oder ähnliches verantwortlich gemacht werden.
Für die beiden letzten Kategorien staatlicher Maßnahmen (»Preise« und »Transfers«) gilt, daß ihre rechtliche Form in gewisser Weise sekundär ist. Die entsprechenden Wirkungen werden weniger durch die rechtlichen Regelungen selbst erzielt als eben durch Veränderung ökonomischer Parameter oder durch unmittelbare Aktivitäten der Exekutive oder Verwaltung. Die Vergabe staatlicher Leistungen ist natürlich mit Verfahrensregelungen verbunden. Spezielle Fälle sind rechtlich organisierte sozialisatorische Aktivitäten: staatliche Erziehung, Beratung, Therapie. Die entsprechenden rechtlichen Regelungen lassen sich nicht einer einzelnen der hier aufgeführten Kategorien zuordnen. Wie etwa die Regelung des Schulwesens zeigt, spielen Rechte und Pflichten, Ansprüche auf staatliche Leistungen und verschiedene prozedurale Regelungen eine Rolle.
Zurückblickend auf den Vergleich des »liberalen« mit dem »sozialstaatlichen« Rechtsmodell läßt sich sagen, daß »Preise« und »Transfers« einer sozialstaatlichen Funktionserweiterung des Rechtssystems entsprechen, in dem Maßnahmen zur Redistribution und zur Bereitstellung kollektiver Güter eine Rolle spielen. Jedoch sind »Preise« und »Transfers« nicht die einzigen Mittel zur Erfüllung solcher Funktionen – Gebote und Verbote wie auch prozedurale Regelungen können ebenfalls eine »instrumentelle« Rolle spielen. Im Hinblick auf die Kategorie 6 (Preise) ergibt sich jedoch noch eine Besonderheit: Das normative, moralische Problem der *Befolgung* rechtlicher Regeln verschwindet in gewisser Weise oder wird auf das Problem der Entrichtung von Steuern und Tarifen reduziert. Es wird keine moralische Einstellung gegenüber solchen Regelungen verlangt. In diesem Sinn kann man von einer »Entmoralisierung« des Rechts sprechen. Das bedeutet natürlich nicht, daß die Entscheidungen über die *Gestaltung* solcher Rechtsformen nicht einer moralischen Beurteilung unterzogen werden könnten: Zumindest in manchen Fällen könnten zum Beispiel Gesichtspunkte der Verteilungsgerechtigkeit eine Rolle spielen. Das Problem der Transfers ist etwas komplexer: Hier spielt zum Beispiel das Problem der ungerechtfertigten Inanspruchnahme öffentlicher Leistungen eine größere Rolle.

2. *Recht als institutionelle Struktur: Substantielle Rationalitätsaspekte*

Betrachten wir noch einmal im Überblick die verschiedenen Rationalitätsaspekte von Rechtsnormen und Rechtssystemen. Wir beginnen mit den »primären« Normen und den privaten Verfahrensregeln, um dann im nächsten Abschnitt auf die Seite der prozeduralen Reproduktion des Rechts einzugehen. Auch ist die Rationalität von Rechtsnormen oder Rechtsordnungen zunächst vor allem »ex ante« zu betrachten – aus der Perspektive des Gesetzgebers oder Kritikers, der fragt, wieweit bestehende oder vorgeschlagene Regeln einer vernünftigen Rechtfertigung fähig sind. Einige zusätzliche Gesichtspunkte, die sich aus der rechtlichen »Positivierung« von Normen ergeben, sind hier ebenfalls schon zu berücksichtigen; ansonsten stellen wir die speziellen Probleme der »ex post«-Beurteilung von Normen oder Entscheidungen, die aus bestimmten politischen und rechtlichen Verfahren hervorgegangen sind, zunächst zurück.

In Kapitel VI wurden verschiedene Dimensionen oder Aspekte der Rationalität sozialer Institutionen unterschieden: die drei substantiellen Dimensionen empirisch-kognitiver bzw. technischer, evaluativ-expressiver und moralischer Rationalität und die übergreifenden Dimensionen ökonomischer Rationalität, Kohärenz oder Integration, Lernfähigkeit und aktiver Konsens bzw. Partizipation. Für die beiden letzten Aspekte sind vor allem die prozeduralen Elemente des Rechtssystems relevant; die anderen sollen hier zunächst durchgegangen werden.[10]

Moralische Rationalität des Rechts. Rechtliche Normen können als soziale Handlungsnormen ebenso wie soziale Handlungen stets einer moralischen Beurteilung unterzogen werden: Sie können *moralisch zulässig* (oder eben unzulässig), sie können aber auch *moralisch geboten* oder notwendig sein. Daneben mag es den Fall geben, daß Normen zwar nicht zwingend moralisch geboten, aber – in Analogie zu moralischen Handlungen – dennoch als mo-

10 Wichtige Gesichtspunkte für die Unterscheidung der drei Rationalitätsdimensionen und der Bestimmung ihres Verhältnisses entnehme ich wieder der Analyse von Habermas – die jedoch stärker »prozedural« angelegt ist. Siehe etwa Habermas 1989, 152ff.

ralisch wünschenswert oder ausgezeichnet (»supererogatorisch«) gelten; ich will jedoch offenlassen, ob sich diese Betrachtungsweise sinnvoll auf Rechtsnormen übertragen läßt. Die Unterscheidung von moralisch zulässigen und gebotenen Rechtsnormen ist nicht zu verwechseln mit den Distinktionen zwischen »positiven« und »negativen« Pflichten oder zwischen Geboten und Erlaubnissen oder Freiheiten. Auch die rechtliche Normierung von Verboten oder negativen Pflichten und von »negativen« Rechten oder Freiheiten (Glaubensfreiheit, Schutz der Privatsphäre, Unversehrtheit der Person usw.) kann natürlich moralisch gefordert sein. Viele Normen des Straf- und des Verfassungsrechts, teilweise auch des Zivilrechts lassen sich als unmittelbar moralisch geboten oder als rechtliche Institutionalisierung genuin moralischer Normen ansehen. Natürlich lassen sich auch viele rechtliche *Prozeduren* als moralisch notwendig betrachten. Es liegt kein Widerspruch darin, eine bestimmte Rechtsnorm (oder die rechtliche Institutionalisierung einer Moralnorm) als moralisch geboten anzusehen und gleichzeitig darauf zu bestehen, daß auch eine solche Norm in bestimmten demokratischen Verfahren beschlossen und angewandt wird. Probleme ergeben sich natürlich dann, wenn die beschlossene Norm von derjenigen abweicht, die man für moralisch geboten hält: Es stellt sich dann jeweils die Frage, ob man die Loyalität gegenüber den demokratischen Entscheidungen höher stellt als das eigene moralische Urteil in der Sache.

Moralisch gebotene Normen müssen nicht unbedingt als »ewig« und unabhängig von historischen und sozialen Umständen geltende Normen betrachtet werden. Für manche elementaren Moral- und Rechtsnormen gilt eine solche Vorstellung (Verbot der Tötung, pacta sunt servanda); oft sind selbstverständliche Normen dieser Art gar nicht ausdrücklich im Gesetz enthalten – formuliert wird nur die Sanktionsandrohung. Andere Normen, die immer noch primär unter moralischen Gesichtspunkten aufgestellt werden, können spezifischer auf kontingente soziale Umstände bezogen sein, und in ihre Begründung können empirisch-kognitive Erkenntnisse oder Elemente praktischer Klugheit eingehen. Beispiele wären: Garantien für einen minimalen Lebensstandard, Einschränkung privaten Waffenbesitzes, Regeln zur Vermeidung von Epidemien, definierte Sorgfaltspflichten für gefährliche technische Aktivitäten.

Ähnlich ist der Fall historisch kontingenter Formen instrumenteller Kooperation (Arbeit, Produktion). Wenn bestimmte moralische Voraussetzungen erfüllt sind, ist die Gestaltung solcher Kooperationsformen eine Sache ökonomischer Rationalität, vielleicht auch von nichtmoralischen kollektiven Wertungen. Ob eine teilweise marktgesteuerte »mixed economy« oder ein stärker planwirtschaftliches ökonomisches System vorzuziehen sind, mag unter Umständen eine moralisch neutrale Alternative sein – wenn Prinzipien moralischer Gerechtigkeit und Solidarität in beiden Fällen erfüllt werden können. Damit solche Systeme funktionieren können, sind jeweils bestimmte rechtliche Organisationsformen nötig. Die beiden alternativen Normensysteme müssen dann in je spezifischer Weise an die generellen moralischen Standards angepaßt werden – die Elemente der beiden Normensysteme müssen also nach generellen moralischen Kriterien *zulässig* sein, oder sie müssen durch jeweils spezifische Regelungen moralischen Charakters ergänzt werden (etwa Regeln zur Redistribution). Bloß moralisch *zulässig* sind natürlich alle konkreten Regelungen, die der Realisierung nichtmoralischer kollektiver Ziele oder Güter dienen (Kapitel IV).

Evaluative Rationalität. In modernen Rechtssystemen spielen evaluative und expressive Elemente eine relativ geringe Rolle. Das hängt mit der Anerkennung eines kulturellen Pluralismus und dem Gebot der Toleranz oder Neutralität gegenüber unterschiedlichen konkreten Lebensformen oder Vorstellungen guten Lebens zusammen. Natürlich sind diese Prinzipien in unterschiedlichem Maß verwirklicht, und die Grenzen der Toleranz oder die Demarkation zwischen dem Bereich der moralisch relevanten oder jedenfalls kollektiv verbindlich zu regelnden Fragen und dem der moralisch freigestellten evaluativen Alternativen sind umkämpft. Aktuelle Beispiele sind die Gesetzgebung für Ehe und Familie sowie für sexuelle Beziehungen, die Definition von Umweltproblemen oder neu aufbrechende Probleme religiöser Toleranz. Nichtmoralische kollektive Ziele mögen auf ihre Rechtfertigung auch unter evaluativen Aspekten befragbar sein – siehe etwa aktuelle Diskussionen über die Rolle unserer Automobilkultur, über Stadtplanung usw.; aber solche evaluativen Diskurse verwandeln sich in der Regel rasch in moralisch relevante Interessenkonflikte, wenn es um politische Programme und rechtliche Regelungen geht. Rechtliche Normen garantieren und begrenzen auch gewisse Spielräume für expressive Aktivitäten (Freiheit der Kunst, öffentliche Meinungsäußerung usw.; positiv: staatliche Kulturförderung), und sie können soziale Interaktionsformen schützen, in denen evaluative Standards, Lebensziele oder Vorstellungen guten Lebens und Identitäten ausgebildet werden können (Erziehung, Öffentlichkeit). Aber das ist eher ein moralisches als ein evaluatives Problem – obwohl evaluative Gesichtspunkte bei der moralischen Entscheidung mitspielen können, etwa wenn es um die Grenzen künstlerischer Betätigung geht. Schließlich gibt es eine expressive Dimension der Rechtspraxis selbst: etwa in Gestalt der symbolischen Funktion von rechtlichen Ritualen (Gerichtsverfahren) oder von manchen Gesetzen und Gesetzgebungskampagnen, die vor allem der Affirmation kollektiver Identitäten dienen (»moral crusades« – klassisches Beispiel: die Prohibition in den USA). Spezielle gesetzliche Regelungen schützen rechtliche oder staatliche Symbole: Flaggen, Hymnen, Wappen und Siegel, Feiertage und Zeremonien. Soziologen sind seit Durkheim gewohnt, den sozial integrierenden, kollektive Identität stiftenden Charakter solcher Phänomene zu respektieren (Durkheim 1981). Ihr Rationalitätscharakter sei hier gleichwohl dahingestellt.[11]

Technische Rationalität. Normen können soziale Aktivitäten nach Gesichtspunkten der Zweckmäßigkeit regulieren; solche Regulierungen können unter dem Aspekt der technischen Rationalität begründet oder kritisiert werden.[12] Das betrifft nicht nur so-

11 Über »Symbole und Selbstdarstellung des Staates« als Gegenstand des Rechts: Stern 1984, 275 ff. Über »moral crusades« und ähnliche Phänomene siehe Gusfield 1963. Daß soziale, auch rechtliche Sanktionierung »abweichenden Verhaltens« zur Stiftung oder Affirmation kollektiver Identitäten und konkreter Lebensformen beiträgt, ist ein altes Thema der Soziologie. Siehe etwa Becker 1963. Über »symbolische« Funktionen der Gesetzgebung (hier eher verstanden im Sinn von Manipulation oder Ideologie) vgl. Arnold 1935; Edelman 1964.

12 »Technische Regeln« oder »hypothetische Imperative« (im Sinne Kants) sind weder Normen noch Imperative. Sie sind eine grammatische Umformung deskriptiver Aussagen über einen Zusammenhang zwischen Handlung und Effekt: Wenn du B tust, wird A eintreten. Zu berücksichtigen wäre dabei der Unterschied zwischen notwendigen und hinreichenden Be-

ziale »Steuerung« im Sinne der Realisierung positiver kollektiver Zielsetzungen, seien diese moralisch oder nichtmoralisch begründet. Es betrifft auch Regeln gegen die unberechtigte Schädigung anderer (Deliktsrecht) oder generelle Regeln zur Vermeidung »negativer Externalitäten« – eingeschlossen also schädigende Effekte, die nicht bestimmte andere, sondern das ganze Kollektiv oder einen schwer einzugrenzenden Teil davon betreffen. Beispiele sind Standards für Sicherheits- und Vorsorgemaßnahmen bei vielen, vor allem technischen Aktivitäten (standards of reasonable care), Arbeitsschutzgesetze, Unfallverhütungsvorschriften, Lebensmittelkontrollen, Anforderungen an die Gebrauchssicherheit industrieller Produkte, Maßnahmen zum Umweltschutz (Kontrolle von »Emissionen« usw.). In allen diesen Fällen spielt empirisches Wissen eine sehr bedeutende Rolle – mit problematischen Konsequenzen für die Rechtspraxis (Wissensmonopole von Experten, Notwendigkeit ständiger Anpassung an verändertes Wissen oder neue Technologien usw.).[13] Eine besondere, teilweise modische Problematik bilden »Risiken« (mit kalkulierbarer oder nichtkalkulierbarer Wahrscheinlichkeit drohende Schädigungen) und »unsichtbare« Schädigungen – negative Effekte, die entweder nicht unmittelbar wahrnehmbar oder deren *Ursachen* zweifelhaft oder komplex und schwierig zu ermitteln sind. Hier spielt technisches Wissen also schon für die Diagnose und Ursachenermittlung eine Rolle – nicht erst für die Frage, mit welchen Mitteln sie zu vermeiden sind. Oft ist auch die *Bewertung*, nicht nur die Wahrschein-

dingungen und das Problem der Abwägung zwischen alternativen hinreichenden Mitteln: »It is important to notice that a technological rule in general does not determine a unique piece of advice on how to reach the goal; it usually only states a possible program leading to the goal under consideration; but there may exist other programs leading to the same goal.« (Weinberger 1988, 227f.) Über verschiedene Formen von »hypothetischen Imperativen« siehe Baier 1958, 283ff., der ebenfalls konstatiert, daß Rezepte keine Imperative sind (285). Solche »technischen Regeln« *können* natürlich als verbindliche Handlungsschemata *institutionalisiert* werden – etwa in technischen Sicherheitsvorschriften, Arbeitsschutz- oder Umweltschutzgesetzen etc. Dann haben wir *institutionelle* Imperative. Über den Unterschied zwischen »hypothetischen« und »institutionellen Imperativen« siehe Foot 1972, 308.

13 Beispiele aus der reichhaltigen Literatur: Preuss 1989b; Winter 1987; Wolf 1986; Roßnagel 1984. Schuck 1987 zeigt anschaulich die Probleme gerichtlicher Behandlung von Schadensfällen in großtechnischen Anlagen.

lichkeit möglicher negativer Effekte umstritten (Beispiel: Gentechnologie); in diesem Fall handelt es sich definitionsgemäß nicht mehr primär um empirisches Wissen – obwohl gewisse empirische Kenntnisse auch Voraussetzung eines angemessenen normativen Urteils sein könnten. Ob das schon eine ausreichende Erklärung für die Rolle ist, die »Ethikexperten« in solchen Fragen spielen, sei offengelassen.

»Instrumentelle« oder »technische« Rationalität kann noch in einem anderen Sinn verstanden werden – nämlich im Sinne von »Sozialtechnologie«. Das ist nicht notwendig pejorativ zu verstehen. Es geht nicht darum, Recht als ein Manipulationsinstrument und Rechtsbefolgung als Ergebnis von Konditionierung oder strategischer Interessenkalkulation zu betrachten, sondern um die schon erwähnte Notwendigkeit der Einbeziehung einer externen Perspektive: Die *Wirkungen* rechtlicher Regeln zu beurteilen ist häufig ein komplexes kognitives Problem – selbst *wenn* vorausgesetzt wird, daß Recht im großen und ganzen als legitim befolgt wird.[14] Es sind Kommunikations- und Orientierungsprobleme (rechtliche Anweisungen müssen ihre Adressaten erreichen und richtig verstanden werden) sowie Probleme nichtintendierter Handlungsverknüpfungen (»systemischer Mechanismen«) zu berücksichtigen. Wie rechtliche Regulierungen des Wirtschaftssystems am deutlichsten zeigen, beeinflußt Recht teilweise Handlungszusammenhänge, die nach eigenen Gesetzen funktionieren und die unter Gesichtspunkten der »Systemrationalität« zu gestalten sind. Diese Art »sozialtechnischer Rationalität« kann beispielsweise auf Erkenntnissen der ökonomischen Wissenschaft beruhen.[15] Allgemeiner stellt sich die Frage nach der *Kompatibilität* rechtlicher Regelungen mit anderen Vergesellschaftungsformen; sie ist nur partiell mit »sozialtechnischem« Wissen über das Funktionieren

14 Ein Beispiel dafür, wie sich unvorhergesehene Resultate auch in elementaren Bereichen des Alltagshandelns einstellen können und welche komplexen Zusammenhänge hier zu berücksichtigen sind, ist die rechtliche Regelung von Ehescheidungen. An amerikanischen Beispielen: Weitzman 1985; Jacob 1989.

15 »Ökonomische Rationalität« ist aber noch etwas anderes – wie oben erklärt. »Technische Rationalität« im eben diskutierten Sinn ist weitgehend die Umsetzung von korrekten Annahmen über Kausalbeziehungen; während »ökonomische Rationalität« die rationale Wahl zwischen Handlungsalternativen – auch von Techniken – unter cost-benefit-Gesichtspunkten betrifft.

nichtintentionaler Regelungsmechanismen zu beantworten – häufig geht es um »eigensinnige« Eigenschaften von Interaktionen und Lebensformen, die einen anderen, internen theoretischen Zugang erfordern (Kapitel VI).[16]

Verhältnis der Rationalitätsaspekte. Moderne Rechtssysteme umfassen also neben einem Kern unmittelbar moralischer Normen und Prinzipien eine Vielzahl primär moralisch begründeter Regelungen, die empirisches Wissen erfordern. Moralisch und kognitiv-empirische oder technische Rationalität hängen insoweit zusammen: es ist moralisch geboten, den entsprechenden Entscheidungen adäquate empirische Informationen zugrunde zu legen oder moralisch begründete Handlungsgebote mit angemessenen Mitteln zu verwirklichen. Wenn sich umgekehrt herausstellt, daß moralische Urteile auf falschen empirischen Annahmen beruhen, werden sie natürlich ungültig. Weiter finden wir Regelungen für soziale Kooperationsformen, die moralischen Kriterien genügen müssen, auf dieser Grundlage aber frei unter Gesichtspunkten technischer und ökonomischer Rationalität gestaltet werden. Und schließlich haben wir alle jene rechtlichen Maßnahmen, die der Realisierung moralisch zulässiger, aber nicht geforderter kollektiver Ziele dienen und die aufgrund von politischen Tauschprozessen oder allgemeiner Zustimmung zu genuin kollektiven Zielen zustande gekommen und gerechtfertigt sind. Evaluative und expressive Elemente spielen – wie beschrieben – eine eher indirekte Rolle. Rechtsnormen können insoweit in allen drei genannten Dimensionen gerechtfertigt oder kritisiert werden. Es ergibt sich ein bestimmter Primat des moralischen Elements: Moralische Gehalte des Rechts bilden eine Substruktur, innerhalb derer bestimmte frei gewählte kollektive Regelungen möglich sind.[17] Wobei wiederum

16 Damit sind noch nicht alle kognitiven Probleme genannt, die im Recht eine Rolle spielen. Nur zwei weitere Beispiele: Das Problem der Ermittlung von strafrechtlicher Verantwortlichkeit bzw. Zurechenbarkeit; das Problem rechtlicher Kontrolle von medizinischer Nachlässigkeit (medical malpractice) oder überhaupt von Verfehlungen im Rahmen von treuhänderischer Interessenvertretung (»fiduciary relationships«).

17 Soweit richtig Podlech 1972: »Die Diskussion der Frage nach der Richtigkeit von Rechtsregeln – und im Extremfall von ganzen Rechtsordnungen – erfolgt in zwei Stufen. Die erste, die man die *rechtspolitische* Stufe nennen kann, ist dadurch ausgezeichnet, daß die Menge aller Gesichtspunkte, unter

der besondere Charakter der Rechtsgemeinschaft als einer grundlegenden Lebensordnung zu berücksichtigen ist, die man in der Regel nicht ohne einschneidende Konsequenzen verlassen kann. Daraus ergeben sich engere Schranken für mehrheitliche, bindende Entscheidungen über kollektive Ziele (oder umgekehrt eine stärkere Notwendigkeit der neutralen Respektierung unterschiedlicher Zielvorstellungen) als in einer freiwilligen Assoziation (Kapitel III).

Nun bekommen auch nichtmoralische kollektive Ziele oder instrumentelle Anweisungen einen auch moralisch verpflichtenden Charakter – nämlich dann, wenn sie den Status einer sozialen Vereinbarung haben. Bei rechtlichen Regelungen dieser Art ist das vor allem dann der Fall, wenn sie in legitimen Verfahren beschlossen wurden und keine erheblichen Gründe vorliegen, die Ergebnisse als unfair oder unmoralisch zu betrachten. Solche Regelungen schaffen »obligations« – Verpflichtungen, die aus der Teilnahme an einer sozialen Praxis entstehen, die im großen und ganzen den gegenseitigen Vorteil wahrt. Wer aus solchen kollektiven Arrangements Nutzen zieht, kann verpflichtet werden, auch seinen angemessenen Anteil beizutragen. Ein einfaches Beispiel sind Konventionen. Konventionen sind Lösungen für Handlungsprobleme eines bestimmten Typs – nämlich Koordinationsprobleme, die verschiedene alternative Lösungen haben, denen gegenüber die Beteiligten jedoch indifferent sind: Alle haben ein Interesse daran, daß *irgendeine* der möglichen Lösungen gefunden wird; niemand bevorzugt eine bestimmte Lösung.[18] Beliebtestes Beispiel sind be-

denen die Richtigkeit diskutiert wird, offen ist. Solche Gesichtspunkte sind etwa Zweckmäßigkeit, Effizienz, Kosten sowohl in finanzieller wie in sozialer Hinsicht, Rechtssicherheit, Zeitprioritäten und vieles andere mehr.... Das geltende – oder in der Vorausdiskussion das prätendierte geltende Recht – muß sich nun nochmals die Frage der Richtigkeit gefallen lassen.... *Der wichtigste Gesichtspunkt der Metastufe ist die Gerechtigkeit:* Rechtsregeln und im Extremfall Rechtsordnungen verlieren ihren moralischen Geltungsanspruch, wenn sie ungerecht sind.« (139-141) Fraglich ist allerdings, ob das in dem sauberen Zweistufenschema *derart* geht, daß Gesichtspunkte der ersten Stufe auf der zweiten keine Rolle mehr spielen.

18 Die klassische Analyse von Konventionen stammt von Lewis (1969), mit problematischen Anwendungen auf die Sprachtheorie. Für Anwendungen des Konzepts auf rechtliche Regelungen siehe Postema 1982; Heymann 1973.

stimmte Regeln des Straßenverkehrs (Links- oder Rechtsfahren); andere wären die Festlegung von Maßen und Gewichten, von Uhrzeit und Kalender, technische Standardisierungen und ähnliches. Die Entscheidung ist moralisch und auch instrumentell neutral. Normalerweise hat niemand ein wirkliches Interesse, von der einmal gefundenen Lösung abzuweichen, aber auch das ist in manchen Fällen möglich (Manipulation von Maßen oder Standards). In jedem Fall erwächst aus der Einigung auf solche Konventionen (durch explizite Regelungen oder durch das Einspielen entsprechender Praktiken) eine normative Verpflichtung, ihnen zu folgen und die Erwartungen der anderen Teilnehmer nicht zu enttäuschen.[19]

3. Formale Aspekte der Rationalität des Rechts

Ich unterscheide »formale« und »prozedurale« Aspekte des Rechts, die im Hinblick auf Rationalitätsurteile bedeutsam sein können. Prozedurale Aspekte betreffen die Reproduktion des Rechts und sind Gegenstand des nächsten Abschnitts. Hier ist zunächst noch einmal an bestimmte formale Rationalitätsmerkmale zu erinnern (Kapitel III, IV, VI): bestimmte formale Kriterien der »rule of law«; das Ökonomieprinzip; interne Konsistenz und Kohärenz sowie Integration und Kompatibilität eines rechtlichen Institutionensystems mit den nichtrechtlichen Strukturen der verschiedenen sozialen Lebensbereiche.

Formale Merkmale des Rechts im Sinne der »rule of law«: möglichst klare, nicht kontradiktorische und überhaupt erfüllbare, nicht rückwirkende Normen sind Rationalitätsbedingungen, welche die Orientierungsfunktion des Rechts sichern. Das *Ökonomieprinzip* ist ein Optimierungsgebot, das die Klärung morali-

19 Es gibt andere, weniger spezifisch auf Handlungskoordination gerichtete Konventionen, denen ebenfalls ein gewisser moralischer Status zuwachsen kann: Konventionelle Praktiken (Umgangsformen, Gebräuche, soziale Rituale usw., die konkreten sozialen Gemeinschaften eigentümlich sind und soziale Achtung ausdrücken und Solidaritäten und Zugehörigkeiten symbolisieren) können Lebensformen konstituieren, an deren Integrität moralisch relevante Interessen bestehen. Siehe Hampshire 1983, 136f.

scher, evaluativer und kognitiv-empirischer Fragen schon voraussetzt. Es fordert, bei gegebenen empirischen Randbedingungen, gegebenen moralischen Gesichtspunkten und nichtmoralischen Evaluationen diejenige Handlung oder Regelung zu verwirklichen, welche die bestmögliche Verwirklichung der vorgegebenen Standards und Ziele darstellt oder welche die gegebenen Standards und Ziele mit den geringsten Kosten realisiert. Auch das Ökonomieprinzip *kann* ebenso wie das Prinzip technischer Rationalität einen moralischen Status erhalten, wenn es um die praktische Erfüllung moralischer Forderungen geht – oder wenn moralisch gerechtfertigte Maßnahmen Kosten oder Benachteiligungen mit sich bringen, die wiederum moralisch relevant sind. Dann ist es eine Forderung moralischer Rationalität, die Handlungsalternative mit den geringsten Kosten zu realisieren. In diesem Sinn lassen sich zum Beispiel das »Übermaßverbot« und das Prinzip der »Verhältnismäßigkeit« verstehen, die im Verwaltungs- und Verfassungsrecht der Bundesrepublik eine Rolle spielen.[20] Das Ökonomieprinzip kann noch in anderer Weise als Kriterium fungieren: wenn Rechtsnormen *allein* danach beurteilt werden sollen, daß sie die ökonomische Effizienz sozialer Interaktionen (in einer der verschiedenen Bedeutungen von »Effizienz«) sichern oder fördern. Die Fragwürdigkeit dieses Kriteriums wurde oben im Zusammenhang mit der »Law & Economics«-Schule erwähnt (Kapitel IV). Die *Konsistenz* eines Rechtssystems hat mehrere Bedeutungen: Übereinstimmung zwischen deklarierten Normen und Prinzipien einer Rechtsordnung und der sozialen Praxis (vor allem der institutionellen Praxis innerhalb des Rechtssystems selbst); Konsistenz zwischen den Normen des Rechtssystems – in dem Sinne, daß nicht für vergleichbare Situationen widersprüchliche Handlungsanweisungen gegeben werden; und Konsistenz der Rechtsanwendung – in gewissem Sinn eine Kombination der beiden vorherigen Konsistenzbegriffe: Sie setzt voraus, daß in der

20 Stern 1984, 861ff.: »Das Übermaßverbot ist dann beachtet, wenn unter mehreren möglichen Maßnahmen diejenige getroffen ist, – die geeignet ist, den angestrebten Zweck zu erreichen (Geeignetheit), – die möglichst wenig Nachteile hervorruft (Erforderlichkeit) – und bei der die Vorteile insgesamt die Nachteile überwiegen (Verhältnismäßigkeit im engeren Sinne, Proportionalität).« (866) Ob es Sache des Verfassungsgerichts sein sollte, die Erfüllung dieses Kriteriums zu prüfen, ist eine andere Frage.

Gerichtspraxis konsistente Normen korrekt angewendet werden – daß die nach normativ relevanten Kriterien vergleichbaren Situationen also nach den gleichen Normen beurteilt werden. Eine spezielle Form erhält das Problem der Widerspruchsfreiheit des Normensystems durch die Unterscheidung zwischen höher- und geringerrangigem Recht (etwa Verfassungs- und einfaches Gesetzesrecht). Hier geht es darum, daß die spezifischeren Normen eine angemessene Konkretisierung der höherrangigen, genereIleren Normen darstellen – oder daß sie sich in den Spielräumen halten, welche durch die übergeordneten Normen gesetzt sind. Dabei handelt es sich nicht um eine einfache deduktive Beziehung.

Kohärenz. Von der zuletzt erwähnten Komplikation abgesehen, scheint Widerspruchsfreiheit ein triviales Kriterium zu sein.[21] Zum konsistenten Entscheiden von Konfliktfällen genügt *bloße* Widerspruchsfreiheit im Sinne der Vermeidung widersprüchlicher Verhaltensforderungen für allgemein charakterisierte Situationen jedoch nicht. Einmal sind Normenkollisionen ein häufiges Phänomen: Die Anwendungsbedingungen von Normen sind in der Normformulierung oder auch in der Tradition ihrer Auslegung notwendig generell beschrieben. Es können deswegen unvorhergesehene Situationen eintreten, auf die prima facie zwei verschiedene Normen anwendbar sind – die also in diesem unvorhergesehenen Fall kollidieren (Günther 1989, 168ff.). Es muß also Kriterien geben, nach denen solche Kollisionen aufzulösen sind. Unabhängig von diesem speziellen Fall der Normenkollision ist erforderlich, daß in Problemsituationen überhaupt relevante Nor-

21 Nicht völlig trivial ist die Frage, was »Widerspruch« von Normen heißt. Kelsen sah keinen »logischen Widerspruch«, sondern einen »teleologischen Konflikt« im Fall von kollidierenden Normen (Kelsen 1960, 27; 358, Fn.); v. Wright sieht ähnlich zwei widersprüchliche Normen (gegeben von derselben Autorität) als Inkonsistenz innerhalb eines »Willens« (v. Wright 1963, 151f.). Wichtiger als diese begrifflichen Probleme ist hier die Tatsache, auf welche Fuller hinweist (1969, 65ff.): »... to determine when two rules of human conduct are incompatible we must often take into account a host of considerations extrinsic to the language of the rules themselves.... The context that must be taken into account in determining the issue of incompatibility is ... not merely or chiefly technological, for it includes the whole institutional setting of the problem – legal, moral, political, economic, and sociological.« (69f.)

men identifizierbar sind – das Normensystem muß hinreichend vollständig und bestimmt sein. Das ist in realen Rechtssystemen nur dadurch zu gewährleisten, daß sie generelle Prinzipien und normative Deutungsmuster einschließen, welche die Identifizierung und Auslegung anwendbarer Regeln oder auch deren Änderung oder Weiterentwicklung ermöglichen. Konsistentes Entscheiden setzt also einerseits eine angemessene Methode der Fallkonstitution voraus – das Aufeinanderbeziehen von relevanten Normen und relevanten Tatbestandsmerkmalen (Günther 1989, 176ff.). Es erfordert andererseits eine hinreichend komplexe symbolische Struktur des Rechts. Diese Notwendigkeit ist traditionell in der Forderung nach einem kohärenten *System* des Rechts ausgedrückt worden (Coing 1976, 340ff.; Larenz 1983, 160ff.). Angesichts der Schwierigkeiten einer solchen rechtsdogmatischen Systematisierung hat man die flexiblere Vorstellung entwickelt, daß sich rechtliche Normen mittels explizit (z. B. als Verfassungsgrundsätze) oder implizit (in der Rechtsprechung) entwickelten normativen Prinzipien und durch Anwendung normativer »Hintergrundtheorien«, welche eine adäquate, kohärente Interpretation des normativen Sinns einer Rechtsordnung zu geben versuchen, in konsistenter Weise anwenden lassen. Diese Konzeption ist am deutlichsten von Dworkin ausgearbeitet worden. Ähnliche Vorstellungen drücken sich schon in Theorien über »Sozialethiken« und »Sozialmodelle« aus, die als notwendiger Hintergrund für rechtliches Entscheiden betrachtet werden.[22] Soweit sich eine

22 Generell zielt die Rede von »Sozialmodellen« des Rechts wohl auf »Hintergrundstheorien« oder auf implizite Annahmen und theoretische Voraussetzungen von Rechtsdogmatik und gerichtlicher Praxis, die sowohl deskriptive wie normative Komponenten haben. Über »Sozialmodelle« und wechselnde »Sozialethiken« im (bzw. hinter dem) deutschen Privatrecht siehe vor allem die Arbeiten von Wieacker (Wieacker 1974, 1982). Für begrenztere Versuche, den Zusammenhang zwischen bestimmten Rechtsentwicklungen und Wandlungen soziomoralischer Kategorien (Gerechtigkeitsvorstellungen, kausale Attributionen und Zurechnungen von Verantwortlichkeiten für die Wechselfälle des sozialen Lebens usw.) siehe Friedman 1986: »Total Justice«, überhaupt amerikanische Analysen zur Entwicklung des tort law – aus sozialwissenschaftlicher Sicht etwa Lowi 1986. Damaska (1986) gibt eine Darstellung unterschiedlicher »images« oder Metaphern, welche unterschiedliche Einstellungen gegenüber dem Recht in verschiedenen Rechtskulturen zum Ausdruck bringen (vor allem die unterschiedlichen Deutungen der Richterrolle und des gerichtlichen Verfahrens). – Aus-

solche Konzeption erhärten läßt, ergibt sich, daß die Rationalität des Rechts von solchen generellen Interpretationen abhängt, welche Prinzipien und Normen des Rechtssystems in einen kohärenten Zusammenhang bringen. Zu den Aufgaben einer kritischen Prüfung und rationalen Rechtfertigung einer Rechtsordnung müßte also die Rekonstruktion kategorialer Grundlagen (Begriffe wie Geltung, Verpflichtung, Verantwortlichkeit, Rechtsperson), von sozialkognitiven und soziomoralischen Schemata (Zurechnungen von Verantwortlichkeiten, grundlegende Gerechtigkeitsvorstellungen) und von »Tiefenstrukturen« oder »Hintergrundüberzeugungen« im Recht nach der Art von impliziten »Gesellschaftsbildern« mit empirisch-normativem Doppelcharakter gehören. Für das praktische Verhalten gegenüber dem Rechtssystem, etwa die »Mobilisierung« von Recht in gerichtlichen Verfahren, also die Art der Inanspruchnahme von Recht zur Durchsetzung von Ansprüchen und zur Regelung von Konflikten, sind noch andere soziokulturelle Elemente relevant: kulturelle Einstellungen wie institutionelle Faktoren; auch hier mögen rationalere und weniger rationale Formen vorliegen. Aber das führt zu weit ins Feld der sozialwissenschaftlichen Analyse – und überdies zur prozeduralen Seite des Rechts.

Integration und Kompatibilität. Logische Konsistenz oder auch Kohärenz eines Rechtssystems im bisher beschriebenen Sinn ist nur eine notwendige, keine hinreichende Bedingung dafür, daß Recht in angemessener Weise Funktionen der sozialen Integration erfüllt. Soziale Integration ist hier zu verstehen im oben dargelegten Sinn von »funktionaler« Integration: Funktional differenzierte Handlungsbereiche müssen so reguliert und aufeinander abgestimmt sein, daß die soziokulturelle Reproduktion gelingen kann. Rechtliche Regelungen müssen einerseits einen Beitrag dazu leisten, daß unterschiedliche institutionelle Komplexe (Wirtschaft, Familie, Erziehung usw.) untereinander kompatibel bleiben, und Recht muß – als Bedingung solcher Funktionserfüllung – selbst kompatibel sein mit den verschiedenen sozialen Sphären und den Interaktionsformen und nichtrechtlichen Regulierungsmecha-

führlicher über verschiedene Typen und Funktionsbestimmungen von »Sozialmodellen« im Recht Assmann 1980, 98 ff.

nismen, die dort anzutreffen sind. Präzisere Kriterien für solche Kompatibilitätsbedingungen, die »Grenzen des Rechts« im allgemeinen und spezifische Formen rechtlicher Regelung im besonderen lassen sich nur aus sozialwissenschaftlichen, komparativen Studien entwickeln (siehe schon Kapitel VI).

4. *Reproduktion des Rechts. Prozedurale Rationalität*

Recht hat wie alle Institutionen eine »dynamische« Seite: Es muß reproduziert, über Zeiten und Generationen tradiert, angepaßt und verändert werden. Es gehört zu den Eigenarten des modernen Rechts, daß es spezialisierte Verfahren für seine Reproduktion gibt, die auf eine kontinuierliche, dem Anspruch nach »bewußte« und rationale Änderung rechtlicher Regelungen gerichtet sind. Gerade darauf beruht die Vorstellung, daß Recht ein Mittel für aktive und bewußte Gesellschaftsgestaltung sei. Diese Verfahren sind selbst rechtlich geregelt: nämlich durch »sekundäre«, prozedurale Normen. Wobei wie stets anzumerken ist: Bezogen auf die realen Reproduktionsprozesse sind diese prozeduralen rechtlichen Regelungen nur *ein* Ordnungselement neben anderen. Es lassen sich nun die in Kapitel VII angestellten Überlegungen noch etwas spezifizieren: Nach welchen Kriterien ist die Rationalität der Reproduktion des Rechts zu beurteilen, von welchen Faktoren hängt sie ab? Und in welcher Beziehung stehen solche Rationalitätsmerkmale seiner Reproduktion zur Rationalität des Rechts im ganzen?

Reproduktion des Rechts. Eine Diskussion dieser Fragen erfordert zunächst einen Blick auf die Struktur der Rechtserzeugung. Alle intentional auf Recht bezogenen Handlungen, Interaktionen und Kommunikationen sind an der Reproduktion des Rechts als geltender sozialer Ordnung beteiligt. In diesen Interaktionen werden Rechtsnormen bestätigt oder verworfen, Rechtskenntnisse vermittelt oder aktualisiert, Interpretationen des geltenden Rechts entwickelt, Kritiken oder Alternativen entworfen. Manche Interaktionen beziehen sich nur peripher und ohne Problematisierung auf das Recht; in anderen werden Rechtsfragen ausdrücklich thematisiert und explizite Klärungen oder Entscheidungen angestrebt. Bloße »Befolgung« des Rechts beruht häufig gar nicht auf expliziter Kenntnis oder gar Thematisierung. Interpretationen beginnen, wenn die explizite Beachtung rechtlicher Regelungen Gegenstand von Überlegungen und Kommunikationen wird – in problematischen Fällen unter Umständen gestützt auf fachkundige juristische Beratung. Solche Überlegungen sind durchaus eine beachtliche Quelle rechtlicher Innovationen – vor allem im Bereich des Zivil- oder Wirtschaftsrechts. Natürlich bedürfen solche Innovationen letztlich der »Ratifizierung« durch die Gerichte. Eine wesentliche Rolle für die Reproduktion des Rechts spielt auch die Rechtswissenschaft – im Sinne aller fachlich spezialisierten Diskussionen über Recht außerhalb des Gerichtsverfahrens. Sie ist in der Regel institutionell verbunden mit der Ausbildung der Juristen – also der Vermittlung von Fachkenntnissen und der Einsozialisierung in Professionsnormen. Explizit thematisiert wird Recht im Verlauf von Konflikten, wenn die Schwelle überschritten wird, vor der explizite Berufungen auf rechtliche Ansprüche oder gar Drohungen mit gerichtlicher Erzwingung noch vermieden werden. Von der Drohung mit dem Rechtsanwalt bis zu einem abgeschlossenen Verfahren ist ein weiter Weg, den nur der kleinste Teil solcher Konflikte vollendet (Felstiner, Abel, Sarat 1980-81). Bestimmte Probleme und Konflikte nehmen eine andere Route und gelangen schließlich in das Verfahren parlamentarischer Gesetzgebung. Rechtsänderungen beginnen schon, wenn sich in solchen Prozessen die Rechtsüberzeugungen sozialer Akteure und ihre Deutungen des geltenden Rechts verändern oder wenn innovative rechtliche Problemlösungen für private Rechtsgeschäfte entwickelt werden. »Private« prozedurale Regeln oder Ermächtigungen autorisieren ohnehin die absichtsvolle Veränderung von Rechtsbeziehungen oder Rechtspositionen der Mitglieder der Rechtsgemeinschaft. Solche Änderungen berühren normalerweise die generelleren Normen des Rechtssystems noch nicht – weder die prozeduralen Regeln, aus deren Anwendung sie hervorgehen, noch andere primäre und sekundäre Normen. Veränderungen von Rechtsüberzeugungen und -praktiken, welche einen Wandel auf dieser höheren Ebene des Regelsystems bedeuten, sind letztlich angewiesen auf eine Validierung durch die zentralen autoritativen Verfahren der Rechtsauslegung und -änderung: nämlich Gesetzgebung und gerichtliche Rechtsprechung.

Nach einem simplen Gewaltenteilungsschema beschließt die gesetzgebende Körperschaft nach vorangegangenen Diskussionen und Verhandlungen generelle Gesetze. Im gerichtlichen Verfahren treten sich zwei streitende Parteien gegenüber, die ihre Ansprüche auf geltende, d. h. parlamentarisch beschlossene Gesetze stützen. (In Kriminalverfahren bildet ein Offizieller als Vertreter der Gemeinschaft die eine Partei – die nicht in allen Rechtssystemen als »Partei« verstanden werden will.) Sie präsentieren entsprechende rechtliche Argumente und Sachbeweise; der Richter als neutraler Dritter oder ein Kollegium – eingeschlossen unter Umständen Laienrichter (Schöffen, juries) – trifft unter Würdigung dieser Argumente und Beweise und nach ihrem Verständnis der anzuwendenden Gesetze eine bindende Entscheidung – entweder für den Kläger oder für den Beklagten. Ein drittes Organ, die »Exekutive«, führt gesetzliche Aufträge im Rahmen bestimmter Ermächtigungen und Verfahrensregeln aus – und trifft in diesem Rahmen ebenfalls gewisse rechtlich bindende Entscheidungen.[23] Reflektiert dieses Schema, das von den institutionellen Realitäten und den politisch wirksamen normativen Konzeptionen der neuzeitlichen Verfassungsgeschichte weit entfernt ist, wenigstens eine Art »innerer Logik« verschiedener Formen und Verfahren der Rechtsreproduktion – eine »logische« Differenzierung, welche der *institutionellen* Differenzierung verschiedener Organe mit unterschiedlichen Kompetenzen vorausläge, gewissermaßen die ratio dieser institutionellen Differenzierung bilden könnte? Anders gesagt: Läßt sich im Hinblick auf die Rechtsproduktion eine *Funktionsdifferenzierung* unabhängig von der institutionellen Differenzierung entwickeln, die Kriterien für angemessene institutionelle Formen der »Gewaltenteilung« liefern könnte? Die Antwort ist umstritten.[24] Man hat versucht, eine solche unterschiedliche innere Logik von Gesetzgebung und gerichtlicher

23 Zur Geschichte der – von diesem Schema in aller Regel weit abweichenden – Gewaltenteilungsdoktrinen vgl. Vile 1967. Ein »ideales« Gewalten- und Funktionsteilungsmodell der geschilderten Art ist in bestimmten kurzlebigen, von Rousseau beeinflußten Verfassungsdoktrinen der Französischen Revolution vertreten worden (Vile 1967, 176ff.); es findet sich ähnlich in Kants »Rechtslehre« (Kant 1797, 316ff.).

24 Ein Überblick über die Diskussion über »Funktionsteilung« usw. bei Zimmer 1979, 22ff. Zur Schwierigkeit der Funktionsabgrenzung von »Rechtsprechung« siehe auch Achterberg 1986a.

Rechtsprechung durch die Rekonstruktion unterschiedlicher Diskurstypen zu identifizieren (Habermas 1989). Die dabei zugrunde gelegte Unterscheidung zwischen »Begründungs«- und »Anwendungsdiskursen« ist zunächst im Hinblick auf *moralische* Normen und Urteile entwickelt worden (Günther 1988). Dabei wird vorausgesetzt, daß die Lösung eines konkreten moralischen Konflikts immer durch die Anwendung geeigneter genereller Normen gefunden wird und daß es eine klare logische Differenz zwischen der Begründung einer solchen generellen Norm und der Begründung der spezifischen Konfliktentscheidung gibt: Allgemeine Normen werden nach dem Universalisierungsprinzip geprüft und begründet, Einzelfälle durch das Beziehen relevanter Normen auf alle bedeutsamen Umstände des Einzelfalls (Günther 1988, 1989). Diese an juristische Konzeptionen der »Konstitution des Rechtsfalls« erinnernde, aber moraltheoretisch entwickelte Dichotomisierung scheint mir überzogen. Die Charakterisierung der »Anwendungsdiskurse« beschreibt zwar einleuchtend gewisse Merkmale moralischer (und rechtlicher) Urteilsfindung; aber die Wechselbeziehung zwischen der Rechtfertigung individueller Urteile und genereller Normen bleibt etwas unterbelichtet. (Es ist deswegen auch schwer zu sehen, wie sich diese Unterscheidung von Begründung und Anwendung auf das Fallrecht – case law – beziehen ließe.) Es ist prima facie unplausibel, daß jedes konkrete moralische Urteil als Anwendung einer schon vorgegebenen, unabhängig begründeten Regel gefunden werden müßte. Einzelne moralische Entscheidungen, ob sie nun Anwendungen einer gegebenen Regel sind oder nicht, müssen selbst verallgemeinerbar sein – das heißt: auf vergleichbare Fälle übertragbar sein. Auf diese Weise können sich Regeln entwickeln oder vorhandene Regeln konkretisiert oder umgedeutet werden. Es gibt also Verwandtschaften und Wechselwirkungen zwischen »Begründung« und »Anwendung«. Von solchen Bedenken abgesehen, scheint mir diese moraltheoretische Konstruktion die spezifische Problematik *rechtlicher* Entscheidungen zu verfehlen. Das Problem des Verhältnisses von Gesetzgebungsverfahren und Gerichtsentscheidung ergibt sich weniger aus einer unterschiedlichen Logik von »Begründung« und »Anwendung« denn als Konsequenz eines wesentlichen Unterschieds von *moralischen* und *rechtlichen* Entscheidungen: Rechtliche Entscheidungen müssen nämlich ganz anders als moralische die konventionelle oder »positive« Geltung gegebener Normen berücksichtigen. Daneben spielen – in einem zweiten Schritt – Gesichtspunkte »institutioneller Kompetenz« eine Rolle. Das möchte ich durch ein Gedankenexperiment erläutern.

Ein Gedankenexperiment.[25] Stellen wir uns einen institutionellen Neubeginn vor. Die Revolution hat gesiegt. Oder eine Siedlerkolonie gründet sich auf freiem Territorium. Es wird eine Rätedemokratie ohne institutionelle Differenzierung im Sinne von »Gewaltenteilung« errichtet. Die Volksversammlung oder von ihr gewählte Ausschüsse treffen alle kollektiv bindenden Entscheidungen und sorgen, wo nötig, für ihre organisierte Ausführung.[26] Es existieren gewisse Verfahrensregeln für die Arbeit dieser Organe, aber es gibt darüber hinaus noch keinen Korpus explizit formulierten, positiv geltenden Rechts. Die Versammlung oder der Ausschuß sind nun mit Konflikten oder Problemen konfrontiert, die einer verbindlichen Regelung bedürfen. Einzelne Mitglieder der Gemeinschaft oder verschiedene Gruppen geraten sich bei ihren Aktivitäten ins Gehege. Oder es ergibt sich die Notwendigkeit oder Wünschbarkeit, daß bestimmte Aufgaben durch organisierte kollektive Anstrengungen der ganzen Gemeinschaft oder durch von ihr beauftragte Organe erledigt werden. Dabei ergeben sich Konflikte über die Verteilung von Lasten und Vorteilen und über

25 Ein Gedankenexperiment mit ähnlichen Elementen, aber etwas abweichenden Ergebnissen findet sich bei Habermas 1989.

26 Marx im »Bürgerkrieg in Frankreich«: »Die Kommune sollte nicht eine parlamentarische, sondern eine arbeitende Körperschaft sein, vollziehend und gesetzgebend zu gleicher Zeit. ... Die richterlichen Beamten verloren jene scheinbare Unabhängigkeit ... Wie alle übrigen öffentlichen Diener, sollten sie fernerhin gewählt, verantwortlich und absetzbar sein ... Statt einmal in drei oder sechs Jahren zu entscheiden, welches Mitglied der herrschenden Klasse das Volk im Parlament ver- und zertreten soll, sollte das allgemeine Stimmrecht dem in Kommunen konstituierten Volke dienen, wie das individuelle Stimmrecht jedem anderen Arbeitgeber dazu dient, Arbeiter, Aufseher und Buchhalter in seinem Geschäft auszusuchen« (Marx 1960, 923 ff.). Historische Beispiele dafür, daß einzelne Konflikte (zumal Konflikte zwischen einzelnen oder Minderheiten und der Gemeinschaft oder Mehrheit) durch Volksversammlungen oder Ausschüsse entschieden wurden, gibt es natürlich zuhauf – von der griechischen Antike über das germanische Recht bis zur Rolle von Komitees in der amerikanischen und Französischen Revolution.

einen Ausgleich unterschiedlicher Wünsche und Zielvorstellungen. Solche Zielkonflikte können unter Umständen durch Annäherung der verschiedenen Wertvorstellungen gelöst werden, aber auch durch eine faire Berücksichtigung beibehaltener differenzierter Interessen und Wertvorstellungen. Die Prozesse der Konfliktlösung haben eine kognitive Seite (Suche nach den günstigsten Lösungsmöglichkeiten) und eine moralische (Ausgleich konfligierender Ansprüche). In manchen Fällen – aber nicht notwendig – haben sie auch eine evaluative Komponente, vor allem für die Formulierung genuin kollektiver Ziele (Kapitel IV). Probleme oder Konflikte enthalten diese Komponenten in verschiedenen Mischungen; eine scharfe Grenze zwischen verschiedenen Problem- oder Konflikttypen läßt sich deswegen kaum ziehen. Auch in den aktuellen Konflikten ist ja häufig zu fragen, ob es kooperative Lösungen gibt, welche alle Beteiligten zufriedenstellen. Ein Korpus positiv geltender rechtlicher Normen oder Prinzipien kann sich nun auf verschiedenen Wegen entwickeln. Die Versammlung kann mögliche Probleme oder Konflikte antizipieren oder kollektive Aufgaben identifizieren und prospektive Regelungen treffen. Oder sie kann sich mit aktuellen Konflikten befassen, die zu entscheiden sind. In beiden Fällen hat sie (unter anderem) moralische Gesichtspunkte, vielleicht generellere moralische Prinzipien oder Normen zur Verfügung, aber noch keine positiv geltenden rechtlichen Vorgaben. In aktuellen Konflikten sind die Umstände des Einzelfalls zu berücksichtigen, in prospektiven Regelungen die Umstände möglicher künftiger Problemfälle in notwendig verallgemeinerter Form zu antizipieren. Doch diese Unterscheidung sollte nicht überzogen werden. Das wird deutlich, wenn man betrachtet, wie aktuelle Konfliktentscheidungen selbst zu einer Quelle positiven, für künftige Fälle geltenden Rechts werden können. Auch die Entscheidung des konkreten Falls muß verallgemeinerbar sein. Kein konkreter Fall ist vollständig beschreibbar (individuum est ineffabile), und die Entscheidungsbegründung muß die jeweils *relevanten* Merkmale herausheben und auf ihre normativen Argumente beziehen. Das ist ein Vorgang der Abstraktion und Selektion (Günther 1989, 176ff.). Es liegt im Sinn von Begründung, daß sie auch in *anderen* Fällen, welche die *gleichen* relevanten Merkmale aufweisen, zum gleichen Ergebnis führen muß. Umgekehrt ist es ein Test auf die Objektivität der Begründung, wenn die Entscheidenden sich fragen, ob sie in vergleichbaren Fällen ebenso urteilen würden. Das ergibt in späteren Fällen noch keinen *normativen Zwang*, wieder im gleichen Sinn zu entscheiden – wohl aber eine *Begründungsverpflichtung*, warum die Versammlung im späteren, vergleichbaren Fall anders entscheidet. Natürlich ist immer zu prüfen, ob die vergleichbaren Fälle wirklich in allen relevanten Hinsichten gleich sind. Gerade aus solchen Vergleichen und Distinktionen ergeben sich weitere *generelle* Gesichtspunkte. Der Sinn der normativen Argumente wird vertieft und spezifiziert und auf präziser charakterisierte, in verschiedenen konkreten Fällen als relevant identifizierbare »Tatbestandsmerkmale« bezogen. Die »rationes decidendi« von Konfliktentscheidungen enthalten also normative Entscheidungsbegründungen, die auf vergleich- oder verallgemeinerbare Sachverhalte bezogen sind. Auf diese Weise entstehen *Regeln*, Elemente positiv geltenden Rechts. Das ist die Grundstruktur des Präjudizienrechts (Levi 1949). Natürlich ist unsere hypothetische Volksversammlung frei, über dieses Verfahren hinauszugehen und zugleich mit der konkreten Fallentscheidung *ausdrücklich* eine für die Zukunft geltende allgemeine Regel zu verkünden, die noch weiter generalisiert ist, als es die verallgemeinerbaren Merkmale des vorliegenden Falls allein zulassen würden.

Neben dem Konsistenzgebot (prima facie gleiche Fälle sollten nicht ohne Rechtfertigung unterschiedlich entschieden werden) gibt es nun weitere Gründe, warum Präjudizien in späteren Entscheidungen berücksichtigt werden sollten – zumindest im Sinn einer Verpflichtung zur Begründung von abweichenden Entscheidungen.[27] Die Orientierung an vorgegebenen modellhaften Konfliktentscheidungen ist kognitiv entlastend und ermöglicht zugleich Überprüfung, Präzisierung und Revision – also kumulative Lernprozesse. Zwei weitere Argumente überschreiten in entscheidender Weise diesen Hinweis auf die kognitive Rolle, welche Präjudizien für den Entscheidenden haben, und geben ihnen einen *selbständigen* normativen Status. Das eine Argument betrifft das Prinzip der Gleichbehandlung. Es fordert, daß Fälle, die in den entscheidungsrelevanten Aspekten übereinstimmen, aus Gerechtigkeitsgründen nicht unterschiedlich entschieden werden sollen.

27 Vgl. Kriele 1975, 243 ff., 326 ff.

Man könnte versucht sein, dieses Prinzip auf die zeitliche Dimension zu verlagern. Es ergäbe sich bei späteren Konflikten ein gewisser *Anspruch*, den gegebenen Präjudizien zu folgen um der Beachtung des Gleichbehandlungsprinzips willen.[28] Allein, dieses Argument ist nicht recht überzeugend. Wenn sich bei der Prüfung eines späteren Falls Argumente dafür ergeben, daß die Entscheidungen in ähnlichen Fällen ungerecht waren, haben die Präjudizien keinen eigenständigen normativen Status – die bessere Entscheidung tut dem späteren Fall kein Unrecht, sie verweist allenfalls auf früheres Unrecht. Das zweite Argument ist überzeugender: Entscheidungen schaffen berechtigte normative *Erwartungen*, daß in späteren Fällen ähnlich entschieden wird, und diese induzierten Erwartungen sind in der Folge zu berücksichtigen. Das gilt natürlich noch viel eindeutiger für gesetzgeberische Entscheidungen – die ja in einer Deklaration bestehen, wie in Zukunft verfahren werden soll.

Wenn sich auf diese Weise in Form von Gesetzen und Präjudizien ein System positiver Rechtsnormen entwickelt, wandelt sich die Entscheidungssituation grundlegend. Die Akteure können sich auf positiv geltendes, beschlossenes Recht berufen – in gewissem Grad unabhängig davon, ob die Gründe, die zu diesen Entscheidungen und Normierungen geführt haben, zum späteren Zeitpunkt noch überzeugen.[29] Sie müssen sich aktuell darauf verlassen können, daß die Regeln für alle gelten und daß im Konfliktfall danach entschieden wird, und sie müssen für ihre eigene Handlungs- und Lebensplanung auf gewisse gegebene rechtliche Parameter bauen können – oder jedenfalls darauf, daß sie von Änderungen im vorhinein und möglichst rechtzeitig erfahren. Jede Rechtsgemeinschaft muß dieses Prinzip der Erwartungssicherung abwägen gegen die Notwendigkeit, Änderungsmöglichkeiten offenzuhalten; keine kann garantieren, daß Erwartungen niemals durch Änderung der Regeln enttäuscht werden. Andererseits ist

28 Das scheint ein Element von Dworkins Konzeption von »Integrity« des Rechts zu sein – Dworkin 1986, 176ff.

29 Im Unterschied zu moralischen Normen, die primär eine kognitive Funktion haben und jederzeit revidierbar sind, wenn sie sich im Anwendungsfall als problematisch erweisen. Deswegen stellen sich Entscheidungsprobleme im Recht etwas anders als Begründungs- und Anwendungsprobleme in der Moral.

die Rücksicht auf etablierte Erwartungen und darauf gebaute Pläne und Investitionen ein legitimer Gesichtspunkt auch für die Diskussion über prospektive Änderungen genereller Regeln. Unsere fiktive Volksversammlung könnte das Problem in jedem einzelnen Problemfall erwägen: Wieweit soll nach beschlossenen Regeln oder Präjudizien verfahren werden, wann sollen neue Regelungen oder Entscheidungskriterien eingeführt werden? Es könnten gewisse allgemeine Richtlinien entwickelt werden: Konflikte, deren Anlaß in der Vergangenheit liegt oder bei denen eine der beteiligten Parteien zu Lasten von anderen klar gegen das geltende Recht verstoßen hat, sollten auf den gegebenen normativen Grundlagen entschieden werden; Auseinandersetzungen über künftige Aktivitäten können freizügiger behandelt werden. Mit solchen Unterscheidungen ließe sich eine Differenzierung von Verfahren verbinden. Bestimmte Verfahren würden darauf zugeschnitten werden, solche aktuellen Konflikte zu entscheiden, die als konkurrierende Rechtsansprüche – das heißt unter Berufung auf geltendes Recht – präsentiert werden oder jedenfalls mit der Erwartung in das Verfahren eingebracht werden, daß sie vor allem auf Grundlage des geltenden Rechts entschieden werden sollten. Andere Prozeduren würden auf Konflikte oder Probleme zugeschnitten werden, bei denen von vornherein auf innovative Lösungen, also explizite Änderungen der Rechtsordnung gezielt wird. Auch Verfahren des ersten Typs könnten in bestimmter Weise innovativ wirken, aber sie wären stärker gebunden an die konstruktive Auslegung und Weiterentwicklung des gegebenen Rechts.[30] (Immer-

30 Dworkin setzt die institutionelle Differenzierung immer schon voraus. Deswegen unterscheidet er »legislative rights« – *moralische* Ansprüche, die auch gegenüber der Legislative geltend gemacht werden können, und »legal rights«, die nur im Fall gewisser Verfassungsgrundsätze die Legislative, sonst aber die Gerichte binden: »Legislative rights ... are rights to or against certain legislation, and legal rights ... are, among other things, rights to win in court.... People have an abstract legal right to the benefit of the consistent application of the principles that figure in the best justification of legal history as a whole. They have no such right ... against the legislature.... (But) it goes too far to say that nothing like the abstract legal right I just described ... holds against the legislature. The Constitution provides a limited right of that sort. But no one has a right, beyond what the Constitution requires, that the legislative not break with the past.... So people have two distinct kinds of political rights, both of which are trump rights. They have rights against the legislature whose source lies in moral and political theory

hin wäre unsere Volksversammlung noch frei, in der Behandlung eines aktuellen Konflikts in die prospektive, gesetzgeberische Einstellung zu wechseln – wenn sich herausstellt, daß er auf Grundlage einer Interpretation der vorgegebenen Normen nicht vernünftig zu entscheiden ist.) In gewissem Umfang ist es jetzt in die Hände der Akteure gelegt, *wie* sie ihre Ansprüche definieren und ihre Konflikte gestalten wollen – ob sie sie als Konflikte über *Rechtsansprüche* anlegen und auf den entsprechenden Verfahrensweg bringen wollen oder ob sie den »politischen« Weg mit dem Ziel der Gesetzesänderung bevorzugen. Konflikte kommen nicht fix und fertig in der einen oder anderen Form zur Welt. Es hängt von der Gestaltung der Rechtsordnung, auch der Regelung der verschiedenen Verfahren ab, wie sie definiert und auf welche Entscheidungsbahnen sie gelenkt werden können; und sie verändern auf dieser Bahn stetig ihre Gestalt.

Es ist also die *Positivierung* des Rechts, welche auf eine deutlichere Trennung von Entscheidungen *»unter«* dem geltenden Recht und Entscheidungen *»über«* das Recht hintreibt. Die institutionelle Differenzierung entwickelt dann ein gewisses Eigengewicht. Unsere fiktive Kommune bekehrt sich zur »Gewaltenteilung« und richtet unter den genannten Gesichtspunkten getrennte Verfahren und Organe ein für die Entscheidung von konfligierenden Ansprüchen, die unter Berufung auf geltendes Recht oder mit der Erwartung einer Entscheidung nach geltendem Recht vorgetragen werden, und für innovative, prospektive Konflikt- und Problemlösungen in Gestalt von Rechtsänderungen, die in weit geringerem Maß auf die Kontinuität mit dem vorgegebenen Recht verpflichtet sind. Die Gestaltung der Verfahren wird dem jeweiligen Zweck angepaßt. Im einen Fall erhalten wir Gerichtsverfahren, typischerweise zugeschnitten auf den Konflikt zweier Parteien und auf eine definitive Entscheidung durch einen unparteilichen Dritten, der in bestimmter Weise auf das gegebene Recht oder auf bestimmte seinen Entscheidungsspielraum begrenzende Methoden der kon-

that is independent of the community's legal history. They have rights against courts whose source lies in the best interpretation of the established public order of the community, and therefore in calculations of moral and political theory that are themselves entwined with that history. This is the crux of the distinction between legislative and legal rights...« (Dworkin 1983, 268f.).

struktiven Interpretation (im Sinne von Dworkins Konzept einer Auslegung des geltenden Rechts unter Einbeziehung politischer und moralischer Prinzipien und Hintergrundtheorien) und der Weiterentwicklung des gegebenen Rechts verpflichtet ist. Das Schema läßt immer noch Raum für variierende Kompetenzen – mehr oder weniger größere Spielräume für die Weiterentwicklung des Präjudizienrechts auf verschiedenen Rechtsgebieten, engere oder begrenztere Möglichkeiten, einzeln oder gemeinsam bestimmte Forderungen als Rechtsansprüche in gerichtlichen Verfahren geltend zu machen, etwa durch Regelung von Klagebefugnissen oder »standing«. Im anderen Fall haben wir Organe der Gesetzgebung und vorgeschaltete Verfahren und Einrichtungen der politischen Willensbildung mit anderen Formen der Partizipation an Entscheidungen (als Wähler oder durch andere Einflüsse auf die Repräsentanten) und mit anderen Freiheiten der Rechtfertigung von Forderungen und Beschlüssen ohne die Notwendigkeit der Berufung auf das gegebene Recht oder seine »immanente« Weiterentwicklung – obwohl *bestimmte* Formen der Anknüpfung normativ geboten und praktisch unvermeidlich sind. Diese unterschiedliche Verfahrensgestaltung liefert dann wiederum zusätzliche Anhaltspunkte für die spezifische Kompetenz, Problemlösungskapazität und Legitimität der jeweiligen Institutionen. Ein Kuckucksei ist übrig geblieben: die Exekutive, die der Idee nach gesetzliche Aufträge ausführt. Dazu muß sie aber zu autoritativen Entscheidungen und Handlungen ermächtigt werden; es müssen also Kriterien und Verfahren gefunden werden, nach denen sie solche Entscheidungen zu treffen hat. Es sind dann auch nicht mehr die Gerichte allein, welche über Rechtsansprüche befinden – auch Verwaltungen entscheiden über Ansprüche, Einsprüche und rechtlich begründete Forderungen von Bürgern. Die angemessene Aufgaben- und Kompetenzverteilung zwischen diesen verschiedenen Institutionen läßt sich nur im Vergleich beurteilen: Welche Probleme sind zu bearbeiten, welche Verfahren sind am besten geeignet, mit angemessenem Aufwand korrekte Lösungen unter all den Rationalitätsgesichtspunkten hervorzubringen, die wir bislang diskutiert haben? Es mag sich dann zum Beispiel zeigen, daß bestimmte Formen der Rechtsentwicklung besser der speziellen Operationsweise der Gerichte zu überlassen sind als dem Parlament – daß die Kombination dezentraler, begründeter Entscheidungen aufgrund des Vortrags der jeweiligen Prozeßparteien mit der anschließenden fachwissenschaftlichen Diskussion in manchen Fällen ein günstigeres Medium für Lernprozesse (auch für moralische) darstellt als das politische Verfahren der Gesetzgebung. Ein Beispiel dafür wäre die Entwicklung der civil-rights-Bewegungen in den USA mit ihrer engen Wechselbeziehung zwischen öffentlichen Auseinandersetzungen und Protestbewegungen einerseits, gerichtlicher Konfliktaustragung andererseits. Die begrenzten Verarbeitungskapazitäten des parlamentarischen Verfahrens mögen in bestimmten Fällen auch dazu zwingen, mehr oder weniger weitreichende Entscheidungskompetenzen an die Exekutive oder Verwaltung zu delegieren.[31]

Wechseln wir von der Modellbildung zu einem kurzen Blick auf die institutionellen Realitäten. Die verschiedenen Organe moderner demokratischer Rechts- und Verfassungsstaaten sind alle »multifunktional« (Almond, Powell 1978, 256). Parlamente beschließen generelle Gesetze ebenso wie Einzelentscheidungen, verabschieden den Haushalt, bestellen (außer in Präsidialsystemen) die Regierung, nehmen diverse Kontrollfunktionen und in manchen Systemen gerichtliche Funktionen wahr (britisches Oberhaus; »impeachment« in den USA). Regierungen und Verwaltungen nehmen nicht nur erheblichen Einfluß auf die Gesetzesvorbereitung; sie kombinieren auch Funktionen der »Ausführung« von Gesetzen mit Rechtsanwendung im Sinne von »adjudication« (Entscheidung über auf das Gesetz gestützte Rechtsansprüche in Einzelfällen) und mit weitreichenden Befugnissen zur Normsetzung. Verwaltungsverfahren eröffnen Partizipationsmöglichkeiten für Adressaten oder Betroffene von Entscheidungen (sei es per Konsultation, durch Verhandlungen oder durch gerichtsähnliche Verfahren). Gerichte nehmen ihre traditionellen Funktionen wahr. Dazu gehört nicht nur die Entscheidung zweiseitiger Konflikte durch *Gesetzes*anwendung, sondern auch

31 Es mag sich sogar herausstellen (um eine besonders provozierende These zu formulieren), daß bestimmte Rechtsansprüche zweckmäßiger und gerechter in speziellen Verwaltungsverfahren als in gerichtlichen Prozeduren entschieden werden. Dafür argumentiert – mit immerhin eindrucksvollen Gründen und Beispielen – Mashaw (1983) anhand der Entscheidungspraxis einer amerikanischen Behörde, die über die Bewilligung von Invalidenrenten zu entscheiden hat.

die Rechtsfortbildung durch Präjudizien, eingeschlossen die Formulierung von Prinzipien und Regeln in Entscheidungsbegründungen.[32] Daneben dienen die Gerichte mehr und mehr zur Überprüfung von Verwaltungsentscheidungen oder sogar Gesetzen, regeln komplexere Konflikte mit einer größeren Anzahl verschiedener Parteien mit unterschiedlichen Ansprüchen und spielen faktisch in großem Umfang eine Makler- oder Schlichterrolle für Verhandlungen und Vereinbarungen zwischen den Konfliktparteien (im Zivilrecht, in gewissem Sinn aber selbst im Strafrecht).[33] Die politischen Parteien wirken »gewaltenvereinigend«, indem sie auf alle diese Institutionen und Verfahren Einfluß nehmen. Darüber hinaus nimmt die Bedeutung »intermediärer« Verfahren für die Rechtsproduktion bedeutend zu: sei es in Form der Vereinbarung zwischen Interessengruppen oder deren organisierten Vertretungen (was immer »Vertretung« da jeweils heißen mag) mit Organen der Exekutive (Neokorporatismus), sei es in Form delegierter

32 Ob richterliche Rechtsfortbildung wirklich als »konstruktive Interpretation« des geltenden Rechts – also in einem sehr weiten Sinn als »Anwendung« des Rechts oder Entscheidung »auf Grundlage« des geltenden Rechts begriffen werden sollte (Dworkin) oder ob die Praxis der Gerichte in solchen Fällen doch eher als legislativ verstanden werden sollte, ist bekanntlich umstritten. Siehe oben die Hinweise auf die Kontroverse zwischen Dworkin und Hart. Ich lehne mich in der Darstellung an Dworkins Position an. Es ist allerdings in Dworkins Argumentation nicht ganz klar, *warum* er eine »lückenfüllende« gesetzgeberische Funktion des Richters ablehnt. Es sind zwei Argumente denkbar: Ein solches Vorgehen würde die berechtigte Erwartung der Parteien verletzen, daß ihre Ansprüche auf Grund des geltenden Rechts und nicht durch quasi rückwirkende Gesetzgebung entschieden werden. Wenn aber eingeräumt werden muß, daß auch Gesetzgebung manchmal die Funktion solcher aktueller oder gar rückwirkender Konfliktentscheidung hat (ein Beispiel wäre eine Änderung des Mietrechts, die auch umstrittene Aspekte bestehender Mietverhältnisse betrifft, oder eine Änderung der Abtreibungsregelung), dann kann es sich nur noch um den Unterschied *institutioneller Kompetenzen* handeln: Die Legislative darf, weil in anderer Weise politisch ermächtigt und kontrolliert oder mit geeigneteren Verfahren operierend, solche Entscheidungen treffen, die Gerichte nicht.

33 Simon nennt die Ziviljustiz eine »Gemengelage von Streitschlichtung, Sozialhilfe und blindfleckiger Partialsteuerung« (Simon 1975, 173). Verhandlungselemente im Strafprozeß sind in den USA als »plea bargaining« mehr oder weniger offiziell institutionalisiert, in bestimmten Formen von Strafverfahren aber auch bei uns üblich (wie mir Strafverteidiger berichten). Zusätzlich werden Regelungen diskutiert bzw. praktiziert, das Strafurteil in bestimmten Fällen durch »Täter-Opfer-Ausgleich« zu ersetzen.

Kompetenzen zur Normsetzung oder -konkretisierung an Verbände oder halböffentliche Organe und Gremien. Das Bild einer *hierarchischen* Ordnung zwischen diesen Organen oder Verfahren (an der Spitze die Gesetzgebung) trifft die reale Funktionsverteilung nur sehr beschränkt. Eher handelt es sich um ineinander verschränkte Kompetenzen mit jeweiligen Prärogativen auf verschiedenen Gebieten (wie man sich am Verhältnis von Parlamenten, Regierungen und Verfassungsgerichten leicht klarmachen kann).[34]

Die *tatsächlichen* Gründe für die Entwicklung dieser institutionellen Strukturen sind hier nicht zu behandeln, also auch nicht die Frage, ob sie mehr oder weniger rational sind. Hier war nur zu untersuchen, nach welchen Rationalitätskriterien die Verfahrensgestaltung und die Verteilung der Aufgaben und Kompetenzen zwischen verschiedenen Verfahren bzw. Institutionen der Rechtsproduktion zu beurteilen wären. Insbesondere, ob ein idealtypisches Gewaltenteilungsschema ein solches Kriterium liefern kann. Die hier gegebene Rekonstruktion zeigt schon, daß das nur sehr eingeschränkt der Fall ist. Um beim Beispiel von »adjudication« und »legislation« zu bleiben und den komplexeren Fall der Administration weiter auszuklammern: Es lassen sich gewisse typische Unterschiede des Verfahrens und der Entscheidungsgrundlage in beiden Fällen herausstellen. Daraus ergeben sich gewisse Anhaltspunkte für die konkretere Gestaltung der jeweiligen Institutionen und für die Beurteilung, welche sozialen Probleme und Konflikte von welcher Institution besser zu lösen sind. Aber das sind nur sehr grobe Kriterien; es läßt sich auf dieser Basis zum Beispiel

34 Ausgewählte Titel: Über Gewaltenteilung: Becker 1986; Brohm 1987; Ellwein 1984; Zimmer 1979 (BRD); Merry 1980 (USA); Cummins 1986 (Frankreich); O'Toole 1987. Über verschiedene Formen des Verwaltungsverfahrens: Mashaw 1983; Mashaw 1985; Stewart 1975 (USA); Birkinshaw 1985 (Großbritannien); Kopp 1987. Über die Multifunktionalität von Gerichten: Lieberman 1984; Hurst 1980-81 (USA); Galanter 1986; Cavanagh, Sarat 1980. Über richterliche Rechtsfortbildung (in common-law-Systemen ohnehin eine Selbstverständlichkeit), zus. zu Kap. IV, Fn. 24: Shapiro 1981 (vergleichend); Esser 1956; Müller 1986. Über richterliche Verwaltungskontrolle (vergleichend): Hellstern 1985. Über richterliche Normenkontrolle (vergleichend): Abraham 1986; Kommers 1975. Über intermediäre Verfahren: Hood 1985 (halböffentliche Organe); Winter 1985 (Verhandlungen); Schuppert 1989.

noch nicht entscheiden, wieweit die Kompetenzen von Verfassungsgerichten zur Kontrolle von Parlamentsentscheidungen (judicial review) gehen sollten, oder anders: welche mit moralischen und rechtlichen Argumenten vorgetragenen Ansprüche von einzelnen oder sozialen Gruppen auf den Weg des gerichtlichen Verfahrens oder den der politischen Auseinandersetzung über gesetzliche Regelungen oder gar auf den Weg der direkten Einwirkung auf Verwaltungsentscheidungen durch entsprechende Verfahren gelenkt werden sollten. Um solche Alternativen zu klären, wären spezifischere Kriterien für die Rationalität von Institutionen und Verfahren (wie in Kapitel VI und VII diskutiert) anzuwenden und vor allem konkretere empirische Vergleiche über die Funktionsweise und Problembearbeitungskapazität der verschiedenen Institutionen notwendig.[35]

Prozedurale Rationalität und Systemrationalität in der Rechtsproduktion. Das wird noch deutlicher, wenn man eine implizite idealisierende Abstraktion zurücknimmt, welche in der oben gegebenen Rekonstruktion enthalten war. Diese war in handlungstheoretischen Kategorien formuliert. Aber die darauf folgenden Hinweise auf die empirische Gestalt des Institutionenkomplexes, in dem sich die Rechtsproduktion vollzieht, ruft die Tatsache in Erinnerung, daß der Reproduktionsprozeß des Rechts nicht nur durch die verschiedenen Verfahrens*normen* reguliert wird, die hier ihre Rolle spielen, und auch nicht allein abhängt von argumentativ gewonnenen kollektiven Überzeugungen oder tauschförmigen Einigungen. Eine ausführlichere Analyse dieses Prozesses, die hier nicht am Platz ist, müßte vier Arten von Faktoren unterscheiden, die auf die Entwicklung des Rechts einwirken; diese vier Gruppen ergeben sich aus der Kreuzung zweier Dichotomien: Faktoren *innerhalb* und *außerhalb* des Rechtssystems (als Handlungssystem), und »*interne*« und »*externe*« Faktoren im Sinne der Unterscheidung zwischen sinnhaften, intentionalen, interpretativ nachvollziehbaren oder rekonstruierbaren symbolischen Strukturen, Gehalten, begründeten Handlungen, Einsichten einerseits, von nichtsinnhaften, empirischen Strukturen, Prozessen und Ereignis-

35 Gesichtspunkte zum Vergleich der »institutional competence« verschiedener Verfahren werden diskutiert in Komesar 1984; Bush 1984; Zimmer 1979.

sen andererseits.[36] Für die Frage der Rationalität des Rechts sind jedoch unmittelbar nur die inneren Strukturen des Rechtssystems relevant, auf die wir uns hier beschränken. Verfahrens*regeln* gehören zu den »internen«, sinnhaften Strukturelementen innerhalb des Rechtssystems. In den realen *Prozessen* der Rechtsproduktion finden sich zusätzlich nichtsinnhafte, »externe« Elemente, die auch innerhalb des Rechtssystems wirksam sind: indirekte Formen der Handlungskoordination; sozialstrukturelle Selektionsmechanismen, Filter und Regler, die auf latente Weise soziale Wahrnehmungen, Kommunikationen und Interaktionen beeinflussen. Von beiden Komponenten zusammengenommen hängen die »prozedurale Rationalität« oder, was dasselbe bedeutet, die »Systemrationalität« des Rechtssystems insgesamt und die institutionelle Kompetenz einzelner Teile ab. Empirisch ist die Wirkung »systemischer Mechanismen« am häufigsten beschrieben worden im Fall von Gesetzgebung und Verwaltung. Näher zu analysieren wäre die *Verschränkung* von intentionalen und nichtintentionalen Vergesellschaftungsformen, etwa die Rolle kultureller, normativer und diskursiver Elemente in den Verwaltungen im Verhältnis zu strukturellen oder organisatorischen Faktoren. Das sind sozialwissenschaftliche Probleme. Ich beschränke mich auf eine letzte Anmerkung zum gerichtlichen Verfahren, die zugleich an die oben entwickelte These erinnern soll, daß ideale Argumentationsverfahren noch keine hinreichenden Kriterien für die rationale Gestaltung institutioneller Entscheidungsverfahren liefern.

Gerichtliche Verfahren zeichnen sich vor anderen sozialen Entscheidungsverfahren dadurch aus, daß sie in besonders hohem Maß auf formell geregelten Argumentationen und Begründungsverpflichtungen beruhen. Jedoch ist die Distanz zu »idealen« Diskursen enorm, und es lassen sich auch gewisse »systemische Mechanismen« aufweisen, die hier eine Rolle spielen. Auch in diskurstheoretischen Analysen juristischer Argumentation wird natürlich betont, daß die idealen Diskursregeln nur sehr eingeschränkt realisierbar sind (Alexy 1978, 271). Man kann aber bezweifeln, daß es in Alexys Analyse oder in der juristischen Ar-

36 Aufschlußreich wäre der Vergleich mit der Kombination von »internalistischer« und »externalistischer« Betrachtung in der Wissenschaftssoziologie bzw. -geschichte. Vgl. Cole, Cole 1973, 3ff.

gumentationstheorie generell wirklich um eine idealisierende Rekonstruktion des *gerichtlichen Verfahrens* geht. Alexy nennt gewisse allgemeine Teilnahme- und Argumentationslastregeln, die für praktische Diskurse gelten, konzentriert sich aber im wesentlichen auf die Analyse der Struktur von Urteils*begründungen*.[37] Die Struktur des sozialen Prozesses, an dessen Ende das Urteil steht, fällt dabei heraus. Diese Struktur hat viele Elemente, die sich nicht einfach aus Diskursregeln herleiten lassen. Das gilt für die typische Rollenverteilung im Verfahren, die auf einen Zweiparteienkonflikt abstellt; es gilt für die Regelung der prozessualen Anträge, die eine bestimmte, schon auf die Anwendung geltender Rechtsnormen zugeschnittene scharfe Selektion der Merkmale des zugrunde liegenden Konflikts erzwingen, es gilt für weitere prozedurale Regeln (etwa der Beweiserhebung), welche (besonders eindrucksvoll im amerikanischen Recht) die Möglichkeiten der Parteien zur Beschaffung und zur Einführung von Informationen in den Prozeß regulieren sowie Vermutungen und Beweislastverteilungen festlegen. Solche Regelungen ermöglichen unter anderem eine Entscheidungsfindung auch in Fällen, wo eine der Parteien nicht kooperationswillig ist. Andere Regeln dienen der Sicherung von Angeklagten in Strafprozessen (etwa gegen erpreßte Geständnisse) oder stellen den Schutz gewisser Sozialbeziehungen höher als die Wahrheitsfindung im Prozeß (Aussageverweigerungsrechte für Ehepartner). Diese Regelungen zielen darauf, ein vernünftiges Ergebnis mit angemessenem Aufwand zu erreichen. Es ist kaum anzunehmen, daß eine Urteilsbegründung wirklich rational sein kann, wenn der Beweisgang im Prozeß nicht rational verlaufen ist. Latent wirksame Regulierungsmechanismen ließen sich wohl an

37 Charakteristisch Neumann: »Eine Theorie der juristischen Argumentation hat es nicht mit dem Prozeß der Entscheidungsfindung, sondern mit der Frage der Rechtfertigung des – wie auch immer ›gefundenen‹ – Urteils zu tun; nicht mit seiner *Herstellung*, sondern mit der *Darstellung* der richterlichen Entscheidung.« (Neumann 1986, 4) Neumann unterscheidet die Frage, ob sich die *Gerichtsverhandlung* als Diskurs betrachten läßt, von der, ob die *juristische Argumentation* (worunter er offenbar die Urteilsbegründung durch den Richter versteht) Diskurscharakter hat. Letzteres würde ihm schon reichen: »Erweist sich die ideale juristische Argumentation (sic) als Sonderfall des praktischen Diskurses, dann können institutionell bedingte Verzerrungen diesen Befund nicht mehr prinzipiell in Frage stellen.« (86) – Instruktiv zur Struktur gerichtlicher Verfahren: Schaper 1985.

der Struktur und Dynamik des Verfahrensablaufs aufzeigen (Luhmann 1975); sie werden besonders sichtbar an den vielfältigen sozialen Mechanismen, welche den Zugang zum gerichtlichen Verfahren regulieren und die Erfolgschancen der Verfahrensbeteiligten mitbestimmen. Die Gerechtigkeit oder Rationalität gerichtlicher Konfliktregelung hängt im hohen Maß von der Behandlung solcher Faktoren ab.[38]

5. *Schlußbemerkungen*

Diese kursorischen Bemerkungen zur Rationalität der rechtlichen Prozeduren und Reproduktionsprozesse müßten in Verbindung mit empirischen, sozialwissenschaftlichen Analysen ergänzt werden. Was das Begründungsverhältnis zwischen Verfahren und der Rationalität oder Legitimität ihrer Ergebnisse angeht, so ist den Überlegungen von Kapitel VII hier nichts hinzuzufügen. Rationale rechtliche Verfahren verleihen den Entscheidungen, Direktiven oder Normen, die aus ihnen hervorgehen, den Status imperfekter, quasi-purer Rationalität oder Legitimität. Die Verfahren begründen eine Vermutung auf *Richtigkeit* ihrer Ergebnisse, und sie geben ihnen eine *Verbindlichkeit*, die in gewissen Grenzen davon unabhängig ist, wie wir ihre substantielle Vernünftigkeit beurteilen. Es kann rational geboten sein, Gesetze als obligatorisch zu betrachten, deren Begründung man ablehnt. Ich vermute, daß sich eine solche Verbindlichkeit etwas seltener rechtfertigen läßt und unsinnige rechtliche Regelungen häufiger ganz zu Recht ignoriert (oder nur aus Opportunitätsgründen befolgt) werden, als manche Verteidiger des Gesetzesgehorsams zugeben würden – vor allem in Fällen, wo anderen kein Schaden entsteht.[39] Aber die Möglichkeit einer solchen Verpflichtung existiert zweifellos; sie ist ein Grundelement der Demokratie. Wir unterwerfen uns Hochschulgesetzen, an deren Weisheit wir zweifeln, und versuchen nur gelegent-

38 Gleichheit der Beteiligungschancen ist natürlich eine Diskursregel. Ihre Verwirklichung setzt unter anderem social engineering voraus.

39 Wasserstrom (1980) zeigt die Fragwürdigkeit vieler Argumentationsfiguren zur Verteidigung des Gesetzesgehorsams. – Gerade hierzulande scheinen viele solcher Verteidigungen auf der Vorstellung zu beruhen, daß die Heiligkeit der Rechtsgeltung nicht entweiht werden dürfe und daß jeder solche Akt ansteckend wirken müßte.

lich, sie zu unterlaufen. Wir alle zahlen Steuern unter anderem für Zwecke, die wir nicht billigen – und würden es *vielleicht* auch tun, wenn uns nicht technische Regelungen von der moralischen Entscheidung entlasteten.

Als Teilnehmer in rechtlichen und politischen Verfahren suchen wir (im günstigen Fall) nach Argumenten für die empirisch-kognitive, evaluative oder moralische Rationalität von Entscheidungen. Als Adressaten oder »Abnehmer« der Ergebnisse solcher Entscheidungsverfahren *können* wir sie unter den gleichen Gesichtspunkten bewerten. Wird die »Vermutung auf Richtigkeit« in solchen Überprüfungen häufig falsifiziert, werden wir die Rationalität des Verfahrens natürlich in Zweifel ziehen.

Die Bedingungsverhältnisse zwischen der Vernünftigkeit von Verfahren und der von Ergebnissen sind noch etwas komplizierter. Rationale rechtliche Verfahren fördern die substantielle, nach unabhängigen Kriterien zu beurteilende Rationalität ihrer Resultate. Es gibt jedoch Kriterien rationaler Verfahrensgestaltung, die *nicht* primär auf die verfahrensunabhängige Richtigkeit der Resultate zielen. Anders gesagt: In vielen Fällen ist die Verfahrensgestaltung selbst eine unabhängige, konstitutive Bedingung der Rationalität der Ergebnisse. Gerichtliche Entscheidungen sind nur gerecht, wenn den Angeklagten oder den Parteien bestimmte Formen der Verfahrensbeteiligung gesichert waren. Die Fairneß politischer Tauschhändel beruht wesentlich auf fairen Verfahrensbedingungen oder -voraussetzungen. (Hier haben wir eine Form purer Verfahrensgerechtigkeit.) Genuine kollektive Zielsetzungen können nur aus öffentlichen Auseinandersetzungen hervorgehen, in denen sich gewisse gemeinsame Werte und kollektive Identitäten erst ausbilden. Gewisse Formen oder Chancen demokratischer Partizipation sind eine notwendige, wenn auch nicht hinreichende Voraussetzung der Rationalität politischer, gesetzgeberischer Entscheidungen.

Rationalität der Reproduktionsformen ist also ein sehr wesentliches Element der Vernünftigkeit des Rechts. Aber die Rationalität der Verfahren und die Rationalität von nichtprozeduralen Normen und Entscheidungen lassen sich nicht ineinander auflösen.[40]

40 Es sei denn in jenem Begriff der prozeduralen Rationalität, der Wahrheit oder moralische Richtigkeit mit dem Ergebnis eines unendlichen diskursi-

Weder ist die Gestaltung von Verfahren *allein* daran zu bemessen, daß sie (in angemessener Zeit, zu angemessenen Kosten) Ergebnisse hervorbringen, die nach verfahrensunabhängigen, substantiellen Kriterien richtig sind. Noch hängt die Rationalität der nichtprozeduralen Elemente des Rechts allein davon ab, ob sie aus bestimmten Verfahren hervorgegangen sind – oder indirekt zu den Bedingungen der Möglichkeit solcher Verfahren zählen. Am Beispiel: Moralische Rationalität eignet nicht nur den »prozeduralen« Grundrechten, welche die aktive Beteiligung an politischen und rechtlichen Verfahren ermöglichen – also den Rechten auf aktive politische Partizipation wie bestimmten negativen Freiheiten (Meinungsfreiheit). Gewissensfreiheit, Schutz der Privatsphäre, Unverletzlichkeit der Person, die Sicherung eines minimalen Lebensstandards oder die Beachtung gewisser Prinzipien distributiver Gerechtigkeit sind moralische Garantien, von denen die Rationalität einer Rechtsordnung genauso abhängt wie von den politischen Kommunikationsfreiheiten. Umgekehrt: Rechtsgarantien sind nicht allein damit zu begründen, daß sie öffentliche Kommunikation ermöglichen. Vereinfacht und in einer etwas irreführenden traditionellen Terminologie gesagt: Liberalismus *und* Demokratie sind irreduzible Elemente einer vernünftigen Rechtsordnung.

Ebenso gilt: Rationalität der Rechtsordnung und des Rechtssystems (als Handlungs- oder Reproduktionssystem) oder erweitert: des ganzen politischen Systems sind eine wichtige, aber nicht die einzige Bedingung für die Rationalität einer sozialen Ordnung. Andere Vergesellschaftungsformen und Mechanismen – intentionale und nichtintentionale – müssen hinzutreten: symbolische Ressourcen der Kultur, moralische und andere soziale Normen, institutionelle Formen wie freiwillige Assoziationen, nichtöffentliche Organisationen, Märkte, Professionen, Foren und Kanäle öffentlicher Kommunikation, Familie und andere Gemeinschaftsformen. Recht kann solche anderen Formen in bestimmten Fällen und bestimmten Grenzen regulieren; aber rechtliche Regelungen können nicht alle Funktionsausfälle anderer Vergesellschaftungsformen kompensieren, und Recht muß auf die inneren Gesetze der

ven Prozesses unter idealen Bedingungen identifiziert. Aber hier geht es um reale Verfahren, Entscheidungen, Normen. Die Probleme der Anwendbarkeit des idealen Verfahrensbegriffs habe ich in Kapitel VII diskutiert.

verschiedenen Handlungsbereiche Rücksicht nehmen. Auch über diese allgemeine Feststellung läßt sich nur auf dem Weg empirischer Analysen hinauskommen.

So wie institutionelle Rationalität kann auch soziale *Irrationalität* viele Aspekte und Dimensionen haben. Es wäre ermüdend, noch einmal alle Möglichkeiten durchzubuchstabieren. Nicht jedes Rationalitätsdefizit, nicht jedes ungelöste Problem, nicht jede suboptimale institutionelle Lösung, nicht jedes ungerechte oder unzweckmäßige Gesetz stellen schon eine Form von Irrationalität dar. Irrationalitäten liegen vor, wenn sich schwerwiegende Defizite hartnäckig gegenüber besseren Möglichkeiten erhalten, wenn Alternativen blockiert, soziale Lernprozesse gehemmt werden. Die Verdrängung offener Probleme aus der öffentlichen Kommunikation oder die oben diskutierte Differenz zwischen proklamierten normativen Ansprüchen oder Versprechungen und sozialen Praktiken sind wichtige Formen von Irrationalität. Latente Funktionen institutioneller Praktiken, deren Wirksamkeit voraussetzt, daß sie auch latent bleiben, können wir ebenfalls als Merkmale sozialer Irrationalität betrachten: Irrational ist, was das Licht kritischer Überprüfung und Rechtfertigung scheuen muß.[41]

Zur Identifizierung solcher Irrationalitäten sind positive Rationalitätsmaßstäbe vorausgesetzt. Das ist jedoch nicht so zu denken, daß wir das Richtmaß der Rationalität schon immer in der Hand halten und an die krumme Realität anlegen müßten. Die Auseinandersetzung mit Formen sozialer Irrationalität hat eine wichtige Funktion für die *Entwicklung* von Rationalitätsmaßstäben. Wir beginnen mit Irritationen, Beschwerden, Leidenserfahrungen, Empörungen, hartnäckigen Konflikten, intuitiven Problemdiagnosen. Wir fragen dann nach Ursachen, Lösungen, Alternativen und entwickeln in diesem Prozeß sowohl spezifischere und begründete *Kriterien* sozialer Irrationalität als auch Vorstellungen über empirische Zusammenhänge und praktische Alternativen.

Sozialkritik im Sinne von *Problemanalyse* und der *Vergleich* institutioneller (realer oder hypothetischer) Problemlösungen bilden deswegen den Königsweg, auf dem empirische Beiträge zur Frage sozialer Rationalisierung erarbeitet werden können, die eine kon-

41 Ein Beispiel wären – hypothetische – latente Funktionen der Strafverfolgung und der Kriminalstrafe: Aggressionsabfuhr, Projektionen auf einen Sündenbock, Bestätigung der Selbstgerechtigkeit der Philister usw.

kretere Grundlage auch für normative Konzeptionen abgeben. Normative und empirische Theorie sind eng aufeinander angewiesen. Philosphische Rationalitätstheorien und speziell Rekonstruktionen und Rechtfertigungen eines »moral point of view« haben notwendige Funktionen. Bewähren müssen sie sich an normativen Konzeptionen für eine rationale institutionelle Grundstruktur moderner Gesellschaften (für die Rawls' »Theory of Justice« immer noch ein eindrucksvolles, unüberholtes Vorbild ist). Solche Konzeptionen wiederum bedürfen der Ergänzung von der anderen Seite – durch Rekonstruktionen des normativen Gehalts und Rationalitätscharakters von Institutionensystemen, durch empirisch fundierte Problemdiagnosen und komparative Analysen der Funktionsweise und Problemlösungskapazität von Vergesellschaftungsformen. Empirische Studien wiederum, die sich eine interne Perspektive auf die sinnhaften Dimensionen des sozialen Lebens, auf die reale Wirksamkeit von Lernprozessen und Rationalitätsansprüchen eröffnen und ein Instrumentarium für die Diagnose von sozialen Pathologien, Störungen und Krisen beschaffen wollen, können auf normative Standards nicht verzichten.

Literaturverzeichnis

Aarnio, Aulis (1987). The Rational as Reasonable. A Treatise on Legal Justification. Dordrecht

Abel, Richard (ed.) (1982). The Politics of Informal Justice. 2 vols. New York

Abel, Richard L.; Lewis, Philip S. C. (eds.) (1989). Lawyers in Society. Vol. III: Comparative Theories. Berkeley

Abraham, Henry J. (1986). Contemporary Judicial Process and a Democratic Society. Political Science Quarterly 101, 1986, 277-288

Adorno, Theodor W. (1966). Negative Dialektik. Frankfurt a. M.

Albert, Hans (1968). Traktat über Kritische Vernunft. Tübingen

Albert, Hans (1988). Critical Rationalism: The Problem of Method in Social Sciences and Law. Ratio Juris 1, No. 1, 1988, 1-19

Alchian, A. A.; Demsetz, H. (1973). The Property Right Paradigm. Journal of Economic History 33, 1973, 16-27

Alexy, Robert (1983). Theorie der juristischen Argumentation. Frankfurt a. M.

Alexy, Robert (1985). Theorie der Grundrechte. Baden-Baden

Alexy, Robert (1987). Rechtssystem und praktische Vernunft. Rechtstheorie 18, 1987, 405-419

Allison, Lincoln (1986). On Dirty Public Things. Political Geography Quarterly 5, 1986, 241-251

Almond, Gabriel A.; Powell, Bingham G. (1966). Comparative Politics. A Developmental Approach. Boston

Altman, Andrew (1986). Legal Realism, Critical Legal Studies, and Dworkin. Philosophy & Public Affairs 15, 1986, 205-235

Apel, Karl-Otto (1979a). Die Erklären-Verstehen-Kontroverse in transzendental-pragmatischer Sicht. Frankfurt a. M.

Apel, Karl-Otto (1979b). Types of Social Science in the Light of Human Cognitive Interests. In: Brown 1979, 3-50

Apel, Karl-Otto (1979c). Types of Rationality Today: the Continuum of Reason Between Science and Ethics. In: Geraets 1979, 307-339

Apel, Karl-Otto (1984). Das Problem einer philosophischen Theorie der Rationalitätstypen. In: Schnädelbach 1984, 15-31

Apel, Karl-Otto (1988). Diskurs und Verantwortung. Das Problem des Übergangs zur postkonventionellen Moral. Frankfurt a. M.

Arnold, Thurman Wesley (1935). The Symbols of Government. New Haven

Assmann, H.-D. (1980). Wirtschaftsrecht in der Mixed Economy. Auf der Suche nach einem Sozialmodell für das Wirtschaftsrecht. Königstein

Atiyah, Patrick S. (1979). The Rise and Fall of Freedom of Contract. Oxford
Atiyah, Patrick S. (1981). Promises, Morals, and Law. Oxford
Atiyah, Patrick S.; Summers, Robert S. (1987). Form and Substance in Anglo-American Law. Oxford
Aubert, Vilhelm (1959). Chance in Social Affairs. Inquiry 2, 1959, 1-24
Aubert, Vilhelm (1963). Competition and Dissensus: Two Types of Conflict and of Conflict Resolution. Conflict Resolution 7, No. 1, 1963, 26-42
Aubert, Vilhelm (1985). From »Rechtsstaat« and the »Rule of Law« to the »Welfare« or »Regulatory State«. Zeitschrift für Rechtssoziologie 1985, 274ff.
Audi, Robert (1985). Rationalization and Rationality. Synthese 65, 1985, 159-184
Auerbach, Gerold S. (1983). Justice Without Law? Resolving Disputes Without Lawyers. Oxford
Axelrod, Robert (1985). The Evolution of Cooperation. New York
Baier, Horst (1977). Herrschaft im Sozialstaat. Auf der Suche nach einem soziologischen Paradigma der Sozialpolitik. Kölner Zeitschrift für Soziologie und Sozialpsychologie Sonderheft 19, 1977, 128-142
Baier, Kurt (1958). The Moral Point of View. Ithaca, N. Y.
Baier, Kurt (1978). The Social Source of Reason. Proceedings and Addresses of the American Philosophical Association 51, 1978, 707-733
Barry, Brian (1970). Sociologists, Economists and Democracy. London
Barry, Brian (1989). Theories of Justice. Berkeley
Baurmann, Michael (1987). Zweckrationalität und Strafrecht. Opladen
Baxi, Upendra (1974). Comment – Durkheim and Legal Evolution: Some Problems of Disproof. Law & Society Review 8, 1974, 645-651
Becker, Howard S. (1963). Outsiders. Studies in the Sociology of Deviance. Glencoe, Ill.
Becker, Jürgen (1986). Gewaltenteilung im Gruppenstaat. Baden-Baden
Becker, Lawrence C. (1980). The Moral Basis of Property Rights. NOMOS XXII, 1980, 187-220
Bell, Daniel (1974). The Coming of Post-Industrial Society. London
Bell, Daniel (1976). The Cultural Contradictions of Capitalism. New York
Bell, Daniel (1985). The Revolt Against Modernity. The Public Interest 81, Fall 1985, 42-63
Benda, Ernst; Maihofer, Werner; Vogel, Hans-Joachim (Hrsg.) (1984). Handbuch des Verfassungsrechts. Bd. 2 Berlin/New York
Bendix, Reinhard; Bendix, John; Furniss, Norman (1987). Reflections on Modern Western States and Civil Societies. Research in Political Sociology 3, 1987, 1-38

Benhabib, Seyla (1986). Critique, Norm and Utopia. New York
Benn, S. I.; Mortimore, G.W. (eds.) (1976a). Rationality and the Social Sciences. London/Henley/Boston
Benn, S. I.; Mortimore, G. W. (1976b). Technical Models of Social Choice. In: Benn, Mortimore 1976a, 157-195
Bennett, Jonathan (1964). Rationality. An Essay towards an Analysis. London
Berger, Johannes (Hrsg.) (1986). Die Moderne – Kontinuitäten und Zäsuren. (= Soziale Welt. Sonderband 4) Göttingen
Berman, Harold J. (1983). Law and Revolution: the Formation of the Western Legal Tradition. Cambridge, Mass.
Bernstein, Richard (ed.) (1985). Habermas and Modernity. Oxford
Birkinshaw, Patrick (1985). Grievances, Remedies and the State. London
Bittner, Claudia (1988). Recht als interpretative Praxis. Berlin
Black, Cyril E. (ed.) (1976). Comparative Modernization. A Reader. New York / London
Black, Donald (1976). The Behavior of Law. Orlando, FL
Black, Donald (ed.) (1984). Toward a General Theory of Social Control. Vol. 1: Fundamentals. Vol. 2: Selected Problems. Orlando, FL
Black, Donald M.; Baumgartner, M. P. (1983). Toward a Theory of the Third Party. In: Boyum, Mather 1983, 84-114
Blanke, Thomas (1986). Autonomie und Demokratie. Kritische Justiz 19, 1986, 406-422
Blankenburg, Erhard (1984). The Poverty of Evolutionism: A Critique of Teubner's Case for »Reflexive Law«. Law & Society Review 18, 1984, 723 ff.
Bobbio, Norberto (1988). Reason in Law. Ratio Juris 1, No. 2, 1988, 97-108
Bock, Michael (1988). Recht ohne Maß. Berlin
Boudon, Raymond (1980). Die Logik des gesellschaftlichen Handelns. Eine Einführung in die soziologische Denk- und Arbeitsweise. Neuwied
Boukema, H. J. M. (1983). The Hart-Fuller Debate. Rechtstheorie 14, 1983, 29-59
Bowles, Samuel; Gintis, Herbert (1986). Democracy and Capitalism: Property, Community, and the Contradictions of Modern Social Thought. New York
Boyum, Keith O.; Mather, Lynn (eds.) (1983). Empirical Theories About Courts. New York
Böckenförde, Ernst-Wolfgang (Hrsg.) (1976). Staat und Gesellschaft. Darmstadt
Brennan, Geoffrey; Buchanan, James M. (1985). The Reason of Rules: Constitutional Political Economy. Cambridge

Breuer, Stefan; Treiber, Hubert (Hrsg.) (1984). Zur Rechtssoziologie Max Webers: Interpretation, Kritik, Weiterentwicklung. Opladen

Brohm, Winfried (1987). Verwaltung und Verwaltungsgerichtsbarkeit als Steuerungsmechanismen in einem polyzentrischen System der Rechtserzeugung. Die öffentliche Verwaltung 40, 1987, 265-271

Brown, S. C. (ed.) (1979). Philosophical Disputes in the Social Sciences. Brighton

Brubaker, Rogers (1984). The Limits of Rationality. London

Brüggemeier, Gerd (1982). »Wirtschaftsordnung und Staatsverfassung« – »Mischverfassung des demokratischen Interventionskapitalismus« – »Verfassungstheorie des Sozialstaates«. Drei Modelle der Verflechtung von Staat und Wirtschaft? Jahrbuch für Rechtstheorie und Rechtssoziologie 8«, 1982, 60-73

Brüggemeier, Gerd; Joerges, Christian (Hrsg.) (1984). Workshop zu Konzepten des postinterventionistischen Rechts. Bremen

Bryde, Brun-Otto; Hoffmann-Riem, Wolfgang (Hrsg.) (1988). Rechtsproduktion und Rechtsbewußtsein. Baden-Baden

Buchanan, Allen E. (1982). Marx and Justice. The Radical Critique of Liberalism. Totowa, NJ

Buchanan, James M. (1975). The Limits of Liberty. Chicago

Buchanan, J. M.; Tullock, G. (1965). The Calculus of Consent. Ann Arbor

Bush, Robert A. Baruch (1984). Dispute Resolution Alternatives and the Goals of Civil Justice: Jurisdictional Principles for Process Choice. Wisconsin Law Review 1984, 893-1034

Cardozo Law Review (1985). Symposium: Critical Legal Studies Movement. Cardozo Law Review 6, No. 4, 1985

Carlsson, Gösta (1965). Betrachtungen zum Funktionalismus. In: Topitsch 1965, 236ff.

Cavanagh, R.; Sarat, Austin (1980). Thinking About Courts: Toward and Beyond a Jurisprudence of Judicial Competence. Law & Society Review 14, 1980, 371-420

Chayes, Abram (1976). The Role of the Judge in Public Law Litigation. Harvard Law Review 89, 1976, 1281-1316

Chomsky, Noam (1959). Review: B.F. Skinner, Verbal Behavior. Language 35, 1959, 26-57

Coase, Ronald H. (1960). The Problem of Social Cost. The Journal of Law and Economics 3, 1960

Cohen, Marshall (ed.) (1983). Ronald Dworkin and Contemporary Jurisprudence. Totowa, N. J.

Coing, Helmut (1976). Grundzüge der Rechtsphilosophie. 3. Aufl. Berlin/New York

Cole, Jonathan R.; Cole, Stephen (1973). Social Stratification in Science. Chicago

Coleman, James S. (1986). Social Theory, Social Research, and a Theory of Action. American Journal of Sociology 91, 1986, 1309-1335
Coleman, Jules L. (1983). The Economic Analysis of Law. In: Kuperberg, Beitz 1983, 102-122
Constantinesco, Léontin-Jean (1972). Rechtsvergleichung. Bd. II: Die rechtsvergleichende Methode. Köln etc.
Constantinesco, Léontin-Jean (1983). Rechtsvergleichung. Bd. III: Die rechtsvergleichende Wissenschaft. Köln etc.
Cranston, Ross (1985). Legal Foundations of the Welfare State. London
Cummins, Richard J. (1986). The General Principles of Law, Separation of Powers and Theories of Judicial Decision in France. International and Comparative Law Quarterly 35, 1986, 594-628
Dahl, Robert A. (1975). Und nach der Revolution? Frankfurt a. M.
Dahl, Robert A. (1979). Procedural Democracy. In: Laslett, Fishkin 1979, 97-133
Dahl, Robert A. (1985). A Preface to Economic Democracy. Cambridge
Dahl, Robert A.; Lindblom, Charles E. (1953). Politics, Economics and Welfare. New York
Dalton, Claire (1985). An Essay in the Deconstruction of Contract Doctrine. The Yale Law Journal 94, 1985, 997-1116
Damaska, Mirjan R. (1986). The Faces of Justice and State Authority. New Haven
Dan-Cohen, Meir (1986). Rights, Persons, and Organizations. Berkeley
Daniels, Norman (1979). Wide Reflective Equilibrium and Theory Acceptance in Ethics. Journal of Philosophy 76, No. 5, 1979, 256-282
Daniels, Norman (1980). Reflective Equilibrium and Archimedean Points. Canadian Journal of Philosophy 10, 1980, 83-103
Darwall, Stephen (1983). Impartial Reason. Ithaca, NY
David, René et al. (eds.) (1975 ff.). International Encyclopedia of Comparative Law. Vols 1-12 Tübingen, The Hague, New York
David, René; Brierley, John E. C. (1978). Major Legal Systems in the World Today. 3rd ed. London
Davidson, Donald (1973-74). On the Very Idea of a Conceptual Scheme. Proceedings and Adresses of the American Philosophical Association 17, 1973-74, 5-20
Davidson, Donald (1982). Rational Animals. Dialectica 36, 1982, 317-327
Deggau, Hans-Georg (1989). Über einige Voraussetzungen und Folgen der Verrechtlichung. Rechtstheorie 20, 1989, 98-128
Demerath, N. J.; Peterson, Richard A. (eds.) (1967). System, Change, and Conflict. New York
Deutsch, Karl (1966). The Nerves of Government. New York

Dicey, A. V. (1962). Lectures on the Relation Between Law & Public Opinion in England During the Nineteenth Century. 2nd Ed. Reissued With a Preface by E. C. S. Wade. London
Diesing, Paul (1962). Reason in Society. Five Types of Decisions and Their Social Conditions. Urbana, Ill.
Dilcher, Gerhard (1975). Der rechtswissenschaftliche Positivismus. Wissenschaftliche Methode, Sozialphilosophie, Gesellschaftspolitik. Archiv für Rechts- und Sozialphilosophie LXI, 1975, 497-526
Downs, Anthony (1957). An Economic Theory of Democracy. New York
Drane, Robert W.; Neal, David J. (1980). On Moral Justifications for the Tort/Crime Distinction. California Law Review 68, 1980, 398-421
Dreier, Horst (1986). Das Majoritätsprinzip im demokratischen Verfassungsstaat. Zeitschrift für Parlamentsfragen 17, 1986, 94-118
Dreier, Ralf (1978). Zur Theoriebildung in der Jurisprudenz. In: Kaulbach, Krawietz 1978, 104-132
Dreier, Ralf (1981). Recht – Moral – Ideologie. Studien zur Rechtstheorie. Frankfurt a. M.
Dreier, Ralf (1981a). Recht und Moral. In: Dreier 1981, 180-216
Dreitzel, Hans Peter (1968). Die gesellschaftlichen Leiden und das Leiden an der Gesellschaft. Stuttgart
Dreyfus, Hubert (1980). Holism and Hermeneutics. Review of Metaphysics 34, 1980, 3-23
Durkheim, Emile (1977). Über die Teilung der sozialen Arbeit. Frankfurt a. M.
Durkheim, Emile (1981). Die elementaren Formen des religiösen Lebens. Frankfurt a. M.
Dux, Günter (1982). Die Logik der Weltbilder. Sinnstrukturen im Wandel der Geschichte. Frankfurt a. M.
Dworkin, Ronald (1964-65). Does Law Have a Function? A Comment on the Two-Level Theory of Decision. The Yale Law Journal 74, 1964-65, 640-651
Dworkin, Ronald (1983). Reply. In: Cohen 1983, 247-300
Dworkin, Ronald (1985). A Matter of Principle. Cambridge, Mass.
Dworkin, Ronald (1986). Law's Empire. Cambridge, Mass.
Dyson, Kenneth H. F. (1980). The State Tradition in Western Europe. Oxford
Easton, David (ed.) (1966). Varieties of Political Theory. Englewood Cliffs, NJ
Easton, David A. (1965). A Systems Analysis of Political Life. New York
Eckhoff, Torstein (1967). Die Rolle des Vermittelnden, des Richtenden und des Anordnenden bei der Lösung von Konflikten. In: Hirsch, Rehbinder 1967, 243-270.

Edelman, Murray J. (1964). The Symbolic Uses of Politics. Urbana, Ill.
Eder, Klaus (1978). Zur Rationalisierungsproblematik des modernen Rechts. Soziale Welt 29, 1978, 247-256
Eder, Klaus (1986a). Prozedurale Rationalität. Moderne Rechtsentwicklung jenseits von formaler Rationalisierung. Zeitschrift für Rechtssoziologie 7, 1986, 1-30
Eder, Klaus (1986b). Die Zivilisierung staatlicher Gewalt. Eine Theorie der modernen Strafrechtsentwicklung. Kölner Zeitschrift für Soziologie und Sozialpsychologie, Sonderheft 27, 232-262
Eder, Klaus (1987). Die Autorität des Rechts. Eine soziale Kritik prozeduraler Rationalität. Zeitschrift für Rechtssoziologie 8, 1987, 193-230
Elias, Norbert (1977). Zur Grundlegung einer Theorie sozialer Prozesse. Zeitschrift für Soziologie 6, 1977, 127-149
Ellis, Adrian; Kumar, Krishan (eds.) (1983). Dilemmas of Liberal Democracies. London
Ellscheid, Günter (1979). Die Verrechtlichung sozialer Beziehungen als Problem der praktischen Philosophie. Neue Hefte für Philosophie 17, 1979, 39-61
Ellscheid, Günter (1985). Verrechtlichung und Entsolidarisierung. In: Gessner, Hassemer 1985, 51-72
Ellwein, Thomas (1984). Gesetzgebung, Regierung, Verwaltung. In: Benda, Maihofer, Vogel 1984, 1093-1147
Elster, Jon (1978). Logic and Society. Contradictions and Possible Worlds. Chichester
Elster, Jon (1982). Rationality. Contemporary Philosophy 2, 1982, 111-131
Elster, Jon (1983). Sour Grapes. Cambridge
Elster, Jon (1986). The Market and the Forum: Three Varieties of Political Theory. In: Elster, Hylland 1986, 103-132
Elster, Jon (1989). Solomonic Judgements: Studies in the Limitations of Rationality. Cambridge
Elster, Jon; Hylland, A. (eds.) (1986). The Foundations of Social Choice Theory. Cambridge
Elster, Jon; Slagstadt, Rune (eds.) (1988). Constitutionalism and Democracy. (Studies in Rationality and Social Change) Cambridge
Engisch, Karl (1960). Logische Studien zur Gesetzesanwendung. 2. Aufl. Heidelberg
Esping-Andersen, Gösta (1987). Citizenship and Socialism: De-Commodification and Solidarity in the Welfare State. In: Rein, Esping-Andersen, Rainwater 1987, 78-101
Esser, Josef (1956). Grundsatz und Norm in der richterlichen Fortbildung des Privatrechts. Tübingen
Eucken, Walter (1959). Die Grundlagen der Nationalökonomie. Berlin

Ewald, François (1985). A Concept of Social Law. In: Teubner 1985a, 40-75
Feinberg, Joel (1984). Harm to Others. (Moral Limits of the Criminal Law. Vol. 1). Oxford
Feinberg, Joel (1985). Offense to Others. (Moral Limits of the Criminal Law. Vol. 2). Oxford
Feinberg, Joel (1986). Harm to Self. (Moral Limits of the Criminal Law. Vol. 3). Oxford
Feinberg, Joel (1988). Harmless Wrongdoing. (Moral Limits of the Criminal Law. Vol. 4). Oxford
Felstiner, William L. F.; Abel, Richard L.; Sarat, Austin (1980-81). The Emergence and Transformation of Disputes: Naming, Blaming, Claiming... Law & Society Review 15, 1980-81, 631-654
Finnis, John (1980). Natural Law and Natural Rights. Oxford
Fishburn, Peter C. (1978). Acceptable Social Choice Lotteries. In: Gottinger, Leinfellner 1978, 133-152
Foot, Philippa (1972). Morality as a System of Hypothetical Imperatives. Philosophical Review 81, 1972, 305-316
Forsthoff, Ernst (1973). Lehrbuch des Verwaltungsrechts. Bd. 1: Allgemeiner Teil. 10. Aufl. München
Forsthoff, Ernst (Hrsg.) (1968). Rechtsstaatlichkeit und Sozialstaatlichkeit. Aufsätze und Essays. Darmstadt
Forum für Philosophie (Hrsg.) (1987). Philosophie und Begründung. Frankfurt a. M.
Forum für Philosophie (Hrsg.) (1989). Die Ideen von 1789 in der deutschen Rezeption. Frankfurt a. M.
Frankena, William K. (1967). Art. »Value and Valuation«. Encyclopedia of Philosophy, Vol. 7, 229-232. New York
Frankenberg, Günter (1987). Der Ernst im Recht. Kritische Justiz 20, 1987, 281-307
Frankenberg, Günter; Rödel, Ulrich (1981). Von der Volkssouveränität zum Minderheitenschutz. Frankfurt a. M.
Fränkel, Ernst (1932). Die politische Bedeutung des Arbeitsrechts. In: Ramm 1966
Freund, Julien (1974). Le droit comme motif et solution de conflits. In: Archiv für Rechts- und Sozialphilosophie Beiheft NF 8, 1974, 47-62
Fried, Charles (1981). The Artificial Reason of Law or: What Lawyers Know. Texas Law Review 60, 1981, 35-58
Fried, Charles (1982). Contract as Promise: A Theory of Contractual Obligation. Cambridge
Friedman, Kathi V. (1981). Legitimation of Social Rights and the Western Welfare State. Chapel Hill
Friedman, Lawrence M. (1980). The Six Million Dollar Man: Litigation

and Rights Consciousness in Modern America. Maryland Law Review 39, 1980, 661-677
Friedman, Lawrence M. (1985a). Legal Culture and the Welfare State. In: Teubner 1985a, 13-27
Friedman, Lawrence M. (1985b). Transformations in American Legal Culture 1800-1985. Zeitschrift für Rechtssoziologie 6, 1985, 191-205
Friedman, Lawrence M. (1985c). Total Justice. New York
Friedman, Lawrence M. (1986). A History of American Law. 2nd ed. New York
Friedman, Lawrence M. (1981). Das Rechtssystem im Blickfeld der Sozialwissenschaften. Berlin
Friedman, Richard B. (1989). Oakeshott on the Authority of Law. Ratio Juris 2, 1989, 27-40
Friedmann, Wolfgang (1972). Law in a Changing Society. 2nd ed. Harmondsworth
Frug, Gerald (1984). The Ideology of American Bureaucracy in American Law. Harvard Law Review 97, 1984, 1276ff.
Fuller, Lon L. (1969). The Morality of Law. Rev. ed. New Haven
Fuller, Lon L. (1981). The Principles of Social Order. Ed. by Kenneth I. Winston. Durham, N. C.
Fuller, Timothy (1989). Friedrich Hayek's Moral Science. Ratio Juris 2, 1989, 17-26
Galanter, Marc (1985). The Legal Malaise; or, Justice Observed. Law & Society Review 19, 1985, 537-556
Galanter, Marc (1986). Adjudication, Litigation, and Related Phenomena. In: Lipson, Wheeler 1986, 151-258
Gallie, W. B. (1955-56). Essentially Contested Concepts. Proceedings of the Aristotelian Society 46, 1955-56, 167-198
Gallie, W. B. (1964). Philosophy and the Historical Understanding. London
Galtung, Johan (1959). Expectations and Interaction Processes. Inquiry 2, 1959, 213-234
Galtung, Johan (1965). Institutionalized Conflict Resolution. Journal of Peace Research 2, 1965, 348-397
Gauthier, David (1986). Morals by Agreement. Oxford
Geiger, Theodor (1987). Vorstudien zu einer Soziologie des Rechts. 4. Aufl. durchges. u. hrsg. v. M. Rehbinder. Berlin
Geraets, Theodore F. (ed.) (1979). Rationality to-day. La Rationalité Aujourd'hui. Ottawa
Gert, Bernard (1977). Irrational Desires. In: NOMOS XVII, 1977, 286-291
Gert, Bernard (1983). Die moralischen Regeln. Frankfurt a. M.

Gessner, Volkmar; Hassemer, Winfried (Hrsg.) (1985). Gegenkultur und Recht. Baden-Baden
Godelier, Maurice (1972). Rationalität und Irrationalität in der Ökonomie. Frankfurt a. M.
Goldberg, Stephen B.; Green, Eric D.; Sander, Frank A. (1985). Dispute Resolution. Boston / Toronto
Gotthold, Jürgen (1984). Anfragen an die Konzeption des reflexiven Rechts bei Teubner/Willke. In: Brüggemeier, Joerges 1984, 241-268
Gottinger, H. W.; Leinfellner, W. (eds.) (1978). Decisions Theory and Social Ethics. Dordrecht
Göhler, Gerhard (Hrsg.) (1987). Grundfragen der Theorie politischer Institutionen. Opladen
Grathoff, Richard (ed.) (1978). The Theory of Social Action. The Correspondence of Alfred Schutz and Talcott Parsons. Bloomington
Gray, John (1981). Hayek on Liberty, Rights, and Justice. Ethics 92, 1981, 73-84
Green, Leslie (1987). The Political Content of Legal Theory. Philosophy of the Social Sciences 17, 1987, 1-20
Greenawalt, Kent (1987). Conflicts of Law and Morality. Oxford
Grimm, Dieter (1980). Reformalisierung des Rechtsstaats als Demokratiepostulat? Juristische Schulung 1980, 704-709
Grimm, Dieter (1983). Sozialgeschichte, Verfassungsrecht, Rechtspolitik. In: Koslowski 1983, 41-65
Grimm, Dieter (1987). Recht und Staat der bürgerlichen Gesellschaft. Frankfurt a. M.
Gromitsaris, Athanasios (1989). Theorie der Rechtsnormen bei Rudolph von Ihering. Berlin
Gusfield, Joseph (1963). Symbolic Crusade: Status Politics and the American Temperance Movement. Urbana, Ill.
Gutmann, Amy (1980). Liberal Equality. Cambridge, Mass.
Gutmann, Amy (1983). How Liberal Is Democracy? In: MacLean, Mills 1983, 25-50
Gutmann, Amy (ed.) (1988). Democracy and the Welfare State. Princeton, NJ
Günther, Klaus (1988). Der Sinn für Angemessenheit. Anwendungsdiskurse in Moral und Recht. Frankfurt a. M.
Günther, Klaus (1989). Ein normativer Begriff der Kohärenz für eine Theorie der juristischen Argumentation. Rechtstheorie 20, 1989, 163-190
Habermas, Jürgen (1968). Erkenntnis und Interesse. Frankfurt a. M.
Habermas, Jürgen (1971). Theorie der Gesellschaft oder Sozialtechnologie? Eine Auseinandersetzung mit Niklas Luhmann. In: Habermas, Luhmann 1971, 142-290

Habermas, Jürgen (1973). Legitimationsprobleme im Spätkapitalismus. Frankfurt a. M.
Habermas, Jürgen (1976). Zur Rekonstruktion des Historischen Materialismus. Frankfurt a. M.
Habermas, Jürgen (1981). Theorie des kommunikativen Handelns. 2 Bde. Frankfurt a. M.
Habermas, Jürgen (1983). Moralbewußtsein und kommunikatives Handeln. Frankfurt a. M.
Habermas, Jürgen (1984). Über Moralität und Sittlichkeit – Was macht eine Lebensform ›rational‹? In: Schnädelbach 1984, 218-235
Habermas, Jürgen (1985). Questions and Counterquestions. In: Bernstein 1985, 192-216
Habermas, Jürgen (1986). Moralität und Sittlichkeit. Treffen Hegels Einwände gegen Kant auch auf die Diskursethik zu? In: Kuhlmann 1986, 16-37
Habermas, Jürgen (1987). Wie ist Legitimität durch Legalität möglich? Kritische Justiz 20, 1987, 1-16
Habermas, Jürgen (1988). Lecture One: How Is Legitimacy Possible on the Basis of Legality? Lecture Two: On the Idea of the Rule of Law. (Tanner Lectures) In: McMurrin 1988, 219-279
Habermas, Jürgen (1989). Towards a Communication-Concept of Rational Collective Will-Formation. A Thought-Experiment. Ratio Juris 2, No. 2, 1989, 144-154
Habermas, Jürgen (1989b). Ist der Herzschlag der Revolution zum Stillstand gekommen? Volkssouveränität als Verfahren. In: Forum für Philosophie 1989, 7-36
Habermas, Jürgen; Luhmann, Niklas (1971). Theorie der Gesellschaft oder Sozialtechnologie. Frankfurt a. M.
Hamowy, Ronald (1971). Freedom and the Rule of Law in F. A. Hayek. Il politico 2, 1971, 349-377
Hampshire, Stuart (1983). Morality and Conflict. Cambridge, Mass.
Handler, Joel F. (1986). The Conditions of Discretion. New York
Hardin, Russell (1986). The Utilitarian Logic of Liberalism. Ethics 97, 1986, 47-74
Hardin, Russell (1988). Morality Within the Limits of Reason. Chicago
Hart, H. L. A. (1961). The Concept of Law. Oxford
Hart, H. L. A. (1965). Review of Fuller: The Morality of Law. Harvard Law Review 78, 1965, 1281-1296
Hart, H. L. A. (1967). Legal Positivism. In: The Encyclopedia of Philosophy, Vol. 7, 1967, 419-420
Hart, H. L. A. (1977). American Jurisprudence Through English Eyes: The Nightmare and the Noble Dream. Georgia Law Review 11, 1977, 969 ff.

Hart, H. L. A. (1979). Between Utility and Rights. In: Ryan 1979, 77-98
Hartfiel, G. (1968). Wirtschaftliche und soziale Rationalität. Stuttgart
Hase, Friedhelm; Ladeur, Karl-Heinz; Ridder, Helmut (1981). Nochmals: Reformalisierung des Rechtsstaats als Demokratiepostulat? Juristische Schulung 1981, 794-798
Hayek, Friedrich A. (1952). The Counter-Revolution of Science. Studies on the Abuse of Reason. Glencoe, Ill.
Hayek, Friedrich August (1960). The Constitution of Liberty. Chicago
Hayek, Friedrich August (1982). Law, Legislation and Liberty. Rev. ed. London
Hearn, Frank (1985). Reason and Freedom in Sociological Thought. Boston
Heclo, Hugh (1986). General Welfare and Two American Political Traditions. Political Science Quarterly 101, 1986, 179-196
Heller, Hermann (1930). Rechtsstaat oder Diktatur? Tübingen
Hellstern, Gerd-Michael (1985). When Courts Intervene: Judicial Control in a Comparative Institutional Perspective. In: Kaufmann, Majone, Ostrom 1985, 661-690
Heymann, Philip B. (1973). The Problem of Coordination: Bargaining and Rules. Harvard Law Review 80, 1973, 797-877
Hirsch, Ernst E.; Rehbinder, Manfred (Hrsg.) (1967). Studien und Materialien zur Rechtssoziologie. (= Kölner Zeitschrift für Soziologie und Sozialpsychologie, Sonderheft 11) Opladen
Hirsch, Fred (1977). Social Limits to Growth. London
Hirschman, Albert O. (1982). Rival Interpretations of Market Society: Civilizing, Destructive, or Feeble? Journal of Economic Literature 20, Dec. 1982, 1463-1484
Hirschman, Albert O. (1977). The Passions and the Interests. Political Arguments for Capitalism Before Its Triumph. Princeton, NJ
Hoerster, Norbert (1979). Zum begrifflichen Verhältnis von Recht und Moral. Neue Hefte für Philosophie 17, 1979, 77-88
Hollis, Martin; Lukes, Steven (eds.) (1982). Rationality and Relativism. Oxford
Holmes, Oliver Wendell Jr. (1897). The Path of the Law. Harvard Law Review X, 1897, 457ff.
Holmes, Steven (1988). Precommitment and the Paradox of Democracy. In: Elster, Slagstadt 1988, 195-240
Honneth, Axel (1986). Diskursethik und implizites Gerechtigkeitskonzept. Eine Diskussionsbemerkung. In: Kuhlmann 1986, 183-193
Honoré, Tony (1987). Making Law Bind. Essays Legal and Philosphical. Oxford

Hood, Christopher (1985). The Hidden Public Sector: The »Quangocratization« of the World? In: Kaufmann, Majone, Ostrom 1985, 183-207
Horn, N. (Hrsg.) (1982). Europäisches Rechtsdenken in Geschichte und Gegenwart (Festschrift Coing). Bd. I. München
Horton, Robin; Finnegan, R. (eds.) (1973). Modes of Thought. London
Humboldt, Wilhelm von (1967). Ideen zu einem Versuch, die Grenzen der Wirksamkeit des Staats zu bestimmen. Stuttgart
Hume, David (1975). Enquiries. Ed. L. A. Selby-Bigge, P. H. Nidditch. 3rd ed. Oxford
Hurst, James Willard (1980-81). The Functions of Courts in the United States, 1950-1980. Law & Society Review 15, 1980-81, 401-471
Inkeles, Alex (1976). A Model of the Modern Man: Theoretical and Methodological Issues. In: Black 1976, 320-348
Jacob, Herbert (1989). Another Look at No-Fault Divorce and the Post-Divorce Finances of Women. Law & Society Review 23, No. 1, 1989, 95-116
Janowitz, Morris (1976). Social Control of the Welfare State. New York/Amsterdam
Joerges, Christian (1989). Politische Rechtstheorie and Critical Legal Studies: Points of Contact and Divergencies. In: Joerges, Trubek 1989, 597-643
Joerges, Christian; Trubek, David M. (eds.) (1989). Critical Legal Thought: An American-German Debate. (Schriftenreihe des Zentrums für Europäische Rechtspolitik an der Universität Bremen (ZERP), Bd. 7) Baden-Baden
Jokisch, Rodrigo (1981). Die nichtintentionalen Effekte menschlicher Handlungen. Ein klassisches soziologisches Problem. Kölner Zeitschrift für Soziologie und Sozialpsychologie 33, 1981, 547-575
Kamenka, Eugene; Erh-Soon Tay, Alice (1975). Beyond Bourgeois Individualism: The Contemporary Crisis in Law and Legal Ideology. In: Kamenka, Neale 1975, 126-144
Kamenka, Eugene; Neale, R. S. (eds.) (1975). Feudalism, Capitalism and Beyond. London/Canberra
Kant, Immanuel (1797). Die Metaphysik der Sitten. Akademie-Ausgabe, Bd. IV, 203-494 (1902)
Kantorowicz, Hermann (1962). Rechtswissenschaft und Soziologie. Karlsruhe
Kaufmann, Franz-Xaver (1973). Sicherheit als soziologisches und sozialpolitisches Problem. 2., umgearb. Aufl. Stuttgart
Kaufmann, Franz-Xaver; Majone, G.; Ostrom, V. (eds.) (1985). Guidance, Control and Evaluation in the Public Sector. Berlin/New York

Kaulbach, Friedrich; Krawietz, Werner (Hrsg.) (1978). Recht und Gesellschaft. Festschrift für Helmut Schelsky zum 65. Geburtstag. Berlin
Kekes, John (1976). A Justification of Rationality. Albany
Kekes, John (1977). Rationality and Problem-solving. Philosophy of the Social Sciences 7, 1977, 351-366
Kelly, George Armstrong (1979). Who Needs a Theory of Citizenship? Daedalus 108, 1979, 21-36
Kelsen, Hans (1920). Vom Wesen und Wert der Demokratie. Archiv für Sozialwissenschaft und Sozialpolitik 47, 1920, 50-85
Kelsen, Hans (1960). Reine Rechtslehre. 2. erw. Auflage Wien
Kennedy, Duncan (1979). The Structure of Blackstone's Commentaries. Buffalo Law Review 28, 1979, 205
Kennedy, Duncan (1986). Freedom and Constraint in Adjudication: A Critical Phenomenology. Journal of Legal Education 36, 1986, 518-562
Kersting, Wolfgang (1984). Wohlgeordnete Freiheit. Immanuel Kants Rechts- und Staatsphilosophie. Berlin
Kielmansegg, Peter Graf (1971). Legitimität als analytische Kategorie. Politische Vierteljahresschrift 12, 1971, 367-401
Kirchheimer, Otto (1928). Zur Staatslehre des Sozialismus und Bolschewismus. Zeitschrift für Politik 17, 1928, 593 ff.
Kitschelt, Herbert (1985). Materiale Politisierung der Produktion. Zeitschrift für Soziolgie 14, 3, Juni 1985, 188-208
Kliemt, Hartmut (1987). Unanimous Consent, Social Contract, and the Skeptical Ethics of Economists. Rechtstheorie 18, 1987, 502-515
Kockelmans, Joseph J. (1979). Sociology and the Problem of Rationality. In: Geraets 1979, 85-105
Komesar, Neil K. (1984). Taking Institutions Seriously. A Strategy for the Construction of Constitutional Analysis. University of Chicago Law Review 51, 1984, 366-446
Kommers, D. P. (1975). Comparative Judicial Review and Constitutional Politics – A Review. World Politics 27, 1975, 282-297
Kondylis, Panajotis (1986). Konservativismus. Geschichtlicher Gehalt und Untergang. Stuttgart
Kopp, Ferdinand (1987). Zehn Jahre Verwaltungsverfahrensgesetze. Anspruch und Wirklichkeit – eine Bilanz. Die Verwaltung 20, 1987, 1-28
Koselleck, Reinhard (1959). Kritik und Krise. 2. Aufl. Freiburg/München
Koslowski, Peter; Kreuzer, Philipp; Löw, Reinhard (Hrsg.) (1983). Chancen und Grenzen des Sozialstaats. Tübingen
Krawietz, Werner (1978). Juristische Entscheidung und wissenschaftliche Erkenntnis. (= Forschungen aus Staat und Recht 38) Wien/New York
Krawietz, Werner (1984a). Recht als Regelsystem. Wiesbaden

Krawietz, Werner (1984b). Juridisch-institutionelle Rationalität des Rechts versus Rationalität der Wissenschaften? Rechtstheorie 15, 1984, 423-452
Krawietz, Werner (1986). Recht und moderne Systemtheorie. Archiv für Rechts- und Sozialphilosophie Beiheft 10, 1986, 281-309
Kriele, Martin (1975). Einführung in die Staatslehre. Reinbek
Kriele, Martin (1976). Theorie der Rechtsgewinnung entwickelt am Problem der Verfassungsinterpretation. 2. erg. Auflage Berlin
Kriele, Martin (1979). Recht und praktische Vernunft. Göttingen
Kristol, Irving (1978). Two Cheers for Capitalism. New York
Kronman, Anthony T. (1980). Wealth Maximization as a Normative Principle. The Journal of Legal Studies 9, 1980, 227-242
Kronman, Anthony T. (1983). Max Weber. Stanford
Kronman, Anthony T. (1985). Contract Law and the State of Nature. Journal of Law, Economics and Organization 1, 1985, 5-32
Kuflik, Arthur (1979). Morality and Compromise. NOMOS XXI, 1979, 38-66
Kuflik, Arthur (1986). The Utilitarian Logic of Inalienable Rights. Ethics 97, 1986, 75-87
Kuhlmann, Wolfgang (Hrsg.) (1986). Moralität und Sittlichkeit. Frankfurt a. M.
Kumar, Krishan (1983). Pre-capitalist and non-capitalist factors in the development of capitalism: Fred Hirsch and Joseph Schumpeter. In: Ellis, Kumar 1983, 148-173
Kuperberg, Mark; Beitz, Charles (eds.) (1983). Law, Economics, and Philosophy. Totowa, NJ
Küsters, Gerd-Walter (1983). Rechtskritik ohne Recht. Rechtstheorie 14, 1983, 95-114
La Torre, Massimo (1985). Reason in Law. An International Conference held in Bologna. Rechtstheorie 16, 1985, 548-565
Ladeur, Karl-Heinz (1986). »Prozedurale Rationalität« – Steigerung der Legitimationsfähigkeit oder der Leistungsfähigkeit des Rechtssystems? Zeitschrift für Rechtssoziologie 7, 1986, 265-274
Lakatos, Imre (1978). History of Science and Its Rational Reconstructions. In: Lakatos 1978, 102-138
Lakatos, Imre (1978). The Methodology of Scientific Research Programs. Philosophical Papers I. Ed. by J. Worrall, G. Currie. Cambridge
Larenz, Karl (1983). Methodenlehre der Rechtswissenschaft. 5. neu bearb. Aufl. Berlin etc.
Larmore, Charles (1987). Patterns of Moral Complexity. Cambridge, Mass.
Latsis, Spiro J. (ed.) (1976). Method and Appraisal in Economics. Cambridge

Laudan, Larry (1981). The Pseudo-Science of Science? Philosophy of the Social Sciences 11, 1981, 173-198
Lautmann, Rüdiger (1969). Wert und Norm. Begriffsanalysen für die Soziologie. Opladen
Levi, Edward H. (1949). An Introduction to Legal Reasoning. Chicago
Levine, Andrew (1981). Liberal Democracy. A Critique of Its Theory. New York
Levine, Donald N. (1968). Cultural Integration. Internationl Encyclopedia of the Social Sciences. Vol. 7, 372-380. New York 1968
Lewis, David (1969). Convention. A Philosophical Study. Cambridge, Mass.
Lieberman, Jethro K. (principal ed.) (1984). The Role of Courts in American Society. The Final Report of the Council on the Role of Courts. St. Paul, Minn.
Lindblom, Charles (1965). The Intelligence of Democracy. New York
Lindblom, Charles E. (1980). Jenseits von Markt und Staat. Eine Kritik der politischen und ökonomischen Systeme. Stuttgart
Lindenberg, Siegwart; Coleman, James S.; Nowak, Stefan (eds.) (1986). Approaches to Social Theory. New York
Lipson, Leon; Wheeler, Stanton (eds.) (1986). Law and the Social Sciences. New York
Lockwood, David (1964). Social Integration and System Integration. In: Zollschan, Hirsch 1964
Loos, Fritz (1970). Zur Wert- und Rechtslehre Max Webers. Tübingen
Loubser, Jan J. (ed.) (1976). Explorations in General Theory in Social Science. 2 vols. New York
Lowi, Theodore J. (1986). The Welfare State. Ethical Foundations and Constitutional Remedies. Political Science Quarterly 101, 1986, 197-220
Luban, David (1985). Bargaining and Compromise: Recent Work on Negotiation and Informal Justice. Philosophy & Public Affairs 1985, 398-413
Luhmann, Niklas (1965). Grundrechte als Institution: Ein Beitrag zur politischen Soziologie. Berlin
Luhmann, Niklas (1969). Normen in soziologischer Perspektive. Soziale Welt 20, 1969, 28-48
Luhmann, Niklas (1970). Soziologische Aufklärung 1. Opladen
Luhmann, Niklas (1973). Zweckbegriff und Systemrationalität. 2. Aufl. Frankfurt a. M.
Luhmann, Niklas (1974). Rechtssystem und Rechtsdogmatik. Stuttgart etc.
Luhmann, Niklas (1975a). Soziologische Aufklärung 2. Opladen

Luhmann, Niklas (1981a). Ausdifferenzierung des Rechts. Beiträge zur Rechtssoziologie und Rechtstheorie. Frankfurt a. M.
Luhmann, Niklas (1981b). Gesellschaftsstruktur und Semantik. 2 Bde. Frankfurt a. M.
Luhmann, Niklas (1981c). Subjektive Rechte. Zum Umbau des Rechtsbewußtseins für die moderne Gesellschaft. In: Luhmann 1981b, Bd. 2, 45-104
Luhmann, Niklas (1981d). Politische Theorie im Wohlfahrtsstaat. München
Luhmann, Niklas (1981e). Soziologische Aufklärung 3. Opladen
Luhmann, Niklas (1983a). Rechtssoziologie. 2. erw. Aufl. Opladen
Luhmann, Niklas (1984). Soziale Systeme. Grundriß einer allgemeinen Theorie. Frankfurt a. M.
Luhmann, Niklas (1985a). Die soziologische Beobachtung des Rechts. Frankfurt a. M.
Luhmann, Niklas (1985b). The Self-reproduction of Law and its Limits. In: Teubner 1985a, 111-127
Luhmann, Niklas (1986). »Ökologische Kommunikation«. Kann die moderne Gesellschaft sich auf ökologische Gefährdungen einstellen? Opladen
Luhmann, Niklas (1987). Soziologische Aufklärung 4. Opladen
Lukács, Georg (1923). Geschichte und Klassenbewußtsein. Studien über marxistische Dialektik. Berlin
Lukes, Steven (1982). Marxism, Morality and Justice. In: Parkinson 1982, 177-205
Lübbe-Wolff, Gertrude (1981). Rechtsfolgen und Realfolgen. Freiburg/München
Lübbe-Wolff, Gertrude (1985). Historische Funktionen der Unterscheidung von Recht und Moral. Archiv für Rechts- und Sozialphilosophie, Beiheft 23, 1985, 43-50
Macaulay, Stewart (1984). Law and the Behavioral Sciences: Is There Any There There? Law & Policy 6, 1984, 149-187
Macaulay, Stewart (1986). Private Government. In: Lipson, Wheeler 1986, 445-518
MacCormick, Neil D. (1978). Legal Reasoning and Legal Theory. Oxford
MacCormick, Neil D. (1982). Legal Rights and Social Democracy. Oxford
MacCormick, Neil D. (1989). Spontaneous Order and the Rule of Law: Some Problems. Ratio Juris 2, 1989, 41-54
MacIntyre, Alasdair (1973). The Essential Contestability of Some Social Science Concepts. Ethics 84, 1973, 1-9
MacLean, Douglas; Mills, Claudia (eds.) (1983). Liberalism Reconsidered. Totowa, NJ

Marshall, T. H. (1977a). Class, Citizenship, and Social Development. Chicago
Marshall, T. H. (1977b). Citizenship and Social Class. In: Marshall 1977a, 71-134
Martindale, Don (ed.) (1965). Functionalism in Social Science. American Academy of Political and Social Science. Monograph 5. Philadelphia
Marx, Karl (1953). Grundrisse der Kritik der Politischen Ökonomie (Rohentwurf). Berlin
Marx, Karl (1960). Der Bürgerkrieg in Frankreich. In: Marx, Karl: Politische Schriften. Hg. von Hans-Joachim Lieber. Zweiter Band. Stuttgart: Cotta 1960, 882-957
Marx, Karl (1968). Das Kapital. Kritik der politischen Ökonomie. Erster Band. (Karl Marx. Friedrich Engels. Werke. Hrsg. v. Institut für Marxismus-Leninismus beim ZK der SED. Band 23) Berlin
Mashaw, Jerry L. (1983). Bureaucratic Justice: Managing Social Security Disability Claims. New Haven
Mashaw, Jerry L. (1985). Due Process in the Administrative State. New Haven
Maus, Ingeborg (1986a). Rechtstheorie und politische Theorie im Industriekapitalismus. München
Maus, Ingeborg (1986b). Entwicklung und Funktionswandel der Theorie des bürgerlichen Rechtsstaates. In: Maus 1986a, 11-82
Maus, Ingeborg (1987). Verrechtlichung, Entrechtlichung und der Funktionswandel von Institutionen. In: Göhler 1987, 132-172
Mayhew, Leon H. (1968). Art. »Society«. International Encyclopedia of the Social Sciences. Vol. 4, 577-585. New York 1968.
McCarthy, Thomas (1984). Reflections on Rationalization in ›The Theory of Communicative Action‹. Praxis International, July 1984, 177-192
McMurrin, Sterling M. (ed.) (1988). The Tanner Lectures on Human Values VIII. Salt Lake City/Cambridge
Merry, Henry J. (1980). Five-Branch Government. The Full Measure of Constitutional Checks and Balances. Urbana, Ill.
Merry, Sally Engle (1988). Legal Pluralism. Law & Society Review 22, 1988, 869-896
Merton, Robert K. (1936). The Unanticipated Consequences of Purposive Social Action. American Sociological Review 1, 1936, 894-904
Merton, Robert K. (1971). Social Problems and Sociological Theory. In: Nisbet, Merton 1971, 793-845
Mettenheim, Christoph von (1984). Recht und Rationalität. Tübingen
Mirowsky, John; Ross, Catherine E. (1986). Social Patterns of Distress. Annual Review of Sociology 12, 1986, 23-45
Mishan, E. J. (1981). Introduction to Normative Economics. Oxford/New York

Mishra, Ramesh (1982). System Integration, Social Action and Change: Some Problems in Sociological Analysis. Sociological Review 30, 1982, 5-22
Mommsen, Wolfgang (1974). Max Weber – Gesellschaft, Politik und Geschichte. Frankfurt a. M
Mortimore, G. W.; Maund, J. B. (1976). Rationality in Belief. In: Benn, Mortimore 1976a, 11-33
Mouzelis, Nicos (1979). Social and Systems Integration. British Journal of Sociology 25, 1979, 395-409
Mueller, Dennis C. (1979). Public Choice. Cambridge
Musgrave, Richard A.; Peacock, Alan T. (eds.) (1962). Classics in the Theory of Public Finance. 2nd ed. London/New York
Müller, Friedrich (1986). ›Richterrecht‹. Elemente einer Verfassungstheorie IV. Berlin
Münch, Richard (1986). Die Kultur der Moderne. 2 Bde. Frankfurt a. M.
Myrdal, Gunnar (1933). Das Zweck-Mittel-Denken in der Nationalökonomie. Zeitschrift für Nationalökonomie 4, 1933, 305-329
Myrdal, Gunnar; with the assistance of Richard Sterner and Arnold Rose (1962). An American Dilemma. New York, Evanston
Nathanson, Stephen (1985). The Ideal of Rationality. Atlantic Highlands
Naucke, Wolfgang (1986). Versuch über den aktuellen Stil des Rechts. Kritische Vierteljahrsschrift für Gesetzgebung und Rechtswissenschaft 1986, 189-210
Nettl, J. P. (1968). The State as a Conceptual Variable. World Politics 20, 1968, 559-592
Neumann, Franz L. (1980). Die Herrschaft des Gesetzes. Eine Untersuchung zum Verhältnis von politischer Theorie und Rechtssystem in der Konkurrenzgesellschaft. Frankfurt a. M.
Neumann, Ulfried (1985). Theorien der Rechtsgeltung. In: Gessner, Hassemer 1985, 21-44
Neumann, Ulfried (1986). Juristische Argumentationslehre. Darmstadt
Neumann, Volker (1982). Rechts- und verfassungstheoretische Positionen der staatsrechtlichen Linken. Der Staat 21, 1982, 551-575
Nisbet, Robert A.; Merton, Robert K. (1971). Contemporary Social Problems. 3rd. ed. New York
Nonet, Philippe (1980). The Legitimation of Purposive Decisions. California Law Review 68, 1980, 263-300
Nonet, Philippe; Selznick, Philip (1978). Law and Society in Transition: Toward Responsive Law. New York
Nozick, Robert (1974). Anarchy, State and Utopia. New York
O'Connor, Daniel John (1948). Pragmatic Paradoxes. Mind 57, 1948, 358-359

O'Toole, Laurence J., Jr. (1987). Doctrines and Developments: Separation of Powers, the Politics-Administration Dichotomy, and the Rise of the Administrative State. Public Administration Review 47, 1987, 17-25
Oakeshott, Michael (1962). Rationalism in Politics. New York
Oakeshott, Michael (1975). On Human Conduct. Oxford
Oakeshott, Michael (1983). On History and Other Essays. Oxford
Oakeshott, Michael (1983b). The Rule of Law. In: Oakeshott 1983a, 119-164
Oertzen, Peter v. (1974). Die soziale Funktion des staatsrechtlichen Positivismus. Frankfurt a. M.
Offe, Claus (1986). Die Utopie der Null-Option. Modernität und Modernisierung als politische Gütekriterien. In: Berger 1986, 97-118
Offe, Claus (1987). Democracy Against the Welfare State? Structural Foundations of Neoconservative Political Opportunities. Political Theory 15, 1987, 501. 537
Ogorek, Regina (1986). Richterkönig oder Subsumtionsautomat? Zur Justiztheorie im 19. Jahrhundert. Frankfurt a. M.
Olsen, Marvin E. (1965). Durkheim's Two Concepts of Anomie. Sociological Quarterly 6, 1965, 37-44
Orrù, Marco (1987). Anomie. History and Meanings. Boston
Parijs, Philippe van (1981). Evolutionary Explanation in the Social Sciences. An Emerging Paradigm. London/New York
Parkinson, G. H. R. (ed.) (1982). Marx and Marxisms. (Royal Institute of Philosophy Lecture Series: 14. Supplement to ›Philosophy‹ 1982) Cambridge
Parsons, Talcott (1949). The Structure of Social Action. 2nd ed. New York
Parsons, Talcott (1951). The Social System. New York
Parsons, Talcott (1961). Introduction to Part Four: Culture and the Social System. In: Parsons, Shils, Naegele, Pitts 1961:2, 963-993
Parsons, Talcott (1964). Social Structure and Personality. New York
Parsons, Talcott (1966a). The Political Aspect of Social Structure and Process. In: Easton 1966, 71-112
Parsons, Talcott (1966b). Societies. Evolutionary and Comparative Perspectives. Englewood Cliffs
Parsons, Talcott (1971). Comparative Studies and Evolutionary Change. In: Vallier 1971, 97-140
Parsons, Talcott; Shils, Edward (eds.) (1951). Toward a General Theory of Action. Cambridge, Mass.
Parsons, Talcott; Shils, Edward; Naegele, Kaspar D.; Pitts, Jesse (eds.) (1961). Theories of Society. Foundations of Modern Sociological Theory. 2 vols. New York

Parsons, Talcott; White, W. (1964). The Link Between Character and Society. In: Parsons 1964, 183-235
Paschukanis, Eugen (1929). Allgemeine Rechtslehre und Marxismus. Wien/Berlin
Peacock, James L. (1976). Expressive Symbolism. In: Loubser et al. 1976:1, 264-276
Pears, David (1984). Motivated Irrationality. Oxford
Peczenik, Aleksander (1984). Legal Rationality and Its Limits. Rechtstheorie 15, 1984, 415-422
Perelman, Chaim (1979). The Rational and the Reasonable. In: Geraets 1979, 213-218
Perry, Ralph Barton (1954). Realms of Value. Cambridge, Mass.
Peters, Albert (1985). Ökonomische Kriterien für eine Aufgabenverteilung in der Marktwirtschaft. Frankfurt a. M.
Peters, Antonie A. G. (1986). Law as Critical Discussion. In: Teubner 1986, 250-279
Pitkin, Hanna Fenichel (1976). Inhuman Conduct and Unpolitical Theory: Michael Oakeshott's On Human Conduct. Political Theory 4, 1976, 301-320
Pocock, J. G. A. (1975). The Machiavellian Moment: Florentine Political Thought and the Atlantic Republican Tradition. Princeton, NJ
Pocock, J. G. A. (1981). Virtues, Rights, and Manners: A Model for Historians of Political Thought. Political Theory 9, 1981, 353-368
Podlech, Adalbert (1972). Recht u. Moral. Rechtstheorie 2, 1972, 129-148
Popper, Karl R. (1957). The Open Society and Its Enemies. 2 vols. 3rd ed. London
Posner, Richard A. (1986). Economic Analysis of Law. 3rd Boston/Toronto
Posner, Richard A. (1981). The Economics of Justice. Cambridge, Mass.
Post, Robert C. (1987). On the Popular Image of the Lawyer: Reflections in a Dark Glass. California Law Review 75, 1987, 379-389
Postema, Gerald J. (1982). Coordination and Convention at the Foundations of Law. Journal of Legal Studies 11, 1982, 165-203
Pound, Roscoe (1916). The Limits of Effective Legal Action. International Journal of Ethics 27, 1916, 150-167
Preuss, Ulrich K. (1985). The Concept of Rights and the Welfare State. In: Teubner 1985a, 151-172
Preuss, Ulrich K. (1989a). Perspektiven von Rechtsstaat und Demokratie. Kritische Justiz 22, 1989, 1-18
Preuss, Ulrich K. (1989b). Vorsicht Sicherheit. Am Ende staatlicher Machtneutralisierung? Merkur 484, Jg. 43, 1989, 487-498
Preuss, Ulrich K. (1989c). Was heißt radikale Demokratie heute? In: Forum für Philosophie 1989, 37-67

Radbruch, Gustav (1965). Vorschule der Rechtsphilosophie. 2. Aufl. Göttingen
Ramm, Tilo (Hrsg.) (1966). Arbeitsrecht und Politik. Neuwied
Rawls, John (1971). A Theory of Justice. Cambridge, Mass.
Rawls, John (1980). Kantian Constructivism in Moral Theory. Journal of Philosophy LXXVII, 1980, 515-572
Rawls, John (1985). Justice as Fairness: Political not Metaphysical. Philosophy & Public Affairs 14, 1985, 223-251
Rawls, John (1987). The Idea of an Overlapping Consensus. Oxford Journal of Legal Studies 7, 1987, 1-25
Rawls, John (1988). The Priority of Right and Ideas of the Good. Philosophy & Public Affairs 17, 1988, 251-276
Raz, Joseph (1977). The Rule of Law and Its Virtue. Law Quarterly Review 93, 1977, 195-215
Raz, Joseph (1985). Authority and Justification. Philosophy & Public Affairs 14, 1985, 3-29.
Rehbinder, Manfred (1977). Rechtssoziologie. Berlin/New York
Rehbinder, Manfred (1987). Max Weber und die Rechtswissenschaft. In: Rehbinder, Tieck 1987, 127-151
Rehbinder, Manfred; Tieck, Klaus-Peter (Hrsg.) (1987). Max Weber als Rechtssoziologe. Berlin
Rein, Martin; Esping-Andersen, Gösta; Rainwater, Lee (eds.) (1987). Stagnation and Renewal. Armonk, NY
Renner, Karl (1965). Die Rechtsinstitute des Privatrechts und ihre soziale Funktion. Stuttgart
Rescher, Nicholas (1969). Introduction to Value Theory. Englewood Cliffs, N.J.
Rescher, Nicholas (1977). Die Kriterien der Wahrheit. In: Skirbekk 1977, 377-390
Rescher, Nicholas (1988). Rationality. A Philosophical Inquiry into the Nature and the Rationale of Reason. Oxford
Rescher, Nicolas (1979). Economics versus Moral Philosophy. The Pareto Principle as a Case Study of their Divergent Orientation. Theory and Decision 10, 1979, 169-179
Resnick, Judith (1982). Managerial Justice. Harvard Law Review 96, 1982, 376-446
Rheinstein, Max (1954). Introduction. In: Weber 1959, xxv-lxxii
Rheinstein, Max (1968). Legal Systems: Comparative Law and Legal Systems. International Encyclopedia of the Social Sciences, vol. 9, 204-210 New York
Rials, Stéphane (1986). Ouverture: Quelles crises? Quel droit? Droits 4, 1986, 3-8
Richards, David A. J. (1971). A Theory of Reasons for Action. London

Richter, Ingo (1988). Hoffnung auf – Furcht vor Recht. Zur Semi-Professionalisierung des Lehrerberufs. In: Bryde, Hoffmann-Riem 1988, 141-153
Ricoeur, Paul (1969). Die Interpretation. Frankfurt a. M.
Riedel, Manfred (1979). Art. »Gesellschaft, bürgerliche«. In: Geschichtliche Grundbegriffe, Bd. 2, 719-800 Stuttgart
Ritsert, Jürgen (1988). Das Bellen des toten Hundes. Über Hegelsche Argumentationsfiguren im sozialwissenschaftlichen Kontext. Frankfurt a. M.
Rödel, Ulrich; Frankenberg, Günter; Dubiel, Helmut (1989). Die demokratische Frage. Frankfurt a. M.
Ross, Alf (1958). On Law and Justice. London
Roßnagel, Alexander (Hrsg.) (1984). Recht und Technik im Spannungsfeld der Kernenergiekontroverse. Opladen
Rottleuthner, Hubert (1981). Rechtstheorie und Rechtssoziologie. Freiburg / München
Rottleuthner, Hubert (1985). Aspekte der Rechtsentwicklung in Deutschland – Ein soziologischer Vergleich deutscher Rechtskulturen. Zeitschrift für Rechtssoziologie 6, 1985, 206-254
Rottleuthner, Hubert (1986). Theories of Legal Evolution: Between Empiricism and Philosophy of History. Rechtstheorie Beiheft 9, 1986, 217-230
Rücker, S. (1966). Irrational, das Irrationale, Irrationalismus. In: Historisches Wörterbuch der Philosophie. Bd. 4. Basel/Stuttgart 1966. Sp. 583-588
Ryan, Alan (ed.) (1979). The Idea of Freedom. Essays in Honour of Isaiah Berlin. Oxford
Sachße, Christoph (1986). Verrechtlichung und Sozialisation: Über Grenzen des Wohlfahrtsstaates. Leviathan 14, 1986, 528-545
Samuelson, Paul A. (1954). The Pure Theory of Public Expenditure. Review of Economics and Statistics 36, 1954, 350-356
Sartorius, Rolf E. (1975). Individual Conduct and Social Norms. Encino, CA
Savigny, Friedrich Carl von (1840). System des heutigen Römischen Rechts. Bd. 1. Berlin
Sawer, Geoffrey (1975). The Western Conception of Law. In: David et al. 1975:1, 14-48
Schaper, Jürgen (1985). Studien zur Theorie und Soziologie des gerichtlichen Verfahrens. Berlin
Scharpf, Fritz (1970). Die politischen Kosten des Rechtsstaats. Tübingen
Scharpf, Fritz W. (1975). Demokratietheorie zwischen Utopie und Anpassung. 2. Aufl. Kronberg/Ts.

Scheiber, Harry (1975). Instrumentalism and Property Rights: A Reconsideration of American »Styles of Judicial Reasoning« in the 19th Century. Wisconsin Law Review 1975, 1ff.
Scheiber, Harry (1984). Public Rights and the Rule of Law in American Legal History. California Law Review 72, 1984, 217-251
Schelsky, Helmut (1980). Die Soziologen und das Recht: Abhandlungen und Vorträge zur Soziologie von Recht, Institution und Planung. Opladen
Schick, Frederic (1984). Having Reasons: An Essay on Rationality and Sociality. Princeton, NJ
Schluchter, Wolfgang (1979). Die Entwicklung des okzidentalen Rationalismus. Tübingen
Schmidt, Jürgen (1985). Vertragsfreiheit und Schuldrechtsreform. (= Münsterische Beiträge zur Rechtswissenschaft; Bd. 13) Berlin
Schnädelbach, Herbert (1987a). Vernunft und Geschichte. Vorträge und Abhandlungen. Frankfurt a. M.
Schnädelbach, Herbert (1987b). Transformation der Kritischen Theorie. Zu Jürgen Habermas' ›Theorie des kommunikativen Handelns‹. In: Schnädelbach 1987a, 238-262
Schnädelbach, Herbert (1987c). Über Rationalität und Begründung. In: Forum für Philosophie 1987. Frankfurt a. M. 67ff.
Schnädelbach, Herbert (Hrsg.) (1984). Rationalität. Philosophische Beiträge. Frankfurt a. M.
Schotter, Andrew (1981). The Economic Theory of Social Institutions. Cambridge, Mass.
Schreiber, Rupert (1966). Die Geltung von Rechtsnormen. Berlin etc.
Schuck, Peter H. (1987). Agent Orange on Trial. Mass Toxic Desasters in the Courts. Enl. ed. Cambridge, Mass.
Schuppert, Gunnar Folke (1981). Die Erfüllung öffentlicher Aufgaben durch verselbständigte Verwaltungseinheiten. Göttingen
Schuppert, Gunnar Folke (1989). Zur Neubelebung der Staatsdiskussion: Entzauberung des Staates oder »Bringing the State Back In«? Der Staat 1989, 91-104
Schutz, Alfred (1964a). Collected Papers II: Studies in Social Theory. The Hague
Schutz, Alfred (1964b). The Well-Informed Citizen: An Essay on the Social Distribution of Knowledge. In: Schutz 1964a, 120-134
Schwartz, Richard D.; Miller, James C. (1964). Legal Evolution and Societal Complexity. American Journal of Sociology 70, 1964, 159-169
Schweitzer, D. (1981). Alienation Theory and Research: Trends, Issues, and Priorities. International Social Science Journal 33, No. 3, 1981
Schwemmer, Oswald (1984). Aspekte der Handlungsrationalität. In: Schnädelbach 1984, 175-197

Searle, John R. (1983). Intentionality. Cambridge
Seel, Martin (1985). Die Kunst der Entzweiung. Zum Begriff der ästhetischen Rationalität. Frankfurt a. M.
Selman, Robert L. (1980). The Growth of Interpersonal Understanding. New York
Selznick, Philip (1968). The Sociology of Law. International Encyclopedia of the Social Sciences (IESS). Vol. 9, 50-59 New York
Selznick, Philip (1972). Rejoinder to Donald Black. American Journal of Sociology 78, 1972, 1266-1269
Selznick, Philip (1987). The Idea of a Communitarian Morality. California Law Review 75, 1987, 445-463
Sen, Amartya (1970). Collective Choice and Social Welfare. San Francisco
Sen, Amartya (1985). The Moral Standing of the Market. Social Philosophy & Policy 2, 1985, 1-19
Sen, Amartya; Williams, Bernard (eds.) (1982). Utilitarianism and Beyond. Cambridge
Shapiro, Ian (1986). The Evolution of Rights in Liberal Theory. Cambridge, Mass.
Shapiro, Martin (1981). Courts: A Comparative and Political Analysis. Chicago
Shwayder, D. S. (1965). The Stratification of Behavior. A System of Definitions Propounded and Defended. London
Simitis, Spiros (1987). Juridification of Labor Relations. In: Teubner 1987a, 113-162
Simon, Dieter (1975). Die Unabhängigkeit des Richters. Darmstadt
Simon, Herbert A. (1976). From Substantive to Procedural Rationality. In: Latsis 1976, 129-148
Simpson, A. W. B. (ed.) (1973). Oxford Essays in Jurisprudence (Second Series). Oxford
Skirbekk, Gunnar (Hrsg.) (1977). Wahrheitstheorien. Frankfurt a. M.
Skocpol, Theda; Orloff, Ann Shola (1986). Explaining the Origins of Welfare States: A Comparison of Britain and the United States, 1880s- 1920s In: Lindenberg, Coleman, Nowak 1986, 229-254
Stanford Law Review (1984). Symposium on Critical Legal Studies. Stanford Law Review 36, Jan. 1984
Stein, Peter; Shand, John (1974). Legal Values in Western Societies. Edinburgh
Stern, Klaus (1984). Das Staatsrecht der Bundesrepublik Deutschland. Bd. 1. München
Stewart, Richard B. (1975). The Reformation of American Administrative Law. Harvard Law Review 88, 1975, 1667-1813
Stone, Christopher (1975). Where the Law Ends: The Social Control of Corporate Behavior. New York

Streeck, Wolfgang; Schmitter, Philippe C. (eds.) (1985). Private Interest Government. Beverly Hills/London
Sugarman, Steven D. (1985). Doing Away with Tort Law. California Law Review 73, 1985, 555-664
Summers, Robert S. (1983). Pragmatischer Instrumentalismus und amerikanische Rechtstheorie. Darstellung und Kritik. Freiburg, München
Summers, Robert S. (1986). The Virtues and Vices of Conceiving of Law as if it Were a Type of »Machine« Technology. Rechtstheorie 17, 1986, 1-12
Szabados, Béla (1979). A Note on Irrationality. In: Geraets 1979, 387-390
Tapper, C.H.F. (1973). Powers and Secondary Rules of Change. In: Simpson 1973, 242-277
Taylor, Charles (1985). Philosophy and the Human Sciences. Philosophical Papers 2. Cambridge
Taylor, Michael (1976). Anarchy and Cooperation. London
Taylor, Paul W. (1961). Normative Discourse. Englewood Cliffs, N.J.
Tenbruck, Friedrich H. (1989). Die kulturellen Grundlagen der Gesellschaft. Opladen
Teubner, Gunther (1982). Reflexives Recht: Entwicklungsmodelle des Rechts in vergleichender Perspektive. Archiv für Rechts- und Sozialphilosophie 68, 1982, 13-59
Teubner, Gunther (ed.) (1985a). Dilemmas of Law in the Welfare State. Berlin/New York
Teubner, Gunther (1985b). The Transformation of Law in the Welfare State. In: Teubner 1985a, 3-12
Teubner, Gunther (ed.) (1986). Autopoiesis in Law and Society. Berlin/New York
Teubner, Gunther (ed.) (1987a). Juridification of Social Spheres. Berlin
Teubner, Gunther (1987b). Juridification – Concepts, Aspects, Limits, Solutions. In: Teubner 1987a, 3-48
Teubner, Gunther (1989). Recht als autopoietisches System. Frankfurt a.M.
Teubner, Gunther; Willke, Helmut (1984). Kontext und Autonomie: Gesellschaftliche Selbststeuerung durch reflexives Recht. Zeitschrift für Rechtssoziologie 5, 1984, 4-35
Topitsch, Ernst (Hrsg.) (1965). Logik der Sozialwissenschaften. Köln/Berlin
Tormey, Alan (1971). The Concept of Expression. Princeton, N.J.
Toulmin, Stephen (1975). Der Gebrauch von Argumenten. Kronberg/Ts.
Toulmin, Stephen (1978). Menschliches Erkennen. Bd. 1: Kritik der kollektiven Vernunft. Frankfurt a.M.
Treiber, Hubert (1984). »Wahlverwandtschaften« zwischen Webers Religions- und Rechtssoziologie. In: Breuer, Treiber 1984, 6-68

Treiber, Hubert (1986). Prozedurale Rationalität – eine verfahrene Sache? Zeitschrift für Rechtssoziologie 7, 1986, 244-265
Tribe, Laurence H. (1978). American Constitutional Law. Mineola, NY
Trubek, David (1985). Reconstructing Max Weber's Sociology of Law. Stanford Law Review 37, 1985, 919ff.
Trubek, David; Galanter, Marc (1974). Scholars in Self-Estrangement: Some Reflections on the Crisis in Law and Development Studies in the United States. Wisconsin Law Review 1974, 1062-1162
Tugendhat, Ernst (1980). Zur Entwicklung von moralischen Begründungsstrukturen im modernen Recht. Archiv für Rechts- und Sozialphilosophie, Beiheft NF 14, 1980, 1-20
Tunc, André (1986). ›It is Wise not to Take the Civil Codes Too Seriously‹. Traffic Accident Compensation in France. In: Wallington, Merkin 1986, 71-85
Ullmann-Margalit, Edna (1977). The Emergence of Norms. Oxford
Unger, Roberto Mangabeira (1975). Knowledge and Politics. New York
Unger, Roberto Mangabeira (1983). The Critical Legal Studies Movement. Harvard Law Review 96, 1983, 561-675
Vallier, Ivan (ed.) (1971). Comparative Methods in Sociology. Berkeley/Los Angeles/London
Vile, M. J. C. (1967). Constitutionalism and the Separation of Powers. Oxford
Viner, Jacob (1972). The Role of Providence in the Social Order. An Essay in Intellectual History. Philadelphia
Waldron, Jeremy (1987). Can Communal Goods Be Human Rights? Archives Européenes de Sociologie 27, 1987, 296-321
Waldron, Jeremy (1989). The Rule of Law in Contemporary Liberal Theory. Ratio Juris 2, 1989, 79-96
Wallington, Peter; Merkin, Robert M. (eds.) (1986). Essays in Memory of Professor F. H. Lawson. London
Wasserstrom, Richard A. (1980). The Obligation to Obey the Law. In: Wasserstrom 1980, 83-111
Wasserstrom, Richard A. (1980). Philosophy and Social Issues. Five Studies. Notre Dame
Watson, Alan (1977). Society and Legal Change. Edinburgh
Weber, Alfred (1920). Prinzipielles zur Kultursoziologie: Gesellschaftsprozeß, Civilisationsprozeß und Kulturbewegung. Archiv für Sozialwissenschaft und Sozialpolitik 47, 1920, 1-49
Weber, Max (1902). Rezension zu Philipp Lotmar, Der Arbeitsvertrag (1902). Archiv für soziale Gesetzgebung und Statistik 17, 1902, 723-734
Weber, Max (1959). Max Weber on Law in Economy and Society. Ed. Max Rheinstein. Cambridge, Mass.

Weber, Max (1964). Wirtschaft und Gesellschaft. Grundriß der verstehenden Soziologie. Studienausgabe. Hrsg. v. Joh. Winckelmann. Köln/Berlin

Weber, Max (1973). Soziologie, Universalgeschichtliche Analysen, Politik. 5. Aufl. Stuttgart

Weinberger, Ota (1988). The Role of Rules. Ratio Juris 1, No. 3, 1988, 224-240

Weinrib, Ernest J. (1980). The Case for a Duty to Rescue. The Yale Law Journal 90, 1980, 247-293

Weitzman, Leonore (1985). The Divorce Revolution. New York

Welding, Steen O. (1985). Zur Analyse der ›Gleichheit vor dem Gesetz‹. Archiv für Rechts- und Sozialphilosophie, Beiheft 23, 1985, 89-95

Wellmer, Albrecht (1985). Zur Dialektik von Moderne und Postmoderne. Frankfurt a. M.

White, Edward G. (1978). Patterns of American Legal Thought. Charlottesville

Wieacker, Franz (1967). Privatrechtsgeschichte der Neuzeit. 2. Aufl. Göttingen

Wieacker, Franz (1974). Industriegesellschaft und Privatrechtsordnung. Frankfurt a. M.

Wieacker, Franz (1978). Vom Nutzen und Nachteil des Szientismus in der Rechtswissenschaft. In: Kaulbach, Krawietz 1978, 745-764

Wieacker, Franz (1982). Formalismus und Naturalismus in der neueren Rechtswissenschaft. In: Horn 1982, 703-717

Wiethölter, Rudolf (1982). Entwicklung des Rechtsbegriffs am Beispiel des BVG-Urteils zum Mitbestimmungsgesetz und – allgemeiner – an Beispielen des sog. Sonderprivatrechts. Jahrbuch für Rechtssoziologie und Rechtstheorie 8, 1982, 38-59

Wiethölter, Rudolf (1985). Materialization and Proceduralization in Modern Law. In: Teubner 1985a, 221-249

Wiethölter, Rudolf (1989). Proceduralization of the Category of Law. In: Joerges, Trubek 1989, 501-510

Williamson, Oliver E. (1984). The Economics of Governance: Framework and Implications. Zeitschrift für die gesamte Staatswissenschaft 140, 1984, 195-223

Williamson, Oliver E. (1985). The Economic Institutions of Capitalism. New York

Wilson, Alida (1986). Law, Legal Principles and Rationality. Archiv für Rechts- und Sozialphilosophie LXXII, 1986, 94-117

Winckelmann, Johannes (1952). Legitimität und Legalität in Max Webers Herrschaftssoziologie. Tübingen

Winckelmann, Johannes (1976). Erläuterungsband zu Max Weber, Wirtschaft und Gesellschaft. 5. revid. Auflage. Tübingen

Winston, Kenneth J. (1983). Toward a Liberal Conception of Legislation. NOMOS XXV, 1983, 313-342
Winter, Gerd (1985). Bartering Rationality in Regulation. Law & Society Review 19, 1985, 219-250
Winter, Gerd (1987). Die Angst des Richters bei der Technikbewertung. Zeitschrift für Rechtspolitik 1987, 425-430
Wippler, Reinhard (1978). Nicht-intendierte soziale Folgen individueller Handlungen. Soziale Welt 29, 1978, 155-179
Wolf, R. (1986). Der Stand der Technik. Geschichte, Strukturelemente und Funktion der Verrechtlichung technischer Risiken am Beispiel des Immissionsschutzes. Opladen
Wright, Georg Henrik von (1963). Norm and Action. London
Yanal, Robert J. (1985). Hart, Dworkin, Judges, and New Law. The Monist 68, No. 3, July 1985, 388-403
Zenz, Gisela (1979). Kindesmißhandlung und Kindesrechte. Frankfurt
Zimmer, Gerhard (1979). Funktion – Kompetenz – Legitimation. Berlin
Zollschan, George Z.; Hirsch, Walter (eds.) (1964). Explorations in Social Change. London
Zweigert, Konrad; Kötz, Hein (1984). Einführung in die Rechtsvergleichung. 2 Bde. 2. Aufl. Tübingen

Personenregister

Sachregister